KB143588

방법으로서의
열린 동아시아

방법으로서의 열린 동아시아

초판 1쇄 인쇄 2022년 2월 18일
초판 1쇄 발행 2022년 2월 28일

책임편집 박이진·이영호
편 집 인 김경호(동아시아학술원)
　　　　　성균관대학교 동아시아학술원
펴 낸 이 신동렬
펴 낸 곳 성균관대학교 출판부
등　　록 1975년 5월 21일 제1975-9호
주　　소 03063 서울특별시 종로구 성균관로 25-2

ISBN　　　979-11-5550-532-8　93150

＊ 이 저서는 2018년 대한민국 교육부와 한국연구재단의 지원을 받아 수행된 연구임.
　(NRF-2018S1A6A3A01023515)

동아시아
교양총서
0   3

방법으로서의
열린 동아시아

박이진

이영호

책임 편집

성균관대학교
출 판 부

다양한 경계를 넘나들며 '열린' 동아시아를 바라보는 시각

 이 책은 성균관대학교 동아시아학술원 교양총서 시리즈 1권 『동아시아 연구, 어떻게 할 것인가』(2016), 2권 『동아시아로부터 생각한다』(2017)에 이어 오랜만에 '동아시아학 입문서'로 기획된 교양 총서이다.

 동아시아학술원(Academy of East Asian Studies)은 한국에서 처음으로 일국적 시야에서 벗어나 기존 분과학문에 뿌리를 둔 학문 패러다임을 극복하고 '동아시아'를 학제적 융합적 관점에서 사유하길 제안해 왔다. 1990년대부터 탈냉전, 글로벌화, 신자유주의 등 급변하는 국제정세에 조응하여 대안적 담론으로 각광을 받기 시작한 동아시아는 인국 간의 평화와 상생을 추구하는 분위기 속에서 동아시아 국가 간의 협력과 공동체 인식이 강화되면서 한때 침체했던 인문학계에 새로운 활기를 불어넣었다. 그러나 세계화 추세와 국가 간 인적 교류의 증가와는 다르게 영토문제, 안보문제, '역사전쟁', '문화전쟁' 등 각국의 내셔널리즘과 민족주의에 뿌리를 둔 갈등이 역풍으로 작용하기도 했다. 이로 인해 자국중심주의, 지역이기주의, 문화 특수주의의 한계를 극복하고자 해 온 우리의 노력이 퇴색하여 그야말로 오랜 기간 쌓아왔던 '피땀눈물'이 무색해지는 건 아닐지 인고의 시간을 보내기도 했다.

그러다 여전히 대중에게 동아시아는 낯설고 먼 개념일 수 있다는 데 생각이 미쳤다. 한국, 중국, 일본 등 여러 국가가 패권 경쟁을 하는 곳 동아시아, 미국이나 유럽 체제와 대립하고 비교 대상에만 머물며 이권 관계만이 작용하는 동아시아만 남게 되는 것은 아닐까 하는 우려이다.

이러한 우려는 다시금 동아시아에 대한 통합적이고 체계적인 이해가 필요하다는 절실함으로 이어졌고 교양총서 시리즈인 '동아시아학 입문서'의 쇄신을 통해 우리의 바람을 발신해보는 것이 적격하다고 판단했다. 애초에 한국학, 중국학, 일본학의 총합이 아닌, 융합 학문으로서의 '동아시아학'을 고민하고 구성하기 위해 동아시아학술원의 여러 구성원이 모여 결실을 맺었던 '진정성'을 다시 한번 원동력으로 삼아 동아시아의 평화와 상생에 '진심'을 보태어 보기로 한 것이다.

물론 동아시아를 한 마디로 정의하는 것이 불가능한 것만큼이나 동아시아를 어떤 관점에서 바라보고 어떻게 연구할 것인가에 대한 정답은 없다. 결국 우리만의 방식으로 그 해답을 찾아야 한다는 것은 과거에나 지금이나 변함이 없다. 이에 '입문서' 제1권에 해당하는『동아시아 연구, 어떻게 할 것인가』에서는 우리가 동아시아를 사유함에 있어서 필요한 문제의식과 연구방법, 그리고 국내외의 동아시아 연구 동향에 관한 논의들을 개괄하였다. 국내 동아시아 연구 상황의 추이에 유념하면서 (재)검토해야 할 기본 과제에 중점을 두고 1부 '동아시아 연구의 시각과 방법', 2부 '동아시아 담론의 현재와 전망', 3부 '동아시아의 과거와 현재―현상과 이해'로 글을 엮었다. '입문서' 2권인『동아시아로부터 생각한다』는 기존의 서구중심, 근대 중심적 가치체계에서 벗어나기 위한 방법으로서 동아시아 연구를 제안했다. 다양한 분야의 다양한 주제로 이루어진 동아시아 연구의 구체적인 사례들을 분석해 서구, 근대 중심적 사유를 벗어날 수 있는 가능성을 모색했다. 무엇보다 통합적이고 보편적인 학문 패러다임의 창출을 위해 '생활-질서-지식'이라는 가치 영역 간의 융합과 소통을 논의의 기저에 두었다. 1부 '질서·생활'은 동아시아 지역 내에 존재하는 개별 국가들이 국가 내적으로 어떤 질서와 운영 방식을 지니고 있었는지, 또 국가 내적 질서가 국가 간의 질서와 어떤 형태로 관련을 맺었는지, 동아시아 고유의 생활양식과의 연계(다양성과 지속성) 속에서 고찰했다. 2부 '지식·소통'은 동아시아의 지식체계가 어떤 내용으로 형성되고 변화해 왔는지 비판적으로 성찰하는 한편, 지식의 표현 방식과 전달 체계가 서로 소통하고 유동하는 양상에 주목했다.

과거 1권, 2권의 시리즈가 동아시아의 다원성과 보편성을 통일적으로 파악하는 새로운 모델을 개척하고 그 소통과 확산에 주력한 것이라면, 이번에 기획한 3권은 방법과 시각을 넘어선 비전으로서의 '열린' 동아시아를 구축하고 제안하고자 했다.

방법과 시각으로서의 '열린' 동아시아는 동아시아의 역사와 문화를 특정 시간이나 시대, 국가나 지역, 분과학문에 국한하지 않고 서로의 경계를 열어두고 접근한다는 인식론적 방법과 시각을 말한다. 시간상으로는 고대에서부터 동시대에 이르는 시간을 연결하거나 넘나들고(transhistorical), 공간상으로는 일국적, 지역적 경계를 가로지르는(transnational or transregional) 방법과 시각, 학문 간의 장벽을 허물고 상호 교섭을 추구하는 자세이다. 이러한 태도에 바탕하여 비전으로서의 '열린' 동아시아, 즉 인문학적 가치의 대중사회화를 지향하고자 했다. 장기지속적인 관점에서 동아시아 공동의 역사 경험과 삶에 기반한 이론과 보편성을 추구하는 것을 목적으로 바로 지금 여기, 우리의 삶을 통해 세계와 인류를 바라보는 인문학적 통찰과 지혜를 탐구해

보는 것이다.

근대 이후 인류는 인간의 오랜 역사와 경험을 해석해 오면서 가치
론적으로 특권화되고 위계화된 학문적 권위가 경직된 질서를 낳고 나
아가 극단적 갈등과 폭력을 초래하는 사태를 목격해 왔다. 이는 곧 제
국주의와 식민주의를 낳았던 '근대' 중심 인식체계가 파국에 이르렀음
을 보이는 증거이기도 하다. 거의 '난'(亂)의 사태에 가깝다고 할 수 있
는 테러와 난민의 전지구화, 극단적인 양극화로 인한 계급화, 재난의
일상화로 인한 폭력과 전락의 공포, 그리고 안전한 곳은 없으며, 우리
의 삶이 송두리째 뿌리 뽑힐 불안감은 사회적 유대의 상상을 위축시
켰다. 혐오와 배제가 일상의 문화가 된 사회를 만들었다. 이는 동아시
아 내의 역사 갈등과 군사적 긴장, 그것을 받아들이는 가 국민과 시민
들 사이에서 고조되는 질타와 배척을 통해서도 관찰되고 있다.

근대 이후의 세계를 근본적으로 재성찰할 때가 왔다. 이는 어느
곳, 어느 시간을 살았던 사람들의 삶과 역사가 세계와 인류를 바라보
는 인문학적 통찰을 줄 수 있다는 '중심과 패권' 없는 보편주의를 통
해서 가능하다. 방법·시각·비전으로서의 '열린' 동아시아는 고대에서
전근대, 근대 이후에 걸친 동아시아의 역사 경험과 삶에 대한 해석과
이론적 가공을 통해 인류 미래에 있어 새로운 지식과 표상의 창출, 나
아가 인문적 가치의 대중사회화를 지향하는 아젠다이다. 다만 동아시
아에서도 각 국가 간에 공통점만 있는 것이 아니라, 정치 사회적 질서
나 사상(철학), 문화 등의 면에서 적지 않은 차이를 보인다. 이러한 차
이가 발생하는 요인을 우리가 여기서 총망라해 파악하기는 어렵다.
그렇지만 기존에 축적된 성과를 바탕으로 차이가 일어난 원인을 '수
용'의 자세로 사회적, 정치적, 문화적 맥락 속에서 이해하는 한편, 비
교사 내지 비교문화적 접근을 통해 일국 중심적 이해 방식을 극복해

야 할 것이다.

따라서 이 책은 특권화된 인식과 고착된 선입관을 깨고 우리에게 '열린' 사고를 열어주는 글들로 구성해 보았다. 다시금 우리에게 동아시아란 무엇인지 재의미화해 보고 그 가치를 널리 공유하기 위한 '길을 찾고' 우리 앞의 모든 경계를 '횡단해 넘어서 보는' 것이다.

1부 '길찾기'는 동아시아에 대한 패권적이고 특권화된 '닫힌' 사고를 깨고 가능성으로서의 '열린' 사고를 제안하는 글들이다. 김경호의 글은 고전학의 지형을 새롭게 바꾼 출토문헌 자료의 가능성을 제안하며 고전학의 미래가치를 제시한다. 고연희의 글은 충절을 상징하는 소재의 대표인 세한삼우와 매죽 그림에 담긴 문인들의 정치적 의도를 읽어냈다. 고고한 정신성과 도덕성을 담보한 듯한 '전통' 이미지에 대한 선입견을 파헤친 것이다. 임태승의 글은 '벗어남, 뛰어남, 자유로움'과 같은 뜻을 가진 일(逸)의 개념이 예술창작과 감상 과정에서 점차 평담(平淡)의 경지로 승화되는 현상에 주목했다. 일상적이고 현실적인 개념에서 추상적이고 관념적인 예술 양식이 탄생하는 과정을 통해 통념의 한계를 깨닫게 한다. 박소현의 글은 '허구성'의 재조명을 통해 동아시아 소설의 독자적 발전 과정이 보이는 의의를 밝혔다. 서구 소설보다 열등한 것으로 간주해 오던 동아시아 소설 개념을 재인식해 볼 수 있는 기회를 제공하고 있다. 배항섭의 글은 동학사상에 내포된 유교적 요소와 민중(농민군)의 민본이념 간의 상관관계에 주목하였다. 지배질서에 균열을 내고 아래로부터 새로운 정치질서를 형성할 수 있었던 동력을 고찰해 낸 것이다. 여성주의적 시각에 의한 한문학 연구에 주목하고 있는 김용태의 글은 남성들의 전유물처럼 인식되어 오던 한문학 연구의 새로운 지평을 소개했다. 한문학 연구에 배어있는 남성 중심적 시각의 극복과 여성어문생활사 연구의 도입으로 한국한문학사의 재편을 요구한다. 손성준의 글은 번역문학이 기존의 문학사 서술의 고정관념을 깨고 새로운 한국 근대문학사를 재구성할 수 있는 핵심동력임을 고찰했다. 임우경의 글은 최근 글로벌 냉전사 연구가 활발하게 진행되는 가운데 암묵적으로 작용하고 있는 냉전과 탈냉전이라는 패권적 패러다임의 해체를 주장한다. 이와 함께 동아시아 지역을 토대로 북방의 트랜스내셔널한 연대를 위한 동아시아 북방학의 필요성을 제안한다. 이영호, 함영대의 글은 성균관대 대동문화연구원에서 구축한 한국경학자료집성과 한국경학자료시스템이 갖는 선구적 의의를 밝혔다. 전통시대 유학의 근간이었던 경학은 동아시아 사상과 문화, 정치경제에 이르기까지 기본 원리를 제공한 학문이다. 이러한 경학사료의 DB화는 디지털 경학주석학이라는 연구 분야의 길을 열어 줄 것이다.

2부 '횡단하기'는 평화와 상생의 동아시아를 구상하는 데 방해가 되는 요소를 진단해 보는, 이른바 다양한 의미 영역에서의 '경계'를 넘어선 '열린' 자세를 요구하는 글들이다. 조민환의 글은 중국 특유 문인 서예의 출발점에 주목하여 서예 이론과 서예 미학에 담긴 동아시아적 특징을 제시했다. 고은미의 글은 전근대기 화폐의 특수성에 주목하여 우리가 사용하는 화폐의 현재적 의의와 가치가 전근대에도 작용하고 있었음을 밝혔다. 손병규의 글은 호적과 족보의 자료적 특성에 주목하여 지역공동체 연구의 새로운 지평을 제안했다. 정우택의 글은 남북 화합과 평화의 상징인 아리랑이 실제 서로 다른 기원과 장소, 주체로서 상이하게 구성되어 왔음을 밝혔다. 이는 곧 남북이 동일성뿐 아니라 이질성과 차이를 통한 교류에도 노력해야 함을 보여준다. 진재교의 글은 남북한의 고전문학사에 대한 인식이 전환될 필요성과 함께 공동의 세계관으로서 겨레문학사를 제안한다. 장무휘의 글은 한중일 3국 협력의 제도화 전망과 과제를 국제비교정치학적 관점에서 진단하였다. 박은영의 글은 근대 일본 여성 운동가에 대한 인식과 사회편견에 주목하여 편견에 맞선 여성 지식인의 삶과 사상을 재조명했다. 박이진의 글은 혼혈·혼종에 관한 대중의 인식론적 문제에 주목하여 무의식중에 이루어지는 '신-인종주의' 시대의 차별화, 계층화 현상을 비판했다.

동아시아를 한 마디로 정의할 수 없듯이 동아시아 연구 혹은 '동아시아학'을 체계화해 나가는 데에는 앞으로도 끊임없는 질문과 그에 대한 답변이 필요할 것이다. 이후로도 독자와 대중의 생각을 성실히 살피고 구성원 간에도 진지한 논의를 지속해나가고자 한다. 이러한 소통과 논의들이 패권적이고 계급화된, 단절되고 폐쇄적인 동아시아가 아닌 상생과 융합으로서의 동아시아를 고민하고 그 비전과 가능성을 구체화해나가는 데 자양분이 되리라 기대한다.

필자들을 대신해
박이진, 이영호 씀

1부

길찾기

1장

고전학 연구의 새로운 가능성, 출토자료라는 동아시아 공통 문명의 세계*

김경호

1. 출토문헌과 고전학 연구

북송(北宋)시기 4대 서원의 하나인 악록서원(嶽麓書院)의 대문 옆에는 "유초유재(惟楚有材), 우사위성(于斯爲盛)"이란 대련(對聯)의 자구가 보인다. 『좌전(左傳)』「양공(襄公)26년」과 『논어(論語)』「태백(太伯)」의 자구를 인용한 것으로 "천년학부(千年學府)"로 불리는 악록서원이 오랜 세월에 걸쳐 우수한 학자를 배출한 역사적 사실을 보여주고 있다. 이러한 전통은 오늘날까지 계승되어 왕선겸(王先謙), 양수달(楊樹達), 양백준(楊伯峻), 여진우(呂振羽), 주곡성(周谷城) 등 인문 방면에서 걸출한 학자를 배출하고 있다. 이러한 인문 전통은 호상문화(湖湘文化)의 "순박중의(淳朴重義)", "용감상무(勇敢尙武)", "경세치용(經世致用)", "자강불식(自强不息)" 등과 같은 기본 정신에서 기인한 것으로 볼 수 있다. 인문의 본향인 호남지역은 춘추전국시대에는 초국(楚國)에 속하였다가 진대(秦代)에는 장사군(長沙郡)이 설치되었고 한대(漢代)에는 형주(荊州)에 속한 지역이다. 전 지역의 2/3 정도가 동정호(洞庭湖) 남쪽에 위치하고 있기 때문에 '호남'이라 명명되었다. 특히 진대에는 동정(洞庭)·창오(蒼梧) 2개 군이 설치된 것을 기점으로 한초에는 장사국(長沙國)에

* 이 글은 『동서인문』17집(2021–12)에 게재한 논문을 전재한 것이다.

속하였다가 한 무제 이후에는 형주자사가 관할하는 4개 군의 하나가 되었다(陳偉 主編, 2012, 2018; 陳偉, 2003-5; 琴載元, 2013-6). 전한시기 장사국의 호수는 43,470호인데 반하여 후한시기에는 장사군으로 개편되어 255,854호임을 볼 때 후한시기 이주와 개발로 인해 호남지역의 인구가 증가되었음을 짐작할 수 있다(梁方仲, 1980: 16·23). 이러한 현상은 최근 장사시(長沙市) '5·1광장'에서 출토된 수 십만 매의 죽간과 목간의 호구 문서를 통해서 확인할 수 있다(長沙市文物考古研究所·清華大學出土文獻研究·中國文化遺産研究院·湖南大學嶽麓書院, 2018~2020; 長沙市文物考古研究所·中國文物研究所, 2006: 107~108).

진한의 통일 이후, 장사국의 설치와 호남지역의 인구 증가 및 경제 발전 그리고 중원지역과의 긴밀한 관계 강화 등의 현상은 초문화(楚文化)를 기초로 삼고 있던 호남문화가 비교적 통합적 성격의 문화로 발전할 수 있는 중요한 계기가 되었다. 그 대표적인 예가 장사 마왕퇴(馬王堆) 1, 2, 3호 한묘에서 출토된 수천 건의 중요한 유물이다(中國科學院考古研究所, 1957; 湖南省博物館·中國科學院考古研究所·文物編輯委員會, 1972). 이러한 문물은 진한시기 장사를 중심으로 한 호남지역 문화와 과학기술의 발전 상황을 연구하기 위하여 매우 풍부한 가치 있는 자료를 제공하고 있다.[1] 특히 3개의 묘에서 출토된 백서(帛書)는 종래 문헌사료를 통해서는 알 수 없었던 고전적(古典籍)에 대한 새로운 이해를 가능하게 하였다. 현존 최고(最古)의 『노자(老子)』 사본(寫本)과 황노사경(黃老四經) 일서(佚書)의 발견은 이를 잘 반영하고 있다. 특히 『노자』의 경우, 현존 전세(傳世)의 각종 『노자』 판본의 상편은 『도경(道

---

1 湖南省博物館(1981); 湖南省博物館(1994)에 수록된 연구 논문들은 마왕퇴 한묘 출토 유물에 대한 주요 연구 성과를 수록하였다.

經)』, 하편은『덕경(德經)』으로 구성되어『도덕경(道德經)』이라 부르고 있었다. 그러나 백서 갑을본(甲乙本)에는 반대로 되어 있어 이른바『도덕경』이라 하여 판본상의 차이가 있다.[2] 또한『노자』을본(乙本)의 전면에는『경법(經法)』,『십육경(十六經)』,『칭(稱)』,『도원(道原)』 4종의 고일서(古佚書)가 쓰여져 있는데 그 기본적 성격은 동일한 체계의 도가(道家) 계통의 사상이 반영된 서적이다. 이 가운데『십육경』은 황제(黃帝) 및 그 대신들의 언행에 가탁한 "황제(黃帝)"서이다. 황제와『노자』가 동일한 책상 위에서 쓰여졌다는 사실은 전국 중기 "황노지학(黃老之學)"이 유행하였음을 정확히 보여주는 증거이다(淺野裕一, 1992). 이러한 고일서는『한서(漢書)』,「예문지(藝文志)」에는 기록되어 있지 않지만「예문지」도가류 관련 기록에는『황제사경』이 보여 4종의 고일서가 바로『황제사경』일 가능성을 배제할 수는 없다.[3] 또한 3호묘에서 출토된 전국시대 소진(蘇秦)의 언행과 관련있는『전국종횡가서(戰國縱橫家書)』(馬王堆漢墓帛書整理小組 編, 1976)는『사기(史記)』에 기록되어 있는 소진 관련 기사와 연대의 오류를 바로잡아 주는 매우 중요한 사료로서의 가치를 가지고 있다. 뿐만아니라 마왕퇴 한묘에서는 의학, 천문학, 지도 등 다양한 문헌이 발견되어 종래 전래되어 온 '고전'이 전해주는 내용을 넘어서 고대 사회에 대한 개론과 다양한 이해를 제공하고 있다.

본고에서 서술하고자 하는 마왕퇴 한묘에서 발견된 죽백(竹帛)에 쓰여진 다양한 종류의 문헌은 현존하는 종이에 서사된 문헌의 원형이라 할 수 있다. 그렇다면 이러한 문헌 역시 '고전학' 연구의 주요 대상이

---

2 백서(帛書)『노자(老子)』「갑을본(甲乙本)」의 석문과 도판은 國家文物局古文獻硏究室 (1980)을 참조.

3 『漢書』권30「藝文志」, 1730쪽, "黃帝四經四編".

지만 지금까지의 고전(학)에 대한 연구는 종이에 서사된 문헌들을 주요 대상으로 연구가 전개되어 왔다. 최근 호남성 장사 지역을 비롯한 중국 각지에서는 춘추전국시대 당시 지식인들이 열독하던 다양한 제자서(諸子書)들이 출토·정리되고 있다. 필자는 이러한 출토문헌 역시 이상과 같은 배경으로 고전학 연구의 대상과 범위에 포함되어야 한다고 생각한다. 이하, 호남 장사지역을 중심으로 출토문헌의 현황과 마왕퇴 한묘에서 출토된 문헌을 소개하면서 무엇 때문에 새로운 '고전학' 연구의 대상이 되어야 하는지 그리고 '고전학' 연구의 새로운 가능성 여부를 탐색하고자 한다.

2. 중국 고전학 연구의 변천

"고전"이란 옛날 법식 혹은 오랜 시대를 거치면서 많은 사람들에게 그 가치를 인정받아 하나의 전범을 이룬 작품을 의미한다. 따라서 '고전학'이란 이와 같은 과거의 문사(文史)작품을 근간으로 연구하는 학문으로 해석할 수 있다. 그렇다면 왜 21세기 첨단 문명시대에 과거의 고전에 어떤 내용이 담겨져 있기에 연구해야 하는 것인가? 우선 고전학은 박물관학이 아니다. 고전학은 인류 발전의 생명력을 담고 있는 학문이다. 따라서 고전학의 생명력은 역사 문명의 발전 과정에 근간을 두고 있기 때문에 21세기에 들어서도 고전교육과 고전연구에 대한 관심과 열기가 나날이 증가하는 것은 결코 우연이 아니다. 즉 이러한 현상은 학인들 스스로가 인간 역사의 과거와 현재에 대한 '무지'의 고백이며 동시에 미래지향적 문명 세계를 건설하고자 하는 자각을 표현하는 하나의 방식이기 때문이다.

동아시아 세계에서 고전 문헌의 존재는 종이가 사용되기 이전부터 죽간과 목간 혹은 백서의 형식으로 존재하였다. 이러한 서사재료에 쓰여진 문헌은 중국을 비롯한 동아시아 세계의 고전으로 현재까지 전해지고 있으며, 이에 대한 인식과 의미에 대한 재해석은 바로 미래를 향한 새로운 인식이라 할 수 있다. 이런 까닭에 동아시아에서의 고전학의 미래와 발전은 공간적·시간적으로도 특정 국가나 지역에 국한된 것이 아니라 지역과 시간을 초월하여 동아시아라는 공간속에서 교류와 소통을 통해서 단절 없이 진행되었다고 할 수 있다.[4] 이와같이 시공간을 초월한 고전학의 변화를 중국의 역사를 통해서 살펴보면 대체로 다음과 같이 정리할 수 있다.

진대 고전적에 대한 이른바 '분서갱유(焚書坑儒)'의 사건이 발생했어도 결코 춘추전국시대 제자백가들의 다채로운 문헌과 사상을 훼손시킬 수 없었다. 한대의 고전적에 대한 발굴과 정리는 고대 문자와 제도에 대한 고증과 인식 및 정치·사회제도를 고전의 정신세계를 통해서 새롭게 이해하는 계기가 되었다. 가의(賈逵), 마융(馬融), 정현(鄭玄), 복건(服虔), 하휴(何休) 등의 학자들은 경학을 근간으로 한대 사회를 이해하였으며, 고사에 대한 사마천(司馬遷)의 정리, 유향(劉向), 유흠(劉歆) 부자가 편집·정리한 대량의 제자학과 기타문헌 등은 풍부하고 다양한 내용을 담고 있는 중국 고전학 체계의 기반을 조성한 것이다. 더욱이 백호관(白虎觀) 회의를 통한 금고문 논쟁, 전통에 대한 다른 해석

---

4 안대회(2018: 21)는 고전학의 가치를 다음과 같이 서술하고 있다. "고전학의 시각은 문학이나 철학, 역사 등 근대적 분과학문으로 분리된 시각을 바로잡아 전학문의 시각과 능력을 확보하는 차원에서도 필요하다. 동아시아 각국의 고전을 다양한 문화집단이 서로 침투하고 교신한 결과로 이해하고, 한적을 포함한 각국의 고전을 공평하고 자유로운 연구를 통해 객관적이고 개방적으로 접근하는 공통의 틀로서 고전학은 유용한 가치를 지닌다."

논쟁과 학술 및 정치 사이에 착종된 복잡한 관계의 형성 등은 모두 고전학 전통의 풍부함과 내적 긴장을 표현한 것이다(渡邉義浩, 1995: 제1편 제1장 「白虎觀」). 만약 이러한 고전적 전통이 없다면 오늘날 학인들은 진한에서 수당(隋唐)에 이르는 중국 문명은 물론이고 동 시기의 동아시아 사회의 학문과 사상을 이해할 수 없었을 것이다.

송대 이후의 고전 연구는 커다란 변화를 맞이하였다. 당·송의 사회적 변화는 귀족 중심의 사회를 사대부 중심의 사회로 변화시켰을 뿐만아니라[5] 학문의 세계도 훈고학에서 성리학(이학)으로 변화하면서 중국 사회는 새로운 문화 조류에 직면하여 고전학의 중건을 시작하였다. 고문 운동을 발단으로 새로운 경전 해석과 이와 관련한 많은 사대부들이 『수례』를 감본(監本)으로 한 경전해석에 주력하였다. 그 결과 새로운 의리체계(義理體系)와 수신(修身)의 방법들이 제시되었으며 이학은 마침내 강대한 생명력을 가진 존재로 발전하여 그 후 몇 백년 동안 동아시아 사회의 새로운 문화 전범이 되었다. 이러한 고전에 대한 이해는 비록 한대와 차이가 있을 지라도 경전에 대한 새로운 해설과 주석 및 정리 작업과 결코 분리할 수 없는 문제이다. 그 결과 십삼경(十三經)의 체계가 확정되었고, 이른바 "사서(四書)"라는 새로운 경전이 확립되었다. 더욱이 주자는 『사서』외에도 『주역(周易)』, 『시경(詩經)』, 『의례(儀禮)』, 『초사(楚辭)』 등 선진문헌에 대해서도 해설과 주석 작업을 전개하여 새로운 해석 전통을 개창하였다. 이와같은 고전에 대한 새로운 방법론의 도입은 그 이전 시기와는 다른 성격의 문화를 당시 사회생활과 접목시키는데 중요한 역할을 수행하였다. 즉 송명시기의

---

5 唐·宋變革의 시대적 변화에 주목한 것으로는 內藤湖南(1922)의 고전적 연구가 있으며, 이 문제와 관련한 연구사적 정리는 辛聖坤(1989)을 참조.

문화 구조는 여전히 고전의 세계에 대한 끊임없는 재해석에 의해서 만들어진 것이다.

명말·청조 시기는 권력의 중추가 한족에서 만주족으로 넘어가는 중국 역사상 중요한 변화의 시기였다. 청대 역시 고전에 대한 연구가 새롭게 진행되었다. 주요 특징은 한·송의 양대 고전학 전통의 이동(異同)을 기초로 판본(板本)의 진위, 음훈(音訓)에 대한 고찰, 전장(典章)의 연원 등에 대한 거대한 성과를 이루었다. 이러한 작업은 몇 천년 학술 전통의 일대 종결일 뿐만아니라 중국 고전학 연구의 기본적 규범을 확립하였다고 말 할 수 있다. 예컨대 청대 학자들이 새롭게 작업한 고전인 『상서(尙書)』·『주역』·『시경』·『삼례(三禮)』·『춘추(春秋)』등의 경서 방면의 연구와 『장자(莊子)』, 『묵자(墨子)』, 『순자(荀子)』, 『한비자(韓非子)』등 제자서에 대한 정리작업, 그리고 문자학, 음운학, 판본 목록학 등의 분야에서도 이룩한 성과들은 고전을 연구·학습하는 후학들의 필독 저작이었다. 더욱이 『사고전서총목제요(四庫全書總目提要)』는 고대 학술의 집대성이라 해도 과언이 아닐 것이다(紀昀, 2000). 그 결과 중화민국 이후의 고전연구는 기본적으로 청대 학자들이 이룩한 연구 결과의 연속과 발전이라고 할 수 있다.

이상의 내용을 정리하면 한·당 시기의 고전학 전통은 중국 고전학 연구의 범례를 제공하였고 청대 고전학의 성과는 중국, 나아가서 동아시아 고전학의 기본 규범을 확립하였다. 그렇다면 21세기 오늘날의 고전학 연구는 어떠한 방향과 방법을 지향해야 하는지에 대한 고민이 필요하다. 20세기 중반 이래 중국에서는 '지하'의 문헌자료, 즉 '간독(簡牘)' 혹은 '간백(簡帛)'이라 불리는 새로운 자료로서 놀릴 징도로 발굴·정리되고 있다. 이러한 자료는 서사 재료로서 종이가 발명되기 이전 사용된 죽목(竹木)이며, 그 내용은 현재 우리들이 연독(硏讀)하는 경서 또는 제자서 같은 문헌이다. 예를 들면『곽점초묘죽간(郭店楚墓竹簡)』
(이하 곽점초간) 「치의(緇衣)」의 경우, 전세본『예기(禮記)』중의 한 편이다
(荊門市博物館, 1998; 李學勤, 1999). 전세본『예기』와『곽점초간』「치의」는
내용이 같기 때문에 그 내용을 비교한다면 전세본『예기』의 내용을 보
다 심도 있게 이해할 수 있다.『곽점초간』「치의」는 23장 1,156자로 구
성되어 있으나 전세본『예기』「치의」는 25장 1,549자로 구성되어 있다.
이러한 구성의 차이는 전세본 제1장, 제16장, 제18장이『곽점초간』「치
의」에는 보이지 않고, 전세본 제7장과 제8장이『곽점초간』에서는 제14,
15, 16장으로 각각 분리되어 있기 때문이다.[6] 또한 「치의」에서 인용한
주요 문헌은『시경』과『상서』이지만 역시 그 차이를 보이고 있다.

그렇다면 이러한 성격의 출토자료가 고전학 연구의 대상에 포함
해야 하는지 아니면 '간백학(簡帛學)'이라는 학문 영역으로 취급하여
별개의 연구 영역으로 인식해야 하는지 고려해야 할 것이다(何茲全,
1993: 2~3; 高敏, 2004). 왜냐하면 종이의 사용 이전 서사된 고전의 원
형이 출토 정리되고 있는 상황 하에서 이에 대한 정리 역시 전통시대
에 진행된 고전에 대한 새로운 해석과 방법론이라는 동일한 성격의
측면에서 이해할 수 있기 때문이다. 이런 까닭에 필자는 서사재료의
성격보다는 서사 내용에 주목한다면 당연히 '지상(紙上)'의 고전 자료
와 연계된 '지하(地下)'의 고전자료 역시 고전학 연구의 범위와 그 대
상이라고 인식한다. 특히 중국 호남성 장사지역에서 출토 정리되어

---

6 馬承源(2001)에서도 「치의」의 내용을 확인할 수 있다. 모두 23장, 978자로 구성되
어 있으며, 장의 구성은『곽점초간』동일하다. 곽점초간과 상해박물관장초죽서의 비
교·대조 연구는 陳偉,「上博·郭店二本《緇衣》對讀」와 虞萬里,「上博簡·郭店簡《緇衣》
與傳本合校拾遺」(이상, 上海大學古代文明研究中心·淸華大學思想文化研究所 編,
2002). 또한 「치의」와 관련한 전론(專論)으로는 虞萬里(2009)를 참고.

다양한 전세본의 초기 내용을 알 수 있는 '간백' 자료는 그 전형적인 사례라고 할 수 있다.

3. 호남 장사의 출토자료 개황(概況)

중국의 간독 발굴역사는 전한 무제 말년까지 거슬러 올라가는데, 『한서』「예문지」에 의하면 무제(武帝) 말년 공자의 옛집으로 알려진 가옥의 벽에서 전국시대의 문자로 기록된 『상서』, 『예기』, 『논어』, 『효경(孝經)』 등이 발견되었으니[7] 그 형태는 대나무에 쓰여진 죽서(竹書)였다. 그러나 전근대 시기에 발굴된 죽간·목간은 대부분이 주택의 수리나 분묘의 도굴 등 우연한 기회에 발굴된 것이고, 실물도 전해지지 않는다. 따라서 비교적 체계적이고 과학적인 방법에 의해 목간이 발굴되기 시작한 것은 주로 20세기 이후이다. 1900년 이래 1949년 중화인민공화국이 수립되기 이전까지 발굴된 목간은 Sven Hedin, Marc Aurel Stein, Folke Bergman 등 주로 외국 탐사대에 의하여 중국 서북부에서 발굴되었다. 이들 지역은 사막 지대인 까닭에 위진시대는 물론이고 한대의 목간도 썩지 않은 상태로 대량 발굴될 수 있었다. 그러나 이들 목간은 한대 및 위진시내의 변방 군사 주둔지에서 사용된 것들로서 군사 업무 관련 내용이 대부분이다. 그리고 체계적이고 과학적인 발굴계획에 의해서가 아니라 모래 속에서 수집하는 수준의 발굴이었다(冨谷至 編, 2001: 第1部「探險史編」).

---

7 『漢書』권30「藝文志」, 1706쪽, "武帝末, 魯共王壞孔子宅, 欲以廣其宮, 而得古文尙書及禮記·論語·孝經凡數十篇, 皆古字也."

중국에서 보다 체계적이고 과학적인 방법에 의해 간독이 발굴된 것은 1949년 이후부터이다. 1949년 이래 특히 70년대 이후 중국 전역에 걸친 활발한 고고학적 발굴의 결과 신강·감숙·내몽고 등 변경지역은 물론 호남·호북을 비롯한 전 지역에서 전국시대의 초나라와 진나라 진한제국 시대의 목간이 다량 발굴되었다(李均明·劉國忠·劉光勝·鄔文玲, 2011; 경북대학교 인문학술원 엮음, 2022). 이러한 정황 하에서 호남성에서 출토발굴 및 정리된 간백을 시대별로 구분하면 전국, 진, 전한, 후한과 삼국시대의 오(吳), 진(晉)으로 구분할 수 있다.[8] 더욱이 장사에서는 단일건수로는 최고 분량인 10여만 매에 달하는 삼국시대 오나라의 목간이 발굴되었고(長沙市文物考古研究所·中國文物研究所·北京大學歷史系走馬樓簡牘整理組 編, 1999; 長沙市文物考古研究所·中國文物研究所·北京大學歷史系走馬樓簡牘整理組 編, 2003, 2007, 2008; 長沙簡牘博物館·中國文化遺産研究院·北京大學歷史系走馬樓簡牘整理組 編, 2011, 2018, 2017, 2013, 2015, 2019), 2002년에는 호남성의 오지인 용산현(龍山縣)의 이야진(里耶鎭)에서는 20여만 자가 수록된 36,000매의 진나라 목간이 발굴되기도 하였다(長沙市文物考古研究所·中國文物研究所·北京大學歷史系走馬樓簡牘整理組 編, 1999; 長沙市文物考古研究所·中國文物研究所·北京大學歷史系走馬樓簡牘整理組 編, 2003, 2007, 2008; 長沙簡牘博物館·中國文化遺産研究院·北京大學歷史系走馬樓簡牘整理組 編, 2011, 2018, 2017, 2013, 2015, 2019).[9] 이 중에서 1972년부터 1974년에 걸쳐 장사시 마왕퇴 한묘에

---

8 호남지역에서 발견된 전국시기 초간에서부터 진간(A.D.300년 전후)에 이르는 주요 간독의 석문과 도판에 대해서는 湖南省文物局 編著(2012)를 참조.

9 발굴 정황과 출토 유물의 성격에 대해서는 湖南省文物考古研究所(2007) 참조; 석문과 도판은 湖南省文物考古研究所 編著, 2012; 里耶秦簡博物館·出土文獻與中國古代文明研究協同創新中心中國人民大學中心 編著, 2016; 교석(校釋)은 陳偉 主編, 2012; 『里耶秦簡牘校釋(第2卷)』, 2018을 참조.

서 여성의 시신과 함께 백화와 백서 및 간독의 출토는 전한초기 문자 기록을 통해 당시 사회상을 살필 수 있는 매우 귀중한 자료로서 평가받고 있다.[10](3장에서 상술) 특히 장사지역에 출토된 백서의 내용은 고대 사상을 재해석하는데 주요한 자료로서 활용되고 있다. 서사된 문자는 초(楚) 계통 문자, 진예(秦隷), 한예(漢隷)부터 초서(草書), 행서(行書), 해서(楷書) 등 다양한 서체도 확인되기 때문에 서체의 변천 연구에도 매우 귀중한 자료를 제공하고 있다.

호남 장사 지역 출토문헌을 비롯한 중국에서 발굴된 40~50만매의 간독과 백서는 그 방대한 수량만큼이나 내용도 다양하다. 전적(典籍) 문헌은 물론이고 일반 행정공문서·법률문서·편지·일서(日書)·견책(遣策)·물품목록·관서출입증·호적·계약문건·습자·명함·유언장 등을 포함하고 있으며, 용도별로 상이한 형태의 목간이 간(簡)·독(牘)·고(觚)·검(檢)·갈(楬)·부(符)·권(券)·계(棨)·치(致)·전(傳)·폐(柿)·참(槧) 등의 형태로 출토되고 있다(李均明, 2009). 따라서 수량이나 형태·용도의 다양성과 더불어 목간에 대한 연구는 매우 다양할 수밖에 없고, 이러한 연구는 전국시대 및 진한시대사 연구에 필수불가결한 영역으로 자리하고 있다. 이러한 상황 하에서 다음의 〈표1〉에서 알 수 있듯이 장사 및 호남지역에서 출토 정리된 간독 자료를 나열하면 다음과 같다(경북대학교 인문학술원, 2022).

〈표1〉에서 언급한 죽간·목간 가운데 장사지역 출토간독에 대한 간략한 설명을 하면 다음과 같다. 장사일대의 간독자료는 1942년 자탄고(自彈庫) 전국 초묘에서 도굴되어 면세(面世)한 전국 초백서을 비롯

---

10 裘錫圭 主編, 2014: 1~8; 아울러 호남지역에서 출토된 간독에 반영된 이 지역에 대한 이해는 伊藤敏雄·窪添慶文·關尾史郎 編, 2015를 참조.

〈표1〉 중국 호남 및 장사 출토 죽간 목간 일람표

시기	명칭	발굴지점	매수	내용	발굴년도
戰國時代(楚簡)	長沙楚簡	호남성 長沙 五里牌 406호楚墓	竹簡38	견책(遣策)	1951
		호남성 장사 仰天湖 25호초묘	죽간43	견책	1953
		호남성 장사 楊家灣 6호초묘	죽간72	불명	1954
	臨澧楚簡	호남성 臨澧九里 초묘	죽간 수십매	불명	1980
	常德楚簡	호남성 常德 德山 夕陽坡 2호초묘	죽간2	大事紀年	1983
	慈利楚簡	호남성 慈利縣 石板村 36호초묘	죽간 800~1000	『國語』 등에 포함된 故事	1987
秦代(秦簡)	里耶秦簡	호남성 湘西 土家族苗族自治州 龍山縣 里耶古城 중의 1號井	죽간·목독 등3 6,000여	遷陵縣의 행정문서 및 戶籍簡·里程表簡·祠先農簡 등	2002
	嶽麓秦簡	호남대학 岳麓書院 소장 秦簡	죽간 2,174	법률문서(『奏讞書』 『秦律雜抄』 『秦令雜抄』) 및 『質日』 『爲吏治官及黔首』 『占夢書』	2007
한대(漢簡)	長沙漢簡	호남성 長沙市 203호 한묘	목독9	봉검	1951-1952
		호남성 장사시 楊家大山 401호 한묘	목독1, 봉검9	불명	1951-1952

시기	명칭	발굴지점	매수	내용	발굴년도
한대 (漢簡)	長沙漢簡	호남성 장사시 伍家嶺 201호 한묘	봉검9	"魚鮓一魚斗"	1951-1952
		호남성 장사시 徐家灣 401호 한묘	목갈1	"被絳函"	
		호남성 장사시 馬王堆 1호 한묘	죽간412, 목독49	견책	1972
		호남성 장사시 마왕퇴 3호 한묘	죽간610 (목간10 포함)	견책, 醫簡	1973
		호남성 장사시 魚陽王后墓	전패(篆牌) 수십매	견책, 賻儀簡	1993
	走马樓漢簡	호남성 장사시 走馬樓 8호 古井	죽간 10,000여매	사법 분야 공문서·사문서	2003
	東牌樓漢簡	호남성 장사시 동패루 7호 古井	목독· 목간426	공문서· 郵驛簽牌·사신	
	虎溪山漢簡	호남성 沅陵 虎溪山 沅陵侯 吳陽의 묘	죽간1,336	부적·일서·美食方	1999
	古人堤漢簡	호남성 장가계 古人堤	죽간90	漢律·醫方·公文書· 書信·禮物楬· 曆日表·九九乘法表	1987
三國 時代	長沙走馬 樓吳簡	호남성 長沙市 走馬樓의 22號井		행정문서·사법문서· 인명부·장부·券書 등	1996
	郴州吳簡	호남성 郴州市 苏仙桥 4號井	120여	경제 관련 자료, 습자간	
魏晋 時代	郴州晋簡	호남성 郴州市 蘇仙橋 10號井	목간· 목독600여	桂陽郡 공문서	2004

하여 〈표1〉에 정리한 초간 등 일련의 초간백이 출토되었다. 또한 〈표 1〉명칭 「장사한간(長沙漢簡)」에서 정리한 한간들은 거의 장사시 외곽의 묘에서 출토된 공통된 특징을 보이고 있지만, 1990년 후반부터는 장사시 중심지역의 옛 우물 유지에서 대규모 간독이 출토되고 있는 특징을 보이고 있다. 더욱이 1996년 주마루 오간을 포함해서 주요 한간들은 대부분 장사시 중심지역인 '5·1'광장을 중심으로 출토간독이 집중되고 있다. 이러한 사실을 통해 '5·1'광장 일대가 전국·진한시기 이래로 정치·행정·학술의 중심지역이었음을 알 수 있다. 따라서 이지역에서 출토된 간백들은 제후왕부터 하급관리에 이르기까지 관부(官府)에서 사용된 전적과 공문서가 중심된 자료였다.

4. 마왕퇴백서(馬王堆帛書)의 내용과 새로운 이해

호남성 장사시의 동쪽 교외, 시의 중심부에서 약 4km 떨어진 곳에 마왕퇴라고 불리는 동서로 나란히 배치된 세 개의 무덤이 있다. 1971년 말 병원 건설공사를 할 때 동쪽 무덤까지 공사의 일부가 마치게 되자 갑작스럽게 1972년 1월부터 4월에 걸쳐 호남성 박물관에 의한 발굴조사가 행해져 1974년 1월까지 3기의 무덤에 대해 발굴 조사가 진행되었다. 1호 묘에서는 간독·직물·칠기·죽목기·도기·악기 등 천 점 이상에 달하는 귀중한 부장품이 출토되었는데 4중으로 된 관에 안치되었던 묘주인 이창(李蒼)의 부인 유체(遺體)가 2,100년 전에 매장된 것임에도 불구하고 전혀 부패되지 않고 '살아있는 듯한' 상태로 발견되었다. 2호 묘는 이미 도굴을 많이 당했기 때문에 앞에서 말한 3개의 인장 이외에는 그다지 중요한 출토품은 없었으나 「이창」,

「대후지인(軑侯之印)」, 「장사승상(長沙丞相)」 등 인장의 발견은 묘장의 성격을 이해하는 많은 단서를 제공하였다. 그리고 3호 묘에서는 간독, 병기, 악기, 칠기, 직물 등 1호 묘에 필적하는 1천 점 이상의 귀중한 부장품이 출토되었다. 그 중에서도 백서라 불리는 비단[縑帛]에 쓰여진 대량의 서책 출토는 중국 고대 학술사 연구에서 일전에 없었던 매우 귀중한 발견이었다(何介鈞·張維明, 1992).

마왕퇴 3호 한묘에서 출토된 백서는 관의 동쪽에 놓여진 세로 60cm, 가로 30cm, 높이 20cm의 장방형의 옻칠 상자 속에서 발견되었다. 발견 당시 상당 부분이 파손되었지만 정리와 해독 작업을 통하여 아래와 같은 마왕퇴 백서의 풍부하고 다채로운 내용이 분명해졌다. 주요 내용은 유가(儒家) 경전과 관련된 문헌인 육예류(六藝類), 제자백가(諸子百家)와 관련된 문헌인 제자류(諸子類), 군사와 관련한 병서류(兵書類), 점술 관련 수술류(數術類), 의술 관련 방술류(方術類), 기타 등으로 분류할 수 있다.[11]

〈표2〉 마왕퇴 한묘 백서 분류표

분류	帛書名
六藝類	『周易』,『六十四卦』,『繫辭』,『要*』,『繆和』,『昭力*』,『二三子』,『易之義』,『春秋事語』,『戰國縱橫家書』,『喪服圖』
諸子類	『老子』「甲本·卷後古佚書四種(『五行』,『九主』,『名君』,『德星』),『九主圖』,『老子』「乙本」卷前古佚書四種(『經法*』,『十六經*』,『稱*』,『道原*』)
兵書類	『刑德』,『甲篇』,『乙篇』,『丙篇』
數術類	『五星占』,『天文氣象雜占』,『式法』(舊名:『篆書陰陽五行』),『隷書陰陽五行』,『木人占』,『符淨』,『神圖』,『築城圖』,『園寢圖』,『相馬經』

---

11 李學勤, 1979; 아울러 "*"를 붙인 6건 이외의 문헌에는 제목이 적혀져 있지 않고 여기에 열거한 명칭은 내용면에서 임시로 붙여진 것이다.

분류	帛書名
方術類	『五十二病方』卷前古佚書四種(『(足臂十一脈灸經)』,『陰陽十一脈灸經 甲本』,『脈法』,『陰陽脈死侯』),『胎産書』,『養生方』,『雜療方』, 『導引圖』卷前古佚書二種(『却穀食氣篇』,『陰陽十一脈灸經 乙本』)
기타	『長沙國南部圖』,『駐軍圖』

「육예류」, 「제자류」라고 한 항목명은 한대의 도서목록인 『한서』 「예문지」의 분류를 근거로 했다. 이 중 『주역』(『육십사괘』,『계사』)와 『노자』 갑본, 을본은 전세(傳世) 문헌자료로 잘 알려져 있으나 그 이외는 모두 미지의 문헌 즉 이른바 일서(佚書)이다. 『식법(式法)』과 같이 연구 진전에 따라 나중에 『음양오행(陰陽五行)』(甲篇)으로 개명된 예도 있다. 마왕퇴 한묘 백서 중에 가장 잘 알려진 문헌은 『노자』이지만, 백서 전체에서 가장 주목받는 것은 「수술류」와 「방술류」에 속하는 문헌이 전체의 반 이상을 차지하고 있는 점이다. 「수술류」는 점술, 「방술류」는 의술에 관련되는 문헌으로 후대의 천문학, 역학, 의학, 약학이라는 중국의 모든 과학의 원형이라 할 수 있다. 즉 마왕퇴 한묘 백서는 사상사뿐만 아니라 과학사 분야에서도 획기적인 의의를 지닌 발견이었다 (후쿠다 데쓰유키, 2016: 147).

전세 문헌에 의해 잘 알려지지 않았던 서책 가운데 「수술류」에 속하는 『천문기상잡점(天文氣象雜占)』(顧鐵符, 1978-2)은 중국사상사 연구에서 중요한 '기(氣)'에 대한 새로운 이해를 가능하게 했다. 『천문기상잡점』과 비슷한 시기의 '기'와 관련한 기사로서 『사기』 「항우본기(項羽本紀)」에는 항우(項羽)와 유방(劉邦)이 패수(覇水)를 경계로 대치하고 있던 상황 하에서 항우의 참모인 범증(范增)이 항우를 설득하는 기사가 보인다.

패공은 산동(山東)에 있을 때 재물을 탐하고 미인을 가까이 했으나,

지금 관중(關中)에 들어 와서는 재물은 취하지 않고 여인을 전혀 가까이 하지 않습니다. 이것은 그 뜻이 작지 않은 것을 나타내고 있습니다. 내가 사람을 보내어 패공의 기운을 보게 하였더니 모두 용과 호랑이의 모습을 하고 오색으로 빛나고 있었습니다. 이것은 천자의 기운입니다. 빨리 공격하여 기회를 놓쳐서는 안 됩니다.(『사기』「항우본기」)

그러나 이러한 진언에도 불구하고 항우는 절호의 기회였던 홍문(鴻門)의 회합에서도 끝내 패공을 살해하지 못하자 결국 범증의 두려움은 현실이 되었다. 범증의 발언 속에서 주의할 것은 "기운을 보다" 즉 망기(望氣)에 의해 미래를 점치는 망기술(望氣術)에 관한 언급이 보인다는 점이다.

'기'는 중국사상사에서 중요한 용어이고 사람과 그것을 둘러싼 천지와의 사이를 '기'가 순환하여 인체가 발하는 외기와 구름형태인 운기, 또한 해와 달과 천체를 관측하는 것에 의해 미래를 예지할 수가 있다고 여겨져 있었다. 이러한 여러 가지 망기술의 존재는 이미 전해오는 문헌자료에서도 알려져 있는데 그 구체적인 자료는 당나라 말기 오대(五代)의 서사라고 추정되는 돈황문서(敦煌文書)인 「점운기서(占雲氣書)」의 남아있는 일부분 이외에는 거의 존재하지 않았다(何丙郁, 1992-2). 마왕퇴 한묘에서 새로 출토된『천문기상잡점』은 전국에서 한초에 걸친 망기술의 실제를 보여주는 귀중한 자료임과 동시에 중국고대의 '기' 연구에서도 더없이 중요한 의의를 지니고 있는 것이다.

또 다른 특징으로 마왕퇴 백서에는 진말·한초의 다양한 필기문자의 실태를 확인할 수 있다. 물론 마왕퇴 한묘 백서에 당시 존재한 서체 전부가 망라되었다고 할 수는 없지만 백서에 보이는 다양한 서체는 전국시대부터 진한에 걸친 필기문자의 변천을 고찰하는 하나의 기준이 된다.[12] 마왕퇴 한묘 백서의 서체에 관해서는 『노자』 을본으로 대표되는 서체인 한예(漢隸), 『노자』 갑본(甲本)으로 대표되는 서체인 고례(古隸), 『오십이병방(五十二病方)』으로 대표되는 전례(篆隸) 등의 3종으로 나누어 볼 수 있다. 이러한 분류는 각기 명칭에 관해서는 전자를 「예서계(隸書系)」, 후자 2개를 「전서계(篆書系)」로 하는 것(田中東竹, 1990)과 「한예(漢隸)」, 「고례(古隸)」, 「전례(篆隸)」로 하는 것(陳松長, 1996) 등 논자에 따라 다르다. 전례는 전서 형태의 구조가 비교적 많은 예서이고, 고례는 진예(秦隸)로도 불리우며 전서와 예서 사이에 위치하여 비록 전서의 서체풍을 가지고 있어도 글자의 구조상 예서로 변화하는 흔적이 매우 명료하다. 또한 한예는 현재의 예서체로서 자체의 구조와 형태가 비교적 규법적이고 저서의 원전(圓轉)하는 듯한 필법은 완전히 사라졌다(陳松長·李瑩波, 2021: 173). 이러한 서체의 특성에 근거하여 각 편을 분류하면 다음과 같다(陳松長, 2018: 61~69).

〈표3〉 마왕퇴 백서의 서체 분류

분류	백서명
篆隸	『陰陽五行』(甲篇), 『五十二病方』, 『足臂十一脈灸經乙本』, 『去穀食氣』 등
古隸	『春秋事語』, 『戰國縱橫家書』, 『老子』 「甲本」, 『九主』, 『明君』, 『德聖』, 『刑德』 「甲本」, 『陰陽五行』(乙篇), 『出行占』, 『天文氣象雜占』 등
漢隸	『相馬經』, 『五星占』, 『經法』, 『十六經』, 『稱』, 『道原』, 『老子』 「乙本」, 『周易』(『六十四卦』 『繫辭』), 『刑德』 「乙本」 등

〈표3〉과 〈그림1〉의 분류에서도 알 수 있듯이 전례와 고례는 각각

---

12 호남지역 및 마왕퇴백서의 서법(書法)에 대해서는 陳松長의 일련 연구가 주목된다. 陳松長·李瑩波(2021); 陳松長(2018, 2011) 등을 참조.

〈그림1〉 전례, 고례, 한예의 자체(字體) 형태

篆隷: 『五十二病方』　　　　　古隷: 『戰國縱橫家書』　　　　漢隷: 『五星占』

동일한 서사자를 상정할 수 있을 정도로 자체의 유사성을 확인할 수 있지만 한예의 자체는 유사성이 떨어지고 있음을 알 수 있다. 예를 들면 『전국종횡가서』와 『오십이병방(五十二病方)』은 서풍(書風)의 차이는 보이지만 세로 길이의 구성과 가는 선의 붓 그림에 있어 공통된 특색이 인정된다. 이에 대해 『오성점(五星占)』과 같은 한예로 쓰여진 각 편들은 글자의 형태·양식 양면에서 『전국종횡가서』와 『오십이병방』과는 명확하게 다르다. 즉, 전례와 고례의 서체는 각각 같은 내력의 가능성을 지적할 수 있지만 한예는 내력이 다른 자료가 혼재된 상황을 고려할 수 있는 것이다.

또한 이와같은 서체의 차이는 서사된 연대에 따라서도 그 차이를 보이고 있다. 우선 한예로 서사된 『오성점』의 서사 내용 중, "효혜원(孝惠元)", "고황후원(高皇后元)" 등의 명확한 기년(紀年)을 확인할 수 있다(裵錫圭, 2014: 第四冊, 241). 더욱이 『오성점』은 진시황 원년(B.C. 246)에서 전한 문제(文帝) 3년(B.C. 177)까지의 오성의 운행주기를 기록한 내용이기 때문에 백서의 초사 연대는 한 문제 초년보다 이르지 않

다. 이에 비해 전례인『족비십일맥구경을본(足臂十一脈灸經乙本)』의 문
장에는 한고조 유방의 이름을 피휘하고 있지 않기 때문에 서사연대는
진대에 해당한다. 고례로 쓰여진『전국종횡가서』의 문장 가운데에서
는 한 고조 유방의 이름을 피하였지만 혜제(惠帝)의 이름을 피하지 않
은 것으로 볼 때[13], 서사연대는 B.C. 206년에서 B.C. 195년 사이로
추정할 수 있다. 더욱이『형덕』「갑편」의 내용 중「형덕점(刑德占), 태
음형덕대유도(太陰刑德大遊圖)」에 "장초(張楚) 임인(壬寅)"과 고조 11년
(B.C. 196)을 가리키는 "금황제십일년(今皇帝十一年) 을사(乙巳)"의 기술
과 그 이전 간지(干支) 등을 기록하고 있음을 고려한다면(裘錫圭, 2014:
第五冊, 18) 진시황 통일 이후인 진말 한초에 해당한다고 볼 수 있다.

　상기의 내용을 종합히여 보면 미왕퇴 힌묘 백시의 대락적인 시시
연대는 진시황 통일 시기를 전후하여 한 문제 초에 해당된다고 추정
할 수 있다. 그렇지만 고례의『전국종횡가서』와 한예의『노자』「을본」
과 같이 언뜻 보기에 서사 연대 차이가 있으리라 생각되는 것도 실은
거의 동일한 시기의 서사임을 알 수 있다. 결국 진말에서 한초에 걸
쳐 다양한 서체가 공존한 것이라면 전국시대에서 진한에 걸쳐 필기
문자의 변천이라는 관점에서 이러한 상황을 어떻게 이해해야 하는 것
인가? 이와 관련하여 전례의『음양오행』(갑편)과 전국시대 초문자와의
사이에 긴밀한 관련이 있음을 언급한 이학근(李學勤)의 아래와 같은
지적은 시사적이다.

　　백서 문자의 대부분은 초나라의 '고문(古文)'쓰는 방식이 남겨져

13　裘錫圭(2014: 256) 第三冊,『戰國縱橫家書』「二十四 公仲倗謂韓王章」"王聽臣之爲
之,警四境之內, 興師救韓, 命戰車, 盈夏路……."

있는데 이것은 아마도 진인의 글자체에 익숙하지 않은 초인이 서사한 것일 것이다. 예를 들면, 그 중의 한 절에는 여러 곳에 걸쳐 '좌(左)'자가 나오는데 처음에는 '㞚'라는 고문의 '左'자를 쓰고, 나중에는 진 문자인 '左'를 쓰고 있다. 같은 절에 '戰'자는 처음에는 '戰'이라는 고문을 쓰고, 뒤 문장에는 다시 '戰'이라는 진 문자로 고쳐 쓴다. (李學勤, 1985)

이학근의 지적은 주로 글자의 형태에 착목한 것이지만 『음양오행』(갑편)에는 초백서와 초간에서 항상 볼 수 있는 둥근 모양의 서체 양식을 명료하게 알 수 있기 때문에 초문자와의 관련은 형태면에서도 매우 높다. 이러한 사실은 지금까지의 통설에 따르면 진시황의 문자통일에 의해 초를 비롯한 진 이외의 6개국의 문자는 완전히 없어졌다고 이해하였다. 그런데 『음양오행』(갑편)의 발견에 의해 한초에서도 여전히 일부 지역에는 초문자가 확실히 남아 있었음을 확인할 수 있다. 이와 같이 마왕퇴 한묘 백서는 전국시대에서 진의 통일을 거쳐 한대로 이행하는 시기의 다양한 필기문자의 실태를 제공하고 있다.

〈그림2〉 『陰陽五行』甲篇 일부

한편 마왕퇴 3호 한묘의 백서 출토는 중국 고대 서적사상의 공백을 메우는 중요한 발견이기도 하였다. 그런데 죽간과 겸백(縑帛)은 그 용도에 본질적인 차이가 있어 진반(陳槃)에 의하면 죽간은 오로지 문자를 쓰기 위한 재료이고 겸백은 그림과 도형을 그리기 위한 것이었다(陳槃,

1953). 진반은 한대의 도서목록인『한서』「예문지」병서략(兵書略)에
"「別成子望軍氣」6篇 圖3卷, 「鮑子兵法」10篇 圖1卷, 「五子胥」10篇
圖1卷"(『漢書』권30. 「藝文志」: 1760~1761)이라는 기사를 언급하면서 '도
3권', '도1권'이라는 반고(班固)의 기록은 백서를 가리키고 본문이 쓰여
진 죽간의「편」에 대해 도형이 그려진 백서는 '권'이라고 구별하여 쓴
것이라고 밝히고 있다. 이렇다면 마왕퇴 한묘 백서 중 본문에서 소개
한『천문기상잡점』과 같이 그림을 동반한 것이나『도인도(導引圖)』,『장
사국남부도(長沙國南部圖)』,『주군도(駐軍圖)』는 본래 백서의 대상이고
『주역』,『노자』등의 문자만으로 된 대부분의 문헌은 오히려 죽간에 서
사되는 것이 자연스러웠다고 할 수 있다. 그렇다면 왜 이들 문헌이 비
단에 쓰여졌는가가 새삼스럽게 문제가 된다. 마왕퇴 1호 한묘가 발굴
되었을 때 제후인 대후로서는 그 분묘와 부장품이 너무나도 호화스러
웠기 때문에 묘주가 장사왕의 부인라는 견해도 있었다. 이 점을 함께
생각해 보면 부유한 대후가 자식들의 장서(藏書)는 오늘날의 초호화본
의 감각으로 일상적으로 죽간이 아니라 백서가 많았을지도 모른다.

또한 마왕퇴 출토 백서 가운데『오성점』의 기록을 통해 진(秦) 이세
(二世) 황제 호해(胡亥)의 즉위와 관련한 새로운 사실도 추측할 수 있
다. 이와 관련하여 2013년 호남성 익양현(益陽縣) 토자산(兎子山) 유적
의 9호 우물에서 1매의 목독(木牘)이 출토되었는데 이 목독은 진 이세
원년 10월 갑오일(甲午日)에 반포한 조서로서 그 내용은 다음과 같다.

천하는 시황제를 잃어 모두 너무 두렵고 깊은 슬픔에 빠져있다.
짐이 유조를 받들어 宗廟[시황제 관련]의 일과 기록을 분명하게 하
여 매우 훌륭한 통치와 공적을 갖추게하였고 율령은 마땅히 개정을
마치었다. 원년 백성들과 함께 새로이 시작하고자 하여 유죄를 폐

지하고 법령은 이미 모두 하달하였다. 짐은 스스로 천하를 위무하고 관리와 백성들은 모두 일에 종사하니 요역과 부세를 백성에게 나누어 주고 세세한 항목으로 현리를 가혹하게 심문하지 마라. 즉시 반포하라(天下失始皇帝, 皆遽恐悲哀甚. 朕奉遺詔, 今宗廟史及著以明至治大功德者具矣, 律令當除定者畢矣. 元年, 與黔首更始, 盡爲解除流罪, 今皆已下矣. 朕將自撫天下,(正)吏·黔首, 其其行事, 已(以)分縣授黔首, 毋以細物苛劾縣史. 亟布)(J9③1)[14]

이 조서는 호해가 황제에 즉위한 후 반포된 조서이다. 주요 내용은 '짐봉유조(朕奉遺詔)'의 의미에서 알 수 있듯이 진시황의 유지를 받들고 호해의 계위 정당성을 강조하고 있으며, 원년에 새로운 정치의 주요 방침을 공포한 것이다. 즉 천하의 관리와 백성들을 위무(慰撫)하여 혜정(惠政)을 시행한다는 내용이다.[15] 따라서 조서의 내용은 북경대학에서 구입 정리한 진간의 내용 가운데 하나인 호해의 정통성을 인정하는 관점의 서술인 「조정서(趙正書)」의 내용과 상통하며, 이러한 기록에 근거하면 시황제가 임종 직전에 호해를 제위의 계승자로 결정하였을 개연성은 매우 높다.[16] 그렇다면 『사기』에서는 호해의 즉위를 이사

---

14 이에 대한 여러 해석이 존재한다. 본고에서는 陳偉(2017: 124~126)를 참고하였다. 이외에도 孫家洲, 2015: 18~20; 張春龍·張興國, 2015: 6~7; 吳方基·吳昊, 「釋秦二世胡亥"奉詔登基"的官府報告」, 簡帛網, 武漢大學 簡帛硏究中心, http://www.bsm.org.cn/show_article.php?id=2025 등을 참조.

15 孫家洲, 2015: 18; 아울러 진 2세 시기의 영문(令文)도 발견되어 호해가 비록 3년의 짧은 치세이지만 황제로서 진의 통치를 수행했음을 알 수 있다(陳松長, 2015: 88~92).

16 馬瑞鴻(2017. 7. 231~234)에서는 『사기』와 「조정서(趙正書)」 그리고 《秦二世元年十月甲午詔書》 등의 자료를 종합적으로 분석하면 호해는 진시황의 법정계승인이라는 점은 너무 역사적 사실에 부합한다고 주장한다.

와 조고의 음모에 의해 즉위하였다고 기술한 까닭은 무엇인가?

이와 관련하여 상기한 2세 조서가 발견된 곳과 인근 지역인 호남성 장사시 마왕퇴 한묘에서 발견된 「오성점」에서는 진 이세의 기년은 보이지 않고 단지 "장초(張楚)"라고 표기했으며 "시황제"의 기년을 그대로 사용하여 멸망 후에는 바로 "한(漢) 원년(元年)"으로 표기하고 있어 호해의 계승을 부정하고 있음을 추측할 수 있다(裵錫圭, 2014: 179). 이러한 기록은 진승(陳勝)이 기병하기 전에 오광(吳廣)과 상의하는 중에 호해의 계위는 정통성이 결여되었음을 언급한 기사와[17] 호해 계위에 대한 부정적 입장을 취한 숙손통(叔孫通)의 관련 서술을 통해서도 확인할 수 있다.

> 한 12년 고조는 조왕 여의로 태자를 교체하려하자 숙손통은 황제에게 간하였다. "옛날에 진헌공은 총애하던 여희 때문에 태자를 폐위하고 해제를 태자로 삼았다. 이 때문에 晉나라는 수 십년 동안 혼란스러웠고 천하의 웃음거리가 되었다. 秦나라는 일찍이 부소를 태자로 정하지 않았기 때문에 조고가 황제의 令을 사칭하여 호해를 태자로 세울 수 있었습니다. 이 때문에 스스로 선조의 제사가 끊어지게 하였으니 이것은 폐하께서 친히 보신 일입니다(漢十二年, 高祖 欲以趙王如意易太子. 叔孫通諫上曰. "昔者晉獻公以驪姬之故廢太子, 立奚齊, 晉國亂者數十年, 爲天下笑. 秦以不蚤定扶蘇, 令趙高得以詐立 胡亥, 自使滅祀, 此陛下所親見. ……)(『史記』권99「叔孫通傳」: 2724-2725)

---

17 『史記』권48「陳涉世家」, 1950쪽, "吾聞二世少子也, 不當立, 當立者乃公子扶蘇."

숙손통은 태자를 함부로 바꿔서는 안된다고 간언하면서 진의 경우, 일찍 부소를 태자로 정하지 않았기 때문에 조고가 황제의 명을 사칭하여 호해를 태자로 세웠지만 이러한 결정은 스스로 멸국(滅國)을 초래하였다는 사실에서 적자(嫡子) 폐위의 부당함을 언급한 것이다. 유방과 숙손통의 대화는 두 사람 모두 호해의 즉위는 시황제의 결정에 의한 것이 아니라 조고의 "사립(詐立)"에 의한 것임을 반영한 것이다. 진말 한초 시기의 문헌기사와 출토자료들은 호해의 계위에 대해서 비정통(非正統)으로 인식하고 있음을 알 수 있다(金慶浩, 2017: 162~163). 이러한 인식은 아마도 당시 시대적 배경에 기인한 역사적 사실에 대한 해석에 기초하였을 것이다. 진승의 봉기와 같은 반진감정(反秦感情)은 "호해부당립(胡亥不當立)"의 이유가 되었을 것이다. 또한 한초의 문헌이나 출토자료의 내용들이 진의 정통을 부정한 새로운 왕조의 창업 계승을 강조한 것은 매우 자연스러운 현상이었다. 이러한 현상을 반영하여 진 2세의 기년을 기록하지 않고 "장초"라고 기록한『오성점』의 기록 내용 역시 진말 한초의 정황을 반영한 호남 장사에서 출토된 기록이란 점을 새롭게 인식할 수 있다. 따라서 상기한 몇 개의 사례에서 확인할 수 있듯이 종래 문헌자료가 고대 사회를 다면적으로 이해하기 위한 새로운 사실을 알려주는데 한계를 가지고 있음을 보이고 있는 시점에 출토자료의 새로운 자료 제공은 출토자료가 단순한 '자료'의 성격으로서 제한된 것이 아니라 새로운 학문으로서 '고전학' 연구의 출발점을 제공하고 있다.

5. 맺음말

한·송시대 고전학 연구의 전통은 중국을 비롯한 동아시아에서의 고전학 연구를 위한 전형적인 범례를 제공하였다. 이러한 전통은 청대 고전학 연구를 동아시아 고전학의 기본적인 규범으로 확립하는데 커다란 공헌을 세웠다. 청대 고전학의 전통과 연구 방법론은 모두 후대 전해진 '종이[紙類]'에 작성된 문헌에 의한 연구였다(물론 금석학 연구의 경우 서사 재료는 '종이'가 아니다). 그러나 20세기 이래 문헌자료의 원형을 확인할 수 있는 '지하'의 출토문헌자료들이 부단하게 발굴 정리되고 있는 현재와 미래의 고전학 연구는 마땅히 그 연구 방법이 변해야 할 것이다. '고전'에 대한 해석은 변할 수 없다는 고전의 '봉쇄화' 혹은 '신비화' 경향은 모두 고전학 연구 발전에 도움이 되지 않는다. 고전학은 기본적으로 문헌학과 문자학에 기초하고 있는 학문이다. 그러나 고전학 연구에 대한 문제의식과 연구 방법 등은 고전학 내부에서 기인하지 않고 외부로부터 온다. 예를 들면 중국 역사상 고전에 대한 훈고적 방법에서 고증학적 방법에 이르기까지의 변화는 해당 시대와 그 시대의 중요한 문제의 상관관계에서 비롯한 것이다. 이러한 상관관계에서 기인한 문제는 고전에 대한 새로운 해석과 그 발전적 의미를 지향한다.

21세기 지하에서 출토되는 죽간, 목간 및 백서의 형태에 서사된 고전은 고전학을 새롭게 건설하여 새로운 시기를 향해서 나가는데 일조를 하고 있다. 중국을 비롯한 한자문화권의 동아시아 문명의 부흥은 중국과 동아시아 사회의 고전 문명에 대한 새로운 이해와 해석이 필요하다. 이러한 움직임은 최근 서구 학계의 고전학 연구에 영향을 받아 류샤오펑(劉小楓)·간양(甘陽) 교수 주편의 "경전여해석(經典與解釋)"

총서 시리즈가 15년이란 기간 동안에 350여종의 중요한 역저가 출판되어 중국학계의 서구 학계 고전학 연구를 위한 기초를 마련하였다는 점에서 알 수 있다.[18] 이러한 연구 성과는 중국과 동아시아 각 국 자신의 고전학 전통의 발굴을 위해서라도 참조할 만하다. 여기에서 새로운 고전 전통을 확립하기 위한 동아시아 고전의 특징이 출토문헌인 것이다. 중국은 물론이고 최근 한국 및 일본 등지에서 출토되고 있는『논어』등과 같은 전적에 대한 연구가 바로 새로운 고전학 전통을 확립하기 위한 시도인 것이다(김경호·이영호, 2012; 이성시·윤용구·김경호, 2009; 윤재석, 2011; 김경호, 2018, Kim, Kyung-ho, 2019. 10).

그렇지만 한가지 유의해야 할 점이 있다. 고전학 연구에 대한 전통적 또는 근대적 연구는 사실 청말 민초 이래 지속적으로 진행되어 왔다. 그러나 고전교육은 반전통이라는 '새장'에 갇혀 거의 전면적으로 중단되어 오늘날 고전학의 기초은 물론이고 인문학의 기초는 매우 박약한 상태가 되었다. 따라서 청말 민초 시기 대학자 왕국유(王國維)의 "새로운 학문은 새로운 자료의 발굴에서 나온다(古來新學問起, 大都由于新發見)"(胡平生·馬月華, 2004: 9)는 언급과 부사년(傅斯年)의 "하나의 학문이 다른 연구로 확장할 수 있는 자료가 있으면 더욱 발전하지만 그렇게 할 수 없으면 퇴보한다(凡一種學問能擴張他研究的材料便進步, 不能的退步;「歷史語言研究所工作之旨趣」에서 인용)"라는 지적처럼 비록 '새로운' 고전학 연구의 중흥기를 맞이했을지라도 새로운 자료에 대한 교육과 전문 인력의 부족과 같은 상황이 지속된다면 결코 '새로운' 고전학의

---

18 2015년 1월 10일 華東師範大學出版社와 華夏出版社가 주관한 "從古典重新開始―'經典與解釋'叢書十五年350種出版紀念硏討會"에서 주창한 것으로 서방과 중국 고전의 생명력을 부활하고 중국 학술의 새로운 기상을 기초로 하며, 현대 이후 시기의 학문 영역이 중화전통과 부합시키기 위한 목적으로 추진되었다.

중흥기로 쉽게 이어지지 않을 것이다. 이러한 난제를 극복하기 위해서는 무엇보다도 고전교육의 발전을 위하여 진력을 기울여야 하며, 모든 사회가, 특히 대학을 비롯한 관련 연구기관이 스스로 고전 교육을 인격의 함양과 문명 부흥의 기초로 삼아야 함을 자각해야 한다. 그래야만 고전학이 결코 박물관에 전시되어 있는 '부동(不動)'의 학문이 아닌 항상 당대의 현실과 함께 인식하고 고민하는 '살아있는(生生한)' 학문이 되기 때문이다. 왜냐하면 동아시아 고전학은 동아시아 문명의 토양에서 살아 숨쉬는 학문이고, 21세기에는 '간백학'이라는 새로운 연구 방법으로 고전문헌을 대면하고 있기 때문이다. 새로운 고전학의 연구와 그 성과는 '고전'이라는 전통문화와 이를 해석하는 '현재'의 문제의식이 함께 걸어나길 때 성장과 발전이 있을 것이다.

| 참고문헌 |

경북대학교 인문학술원 엮음, 2022, 『중국목간총람』(경북대학교 인문학술원 동아시아목간
　　총람1), 주류성.

김경호·이영호 편, 2012, 『地下의 논어, 紙上의 논어』, 成均館大出版部.

주웬칭, 2010, 『중국출토문헌과 학술사상』, 김경호 역, 주류성, 2010.

후쿠다 데쓰유키, 2003, 『문자의 발견 역사를 흔들다』, 김경호·하영미 옮김, 너머북스,
　　2016.

裘錫圭 主編, 2014, 『長沙馬王堆漢墓簡帛集成』, 中華書局.

國家文物局古文獻研究室, 1980, 『馬王堆漢墓帛書(壹)』, 文物出版社.

紀昀, 2000, 『四庫全書總目提要』, 河北人民出版社.

馬承源 主編, 2001, 『上海博物館藏戰國楚竹書(一)』, 上海古籍出版社.

上海大學古代文明研究中心·淸華大學思想文化研究所 編, 2002, 『上博館藏戰國楚竹書研
　　究』, 上海書店出版社.

梁方仲 編著, 1980, 『中國歷代戶口, 田地, 田賦統計』, 上海人民出版社.

里耶秦簡博物館·出土文獻與中國古代文明研究協同創新中心中國人民大學中心 編著,
　　2016, 『里耶秦簡博物館藏秦簡』, 中西書局.

李均明·劉國忠·劉光勝·鄔文玲 著, 2011, 『當代中國簡帛學研究(1949-2009)』, 中國社
　　會科學出版社.

李均明, 2009, 『秦漢簡牘文書分類輯解』, 文物出版社.

伊藤敏雄·窪添慶文·關尾史郎 編, 2015, 『湖南出土簡牘とその社會』, 汲古書院.

李學勤 主編, 1999, 『十三經注疏 禮記正義(上, 中, 下)』, 北京大學出版社.

李學勤, 1985, 『古文字學初階』, 中華書局.

長沙市文物考古研究所·淸華大學出土文獻研究·中國文化遺産研究院·湖南大學嶽麓書院
　　編, 2018-2020, 『長沙五一廣場東漢簡牘(壹)-(陸)』, 中西書局.

長沙市文物考古研究所·中國文物研究所·北京大學歷史系走馬樓簡牘整理組 編, 2003,
　　2007, 2008, 『長沙走馬樓三國吳簡 竹簡』(壹)-(參), 文物出版社.

_____, 1999, 『長沙走馬樓三國吳簡 吏民田家莂』(全二冊), 文物出版社.

長沙簡牘博物館·中國文化遺産研究院·北京大學歷史系走馬樓簡牘整理組 編, 2011,

2018, 2017, 2013, 2015, 2019, 『長沙走馬樓三國吳簡 竹簡』(肆)-(玖), 文物出版社.

長沙市文物考古研究所·中國文物研究所 編, 2006, 『長沙東牌樓東漢簡牘』, 文物出版社.

中國科學院考古研究所 編著, 1957, 『長沙發掘報告』, 科學出版社.

陳偉 主編, 2018, 『里耶秦簡牘校釋(第2卷)』, 武漢大學出版社.

_____, 2012, 『里耶秦簡牘校釋(第1卷)』, 武漢大學出版社.

_____, 2009, 『楚地出土戰國簡冊研究』, 武漢大學出版社.

荊門市博物館, 1998, 『郭店楚墓竹簡』, 文物出版社.

湖南省博物館, 1994, 『馬王堆漢墓研究文集-1992年馬王堆漢墓國際學術討論會論文集』, 湖南出版社.

_____, 1981, 『馬王堆漢墓研究』, 湖南人民出版社.

湖南省博物館·中國科學院考古研究所·文物編輯委員會, 1972, 『長沙馬王堆一號漢墓發掘簡報』, 文物出版社.

湖南省文物考古研究所, 2012, 『里耶秦簡(壹)』, 文物出版社.

_____, 2007, 『里耶發掘報告』, 岳麓書社.

湖南省文物局 編著, 2012, 『湖南 簡牘名迹』, 湖南美術出版社.

胡平生·馬月華 校注, 2004, 『簡牘檢署考校注』, 上海古籍出版社.

淺野裕一, 1992, 『黃老道の成立と展開』, 創文社.

渡邉義浩, 1995, 『後漢國家の支配と儒教』, 雄山閣.

何介鈞·張維明 編著, 1992, 『馬王堆漢墓のすべて』, 田村正敬·福宿孝夫 譯, 中國書店.

冨谷至 編, 2001, 『流沙出土の文字資料』, 京都大學出版會.

김경호, 2018, 「전한시기 『論語』의 전파와 그 내용 -새로운 출토문헌 『논어』의 『齊論』설과 관련하여-」, 『역사와 현실』.

_____, 2017, 「同一한 史實, 相異한 記錄—秦 始皇帝 死亡과 胡亥 繼位 기사를 中心으로」, 『大東文化研究』제100집.

辛聖坤, 1989, 「唐宋變革期論」, 『講座中國史』Ⅲ, 서울大學校東洋史學研究室 編, 지식산업사.

안대회, 2018, 「한국 고전학의 방향」, 『고전학의 새로운 모색』, 성균관대출판부.

윤재석, 2011, 「韓國·中國·日本 출토 論語木簡의 비교 연구」, 『東洋史學研究』114.

이성시·윤용구·김경호, 2009, 「平壤 貞柏洞364號墳 출토 竹簡 『論語』에 대하여」, 『木簡과 文字』제4호.

高敏, 2004, 「略談簡牘研究與簡牘學的關係和區別」, 『秦漢魏晉南北朝史論考』, 中國社會科學出版社.

琴載元, 2013, 「秦洞庭·蒼梧郡的設置年代與政區演變」, 『魯東大學學報(哲學社會科學版)』

第6期.

顧鐵符, 1978. 2,「馬王堆帛書『天文氣象雜占』內容簡術」,『文物』.

馬瑞鴻, 2017. 7,「秦二世胡亥繼位說考辨」,『文化學刊』7期.

孫家洲, 2015,「兔子山遺址出土《秦二世元年文書》與《史記》紀事抵牾解釋」,『湖南大學學報(社會科學版)』29卷3期, 中國湖南大學.

李學勤, 1979. 11,「記在美國擧行的馬王堆工作會議」,『文物』.

張春龍·張興國, 2015,「湖南益陽兔子山遺址九號井出土簡牘概述」,『國學學刊』第4期, 中國人民大學.

陳槃, 1953,「先秦兩漢帛書考」,『國立中央研究院 歷史言語研究所集刊』第24本.

陳松長·李瑩波, 2021,「馬王堆帛書的書法形態述論」,『中國書法』總381期.

陳松長, 2018,「馬王堆帛書書法形態試論」,『書法研究』.

_____, 2015,「岳麓秦簡中的兩條秦二世時期令文」,『文物』9期, 文物出版社.

_____, 2011,「湖南出土簡帛的書法價值初探」,『湖南大學學報』25-2.

_____, 1996,「馬王堆帛書藝術概述」,『馬王堆帛書藝術』, 上海書店出版社.

陳偉, 2017,「《秦二世元年十月甲午詔書》通譯」,『江漢考古』總148期, 湖北省文物考古研究所.

_____, 2003,「秦蒼梧·洞庭二郡芻論」,『歷史研究』第5期

何丙郁, 1992. 2,「一份遺失的占星術著作─敦煌殘卷占雲氣書」,『敦煌研究』, 台建群 譯.

何玆全, 1993,「簡牘學與歷史學」,『簡帛研究』第1輯, 法律出版社.

內藤湖南, 1922,「槪括的唐宋時代觀」,『歷史と地理』9-5.

田中東竹, 1990,「簡牘·帛書の書體と書法」,『中國法書ガイド』10, 二玄社.

Kim, Kyung-ho, 2019. 10, "Popularization of the Analects of Confucius in Western Han and the Discovery of the Qi Lun: With a Focus on the Bamboo Slips Unearthed from the Haihunhou Tomb", SUNGKYUN JOURNAL OF EAST ASIAN STUDIES19.

이미지의 선입견을 넘어서, '세한삼우(歲寒三友)'와 '매죽(梅竹)'의 정치성을 읽다

고연희

1. 이미지의 도덕성에 대한 선입견

'세한삼우(歲寒三友)'라 불리는 송(松), 죽(竹), 매(梅)의 조합이 그 자체로 도덕의 표상으로 보여지는 이유는, 이들이 추운 겨울을 견디는 생태적 속성을 가졌기 때문만은 아니라고 생각한다. 그러나 기존의 회화사학계에서 '세한삼우'에 대한 연구의 출발은 『논어(論語)』의 '삼우(三友)'와 '세한', '송백(松柏)' 등의 용어 유래에서 그 도덕적 근간을 찾고 '송', '죽', '매'의 생태 특성이 각각의 상징이 된 당위를 설명한 뒤, 이들의 조합으로 '세한삼우'가 도덕적 혹은 유교적으로 타당하고 적절한 유래를 갖추고 있는 점을 찾는 것으로 만족한다. 이렇게 '세한삼우'의 도덕 상징의 유래를 밝혀주는 연구는(이선옥, 2005: 103~138, 강영주, 2016: 149~189), 이 글에서 필자가 제시하는 새로운 관점에 비추어 보자면, '세한삼우'의 조합 이미지를 도덕성의 표상으로 사용하는 어떤 주체를 옹호하는 차원, 아니면 세한삼우를 도덕적 표상으로 수용하는 이들을 안심시켜주는 역할이 될 뿐이다.

이 글은 도덕성의 표상이 사용된 실상, 세한삼우의 이미지가 정치적으로 활용된 양상을 살피고자 한다. 이러한 논의의 출발은, '세한삼우도(歲寒三友圖)'라는 화목(畵目)의 명칭이 중국의 명대(明代) 초기에 본격적으로 현저하게 사용되면서 동시에 명대초기 황실 도자기의 문양으로 이 주제가 유행처럼 시문된 점에 착안함으로써 이루어졌다. 유사하게, '매죽(梅竹)'은 매(梅)·죽(竹)이 한 단위로 조합되어 사용된 시각문화를 말한다. '매죽'은 세한삼우류의 식물들이며, 매죽 조합의 이미지는 조선전기 회화 및 도자기 문양에 빈번하게 등장했다는 점이 세한삼우도의 명대초기 활용 양상과 연관 있는 현상으로 보였다. 이 글에서 이들은 함께 묶어 연구를 진행하는 이유이다.

　필자는 도덕을 표상하는 식물이미지들이 왜 혹은 어떻게 사용되었나에 관심을 가지고 그 정치적 측면의 활용에 대하여 지속적으로 살피고 있다. 원대 몽고 황실에서 관료로 활동한 중국 한족들이 거대한 크기의 묵죽(墨竹) 문화를 발전시키면서 황실에 대한 충(忠)을 표현했던 행위, 조선전기 국왕들이 묵죽 혹은 묵난(墨蘭)을 그려 관료에서 선물함으로써 신하의 충성을 다짐받았던 정황 등을 조사하여 일군의 특정한 식물 이미지들이 그 도덕성의 표상을 담보로 하여 정치적으로 활용된 상황을 논했다(고연희, 2011: 237~266; 고연희, 2013: 185~214). 한편 2021년 성균관대학교 동아시아학술원의 대학원 수업의 학생 발표였던 근대기 혈죽(血竹) 이미지가 발휘한 민족적 정의로움, 학술대회에서 발표된 근대기 난 휘호의 정치적 측면 연구 등이 이 글의 취지와 상관된다.[1]

1　박혜미, 「血竹圖: 근대 민간판화 배포 및 유통에 대한 실례」 동아시아학술원 '중국대중문화론' 발표문 (2021.11.4); 김수진, 「일제강점기 石蘭圖의 의미와 揮毫의 정치학」, 근역한문학회의 발표문(2021.11.26)

2. 중국의 송, 원대, '세한삼우' 활용의 변주

1) 북송 문인들의 자유로운 세한삼우

북송대 문인들이 남긴 시문을 보면, 북송대 문인들에게 '세한삼우-송죽매'라는 공식이 생활철학이나 회화문화를 위한 코드로 정착되어 있지 않았던 것을 알 수 있다. 널리 인용되는 소식(蘇軾, 1037-1101)의 문구는 문동(文同, 1018-1079)이 그린 〈매죽석(梅竹石)〉에 대하여 "매화는 추울수록 빼어나고, 대나무는 마를수록 오래 살고, 돌은 추할수록 아름다우니 이가 삼익지우(三益之友)이다"("東坡贊文與可梅竹石云, 梅寒而秀, 竹瘦而壽, 石醜而文, 是爲三益之友." 羅大經, 『鶴林玉露』卷5)라고 한 문장이다. 이 문장은 종종 '세한삼우'의 기원으로 해석되기도 하지만, 본 논의에서는 소식이 활동했던 시기에는 '세한삼우-송죽매'라는 공식이 정착되지 않았다는 점에서 그 의미를 지적하고자 한다. 송대 회화의 양상을 알려주는 『선화화보(宣和畵譜)』의 '화조서론(花鳥序論)'을 살피면, '송, 죽, 매, 국(松竹梅菊)'의 식물군을 하나의 속성으로 처리하여 나란히 표기된 것을 볼 수 있지만(「花鳥敍論」, 『宣和畵譜』卷15), '송죽매'라는 세 개의 식물을 별도로 지목한 바가 없으며, '송죽매'만을 별도로 묶어 그린 그림이 제목으로 제시된 바도 없다. 이러한 기록으로 미루어 볼 때, 북송대 황실 및 문인들에게 '송죽매'의 의미 있는 세팅은 정착되지 않았던 것을 알 수 있다.

2) 남송에서 기록된 '세한삼우' 장식의 세속전통

'세한삼우=송죽매'라는 등식은 남송대 초기부터 뚜렷하게 나타났다. 문헌조사를 통해 드러나는 드라마틱한 '세한삼우' 등장의 이유에 대하여 명료한 설명은 어렵지만, 필자의 추정으로는 이러한 문헌적

정황은 황실과 문인문화가 북방에서 남방으로 옮겨진 상황과 연관이
있었던 것으로 보인다.

우선, 남송 초기에 지어진 시문에서 그림으로 그려진 세한삼우를 찾
아볼 수 있었다. 그 예가 흔하지는 않지만 시인들은 '세한삼우'를 그림
의 화제로 정확하게 지목하였고, 그들의 제화(題畵) 내용 또한 유사했다.
송죽매의 세트화 뿐 아니라 의미의 표현도 이미 정착되어 있었던 당시
의 분위기를 충분하게 감지할 수 있다. '세한삼우'의 그림에 시를 남긴
이들은 장원간(張元幹, 1091-1160)과 왕염(王炎, 1137-1218)이다. 이들은
모두 남송 초기에 활동한 인물들이다.[2] 시문은 모두 4구로 간단하다.

> 푸른 색 소나무 오랜 수염으로 무성하고,
> 대나무 강한 마디로 우뚝하네.
> 그 가운데 바르게 어울려 셋을 이룬(매화의) 자태,
> 홀로 서서 얼음 서리를 업신여기는구나.
> 蒼官森古鬣, 此君挺剛節.
> 中有調鼎姿, 獨立傲霜雪.(張元幹, 「歲寒三友圖」, 『蘆川歸來集』卷4)

> 옥색(매화)은 고아한 사람의 정결함이요,
> 구불거리는 용의 수염은(소나무) 열사의 강함이라,
> 이 군자(대나무)와 더불어 셋이 서서
> 얼음 서리를 오만하게 흘겨보네.
> 玉色高人之潔, 虬髯烈士之剛.

---

2 장원간(張元幹)은 북송의 관료가 되었다가 남송이 선 이래 벼슬하지 않았으나, 복건
성 출신으로 이후 복건성에 거주하였고, 왕염(王炎)은 남송황실의 관료문인이었다.

可與此君鼎立, 偃然傲睨氷霜.(王炎, 『雙溪類稿』 卷6)

이들은 '송죽매' 세트를 흰색과 푸른색 그리고 구불거리거나 우뚝 서는 등의 형상에 초점을 두면서 얼음 서리를 업신여기는 강인한 인격으로 그 의미를 더하였다. 형상과 의미에 대한 시적 표현이 놀라울 정도로 공통적이다. 이러한 정황을 보자면, 중국의 남방에서는 세한삼우의 정착이 시기적으로 북송대에도 이미 이루어져 있었을 것이라 추정할 수 있다. 북송대 문인문화가 남방문화를 보여주지 못하다가, 남송시대 문인들의 활동영역이 남방으로 옮겨지면서 이 문화가 문인들의 글로 표현되고 문인문화로 옮겨진 것을 알 수 있다.

위의 시에서 읊은 그림이 현전하지는 않지만 남송의 황실에서 그려진 송죽매 그림이라면 아마도 남송의 대표적 화원화가 마원(馬遠)의 '세한삼우도'로 전해지는 류의 화면이었을 것이다. 『석거보급(石渠寶笈)』에 저록된 마원의 〈세한삼우도〉를 보면, 견본 바탕에 채색이 가해진 그림이며 그림 위에 "진홍색 꽃술에 곱고 화려함이 가득하고, 봄바람이 붓 끝에 아름답구나. 만약 가지 위에 눈이 없었다면, 아마도 살구꽃이라 보았겠지(絳蕤多妍麗, 春風艶筆端. 若無枝上雪, 幾作杏花看)라 적혀있었다고 한다.[3] 살구꽃(杏花)과 매화꽃은 모두 잎이 없이 피는 꽃이다. 눈이 쌓여 있기에 매화인 줄 알았다는 것은, 마원의 그림이 섬려한 채색으로 매화꽃이 어여쁘게 그려져 있었음을 표현하고 있다. 『석거보급』의 기록만으로는 마원의 그림 제목이 후대에 붙여졌는지 혹은 기록 속 그림이 마원의 진작이었는지 그 여부를 판단하기는

---

3 『石渠寶笈』 卷8.「馬遠 歲寒三友圖」, "素絹本著色畫. 款署, 臣馬遠. 左方上有題句云, 絳蕤多妍麗, 春風艶筆端. 若無枝上雪, 幾作杏花看. 未署款. 右方下有梅潤錢塘朱氏二印. 又可印半印. 軸高六尺三分 廣三尺三寸."

어렵지만, 남송대 문인들이 '세한삼우'의 화제에 부친 시와 남송 황실의 회화양식 특히 현전하는 마원의 공묘한 채식(彩飾)의 화초 그림들을 함께 생각하면, 남송대에 그려졌던 세한삼우도의 이미지를 짐작해 보는 것은 어렵지 않다.

이 외에도 남송 문인들이 남긴 '세한삼우'에 대한 인식은 좀더 다양한 문맥에서 만날 수 있다. 또한 문맥에 대한 이해는 상기한 바의 '세한삼우=송죽매' 세트화가 정착되고 있었던 상황을 추정케 한다. 남송 초기에 활동한 문인 왕십붕(王十朋, 1112-1171)은 국화 한 포기를 사서 소나무와 대나무 사이에 두고, "시월 이십일, 국화 한 그루를 사니 매우 어여뻤다. 군재의 소나무와 대나무 사이에 두고, '세한삼우'라 부르노라"[4]라고 했다. 국화, 송, 죽을 묶어 부르기를 '세한삼우'라 하였노라는 이 문장의 문맥 속에는 왕십붕이 이미 '세한삼우(송죽매)'를 알고 있었으며 그렇기에 국화와 송죽을 조합시킨 모습을 '세한삼우'로 칭해보고자 한 정황이 반영되어 있다. 이러한 뉘앙스는 남송말의 학자 요면(姚勉, 1216-1262)의 글에서도 간취할 수 있다.

> 풍읍의 황군이 '삼우(三友)'라는 이름의 건물이 있어 나에게 설(說)을 써달라고 하였다. 내가 말하기를, "어찌하여 '삼우'가 된다고 하면 좋을까요. 사람들이 말하기를, '송죽매'를 '세한삼우'라고 하잖아요. 그대의 건물이 멋지게 하늘로 솟았으니 죽(竹)이 있다고 할 수 있지요. 휘어져 용과 뱀처럼 굽었으니 송(松)이 있다고 할 수 있네요. 날렵하고 옥처럼 창백하고 하얀 색이 얼음 같으니 매(梅)가

---

4 王十朋, 「十月二十日買菊一株頗佳, 置于郡齋松竹之間, 目爲歲寒三友」, 『梅溪後集』 卷19.

있다고 할 수 있습니다."라고 하였더니, 황군이 말하기를, "아닙니다. 나는 삼가 그런 데 뜻을 두지 않습니다. 대개 공자(孔子)가 이른 세 벗의 유익함에 뜻을 둡니다. 이러한 벗을 얻어 나의 인(仁)에 도움이 될 것을 생각합니다."(하략)[5]

송죽매의 형상을 건축물의 형상에 비유하는 서두가 코믹하고 화려하다. 그러나 그것이 거절당하였다는 내용으로 이 글은 시작되고 있다. 이러한 서두를 통하여, 요면은 황군의 성실한 성품과 좋은 벗을 얻고자 하는 수양적 내면을 강조하고자 의도하였던 것으로 보인다. "사람들(人) ─즉 당신과 나 외에 세상의 다른 사람들─은 세한삼우를 송죽매라 하잖아요"라는 문장은 오히려 이 당시 많은 사람들이 '세한삼우-송죽매'의 코드를 익숙하게 사용하고 있는 상황을 전달하면서도, 이러한 일반적 세한삼우 문화에 대하여 심각한 존경을 표현하지 않는 모습을 동시에 보여준다.

또한, 남송의 문인들은 강남의 따뜻한 겨울을 장식하는 정원(庭園) 식물로 송죽매를 애용하였던 것 같다. 오잠(吳潛, 1195-1262)이 오숙영(吳叔永)의 장수를 축원하는 노래를 짓는 가운데 등장하는 '세한삼우'가 그러한 예이다. "나도 또한 자연으로 돌아아 마음대로 힘에 꺼리낌이 없고 자주 웃으며 인간의 성패를 희롱하노라. 어찌 시기하고 놀라느라 고달프랴. 곧 강남 밭 사이 집을 구하여 정원 가득 '세한삼우'를 심으리니, 오늘밤 술은 고래처럼 마실 뿐 술잔을 헤아리지 마

---

5 姚勉, 「三友軒說」, "豐邑黃君有軒名三友, 俾余說之. 余曰, 若之何而為三友也. 人有言曰, 松竹梅為歲寒三友, 子之軒森然而干雲霄者, 得無有是竹耶. 樛然而龍蛇走者, 得無有是松耶. 臞然而玉瘦皭然而冰寒者得無有是梅耶. 黃君曰, 非也, 吾不敢志此, 盖志於魯論益者三友之言耳. 思得此友以輔吾仁也." (하략), 『雪坡集』 卷40

시오"[6]라고 하였으니, 이 글에서 '세한삼우'로 정원을 꾸몄던 생활문화를 만날 수 있다. 이러한 내용은 남송말의 학자이자 관료인 임경희(林景熙, 1242-1310)의 글에서도 나타난다. 그의 집안 어른이 연거하며 즐기고자 하는 거처지가 오운촌에 있다고 하여 오색구름(五雲)과 매화와 상서롭고 맑은 뜻을 구하여 오운매사(五雲梅舍)라 편액을 부친 집에 기문을 써주면서 "그 거처에 흙을 쌓아 산을 만들고, 매화 백 그루와 키 큰 소나무와 잘 자란 대나무를 함께 심어 '세한우(歲寒友)'로 삼으셨다"[7]고 묘사하였다. 즉, 이들은 각각 자신의 공간이나 다른 이의 공간에 송죽매를 심어 공간을 장식한 점을 알려주고 있다. 물론, 이러한 표현 속에는 이들 식물에 부여되어 있는 오래된 도덕성이 관습적 표상으로 함께 전달되고 있었을 것이다.

그렇다면 이러한 남송대 문인들의 글에서 전달되는 세한삼우 문화를 어떻게 해석하여야 할까. 여기서 남송대 세한삼우=송죽매의 문화가 일반의 장식(粧飾)으로 널리 애용되고 있었다는 점을 제시한 빅포드(Maggie Bickford)의 견해는 고려할 만하다.[8] 빅포드의 주장은 송대의 '세한삼우'가 대략적으로 기대되어온 바의 심각한 문인화적 내용이라기보다는, 심신의 건강과 이에 따르는 행운의 기원이라는 의미로 송

---

6 吳潛, 「壽吳叔永文昌季永侍郞」, 『履齋遺稿』卷2, "我亦歸來巖壑, 正不妨散誕, 笑口頻開 筆人間成敗, 何用苦驚猜, 便江南求田問舍, 把歲寒三友一園栽. 今宵酒只消鯨吸, 不要論杯."

7 林景熙, 「五雲梅舍記」, 『霽山文集』卷4, "即其居累土為山, 種梅百本與喬松脩篁為歲寒友."

8 Maggie Bickford(1996: 293~315). 이 글은 구체적인 예를 보여주지 않고 송대의 장식문양으로 편재(遍在)하였던 '송죽매'의 문화를 지적했다. 특히 남송대 '송죽매'에서 정치적 감각의 충절(忠節)의 의미를 기대할 수는 없다고 강조하였다. 이에 대한 자세한 논의는 향후 출판으로 보여주겠다고 한 상태이지만, 가설의 방향이 필자의 견해와 일치하기에 여기에 제시하여 논의의 보완으로 삼고자 한다.

나라 생활 문화 속 공예와 장식 등에 널리 자리잡고 있었던 시각문화였다는 것이다. 이를 고려하는 포인트는, 송대의 세한삼우가 도덕적이냐 장식적이냐의 대립적 논제를 이끌기 위함이 아니다. 세한삼우가 장식으로서 널리 상용되고 있었다는 해석은 송대의 문헌을 이해하는 데 유용할 뿐 아니라, 이후 원대와 명대의 송죽매 활용의 내면을 파악하는 데 기반이 될 수 있기 때문이다.

3) 원대 관료문인이 '송죽매도'에 부과한 도덕성

이른바 '세속(世俗)'적 장식으로 널리 사용되던 '송죽매'의 세한삼우 문화는 원대 초기 문인의 글에서 다음과 나타나고 있다. 오징(吳澄, 1249-1333)의 글이 그러하다.

> 소나무의 바르고 꼿꼿함에 그 벗이 되는 것은 누구일까. 노나라 공자는 늦게 시드는 것을 칭송하였고, 몽원의 장자는 여름과 겨울에 내내 푸른 것을 칭송하면서, 대개 측백(柏)과 함께 칭했다. 그러면 측백이 소나무의 벗이구나. 『예기』에서는 사계절 잎을 바꾸지 않음을 칭송하였으니, 즉 측백과 함께 함에 그치지 않고 또한 대나무와도 함께 할 수 있다. 세속에서는 또한 "송죽매로써 세한삼우라 한다"고 하니, 그러면 대나무와 매화가 소나무의 친구인가. (하략)……[9]

'소나무의 벗'을 주제로 한 오징의 위 글은, 공자, 장자, 『예기』에서의 송백(松柏) 칭송 양상을 나열식으로 인용한 뒤 끝으로 "세속에서는

---

9 吳澄,「松友説」,『吳文正集』卷6, "松木之貞堅也, 其為友者為誰. 魯論美其後凋, □莊美其冬夏青青, 皆與栢並稱, 然則栢其松之友乎. 戴記美其貫四時不改柯易葉, 則不止與栢俱而又與竹儷. 世俗亦以松竹梅為歲寒三友, 然則竹梅其松之友乎……"

송죽매로써 세한삼우라 한다"며 세속의 풍습을 나란히 지목하였다. 이를 보아 '세한삼우'가 송죽매라고 하는 세속의 관습은 이들의 생활 문화와 인식 속에 인상적으로 자리하고 있었던 것을 알 수 있다.

그런데 원나라 관료문인들의 시문에서 발견할 수 있는 새로운 현상은 '송죽매(松竹梅)'라는 그림 제목이 등장하고 있다는 점이다.

작자	제화시문
장백순 (張伯淳, 1242-1302)	「황포의 송죽매도(皇甫松竹梅圖)」[10]
왕결 (王結, 인종대(1311-1320) 관료)	「송죽매도(松竹梅圖)」[11]
우집 (虞集, 1272-1348)	「조백고가 소장한 양보지의 송죽매도」 趙伯高所藏楊補之松竹梅圖」[12]

〈송죽매도〉라고 제목을 명시하면서 그림에 시를 남긴 위의 세 인물은 모두 원나라 황실에서 관료를 지낸 인물들이다. 장백순은 남송 말기 1271년에 출사하였으나 원이 건립된 후 1286년 항주에서 유학교수를 지냈고, 원의 세조(世祖)가 강남의 인재를 구할 때 조맹부와 함께 원나라 황실로 들었다. 그는 송죽매에 대하여 "한해가 저물 때, 세 벗은 꼿꼿하구나. 정치적 인연은 차가운데 서로 알기를 바꾸지 않는구나(三友亭亭歲晚時, 政緣冷淡易相知)"라고 하였다. 왕결과 우집은 모두 원 황실에서 벼슬을 지낸 학자들이다. 우집이 〈송죽매도〉의 화가로 밝힌 양보지(楊補之, 1097-1169, 字 無咎)는 북송대 화가로 오늘날 그의

---

10 張伯淳,「皇甫松竹梅圖」,『養蒙文集』卷8 "三友亭亭歲晚時, 政緣冷淡易相知. 何須近舍今皇甫, 却向圖中覓補之."

11 王結,『文忠集』卷3,「松竹梅圖」, "蒼髯如戟歲寒姿, 持節龍孫此一時. 凜洌冰霜盎春意. 東風昨夜到南枝."

12 虞集,「趙伯高所藏, 楊補之松竹梅圖」,『道園遺稿』卷2, "卉木何情同歲寒, 君子合開嗟獨難. 氷霜滿地風景異, 清修古節來毫端."

묵매도가 여러 점 전하고 있는데, 필자는 양보지의 현전작들 중에서 〈송죽매도〉를 찾아보지 못했다. 또한 왕결이 감상한 〈송죽매도〉는 누가 그린 것인지 알 수 없는데,[13] 이들의 활동 시기로 보아 왕결도 양보지의 작품에 시를 남겼을 가능성이 있다.

필자의 논지에서 주목하고자 하는 점은 다음과 같은 것이다. '송죽매도'를 읊은 이들이 모두 한족 출신으로 원나라 몽고황실에서 관료를 지낸 문인이라는 점, 그리고 '송죽매'가 모두 정결한 인격으로 비유되었다는 점이다. 이러한 비유가 세한삼우의 송죽매가 남송의 세간에서 장식으로 사용되며 의미화되었던 관습과 연계성을 가지고 있겠으나, 위 문단에서 인용한 장백순의 시구와 우집이 읊은 바, "화훼와 나무가 무슨 정(情)으로 세한(歲寒)을 함께 하는고. 군자의 흩고 모임이 어려운 것을. 세상 가득 얼음 서리라 풍경이 다를 제, 청수고절(淸修古節)이 붓끝에 들었노라"고 그 의미를 강력하게 칭송한 점에서, 한족으로서 원나라 관료가 되었던 이들에게 있어서의 정치적 도덕성의 정체를 따져보게 된다. 만약 이것이 그들의 이전 왕조인 송대에 대한 충절이었다면 도덕성의 영역이 클 수 있겠지만, 이들이 시문으로 표현한 '청수고절'이 가지는 정치적 함의는 그들이 섬기던 원황실과의 관련되어 있었을 것으로 판단된다. 이러한 문제는 원나라 관료들이 거대한 크기의 수묵 묵죽화를 그렸고, 이에 대하여 충절의 의미로 상호 제발을 써주었던 사실을 통해서도 심각하게 논의된 바이다(고연희, 2013). 수묵의 묵죽화에 충성의 의미를 부여하고, 송죽매도 그러한 의미를 부과한 원나라 관료의 시문들은, 이민족 황제를 섬기고 이민족

---

13 王結, 『文忠集』卷3, 「松竹梅圖」, "蒼髥如戟歲寒姿, 持節龍孫此 時. 凜冽冰霜益春意. 東風昨夜到南枝."

동료들과 어울렸던 원나라 관료사회의 정치적 상황 속에서 자신의 충절을 표현해야 했던 필요를 보여준다. 말하자면, 이는 송죽매의 도덕성을 현실적·정치적 차원에서의 자신의 충절 표현에 활용했던 예가 될 것이다.

3. 명대 초기, '세한삼우도(歲寒三友圖)'의 부각

1) 관료문인들의 '세한삼우도' 제화시

'세한삼우도'라는 화제가 문헌과 회화 및 도자문양에 현저하게 드러나는 때는 명대 초기이다. 그 문헌과 작품을 조사한 내역은 아래와 같다.

작자	제화시문
양사기(楊士奇, 1365~1444)	「제세한삼우도(題歲寒三友圖)」[14]
왕직(王直. 1379~1462)	「세한삼우도기(歲寒三友圖記)」[15]
서유정(徐有貞, 1407~1472)	「제세한삼우도(題歲寒三友圖)」[16]
오관(吳寬, 1435~1504)	「세한삼우도(歲寒三友圖)」[17]

---

14 楊士奇, 「題歲寒三友圖」, 『東里續集』 卷54, "松蒼蒼兮虬枝, 竹脩脩兮鳳羽. 梅皎皎兮瓊芳, 凜寒節兮偕處. 芬芳菲兮春暉, 倏零落兮秋露. 惟所稟之貞潔, 閱歲年於遲暮, 含匏笙兮雲中. 和清角兮月下, 諒同志兮金石, 渺予懷兮延佇."

15 王直, 「歲寒三友圖記」, 『抑菴文後集』 卷5,

16 徐有貞, 「題歲寒三友圖」, 『武功集』 卷1, "松竹有奇器, 梅花無媚姿. 共將冰雪操, 結友歲寒時."

17 吳寬, 「歲寒三友圖」, 『家藏集』 卷8

18 程敏政, 「歲寒三友圖賦」 『篁墩文集』 卷60

19 石珤, 「題崔氏所藏豫章吳彦英歲寒三友圖」, 『熊峰集』 卷8

작자	제화시문
정민정(程敏政, 1445~1499)	「세한삼우도부(歲寒三友圖賦)」[18]
석보(石 珤, 1464-1528)	「제최씨소장예장오언영세한삼우도 (題崔氏所藏豫章吳彦英歲寒三友圖)」[19]

양사기, 왕직, 서유정, 오관, 정민정, 석보 등의 위 인물은 모두 명대 황실에서 고위관료를 지낸 학자들이다. 또한 이들이 지은 위의 글들은 격조를 갖추고 있으며, '세한삼우'의 송죽매가 가진 도덕적 덕목에 대하여 정중하고 심각하게 칭송하고 있다. 양사기는 "소나무가 창창하구나 굽어진 가지여. 대나무가 높고 높구나 봉황의 깃털이여, 매화는 희고 희구나 고귀한 향기여. 추운 계절을 늠름하게 함께 처하는구나."라고 시작하며 다듬어진 격조를 보여준다. 왕직은 이부시랑의 집에 소장된 〈세한삼우도〉라고 소개한 뒤, "삼우(三友)란 송죽매이며, 이는 천하의 물건 중에 천지의 기운을 함께 받았다. 이로써 나면서 품수받은 바는 두텁기도 하고 얇기도 하고, 그 기질이 또한 굳세기도 하고 유약하기도 하여 같지 않지만, 그 기질의 서로 유사한 바가 있어 더불어 비유가 되기에 이리하여 벗이라고 이르는 까닭이다."[20]라고 하면서, 이들의 비유 내용에 대하여 장황한 이론을 펼쳤다. 또한 오관은 "간사한 사람(邪人)은 무리를 많이 모으고, 넝쿨진 풀은 헤쳐내기 어렵다. 바른 선비(正士)는 매양 홀로 서고, 아름다운 나무는 엉겨붙지 않는다"[21]고 하여 인격의 비유를 강력하게 표현하기 위해 미화법을 사용하고 있다. 이들의 글은 모두 정성스럽게 지어졌다. 그 전문

---

20 王直, 앞의 글, "吏部左侍郎李公所藏也 … 三友者, 松竹梅. 是已天下之物, 同受天地之氣. 以生然其所稟有厚薄, 是以其質亦有貞脆之不同, 於其質之相似者, 而與之比焉, 玆所謂友也."

21 吳寬, 앞글, "邪人多黨與, 蔓草難芟夷. 正士每特立. 嘉樹不附麗."

<그림1> 〈靑華白磁
松竹梅文盤〉, 大明宣
德年製, 높이 4.4 지
름(구경) 20.6cm, 東
京: 梅澤記念館

을 모두 소개하지는 못하지만 거기에는 절개의 의미가 강하게 표현되
어 있다. 이들은 긴 글 속에 자신의 문학적 기량을 발휘하여 기품 있
는 글을 만들고자 한 노력을 보여준다. 이렇게 〈세한삼우도〉라는 그
림을 찬한 문학작품들은 15세기 중반에서 후반에 걸쳐 집중적으로 창
작되었다. 〈세한삼우도〉라는 그림에 대한 명대초기 관료문인들의 지
극한 관심이 이 시문들로 드러난다고 말할 수도 있겠으나, 기실 우리
는 명 황실의 고위관료들이 〈세한삼우도〉의 의미를 강조하여 표현하
고자 노력했던 모종의 정치적 분위기를 충분히 감지할 수 있다.

명대 초기의 문헌에서 거듭 읊어진 〈세한삼우도〉의 존재감을 현전하
는 회화작품에서 증명하지 못하는 점은 아쉽다. 그러나 명대 선덕연간
(宣德年間, 1425-1435)의 황실에서 사용된 청화백자에 송죽매가 시문된
예(그림1)를 통하여, '세한삼우도'의 시각화 현상을 확인해 볼 수 있다.
'세한삼우도'는 아니지만, 15세기의 황실화가 변문진(邊文進)이 송죽매

를 배경으로 다양한 새를 그린 황실의 그림 〈삼우백금도(三友百禽圖)〉[22]
는 이러한 문헌적 세한삼우도의 배경을 반영하는 그림이라고 할 수 있
다.

2) 조맹견(趙孟堅) 필 〈세한삼우도〉의 소환

이 글의 논지에서 남송대 조맹견(1199~1267)의 작품으로 전하는 '세
한삼우도'들을 논의하기 위해서는 명나라 초기의 세한삼우도 문화에
대한 이해가 전제될 필요가 있다. 한국과 중국의 학계에서 제출된 모
든 논의와 회화사 개설서에, 중국회화사의 대표적인 '세한삼우도'는
조맹견의 작품으로 예시되고 거론된다.[23] 오늘날 널리 알려져 있는
조맹견의 〈세한삼우도〉는 두 폭이다. 한 폭은 대만국립고궁박물원 소

〈그림2〉 趙孟堅, 〈歲寒三友圖〉, 絹
本水墨, 24.3×24.3cm, 上海博物館

---

22 이 그림은 세한삼우(송죽매)를 배경으로 온갖 새들이 사실적으로 그려져 있는 그림이
다. 이 그림의 세한삼우는 君子德의 恩惠이고 오갖 새는 百官이 천사에게 朝拜하는
의미의 은유라고 해석되고 있다. 신하의 덕목을 세한삼우로 표현하였다는 뜻이다(单
国强, 2004.12: 91).

23 이 그림의 진위문제에 대하여 미묘하게 의심을 거론한 논의로 Maggie Bickford(1996)
의 앞글이 있다.

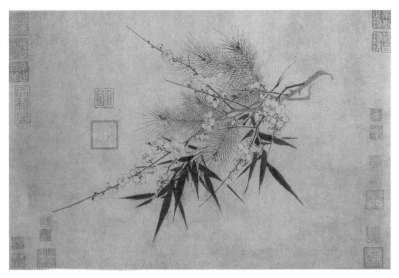

〈그림3〉 趙孟堅, 〈歲寒三友圖〉, 紙本水墨, 32.4 x 53.4cm, 臺北: 國立故宮博物院

장의 작은 두루마리이며 또 다른 한 폭은 상해박물관 소장의 둥근 부채[團扇]를 위한 부채그림[扇畵]이다. 이들은 선명하고 깔끔한 절지(折枝)형 송죽매 세트를 보여주는 작품들이며, 이들은 소장한 박물관들은 두 작품을 조맹견의 진작으로 표기하고 있다(그림2, 그림3).

　조맹견은 송 황실의 11대손이며, 자는 자고(子固), 호는 이재(彝齋)이다. 1226년 벼슬길에 들어 한림학사승지(翰林學士承旨)에 이르렀다. 조맹견은 이후 송황실의 후예이면서 원황실의 관료가 된 조맹부(趙孟頫, 1254-1322)와 대비되면서 매우 유명해졌다. 조맹견을 유명하게 만들어준 이야기가 있는데, 이 이야기를 통해 조맹견은 송조에 충성을 지킨 고고한 인격의 소유자로 각인되었다. 아래 인용하는 일화가 그것으로 동아시아에서 오랫동안 유포되었다. 조선후기 이덕무(李德懋, 1741-1793)가 작성한 인물열전에 아래의 일화가 실려 있을 만큼,[24] 조선후기

학자들에게 조맹견은 이 일화의 주인공으로 알려지게 되었고, 이런 이유로 명청대 학자들과 조선후기 학자들은 한결같이 조맹견의 서화작품을 충절의 표상으로 일컫게 되었다.[25] 일화의 내용은 이러하다.

> 공[조맹견]의 종제 자앙(子昻)[조맹부]이 초중(苕中)에게 와서 뵈려 하니, 공은 문을 닫고 들이지 않았다. 부인이 권하자, 비로소 뒷문으로 들게 하여 자리에 앉았다. 공이 말했다. "변산(弁山)과 입택(笠澤, 태호)이 근래 아름답던가?" 자앙이 말하였다. "아름답습니다." 공이 말했다. "아우는 아름다운 산택(山澤)을 더럽히지 않았는가?" 조맹부가 물러났다. 조맹견은 창두(蒼頭 노복(奴僕))를 시켜 맹부가 앉았던 좌구(坐具)를 씻게 하였다.[26]

그러나 위의 이야기는 역사적 사실이 아니다. 조맹부가 원나라 세조에게 불려가 벼슬살이를 시작한 것은 1287년이고 조맹견이 죽은 해는 1267년으로 고증되었기 때문이다.[27] 위 이야기는 명나라 초기

---

24 李德懋, 「宋遺民補傳」 '趙孟堅'조, 『靑莊館全書』, 雅亭遺稿 卷4; 이는 成海應에게 다시 인용되었다.

25 조맹견의 〈세한삼우도〉'들' 이외에 유명한 그의 〈水仙圖卷〉'들'도 충심의 표현으로 명청대에 널리 칭송되었으며, 조선말기 金正喜도 수선을 그리며 조맹견의 충심을 기억하는 문구를 적어 넣었다. 조맹견의 〈수선도권〉들의 생산과 그 영향에 대한 면밀한 고찰은 추후 별도의 연구가 필요하다고 보아 여기서 상세히 다루지 않는다.

26 丁傳靖 輯, 『宋人軼事汇編』 下冊에 실린 일화로, 姚桐寿, 『樂郊私語』에 출처를 둔다. "公從弟子昂, 自苕來訪公, 閉門不納. 夫人勸公, 始令從後門入坐定. 問, 弁山笠澤, 近來佳否. 子昂曰, 佳. 公曰, 弟奈山澤佳何, 子昂退, 伻人濯其坐具."

27 조맹견의 몰년에 대한 고증적 연구는, 이 일화의 허위를 재확인하는 데 결정적인 증거가 되었다. 蔣天格, 「辨趙孟堅与趙孟頫的关系一文」, 『文物』 12期(1962)에서 조맹견의 생몰년을 1264-1267로 추정하였고, 이후 徐邦达, 『历代书画家传记辨析』(上海人民美术出版社, 1983)에서 재론하여 조맹견의 몰년을 1267년 이전으로 논하였다.

까지 활동한 요동수(姚桐壽, 1349년 전후 생존)가 기록하여 전하게 되었지만, 이미 청나라 초기까지 활동했던 관료학자 손승택(孫承澤, 1592-1676)이 "요동수의 말은 망언(妄言)"이라고 지목한 바 있고, 이후 청대 학자들에 의하여 거듭 재확인되었다.[28] 다소 거칠게 정리하자면, 조맹견은 원(元)이 서기 전에 죽었고, 명(明)이 서자 곧 조맹견-조맹부의 일화가 만들어져서 몽고정권에서 관직을 지낸 이들에 대한 모종의 청산의 분위기로 활용되다가, 청(淸)의 이민족 정권이 다시 서자 학자들은 다시 이를 허위라고 밝혔던 것이다. 몽고정부 원대의 잔재를 청산하는 과정에서 명황실은 몽고황실에 굴복하지 않은 대표적 인물 및 그의 시각적 상징으로 조맹견과 그의 그림들을 적극적으로 활용하였다고 할 수 있다. 조맹부의 냉성과 예술적 성과를 배경으로 히어 조맹견의 충절을 대비적으로 부각시킨 것은 명대 한족왕조의 정신적 재건립에서 유효했다. 그러나 만주족의 청황실 정권에서 복무하게 된 중국학자들에게 조맹견의 일화는 불편하였을 것이다.

다시 조맹견의 〈세한삼우도〉로 돌아가 보도록 하겠다. 조맹견의 〈세한삼우도〉에 대한 문헌적 기록을 찾아보면, 원대 공숙(龔璛, 1266-1331)이 '조자고화세한삼우도(趙子固畫歲寒三友圖)'에 차운한 시가 전한다. 이 시는 조맹견의 〈세한삼우도〉를 명명한 가장 이른 문헌자료가 된다. 공숙은 이 시에서 매화가 송, 죽과 어울려 핀 화면의 모습을 묘사하고 난 후, "백석가(白石歌)가 스러지고 도리어 스스로에게 웃나니, 彝齋선생[조맹견]이 떠난 뒤로 또 누가 귀 기울이나. 중봉으로 모름지기 꽃술 만들어 미세한 토함을 표현하고, 철선으로 테두리 둘렀으니

---

28 孫承澤, 「趙子固水仙卷」, 『庚子銷夏記』卷2, "桐壽所云者, 妄也."라 하였고, 이 외 청 대학자들의 고증이 이어졌다. 이에 대하여는, 이미 중국학자들에 의하여 거듭 논의된 바라, 여기서는 간단히 소개한다.

어찌 억지로 그렸겠는가. 지난 밤 앞마을에서 읊조림에 근심이 많더니, 긴 세월 피리 소리에 원망이 이어진다. 어찌 그리 깨달음이 한가로운 암자에서의 법식이어서, 피고 지도록 저녁이 아침이 되는 것을 모르는구나.ʺ[29]라고 읊었다. 여기서 백석가는 출세를 원하는 노래이다.[30] 공숙은 조맹견의 〈세한삼우도〉를 감상하면서, 원 정부에 출세를 포기하고 한탄으로 세상을 바라보는 원망스러움을 읊으면서 조맹견의 마음을 나누고자 하였다.

그 당시 원나라의 〈송죽매도〉를 기록하며 충절을 노래한 문인들이 모두 원대 황실의 고위관료들이었던 데 반(反)하여, 공숙은 원나라 정권의 설립에 통탄의 시문을 남겼던 반정부 인물이었다. 공숙은 구원(仇远, 1247-1326)과 망년우를 맺었던 정황으로 미루어, 13세기 말에서 14세기 초에 활동했던 인물이다. 그는 원에게 빼앗긴 송에 대한 비통한 심정을 읊었다. 널리 알려진 공숙의 글, ʺ나라가 망하고 집은 파산했다. 나의 형제는 문호를 떨칠 수 없고 홀로 유학을 하며 사특함에 분개할 수 없으니, 아우와 더불어 학문에 각고의 노력을 하리라(國亡家破. 吾兄弟不能力振門户, 獨不可爲儒以自奮邪. 與其弟理刻苦于學)ʺ에 잘 표현되어 있다. 요동수에 의하여 조맹견과 조맹부의 이야기가 만들어진 때도 이 무렵 즉 14세기 중반이다.

중국의 유명한 박물관들이 진작으로 제시하고 있는 조맹견의 〈세한삼우도〉들은 원나라 공숙의 시와 명대초 만들어진 일화로 그 의미

---

29 龔璛,「題趙子固畫歲寒三友圖次韻」,『存悔齋稿別集類』卷4."白石歌殘徒自笑, 彝齋去後更誰聊. 蜂須作蕊容微吐, 铁綫成圈豈强描, 昨夜前村吟悄悄, 長年一笛怨瀟瀟, 底須参透閑庵法, 開落不知昏复朝."

30 백석가는, 춘추 시대 위(衛)나라 영척(甯戚)이 제(齊) 환공(桓公)에게 등용되기를 바라면서 제 환공의 행차를 바라보고 소뿔을 두드리며 부른 노래이다. 제 환공이 이 노래를 듣고 그를 중용(重用)하였다.『藝文類聚』卷94. 獸部 牛

가 부과되어 전하고 있다. 이 작품들의 진위문제를 이 글에서 논하는 것은 어렵지만, 조맹견이 그렸다면 그것은 앞에서 살핀 바의 남송대 문화 속에서 일반에 널리 애용되던 이미지를 그린 그림이었을 것이다. 원나라의 관료들이 '송죽매'의 충절 의미를 부각하는 시기에 공숙은 조맹견의 '세한삼우도'를 내세우며 송 황실 후예로서의 애환을 노래하였다. 여기서, 이렇게 재생산된 조맹견 필 〈세한삼우도〉의 의미가 송 황실의 후예로서 의연한 결기를 보여주는 조맹견의 일화 생산에 영향을 주었을 상황을 추정할 수 있다. 이후 한족의 왕조 명나라가 섰을 때 '세한삼우도'가 의미 있는 상징매체로 활용되었던 배경에 조맹견의 〈세한삼우도〉가 작용하였을 가능성은 매우 크다. 이 때문에 필자는 이 글에서 남송대 소맹견에 대한 논의를 명대 세한삼우도에 대한 논의 이후에 두었다.

4. 한국의 수용과 전변(轉變)

1) 고려, 세한삼우의 전래

앞에서 살핀 바, 남송대로부터 원대로 이어졌던 세간의 세한삼우 문화, 나아가 세간의 장식이면서 문인들의 생활과 정원문화에까지 깊숙하게 들어와 있었던 세한삼우 문화와 이에 수반되었던 회화적 이미지들은 한반도로 전달되었던 것으로 보인다. 고려의 태조 왕건(王建)의 묘에 색이 가미되어 그려져 있는 세한삼우 주제의 벽화, 일본의 묘만지(妙滿寺)에서 교토국립박물관(京都國立博物館)으로 소장처를 옮긴 해애(海涯) 찬 〈세한삼우도〉가 그 예들이 될 수 있다. 이 두 작품에 대한 선행연구에서 양식적 측면을 면밀하게 고찰하였기에 여기서는 재론하지 않는다.[31] 송대 유행한 세한삼우도가 전하지 않는 상황 속에서 이 그림들의 동아시아 회화사적 가치는 크다. 다만 이 점이 본 논의에게 중요하게 다룰 사항은 아니다.

이 글의 논지 속에서 추가할 사항이라면, 불교가 국시였던 태조 왕릉의 묘와 신분이 승려였던 해애의 시에 대하여, '세한삼우'가 가진 유교적 배경을 논할 필요는 없다는 점이다.[32] 해애가 쓴 제시, "세한삼우라. 대부의 굳센 마디가 차가운 시냇가에 견디어 서고, 군자의 빈 마음이 도리어 또한 다투네. 이로부터 나부산 예전에 잤던 일은 다 떨치고 온 이래로, 번잡하게 얽매임 속에서 홀로 먼저 깨달았다고 한다(歲寒三友, 大夫勁節耐寒溪, 君子虛心却又爭, 自是羅浮消宿早, 易聞蕃結獨先覺)"는 내용을 보면, 소나무와 대나무가 추위를 견디는 강인함을 벼르는 상황을 제시한 뒤 매화가 등장하는 서술구조를 취하고 있다(강영주, 2016). 간략하고 재미있게 세 식물을 차례로 표현하는 어조에서 마치 앞에서 살핀 것처럼 남송대 초기 문인들이 세한삼우의 이미지를 시로 표현하던 분위기를 감지할 수 있다. 즉 고려조에는 송대에서 원대로 이어졌던 이른바 세속에서 일컬어지던 세한삼우가 송원대 문인들에게 거론되고 향유되었던 문화가 전달되었었다고 파악할 수 있겠다.

---

31 이선옥(2005)는 이 그림들의 역사적 전개를 정리하였고, 강영주(2016)는 이 두 폭 '세한삼우도'의 양식적 특성과 중요성을 자세하게 밝혀서 큰 도움이 되었다. 강영주의 연구는 두 작품이 모두 고려조의 것이며, 특히 해애 제의 〈세한삼우도〉가 양식적으로 고려조작품임을 논하였다. 필자는 이러한 논의에 동의한다.

32 강영주(2016)는 그러나 스님의 제찬이 있는 〈세한삼우도〉에서 유교적 배경을 설명하는 어려움을 보여주었다. 그러나 상기한 비포드의 주장과 같이 송대의 '세한삼우'가 생활에서 널리 정착된 장식문화였고, 이것이 고려에 수용되었을 것이다.

2) 조선전기, 매죽(梅竹)의 부상

그러면 조선시대 문인들은 '세한삼우'에 대하여 얼마나 그리고 어떻게 인지하고 있었을까. 이를 파악하기조차 쉽지 않을 정도로 조선시대 문헌 속에서 '세한삼우'란 말은 거의 거론되지 않았다. 다만 조선초기 서거정(徐居正, 1420-1488)이, "경순(景醇)이 친히 송(松), 죽(竹) 두 폭을 그리고 그 위에 시를 써서 자심(子深)에게 주었는데, 경순에게 매(梅)라는 이름의 아끼는 아가씨[寵姬]가 있으므로, 자심이 나에게 말하기를 "옛 사람들은 송, 죽, 매를 세한삼우로 삼았는데, 경순은 유독 매화를 아끼니, 이는 반드시 꺼리는 바가 있어서일 것이다."라 하고, 속히 화공(畫工) 배련(裴連)에게 명해서 매화 한 가지를 그리게 하여 경순에게 부치고 나에게 부탁하여 그 운을 사용해서 경순을 희롱하게 하였다"[33]라고 기술한 장난스러운 시 제목을 찾아볼 수 있다. 이 시에서 서거정은 매화의 고운 빛이 누구와 같느냐는 익살스런 표현도 서슴지 않았다. 이를 통하여 보면, 이른바 세간에서 전해오는 세속적 세한삼우의 송죽매라는 내용이, 고려로부터 조선초기 문인들에게 유전되고 있었던 상황을 엿볼 수 있다.[34]

그러나 서거정의 시에 등장하는 '매죽(梅竹)'의 조합 코드는 세한(歲寒)의 정절(貞節)이라는 굳건한 표상으로 드러나 있다. 〈매죽도〉라는 제목의 회화작품을 감상하고 쓴 서거정의 제화시가 아래와 같다.

---

33 徐居正, 「景醇親掃松竹二幅, 題詩其上, 以贈子深. 景醇有寵姬曰梅, 子深語予曰, 古人以松竹梅, 爲歲寒三友, 景醇獨斲於梅, 必有所嫌. 亟命畫工裴連, 畫梅一枝寄景醇, 屬予用其韻戲之.」, 『四佳集』14卷.

34 한편 한반도에서는 조선시대 전반에 걸쳐 '송죽매국(松竹梅菊)'의 명칭이 빈번하게 사용되며 이들이 '사우(四友)'로 칭해졌던 것을 볼 수 있다. 세한삼우로서의 송죽매를 따로 묶어서 다루는 담론은 나타나지 않았다.

매화는 담백하고, 대는 빼어나서 　梅能淡泊竹檀欒,

고상한 절조 맑은 품격이 백중간이네 雅節淸標伯仲間.

　：　　　　　　　　　　　　：

죽우와 매형은 서로 벗 삼을 만하지, 竹友梅兄堪作伴,

세한의 사귐에 어긋나지 않으니. 歲寒交道不蹉跎.

(徐居正, 「梅竹圖」, 『四佳集』 卷42.

이러한 조선초기 매죽의 코드와 이미지는 어떻게 어디로부터 형성된 것이었을까? 이를 논하기에 앞서 고려시대 문인들의 제화시를 통하여 묵죽(墨竹)과 묵매(墨梅)의 회화문화가 조선초기와 달랐던 점을 간단히 설명하도록 하겠다. 고려의 이규보(李奎報, 1169-1241)가 남긴 〈묵죽〉에 대한 시문과 이곡(李穀, 1298-1351)이 남긴 〈묵매〉에 대한 시문을 보면,[35] 불가적 심성과 개인적 취향으로 물상의 아름다움을 감상하였고, 도덕적 내용이라면 마치 송대의 소식(蘇軾)이 문동(文同) 묵죽화에서 '청신(淸新)'한 인격을 노래하는 양상[36] 정도로 읊어졌다. 이규보의 묵죽화 제화시에는 소동파의 영향이 짙었다.

묵죽/묵매가 유가적 군자상의 의미로 강화된 것은 중국의 원나라에 들어서였으며, 원대 황실관료사회에서는 거대한 묵죽회들이 충질의 표상으로 제작되고 상호 향유되었다. 그들은 특히 조맹부의 묵죽에 대하여 왕손(王孫)의 격조가 있고 군자(君子)의 도덕과 충절(忠節)의

---

35 李奎報, 「松廣社主大禪師夢如, 遣侍者二人求得丁而安墨竹二幹, 仍邀予爲贊云」에서 묵죽의 두 그루에 대하여 참선하는 붉자의 성식한 모습과 불성실한 모습으로 비유하였고; 李穀, 「墨梅」, 『稼亭集』 卷15은 "已分明妃愁畫面"라 하여 미인의 얼굴에 매화를 빗대었다.

36 蘇軾, 「書晁補之所藏與可畫竹三首」 제 1수 중, 『蘇軾詩集』 卷16. "그 몸이 대나무로 화(化)하여 맑고노 새로움[淸新]이 무궁하네 (其身與竹化, 無窮出淸新)."

정신 및 심지어 백이숙제(伯夷叔齊)의 정결함이나 굴원(屈原) 충심이 깃들었다고 칭송하였다.(고연희, 2013) 묵죽으로 충효 표상의 매체로 삼아 이민족 정권에서 관료생활을 하는 한족 문인들이 애호하였던 것은 그들이 처한 정치권력과의 관련성을 떠나서 설명하기 어렵다. 이러한 묵죽의 정치적 효용성은 고려말기 안축(安軸, 1282-1348)의 시문에 나타난다. 그는 자신이 근무하는 관청에 거대한 묵죽병을 새로 설치하면서 청렴하고 충성스럽고 올바른 관리가 되도록 계도하는 역할을 기대하는 글을 남겼다.(安軸,「臨瀛公館墨竹屛記」,『謹齋集』卷1) 이러한 안축의 글이 등장하기 이전에 묵죽은 정치적 역할이 없는 의연한 인품에 비유되는 식물이었다.

한편, '매죽'이 한 쌍으로 조합되는 세트화를 회화시에서 살피자면, 송대 회화에서 '매죽+(겨울)새'의 형상으로 채색과 수묵으로 그려지던 전통을 찾을 수 있다. 『선화화보』의 그림 제목에 수십 건의 예가 전한다.[37] 이러한 회화양상은 조선전기 서거정이 노래한 수묵의 매죽과는 그 속성이 다른, 겨울철 보기좋은 정원경이다.

인격체의 비유로 그려지는 수묵 매죽으로는 요녕성박물관이 소장하고 있는 서우공(徐禹功)의 〈설중매죽도권(雪中梅竹圖卷)〉이 주목할 만하다(그림4). 서우공은 오직 이 그림으로만 이름이 남았지만, 이 그림 속 발문을 통하여 서우공이 남송의 묵매 화가 양무구(揚無咎, 1097-1171)의 제자라는 것을 알 수 있다. 눈 덮인 매화와 대나무가 수묵으로 그려진 이 그림의 뒤에 조맹견의 1256년 발문이 적혀있고 원나라 장우(張雨)의 1394년 발문, 그리고 명나라 오관(吳瓘, 14세기 중엽 활동)의 그림 〈수묵매죽도〉(그림4-1)및, 오진(吳鎭, 1280-1354), 양순길(楊徇

---

37 『宣和畫譜』卷15~19, '梅竹○○圖' 형식의 그림 제목이 20여건 저록되어 있다.

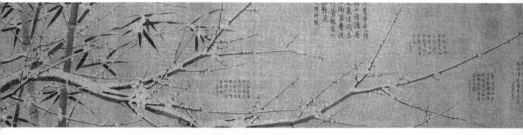

〈그림4〉徐禹功,〈雪中梅竹圖卷〉 부분(서우공 그림), 絹本水墨,
전체 30.0x122cm, 遼寧省博物館.

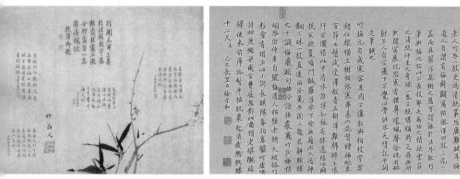

〈그림4-1〉〈그림4〉의 부분, 吳瓘의〈梅竹圖圈〉紙本水墨.
〈그림4-2〉〈그림4〉의 부분, 徐宇和의 발문 부분.

吉, 1456-1544), 황운(黃雲, 16세기 중엽 활동) 등의 제영이 붙어있다. 남
송대 작품이지만 오랜 기간에 걸쳐 글이 붙여지고 그림까지 너하여
진 이 두루마리는 청나라 황실의 내장을 거쳐서 오늘날 전달되고 있
다. 조맹견의 발문이 붙어있다는 점에서 명대의 학자들에게 적극적으
로 칭송되었던 것으로 보인다. 이 두루마리의 가장 마지막에 발문을
쓴 서우화(徐宇和, 16세기 중엽 활동)는, 이 그림을〈송원매죽권(宋元梅竹
卷)〉이라고 부르면서 "죽매(竹梅)는 원래 절로 세한(歲寒)의 손님(客)이
라, 늦게 시드는 송백(松柏)에 양보하지 않는다."고 하였다(그림4-2).[38]
이 그림이 한국에 전달된 것은 아니지만, 이러한 원대 수묵화의 매죽

조합 이미지와 공자가 말한 송백에 매죽을 의미화한 부분이 한반도에 수용되었을 가능성을 열어주는 부분이다.

한반도에서의 '매죽' 이미지는 1398년 타계한 박익(朴翊)의 묘지(밀양시 청도면 고법리 소재) 속 벽화에 나타난다. 박익은 공민왕대에 무신이며, 그 묘벽화에 그려져 있는 수묵 매죽은 14세기의 한반도에 원나라식의 수묵매죽도가 유입되어 있었던 것을 말해준다.[39] 수묵의 매죽도는 조선전기 '매죽'의 세트가 회화로 그려진 현황은 '매죽도'라는 명명이 조선초기 문헌에 나타나는 점에서도 그 단서를 잡을 수 있다. 하나는 안평대군(安平大君)의 회화수장 목록 속에 안견(安堅)의 작품명으로 〈묵매죽도(墨梅竹圖)〉가 실려 있다.(申叔舟, 『畵記』, 『東文選』, 卷82) 작품의 이름만 전하고 있지만 안평대군의 수장목록으로 살펴보면, 이 묵매죽도의 화풍은 원나라에서 입수한 수묵 매죽의 화풍이 반영된 그림이었을 것으로 추정되며, 그렇다면 앞에서 본 바의 원명대에 걸쳐 유명했던 서우공의 그것과 유사할 가능성이 높다.

이러한 원대 매죽 문화의 전달과 수묵 매죽화의 전래 가능성 및 조선초기 그려진 수묵 매죽도에 대한 기록 등을 통하여, 본 절의 서두에서 제시한 서거정이 시. 매·죽의 특성을 세한(歲寒)에 변치 않는 절조와 맑은 품격의 표징으로 규정짓고 서로에게 '죽우(竹友)'요 '매형(梅兄)'이라는 인격적 호칭을 사용한 상황을 이해할 수 있다. 이후 김안로(金安老, 1481-1537)가 감상한 매화병풍의 10폭의 제화시를 보면, 그

---

38 『中國古代書畵圖目』 제15권(1997: 43~44) 게재. 서우화(徐宇和)는 "題宋元梅竹卷後"의 제목 아래 서문을 쓰고 장편의 시를 썼다. 그 시의 첫 구절이 "竹梅元自歲寒客, 後凋不讓松與柏."이다

39 박익묘 벽화에 대하여는 安輝濬(2002: 579~604), 이선옥(2005), 강영주(2016) 참조. 박익의 생애에 대하여는 金光哲(2002: 87~115) 참조.

중 2폭이 매화와 대나무가 함께 그려진 매죽도였다.(金安老, 「梅屛十幅」, 『希樂堂稿』 卷2)

이와 함께 살펴볼 그림은 조선시대 관료들의 모임을 기록한 그림 계회도(契會圖)에 장식처럼 삽입된 수묵매죽도들이다.(그림5) 계회도에 그려진 수묵 매죽도는 그 활용 의도의 정치성을 비교적 선명하게 보여준다. 계회도는 16세기 조선의 관료사회에서 모임과 모임구성원의 정체성을 제시하고 그들 모임의 존재와 결속의 다짐을 보여주는 그림으로 크게 유행하였다. 그 중 몇몇 계회도 하단의 이름목록 좌우로 매죽이 그려져 있는 경우가 있다. 〈연방동년일시조사계회도(蓮榜同年一時曹司契會圖)〉, 삼성리움 소장의 〈형조낭관계회도(刑曹郎官契會圖)〉, 〈태상계회도(太常契會圖)〉 등이 모두 그러한 예이다.[40] 이들보다 조금 이른 시기에 제작된 계회도에서는 그림 아래 "충성스런 신하가 되고자" 권장하고 약속하는 시문이 계회도 아래 따로 적힌 바 있다. 매죽의 회화이미지는 이러한 시문의 내용을 대체한 조형언어였다고 해석할 수 있다. 관료의 이름목록 좌우로 매죽이미지는 세한의 지조를 지키는 관료가 되겠노라는 대사회적(對社會的) 자기 표상, 즉 대사회적 페르소나가 되어 관료들의 도덕성과 책임감을 보여주고자 하는 표현의 의도를 담고 있었으리라 추정은 어렵지 않다. 계회도에 매죽을 상식한 경우는 현전하는 예보다 당연히 많았을 것이다. 경기도박물관에 소장된 〈육사계첩〉은 17세기 횡권으로 계회의 회화작품은 없이 계회의 내용과 인물만이 기록되어 있는데 그 좌우로 매죽이 그려져 있다.

---

40 묵죽과 묵매가 참석자 명단에 첨가되는 일련의 계회도 형식에 대하여는 尹珍英(2004)에서 소개되었고: 이후 이선옥(2005)에서는 계회도 화면 속 소나무가 이 매죽과 함께 송죽매의 세한삼우를 구성한다는 흥미로운 해석을 제기했으며, 이로써 기개와 충절을 의미한다고 보았다.

〈그림5〉미상,〈蓮榜同年一時曹司契會
圖〉. 1542, 紙本水墨, 국립광주박물관.

〈그림6〉〈靑華白磁 梅竹文壺〉, 조선 15
세기 중반, 높이 36.4cm, 大阪:市立東
洋陶磁美術館.

〈그림7〉〈靑華白磁 梅竹文壺〉, 조선
15세기, 높이 41.0cm, 삼성리움(국보
219).

이는 계회도 회화작품보다도 매죽의 이미지가 중시되어 남은 경우가 된다.

아울러 살필 것은 조선초기 청화백자 문양으로 애호된 매죽이다.(그림6, 7) 마치 명나라 백자에 세한삼우가 시문되었듯이, 조선초기 고급의 청화백자에 매·죽의 조합이 시문되어 유행한 양상은 조선전기 청화백자 문양의 특징으로 도자사에서 주목되는 바이다.[41] 백자제작 이전의 분청자에 시문된 물고기 문양 혹은 각종 도식화된 화훼 문양들이나 그 이전의 고려청자에 시문된 운학(雲鶴)이나 다양한 화초 화훼의 문양들과 다른 주제요 이미지로 등장한 매죽 문양은 조선초기 15세기에서 16세기에 급격하게 부상하여 최고급 왕실용 청화백자를 장식했다. 이상의 회화문화와 관련된 문헌자료를 통하여 보건대, 이는 충절 덕목의 의미였으며 조선왕실에서 군신(君臣)간에 요구되었던 정치적 도덕을 표현하기 적절한 새로운 이미지 기호이자 명대 초기 도자기에 부상한 세한삼우 문화와 동반하면서 애호되었던 것으로 판단된다.

5. 이미지의 정치성과 세속성

중국의 명대 중반기로 접어들면서 세한삼우로 도덕을 비유하는 속성은 급격히 변화되었다. 명대 초기의 관료문인들은 세한삼우에 드는 송죽매를 최고의 식물로 칭송하며 청렴한 지조를 높이 기렸으나 명나

---

41 조선전기 청화백자의 매죽 문양의 양상과 의미에 대한 최근 연구로는 윤효정(2015: 248-254) 참조.

라가 안정기로 접어들면서 충절의 주장은 수그러들었다. 세한삼우를 포함한 비덕(比德)의 식물 이미지들은 명나라 사회의 변화 속에서 더욱 절실하게 요구된 현실적 기복, 수복(壽福)의 매체로 그 성격이 변화했다는 연구가 일찍이 이루어진 바 있다(鄭文惠, 1995). 이를 참조하여 보면, 중국에서 세한삼우가 충절, 변치 않는 지조의 비유체로 형성되고 기능한 것은, 원명교체(元明交替)의 정치적 상황 속에서 활용된 시각문화였다는 해석이 가능하다. 이후 이들 식물이미지는 일상 생활 속의 수복 추구의 길상이미지로 그 의미를 확장하였다.

청대 황실에 진상된 물명으로 '만년송죽매필가(萬年松竹梅筆架)', '법랑송죽매병(琺瑯松竹梅瓶)', '장춘송죽매훈관로(長春松竹梅薰冠爐)', '송죽매다호(松竹梅茶壺)' 등과 같이 송죽매를 상식한 진귀한 물건들에 '송죽매'란 패턴의 이름이 선명하게 기록되어 있지만, 이들은 다른 여타 군선(群仙)상이나 수복(壽福)길상을 의미하는 '축수(祝壽)'의 황실용 진상품들과 나란히 등장하면서(『萬壽盛典初集』卷54), 그 의미는 수복용으로 활용되고 있다. 또한 이른바 새해를 축복하는 그림으로 청대 유행한 '세조도(歲朝圖)'류에도 송죽매가 세트로 등장한다. 이들은 모두 명대 초기의 송죽매가 의미하던 고결한 도덕성을 전통에 두면서 수복의 기능을 강화시켜 활용한 예가 될 것이다.

회화 문화에서 매죽의 이미지와 의미 또한 조선중기로 넘어가면서, 즉 조선왕실이 안정되고 성리학적 가치가 부가되다가 이후 명말청초의 상업문화가 유입될 즈음, 조선후기에서 근대로 이어지는 회화작품에서 많은 경우 매죽은 수복(壽福)의 의미로 향유되는 변화를 보여준다. 도자기나 민화류 그림에서 수(壽)자 형상을 만들고자 나뭇가지들을 뒤틀리게 그려놓은 매화나무 형상을 찾아보는 것은 어렵지 않다. 요컨대 세한삼우, 혹은 매죽의 이미지가 형성되어 크게 유행하는 명나라 초기 및 조선전기의 양상은 정치권력의 새로운 확립 속에서 활용된 시각이미지였고, 이 시기에 확고한 도덕성으로 무장된 식물이미지는 하나의 시각이미지로 잔존하면서, 각각의 식물이미지가 담보한 고전적 도덕성을 유지하면서 시대의 요구에 맞게 그 의미가 변하여 가고 확장되어 갔다고 볼 수 있다. 조선시대 왕실 공예품 속에서 매죽의 세트화 이미지는 조선전기에 정립된 이래 조선후기까지 끊어지지 않고 등장하지만, 조선전기에는 새롭게 등장하여 수묵매죽도의 부상과 계회도의 인명 곁에 삽입된 수묵매죽도와 함께 정치적 도덕을 표현하는 매체로 기능하였다면, 조선후기의 매죽문양들은 장식화, 기복화로 더하여진 변용이었다고 해석할 수 있다.

이 글은 '세한삼우(송죽매)'가 중국 송대에 세간의 장식으로 정착되었다가 원대에 이르러 정치적 속성을 부여받은 후 명나라 초기에 부상하며 충절의 의미로 활용되었다가 다시 세속적 장식성으로 확장되면서 되돌아갔던 과정, 또한 '매죽'이 송대에는 겨울식물로 겨울새들과 함께 그려지다가 원대에 들어 수묵의 묵죽/묵매로 그려지면서 정치 도덕적 속성이 가미된 후 이러한 문화가 한반도의 려말선초로 유입되었고 특히 조선초기에 일반회화, 계회도, 청화백자 등에 부상하였던 정치적 충절의 덕목으로 시대적 특성을 보여주었다는 양상을 논하여 보았다. 이러한 논의를 통하여, 세한삼우와 매죽 등의 식물이미지, 대개는 가장 비(非)정치적 도덕성으로 문인의 고고한 정신성을 담보하는 듯한 이 식물이미지들이, 그 실제 활용의 면에서 정치적 의도로 활용되었던 양상을 추적할 수 있었다. 이 논의에서 중국의 세한삼우와 조선의 매죽을 연결짓는 선명한 고리를 제시하지는 못했지만, 그 연결의 개연성과 가능성을 제시하였다고 생각한다.

| 참고문헌 |

金安老, 『希樂堂稿』

李奎報, 『東國李相國集』

李德懋, 『青莊館全書』

楊士奇, 『東里續集』

龔 璛, 『存悔齋稿』

羅人經, 『鶴林玉露』

徐有貞, 『武功集』

石 珤, 『熊峰集』

孫承澤, 『庚子銷夏記』

王十朋, 『梅溪後集』

王 結, 『文忠集』

王 炎, 『雙溪類稿』

王 直, 『抑菴文後集』

吳 寬, 『家藏集』

吳 潛, 『履齋遺稿』

吳 澄, 『吳文正集』

姚 勉, 『雪坡集』

虞 集, 『道園遺稿』

林景熙, 『霽山文集』

張伯淳, 『養□文集』

張元幹, 『蘆川歸來集』

丁傳靖, 『宋人軼事汇編』

程敏政, 『篁墩文集』

백인산, 2007, 『조선의 묵죽』, 대원사.

鄭文惠, 1995, 『詩情畵意, 明代題畵詩的詩畵對應內涵』, 臺北: 東大圖書公司.

徐邦达, 1983, 『历代书画家传记辨析』, 上海人民美术出版社.

강영주, 2016, 「고려시대 세한삼우도의 상징과 양식 고찰 – 벽화와 세한삼우도를 중심으로」, 『열린정신 인문학연구』17, 원광대학교 인문학연구소.

고연희, 2013, 「趙孟頫의 墨竹– 원나라 관료사회에서의 意味」, 『온지논총』33, 온지학회.

_____, 2011, 「王이 그린 蘭·竹의 의미 – 임란이전을 대상으로」, 『大同文化研究』76, 성균관대학교 동아시아학술원.

안휘준, 2002, 「松隱 朴翊 墓의 壁畵」, 『考古歷史學志』17·18, 동아대학교박물관.

윤진영, 2004, 「朝鮮時代 契會圖 研究」, 한국정신문화연구원 박사논문.

윤효정, 2015, 「조선전기 청화백자 장식의 특징」, 이화여자대학교 박물관 편, 『조선백자』, 이화여자대학교박물관.

이선옥, 2005, 「歲寒三友의 形成과 變遷」, 『한중인문학연구』15, 한중인문학회.

蔣天格, 1962, 「辨趙孟坚与趙孟頫的关系一文」, 『文物』12期.

Maggie Bickford, 1996, "The Painting of Flowers and Birds in Sung–Yuan China," Hearn. Maxwell K. and G. Smith, Judith. ed., *Arts of the Sung and Yuan*, The Metropolitan Museum of Art.

3장

'일(逸)' 개념의 미학 계보와
미학사적 의의

임태승

1. 미학개념의 계보학적 이해

중국미학의 역사에서 '일(逸)'은 기념비적인 개념이다. 예술 표현의 수준, 품평의 기준, 그리고 창작자의 예술정신 경지에서 최상위를 지칭할 뿐 아니라 수많은 파생개념과 파생어를 낳았기 때문이다. 따라서 중국의 문화예술을 파악하기 위해서는 '일'에 대한 이해가 필수이자 선결과제이다.

'일'에 대한 이해는 두 가지 방향으로 접근해야 한다. 하나는 '일' 개념의 계보사적 변천과정을 살피는 것이고, 다른 하나는 사품격(四品格) 체계의 정립과 그것의 예술표현에의 적용 혹은 투영을 살피는 것이다. 여기서 특히 개념의 계보사적 이해는 매우 중요하다. 중국철학사와 마찬가지로 중국미학사도 사조(思潮)가 아니라 개념이 역사이기 때문이다. 실제 전근대 중국이나 조선에서 예술을 창작하고 감상·평가하는 주체는 대체로 문인이 독점하였는데, 그들은 서양과 달리 문인예술의 양식을 무던히도 오랫동안 답습하였다. 그럼에도 불구하고, 예컨대 회화를 보면, 수묵(水墨)이라는 도구와 문인정신이라는 주제에 친여 년 간 배날리빈시 양식은 고착되었으나 형식과 내용 양방면에서의 미학개념은 꾸준히 변천하였고, 이 때문에 전통예술은 생명력을 유지하고 고유의 가치를 창출하였던 것이다. 그러므로 미학개념을 이해하는 것은 미학사를 이해하는 관건이며, 미학개념의 계보사를 이해해야만 예술사의 흐름과 성격을 온전하게 이해할 수 있는 것이다. 한편 사품격 체계 및 그 안에서의 일품(逸品) 혹은 일격(逸格)의 위치와 의의에 대해선 기존에 풍부한 연구가 있으므로 이 글에서 자세히 다루지는 않을 것이다.

이하 '일' 개념의 미학계보[1]가 어떠한 변천과정을 보여주는지 살피고, 그로부터 중국미학사에서 '일' 개념이 어떠한 위치와 가치를 갖게 되었는지 궁구하고자 한다.

2. 일(逸)의 어의와 파생 개념

문헌에서 어의를 따질 수 있는 '일'이라는 글자는 춘추전국시대부터 출현한다. 『설문해자(說文解字)』[2]나 『이아(爾雅)』[3]에서는 '일'이 '잘못·지나침'의 뜻으로 해설되어 있다. 나아가 송대 『광운(廣韻)』[4]에서는 과실의 뜻에 '방종·날뜀·달아남' 등의 의미가 추가되고, 명대 『홍무정운(洪武正韻)』[5]에는 다시 이러한 뜻들에 '뛰어넘음·숨음·내달림·뛰어남' 등의 의미가 더해졌다. 따라서 '일'의 사전적 의미는 잘못·방종·숨음·뛰어남·뛰어넘음 등으로 요약할 수 있다. 사실 이러한 어의는 관념적으로 유추 혹은 창작한 것이 아니라 출전(出典)에 기인한 정

---

1   이 글에서의 각 미학개념의 의미는 林泰勝(2020)에 의거하였다.

2   "逸, 失也."(『說文解字』「兔部」)

3   "逸, 譽, 過也."(『爾雅』「釋言」)

4   "逸, 過也, 縱也, 奔也"(『廣韻』「入聲·質」)

5   "逸: 超也, 過也, 縱也, 奔也, 隱也, 遁也, 放也, 駿也"(『洪武正韻』卷十四)

리이므로, 출처의 연대기를 심사하면 어의의 변천과정을 확인할 수 있다. 먼저 선진(先秦)시기 '일'의 의미를 살펴보자.

"편안함과 즐거움을 오래도록 누리게 하리라."[6]

"백성들이 모두 편안하다."[7]

"안일함에 젖지 말라."[8]

"안일함과 사욕을 탐하지 말라."[9]

"임금이 잘못된 덕을 갖다."[10]

"또한 나의 어리석은 계획 때문에 너의 잘못이 나왔다."[11]

"말이 내달아 멈출 수가 없다."[12]

초기 원전에서의 '일'의 의미는 대체로 '편안·잘못·질주' 등이다. 왜 이렇게 상이한 의미들이 한 글자 안에 혼재해 있는지에 대한 문자학적 상고(詳考)는 논변 불가이므로 논외로 하자. '일'이 좀 더 미학과 연관되는 의미로 편입하게 된 시점은 그것이 은둔을 나타내면서부터이다. 이러한 의미는 『논어(論語)』에서 처음으로 제시되었다.

"伯夷·叔齊·虞仲·夷逸·朱張·柳下惠·少連 등은 隱士들이나."[13]

---

6 "逸豫無期."(『詩經』「小雅 · 白駒」)

7 "民莫不逸."(『詩經』「小雅 · 十月之交」)

8 "罔遊于逸."(『書經』「虞書 · 大禹謨」)

9 "無教逸欲."(『書經』「虞書 · 皋陶謨」)

10 大史逸德."(『書經』「夏書 · 胤征」)

11 "予亦拙謀作乃逸."(『書經』「商書 · 盤庚上」)

12 "馬逸不能止."(『左傳』成公二年)

13 "逸民, 伯夷 · 叔齊 · 虞仲 · 夷逸 · 朱張 · 柳下惠 · 少連."(『論語』「微子」)

"망한 나라를 다시 세우고, 끊어진 세대를 이어주며, 은사(隱士)
들을 천거하자 천하 백성들의 마음이 돌아왔다."[14]

　여기 『논어』에서의 일민(逸民)은 모두 은둔거사(隱遁居士)의 뜻이다.
일민은 학문과 덕행이 뛰어나지만 세상에 나서지 않고 숨어사는 사람
을 가리킨다. 이로부터 일민(逸民) 혹은 일사(逸士)는 뛰어남과 은둔의
두 의미를 함축하게 되었다. 공자가 일사들을 의미 있게 평가하였고,
후대에 예술창작과 비평을 담당했던 문사들이 여러 내외적 문제의식
과 환경변화에 따라 은둔거사의 삶과 정신지향을 추숭하였던 바, '일'
은 바야흐로 현실로부터의 벗어남과 자유로운 영혼의 의미로 확장되
었다. 이로부터 궁극적으로 우리가 지금 직각적으로 인식하는 '일'의
미학적, 예술적 의미는 초탈과 자유자재가 된 것이다.

　정리하자면, '일'의 의미 변천은 '과실·방종 ⇨ 내달림(駿馬) ⇨ 뛰
어남·숨음 ⇨ 벗어남(뛰어넘음)·자유로움'의 과정을 겪었으며, 여기
서 '일'은 '숨음(隱逸)·뛰어남(俊逸)·벗어남(超逸)·자유로움(安逸-飄逸-
澹逸)'의 네 유형으로 분류할 수 있다. 그리고 이 유형들은 기본적으로
은둔과 초탈을 원형으로 한다. 은둔은 세상을 벗어나는 것으로 세상
과 맞지 않는 뛰어남을 함축하고, 초탈은 상궤를 벗어나는 것으로 상
식과 맞지 않는 뛰어남을 함축한다. 이 둘은 벗어남이란 면에서 공통
성을 가지며, 벗어남으로써 얻는 자기만의 자유를 낳은 것이다.

　이러한 '일'은 이후 많은 파생개념과 파생어로써 응용되었다. 대표
적인 파생개념으로는 안일(安逸)·방일(放逸)·염일(艶逸)·은일(隱逸)·횡
일(橫逸)·야일(野逸)·영일(英逸)·수일(秀逸)·준일(俊逸)·호일(豪逸)·광

---

14 "興滅國, 繼絶世, 擧逸民, 天下之民歸心焉."(『論語』「堯曰」)

일(狂逸)·고일(高逸)·고일(古逸)·탕일(宕逸)·주일(遒逸)·초일(超逸)·표일(飄逸)·신일(神逸)·청일(淸逸)·광일(曠逸)·담일(澹逸)(淡逸) 등을 들 수 있다. 이러한 파생개념을 다시 미학과 연관하여 네 유형으로 분류하면 다음과 같다. 첫째, 수일(秀逸)·염일(艶逸)·영일(英逸)·준일(俊逸)·주일(遒逸) 등은 뛰어남의 영역에 속한다. 둘째, 은일(隱逸)·방일(放逸)·횡일(橫逸)·호일(豪逸)·광일(狂逸)·야일(野逸)·탕일(宕逸) 등은 벗어남의 영역에 속한다. 셋째, 안일(安逸)·표일(飄逸)·광일(曠逸)·신일(神逸) 등은 자유로움의 영역에 속한다. 넷째, 초일(超逸)·고일(高逸)·청일(淸逸)·담일(澹逸) 등은 초탈의 영역에 속한다. 한편 '일'은 일기(逸氣)·일락(逸樂)·일상(逸常)·일월(逸越)·일역(逸易)·일지(逸志)·일치(逸致)·일탕(逸蕩)·일품(逸品)·일격(逸格) 등 여러 파생어로 활용되었다. 이상의 파생개념들과 파생어들이 다채롭게 배양된 근본 이유는 예술정신과 감상비평의 수준이 갈수록 다양다기(多樣多岐)해 졌으며, 그에 따라 그 정신과 비평의 정도를 분류하는데 좀 더 세분화된 용어들이 필요해졌기 때문이다.

3. 일(逸)의 파생개념 계보

가장 일찍 출현하는 '일'의 파생개념은 『장자(莊子)』에 나오는 안일(安逸)이다. 이후 위진(魏晉)시기까지 차례로 출현하는 방일(放逸)·염일(艶逸)·은일(隱逸)·표일(飄逸)·준일(俊逸)(駿逸)·영일(英逸) 등의 의미는 일상적이고 현실적이다. 당대(唐代) 이후로 넘어가면서 '일'의 파생개념은 점차로 정신경지를 나타내는 뜻으로 추상화된다. '일'의 파생개념의 연혁을 아래 예문을 통해 살펴보자.

安逸: "세상에서 괴롭게 여기는 것은 몸이 편안치 않은 것과……
귀로 좋은 음악을 듣지 못하는 것이다."[15]

放逸: "마음이 행하고자 하는 것은 放逸인데, 이를 행할 수 없으
면 그것을 본성을 막는 것이라고 한다."[16]

艶逸: "靈妙한 江妃 빼어나게 고운데, 때때로 강기슭에 나타났
네."[17]

隱逸: "隱遁居士가 있으면 마땅히 불러 만나본다.[18]

飄逸: "창공의 매는 이리저리 날아다니며 서로 경주하듯 갈마든
다."[19]

橫逸: "호기심이 많은 사람은 자유분방하게 기이한 것을 찾는
다.[20]

俊逸: "君王의 자리에 있을 때는 걸출하고 잘 보좌할 수 있는 인
재를 선발해야 한다.[21]

野逸: "모두 무기를 들고 초야를 다니며, 숲속에서 늙어가고 있
다.[22]

英逸: "英俊한 재목을 비천한 사람이 식별할 수는 없다."[23]

超逸: "나는 뛰어난 재주는 부족하나 다만 無爲의 일을 잘 할 뿐

---

15 "所苦者, 身不得安逸, ……, 耳不得音聲."(『莊子』「至樂」)
16 "意之所欲爲者放逸, 而不得行, 謂之閼性."(『列子』「楊朱」)
17 "靈妃豔逸, 時見江湄."(『列仙傳』「江妃二女」)
18 "民有隱逸, 乃當召見."(『漢書』「傳·何武王嘉師丹傳」)
19 "蒼鷹飄逸, 遞相競軼."(王粲, 「浮淮賦」)
20 "好奇之人, 橫逸而求異."(劉劭, 『人物志』「材理」)
21 "躬南面, 則援俊逸輔相之材."(劉劭, 『人物志』「自序」)
22 "皆仗兵野逸, 白首於林莽."(『三國志』「吳書十九·諸葛恪傳」)
23 "英逸之才, 非淺短所識."(葛洪, 『抱朴子』「擢才」)

이다."24

秀逸: "수많은 글을 지었으니 그 才氣가 우뚝하여 아주 빼어났다."25

豪逸: "陸機(士衡)는 탁 트이고 陶潛(彭澤)은 얽매임이 없다."26

狂逸: "常規에 얽매이지 않는 奔放을 드러내면서도 筆意를 거스르지 않는다."27

高逸: "마치 고결한 脫俗의 선비 같으니, 비록 누추한 옷을 입고 있어도 꼿꼿하다."28

古逸: "章草의 古朴한 초월은 情趣의 지극함이 높고도 깊은 것이다."29

宕逸: "神韻과 風采의 최고 경지에 이르러야만 玄妙하고 精妙한 書道에 가깝게 된다. 그것은 곧 변화무쌍함이 힘차게 솟구치듯 시원한 것이다."30

遒逸: "晩年에 이르러서는 雄建한 초월까지 더해졌다."31

神逸: "생각이 막히면 음악을 연주했고, 의태가 자유로우면 글을 썼다."32

曠逸: "〈李瀆은〉도량이 넓고 홀로 얽매임이 없이 편안하게 양생

---

24 "洪體乏超逸之才, 偶好無爲之業."(葛洪,『抱朴子』「自序」)
25 "作萬餘語, 才峰秀逸."(劉義慶,『世說新語』「文學」)
26 "士衡之疏放, 彭澤之豪逸."(劉勰,『文心雕龍』「隱秀」)
27 "縱於狂逸, 不違筆意也."(虞世南,『筆髓論』)
28 "若高逸之士, 雖在布衣, 有傲然之色."(張懷瓘,『書斷』中)
29 "若卓卓古逸, 極致高深."(張懷瓘,『書斷』下)
30 "神采之至, 幾於玄微, 則宕逸無方矣."(『佩文齋書畫譜』卷3「唐張懷瓘玉堂禁經」)
31 "及其暮齒, 加以遒逸."(張懷瓘,『書斷』中)
32 "每思涸則奏樂, 神逸則著文."(『舊唐書』「文苑傳下·李翰」)

하였다."33

清逸: "〈어떤 시는〉 아주 탈속한 듯 소탈한 것이 마치 깊은 연못의 두루미가 맑게 지저귀는 것 같다."34

澹逸: "담박하고 심원함: 흰 구름은 하늘에 떠 있고, 향기로운 바람은 자유롭다. 거문고 선율은 오락가락하고, 고요히 흐르는 시냇물은 시원하다. 좋은 경치를 마주보고 앉아 휘파람도 불어보고 흥얼거려도 본다. 고요하게 간소함을 마주하는데, 때론 빠르게 때로 느리게 다가간다. 바라보면 근심이 떠나가고, 다가서면 걱정이 사라진다. 도연명(陶淵明)의 시(詩)에서처럼 때는 이미 가을이다."35

여기서 몇 가지 개념은 애조의 의미가 미학적 의미로 진화(轉化)되었음을 주목할 필요가 있다. 그러한 개념은 방일(放逸)·표일(飄逸)·야일(野逸)·초일(超逸) 등인데, 이들은 대체로 사실을 묘사하는 용어에서 현실을 초월하여 얽매임이 없는 자유로운 정신경계를 표현하는 용어로 전용되었으며 미학 내지 예술정신의 영역에서 최고의 경지를 나타내는 개념이 되었다. 앞서 제시한 예문의 뜻과 다른 최초 미학개념으로서의 의미는 아래 예문에서 확인할 수 있다.

放逸: "그러나 자유분방해도 本原의 기상을 잃지는 않아 아주 공교한 형상미를 창조해 냈다."36

---

33 "曠逸自居, 恬智交養."(『宋史』「隱逸傳上·李瀆」)
34 "淸逸如九皋鳴鶴."(謝榛, 『四溟詩話』 卷3)
35 "澹逸: 白雲在空, 好風不收. 瑤琴罷揮, 寒漪細流. 偶而坐對, 嘯歌悠悠. 遇簡以靜, 若疾乍瘳. 望之心移, 卽之消憂. 於詩爲陶, 於時爲秋."(黃鉞, 『二十四畫品』)
36 "然於放逸不失眞元氣象, 元大創巧媚."(荊浩, 『筆法記』)

飄逸: "소탈하고 자연스러우며 얽매임이 없는 행동거지, 보통 사람과 다른 風采. 마치 縱山 봉우리에서 학을 타는 듯하고, 華山 정상에 雲彩가 깔린 듯하다. 그림 속 高人처럼 얼굴에서 드러나는 元氣가 마치 신선 같다. 바람을 타고 쑥 잎을 몰아 끝이 없이 날아다닌다. 〈飄逸의 情境은〉 황홀하여 포착할 수 없으면서도 또한 그 안의 정신을 이해할 수 있을 듯도 싶다. 오직 無形의 세계에서만 터득할 수 있으니, 일부러 구하고자 하면 할수록 더 멀어진다."[37]

野逸: "〈李白은〉 거침없는 환담으로 구애됨이 없는 삶을 사랑했고 술을 즐겨 천진함을 보였네."[38]

超逸: "형상을 초월하고 흥금을 마음껏 열어젖힌다."[39]

이상의 내용을 표로 정리하면 아래와 같다.

〈표1〉 '일(逸)'의 파생개념 계보

개념	의미	초출	출처
安逸	편안함	戰國(BC 5-3C)	『莊子』
放逸	마음 하고 싶은 대로 함	戰國(BC 5-3C)	『列子』
	얽매임이 없는 호방함	五代·後梁(10C)	荊浩,『筆法記』
艶逸	빼어난 아름다움	西漢(BC 1C)	『列仙傳』
隱逸	세속을 피해 숨음	東漢(1C)	『漢書』

---

37 "飄逸: 落落欲往, 矯矯不群, 緱山之鶴, 華頂之雲. 高人畫中, 令色絪縕, 禦風蓬葉, 泛彼無垠. 如不可執, 如將有聞, 識者已領, 期之愈分."(司空圖,「詩品二十四則」)

38 "劇談憐野逸, 嗜酒見天眞."(杜甫,「寄李十二白二十韻」)

39 "超逸眞, 蕩遊襟."(盧鴻一,「倒景台」)

개념	의미	초출	출처
飄逸	이리저리 날아다님	三國·魏(3C)	王粲,「浮淮賦」
	황홀하여 포착할 수 없는 초월	唐(9C)	司空圖,「詩品二十四則」
橫逸	거리낌 없는 자유분방함	三國·魏(3C)	劉劭,『人物志』
俊逸	뛰어남	三國·魏(3C)	劉劭,『人物志』
野逸	野地로 돌아다님	西晉(3C)	『三國志』
	구애됨이 없음	唐(8C)	杜甫,「寄李十二白二十韻」
英逸	뛰어남	晉(4C)	葛洪,『抱朴子』
超逸	범상을 뛰어넘음	晉(4C)	葛洪,『抱朴子』
	형상 세계를 초월함	唐(8C)	盧鴻一,「倒景台」
秀逸	빼어남	南朝·宋(5C)	劉義慶,『世說新語』
豪逸	얽매임이 없음	南朝·梁(6C)	劉勰,『文心雕龍』
狂逸	常規에 얽매이지 않음	唐(6-7C)	虞世南,『筆髓論』
高逸	범속을 초월함	唐(7C)	張懷瓘,『書斷』
古逸	古朴한 초월	唐(7C)	張懷瓘,『書斷』
宕逸	거리낌 없는 초월	唐(7C)	張懷瓘,『書斷』
遒逸	웅건한 초월	唐(7C)	張懷瓘,『書斷』
神逸	意態가 자유로움	五代·後晉(10C)	『舊唐書』
曠逸	도량이 넓고 얽매임이 없는 초월	元(14C)	『宋史』
淸逸	세속과 멀리 떨어진 소탈함	明(16C)	謝榛,『四溟詩話』
澹逸	담박하고 심원한 초월	淸(18C)	黃鉞,『二十四畫品』

　시대에 따라 변해가는 '일'의 파생개념의 궤적은 두 가지 특징을 보여준다. 하나는 일상적이고 현실적인 사실묘사의 용어에서 추상적이고 관념적인 정신경지묘사의 용어로 그 영역이 확장, 심화되었다는 점이다. 다른 하나는 '일'의 파생개념의 의미가 점점 평담(平淡)의 경지로 승화된다는 점인데, 이는 예술창작과 감상·비평의 주체였던 문

인들이 당·송대 이후 선종(禪宗)의 영향을 깊이 받은 탓이라 볼 수 있다. 그런데 이 두 가지 특징은 사실상 같은 맥락으로 이해할 수 있다. 정신경지의 심화와 중시 또한 선종의 파급이 광범위했던 데서 연유한 것이라 볼 수 있기 때문이다. 송원대(宋元代)를 거치면서 이러한 경향은 더욱 확연해 졌으며, 특히 청대(淸代) 미학개념의 대세는 평담이 되었다.

4. 일(逸) 개념의 파생어 계보

다음으로 '일'의 파생어가 어떠한 계보를 갖는지 살펴보자. '일'의 파생어는 일락(逸樂)·일탕(逸蕩)·일기(逸氣)·일지(逸志)·일월(逸越)·일치(逸致)·일품(逸品)·일격(逸格)·일역(逸易)·일상(逸常) 등을 열거할 수 있는데, 그 구체적인 의미를 예문과 함께 살펴보도록 하자.

> 逸樂: "존귀하고 영화를 누리면 편안하여 즐겁고, 비천하고 욕되면 근심하고 괴롭게 된다."[40]
> 逸蕩: "그〈桀王〉는 천하 백성들 가운데 인력과 방탕을 누렸던 자이다."[41]
> 逸氣: "公幹(劉楨)의 글은 세속을 초탈한 기운이 충만하나, 다만 힘이 조금 부족했다."[42]

---

40 "尊榮則逸樂, 卑辱則憂苦."(『列子』「楊朱」)
41 "此天民之逸蕩者也."(『列子』「楊朱」)
42 "公幹有逸氣, 但未遒耳."(曹丕,「與吳質書」)

逸志: "군자가 세속을 초월한 심대한 뜻이 있어 은거지에서 소요한다."[43]

逸越: "글자의 초탈이라는 면에서는 다시 이 둘을 넘어서지 못했다."[44]

逸致: "초탈한 정취는 거리낌이 없어 세속을 초월하는 지조가 있다."[45]

逸品: "六藝에 모두 능하며, 棋藝는 逸品에 올랐다."[46]

逸格: "古今의 逸格은 모두 그 조화가 極上에 이르렀다."[47]

逸易: "격조가 超逸의 경지에 이르렀다."[48]

逸常: "붓의 움직임이 常軌를 벗어나니 그 깊이를 헤아릴 수 없다."[49]

위의 파생어 가운데 또한 일락(逸樂)과 일탕(逸蕩)의 두 용어는 아래와 같이 애초의 의미가 미학적 의미로 전화(轉化)되었다.

逸樂: "그 가운데 초탈하고 즐거운 재미가 끊임없이 이어질 것이다."[50]

逸蕩: "그래서 巧似를 숭상하지만 얽매임이 없는 초탈의 경지

---

43 "君子有逸志, 棲遲於一丘."(張華,「贈摯仲治詩」)

44 "字之逸越, 不復過此二途."(張懷瓘,『書斷』上)

45 "遂逸致飄然, 有淩雲之志."(張懷瓘,『書斷』中)

46 "六藝備閑, 棋登逸品"(『梁書』「武帝紀下」)

47 "古今逸格, 皆造其極矣."(皎然,『詩式』「明勢」)

48 "調格逸易."(張彦遠,『歷代名畵記』「論顧陸張吳用筆」)

49 "動用逸常, 深不可測."(荊浩,『筆法記』)

50 "其逸樂之味充然而不窮也."(祝允明,『枝山文集』卷2「送蔡子華還關中序」)

는 그를 넘어섰다."[51]

이상의 내용을 표로 정리하면 아래와 같다.

〈표2〉 '일(逸)' 개념의 파생어 계보

파생어	의미	초출	출처
逸樂	안락	戰國(BC 5-3C)	『國語』,『列子』,『慎子』
	얽매이는 바가 없는 초탈한 즐거움	明(15-16C)	祝允明,『枝山文集』
逸蕩	안락과 방탕	戰國(BC 5-3C)	『列子』
	얽매임이 없는 초탈	南朝·梁(5-6C)	鍾嶸,『詩品』
逸氣	세속을 초탈한 氣韻이나 氣勢, 기개	三國·魏(2-3C)	曹丕,「與吳質書」
逸志	세속을 초월한 深遠한 뜻	西晉(3C)	張華,「贈摯仲治詩」
逸越	超逸 혹은 超脫	唐(7C)	張懷瓘,『書斷』
逸致	초탈하고 속되지 않은 정취	唐(7C)	張懷瓘,『書斷』
逸品	書畵·技藝를 평가하는 가장 높은 등급	唐(7C)	『梁書』
逸格	세속적인 것으로부터의 초탈과 상식적이고 일반적인 법규에 거리끼지 않는 자유자재의 경지	唐(8C)	皎然,『詩式』
逸易	超逸	唐(9C)	張彦遠,『歷代名畵記』
逸常	常軌를 벗어나는 것	五代·後梁(10C)	荊浩,『筆法記』

'일'의 파생어 군(群)에서도 두 가지 특징을 읽을 수 있다. 하나는 파생개념의 사례와 마찬가지로 그 의미가 점진적으로 추상화되면서 정신경지를 나타내는 표현으로 전화되었다는 점이고, 다른 하나는 창작

---

51 "故尙巧似, 而逸蕩過之."(鍾嶸, 『詩品』)

과 품평의 영역에서 최고 수준을 나타내는 일품(逸品) 혹은 일격(逸格)의 품등이 출현하였다는 점이다.

　일격이라는 경지는 동양미학사에서 가장 중요한 개념이라 할 수 있다. 선종의 영향 아래 배태되고 정립되었지만 송대 이후 문인들의 창작 동기와 감평(鑑評)의 기준으로 확고하게 자리를 잡았기 때문이다. 일격(逸格)에 대한 논의에서 특기할 만한 서술은 아래 세 가지이다.

> "張懷瓘은 『畵品斷』에서 神·妙·能 三品으로 그림의 등급을 정하였고, 여기에 다시 각각을 상·중·하 셋으로 나누었다. 〈그런데 내가 보기에〉 이러한 품격 외에 일상적인 법규에 구애받지 않은 또 하나의 逸品이 있으니, 이것으로도 그림의 優劣을 표시하게 된다."[52]
>
> "그림은 자연스럽지 못하게 된 다음에 神妙하게 되고, 신묘하지 못하게 된 다음에 奧妙해지며, 오묘하지 못한 다음에 정밀해지는데, 이 정밀함이 잘못되면 곧 謹細하게 된다."[53]
>
> "〈그림의 逸格은〉 다른 무엇과 견주기 어렵다. 方과 圓을 그리는데 矩와 規를 사용하지 않은 듯 졸렬하게 하고, 채색은 정교하거나 화려하게 하지 않으니, 필치는 간략해도 형세가 온전히 갖추어져 자연스러움을 얻는다."[54]

---

52 "以張懷瓘『畵品斷』神妙能三品, 定其等格, 上中下又分爲三, 其格外有不拘常法, 又有逸品, 以表其優劣也."(朱景玄, 『唐朝名畵錄』)

53 "失於自然而後神, 失於神而後妙, 失於妙而後精, 精之爲病也, 而成謹細."(張彦遠, 『歷代名畵記』「論畵體工用拓寫」)

54 "最難其儔, 拙規矩於方圓, 鄙精硏於彩繪, 筆簡形具, 得之自然, 莫可楷模, 出於意表."(黃休復, 『益州名畵錄』「品目」)

중당(中唐)의 주경현(朱景玄)은 기존의 품평 기준으로는 일격(逸格)의 경지를 분류할 수 없다며 "불구상법(不拘常法)"이란 기준을 제시하였고, 만당(晚唐)의 장언원(張彦遠)은 비록 일격(逸格)이란 용어를 쓰진 않았지만 신격(神格) 위의 최고 수준으로 '자연(自然)'을 설정하였는데 이는 사실상 일(逸)의 경지이다. 능(能)·묘(妙)·신(神)·일(逸)의 경지를 명확하게 제시함으로써 사품격 체계를 최초로 정립한 이는 북송(北宋)의 황휴복(黃休復)이다.[55] 그가 제시한 "방(方)과 원(圓)을 그리는데 구(矩)와 규(規)를 사용하지 않은 듯 졸렬하게 한다."를 말하는 "졸규구어방원(拙規矩於方圓)"이라는 지침은 두고두고 일격을 표현하는 기준이 되었다.

여기서 일품 혹은 일격과 관련된 연관어를 좀 더 살펴보자. '일'의 연관어를 보면 일격의 의미가 더욱 확연해질 수 있을 것이다. 처음 일격이 본격적인 미학개념으로 자리를 잡았을 때 주요한 의미는 자유로움이었다.

"逸: 體裁의 풍격이 여유 있고 자유로운 것을 逸이라 한다."[56]

"逸: 자유자재로 이르지 못하는 것이 없는 것을 일러 逸이라 한다."[57]

---

55 황휴복(黃休復)의 일격(逸格)에 대한 높임은 다음 세 가지 시대조류를 반영하는 것이다. 첫째, 수묵산수화는 당대(唐代)를 거치면서 성숙하였고, 북송(北宋)시대부터는 산수화(山水畵)가 인물화(人物畵)를 대체하면서 회화의 주류가 되었다. 둘째, 북송시기에 산수화는 이미 일반 문인에게까지도 보급되었다. 초월적 의미가 있는 '일(逸)'의 경지는 문인사대부들이 추구하는 이상적인 정신경지와 부합하는 것이다. 셋째, 선종이 북송시기 문인사대부들에게 매우 유행하였다. 선종의 고적허환(孤寂虛幻)한 인생관조와 돈오묘오(頓悟妙悟) 등의 정신경지는 일격에 이론적인 근거를 제공해 주었다. 이러한 연고로 송대의 문인들은 일격에 대해 확실한 자각과 인식을 가졌으며 창작과 감상의 최고 기준으로 삼았다.(袁麗萍, 2008: 62)

56 "逸: 體格閑放曰逸."(皎然, 『詩式』)

57 "逸: 縱任無方曰逸."(竇蒙, 『語例字格』)

여기서의 '여유 있고 자유로움'을 말하는 '한방(閑放)'과 '자유자재로 이르지 못하는 것이 없는 상태'를 말하는 "종임무방(縱任無力)"은 모두 '일'을 설명해주는 표현이라 할 수 있다. 이 뿐 아니라 다음과 같은 예시에서도 '일'을 나타내는 연관어들을 볼 수 있다.

"마음이 외부 사물의 이끌림을 받지 않아야 天性이 완비되니, 세상 만물이 비록 複雜多端하다 해도 단일한 心境으로 마주한다면 어찌 군이 붓에 먹물을 묻히고 다리를 뻗어 편안하고 홀가분한 상태가 되어야만 창작을 한단 말인가?"[58]

"불교도들은 비록 겉은 초췌해도 고요히 생사를 초탈한다. 그러나 생동할 때는 한숨에 능히 四海의 물을 늘이마신다."[59]

"白居易는 솔직하고 蘇軾은 放逸하였으나, 한 사람은 理에 얽매이고 한 사람은 學에 얽매었기 때문에 모두 산을 멀리 보고서 물러났다. 그 재능이 지극하지 않은 바는 아니나, 담박함의 본령을 지닌 것 또한 아니었기 때문이다."[60]

"張旭의 글씨는 자연스럽게 내달린다. 약간씩 점과 획이 드러나나 意態가 자유롭기에 神逸이라 불린다."[61]

---

58 "夫心能不牽於外物, 則其天守全, 萬物森然, 出於一鏡, 豈待含墨吮筆, 槃礴而後爲之哉?"(黃庭堅, 『豫章黃先生文集』卷16「道臻師畵墨竹序」)

59 "釋氏雖枯槁其形, 寂滅其性, 活潑潑處, 一口吸盡四大海水可也."(方回, 『桐江集』卷2「景疏庵記」)

60 "香山之率也, 玉局之放也, 而一累於理, 一累於學, 故皆望岫而却, 其才非不至也, 非淡之本色也."(袁宏道, 『袁中郎全集』卷3「敍尙氏家繩集」)

61 "張長史草書頹然天放, 略有點畵處而意態自足, 號稱神逸."(蘇軾, 『蘇東坡集』前集 권23「書唐氏六家書後」)

위 예문들에서 성정이 얽매이는 바 없어 자유로운 것을 말하는 "放達不羈", 겉은 초췌해도 고요히 생사를 초탈한다는 말로서 초일(超逸) 혹은 고일(古逸)의 성격을 보여주는 "枯槁其形, 寂滅其性", 얽매임과 거리낌이 없는 상태를 말하는 '방(放)', 거침없이 자연스럽게 내달리는 것을 말하는 "頹然天放" 등은 모두 일격의 경지를 묘사하는 말이나 다름없다. 특히 '槃礴'은 "解衣般礴"과 같은 표현으로『장자(莊子)』「전자방(田子方)」에 처음 나오는데, 형식적인 구속으로부터 벗어난 자유로운 경지를 말하며 역시 일격과 동의어라 할 수 있다.

5. 일(逸) 개념의 미학사적 의미

중국예술정신의 특성을 장학적(莊學的)인 것이라 보는 견해(徐復觀, 1987: 326~327)도 있고, 철리적(哲理的) 정취를 중시하는 선종과 감성적 정취를 중시하는 장학의 융합이라 보는 견해(孔濤, 2009: 162)도 있다. 하지만 중국예술정신의 특징을 거론하려면 일차적으로 예술창작과 비평을 담당했던 문인계층의 정신세계를 따져봐야 한다. 송대 이후 문인이 명확하게 회화의 예술주체로 대두했다는 점에서, 그리고 그 문인이 기본적으로 유자(儒者)라는 점에서, 마지막으로 그들이 창작하고 감상하고 비평하는 회화는 사의화(寫意畫)라는 점에서, 예술표현의 문제는 내용상의 의미이지 형상이 아니었다. 따라서 송대(宋代) 이래의 문인화(文人畫)를 볼 때, 형태적 관점에서는 장선호보(莊禪互補) 내지 장선합일(莊禪合一)이 의미 있을 수 있지만, 창작의 동기와 주안점이라는 내용적 관점에서는 유선융합(儒禪融合) 내지 유선합일(儒禪合一)이 훨씬 더 명확한 신단이라 할 수 있다.(林泰勝, 2015: 255~256) 이러한 진단의 방증은 예술창작 및 감상의 기준이 당대(唐代)의 상법(尚法) 전통에서 송대의 상의(尚意) 전통으로 전환했다는 점에서도 확인할 수 있다. 내면의 정신세계를 표현하는 것이 예술표현의 주목적이 된 상황에서 일격은 유자인 문인사대부가 자신의 내면세계를 표현하는데 훨씬 적합하였고, 이로부터 일격이 창작과 감상의 기준으로 본격적으로 사용되면서 유선융합의 색채가 농후해졌다고 볼 수 있다.[62]

일체의 욕념(欲念)을 조용히 가라앉히고 진리를 직관하는 일을 의미하는 선(禪)·선정(禪定)·선나(禪那)의 의미는 불교의 목표를 충실히 보여준다. 욕망을 종식시킨다는 것 혹은 욕망으로부터 벗어난다는 것은 다시 말해서 현실에 대한 초월을 의미한다. 기존에 존재하지 않았던 초월이라는 불가(佛家)의 인생철학은 중국의 관념과 사상 및 예술에 지대한 영향을 미쳤다.

선종이 문인예술에 끼친 영향은 다음 두 가지로 정리할 수 있다. 하나는 문인이 그들의 이상을 표현하는데 추상(醜象)이 가장 적합한 예술적 표현양식이 되었다는 점이다. 불교에서는 본질적으로 미(美)와 추(醜)가 동일하다는 관점에서 "미추여일(美醜如一)"(祁志祥, 1997: 75)을 말하는데, 본질을 추구하는 선종은 본성 추구라는 송대 이후 유자로서의 문인의 이상이 설정되는데 영향을 줌으로써 문인들은 욕망을 상징하는 온전한 형상으로서의 미상(美象)보다는 거인욕(去人慾)의 상징으로서의 추상을 예술표현의 매개로 삼게 되었다는 것이다. 다른

---

62 일격과 문인화의 관계를 놓고 보더라도 일격이 송대에 이르러 최고의 등급이 된 것은 사실 송대 이래 문인화 사조와 밀접한 연계가 있다. 형사(形似)와 규격화된 정식(程式)을 초월하고 간솔함을 추구하는 것 등의 특징은 곧 문인화가(文人畵家)들이 자신의 주체적 의향과 정신을 창작의 주제로 내세우는 데서 나온 것이다.(張晶, 2002: 103)

하나는 선종의 무심(無心)·무념(無念)·무욕(無慾)이란 주제를 표현할 수 있는 양식으로서의 '담(淡)'이란 미학개념을, 선종의 영향을 흡수한 문인예술가들이 예술형식과 그 예술을 통해 지향하는 주제로 삼았다는 점이다. 더구나 담이란 주제는 유가 고유의 고아(高雅)·청렴(淸廉)·충실(忠實) 등의 덕목과도 적의(適宜)하기 때문에 이념상 배치되는 것도 아니었다. 어떻게 보면 선종이란 종교적 덕목의 양식적 특징을 빌어 자신들 유가의 덕목을 나타낸 것이라고도 할 수 있었기에, 문인예술가들은 적극적으로 담이란 양식을 정형화하였다.

선종의 영향 아래 정형화된 미학양식으로서의 추(醜)와 담(淡)은 사실 일격을 가장 적확하게 설명해줄 수 있는 개념들이다. 다시 말해서, 일격을 정신영역으로서의 지향이라 했을 때 추와 담의 양식은 그 지향을 표현해주는 상징적 매개라 할 수 있다. 문인예술가들이 추(醜)·졸(拙)·담(淡)·원(遠)·간(簡) 등 선종적 양식을 표현의 방식으로 삼아 양식화한 일격은 궁극적으로 유선합일(儒禪合一)의 가장 명시적 예증이다. 결론적으로 중국미학사에서의 '일'의 의의는 문인예술의 성격을 결정지었다는 점과 추(醜)·졸(拙)·담(淡)·원(遠)·간(簡) 등 다양한 일격적(逸格的) 예술양식을 탄생시켰다는 점을 들 수 있다.

| 참고문헌 |

『廣韻』

『舊唐書』

『論語』

『梁書』

『列仙傳』

『列子』

『書經』

『說文解字』

『宋史』

『詩經』

『爾雅』

『莊子』

『左傳』

『漢書』

『洪武正韻』

葛洪,『抱朴子』

郭若虛,『圖畵見聞志』

皎然,『詩式』

竇蒙,『語例字格』

劉義慶,『世說新語』

劉勰,『文心雕龍』

方回,『桐江集』

謝榛,『四溟詩話』

蘇軾,『蘇東坡集』

王原祁 등,『佩文齋書畵譜』

虞世南,『筆髓論』

袁宏道, 『袁中郎全集』

劉劭, 『人物志』

張彦遠, 『歷代名畫記』

張懷瓘, 『書斷』

鍾嶸, 『詩品』

朱景玄, 『唐朝名畫錄』

陳壽, 『三國志』

祝允明, 『枝山文集』

荊浩, 『筆法記』

黃鉞, 『二十四畫品』

黃庭堅, 『豫章黃先生文集』

黃休復, 『益州名畫錄』

杜甫, 「寄李十二白二十韻」

盧鴻一, 「倒景台」

司空圖, 「詩品二十四則」

王粲, 「浮淮賦」

張華, 「贈摯仲治詩」

曹丕, 「與吳質書」

祁志祥, 1997, 『佛敎美學』, 上海人民出版社.

林泰勝, 2020, 『동양미학개념사전』, B2출판사.

徐復觀, 1987, 『中國藝術精神』, 春風文藝出版社.

林泰勝, 2015, 「逸: 禪宗의 미학적 유산」, 『儒敎思想文化研究』, 61輯.

孔濤, 2009, 「論唐宋逸格繪畫的兩次轉型」, 『寧夏大學學報(人文社會科學版)』 31卷 2期.

袁麗萍, 2008, 「逸品地位的確立與宋代文人畫的興起」, 『湖南民族職業學院學報』, 第4卷 第4期.

張晶, 2002, 「"逸"與"墨戱": 中國繪畫美學中的主體價值升位」, 『中國文化研究』, 秋之 卷……

4장

동아시아의 소설 개념
다시 생각하기*

박소현

1. 소설 개념과 허구성

한국문학 연구자이자 방대한 노작『한국문학통사』의 저자로도 유명한 조동일은 일찍이 동아시아 삼국, 즉, 중국·한국·일본의 '소설'의 개념을 비교하여 정리한 바 있다. 그에 따르면, 근대 이후 동아시아에서는 특정한 서사문학 장르를 가리키는 용어로 소설을 공통적으로 사용해왔지만, 그럼에도 불구하고 역사적인 관점에서 볼 때 그 함의나 용례는 상당히 달랐다는 것이다.

> 중국·한국·일본문학사에서 소설의 범위를 서로 다르게 잡는 것이 관례이다. 중국에서는 기록된 서사문학이 모두 소설이라 하고, '志怪', '傳奇', '話本' 등이 소설 이전의 서사문학이 아니고 바로 소설 자체라 한다. 일본에서는 소설 이전의 서사문학으로 '物語'를 따로 내세우고, '物語'는 물론 그 뒤의 '草子', '戲作' 등속까지도 소설이라고 하지 않는 것이 관례이다. 한국에서는 소설의 시작을 중국보다 늦게, 일본보다는 빠르게 잡고, 소설 이전의 기록된 서사문학은 중요시하지 않았다. 이러한 차이섬은 어느 쪽의 문학사 발전이 앞섰

---

* 이 글은『일본문화연구』69집(2019)에 발표된 논문임을 미리 밝혀 둔다.

다든가, 어느 쪽에서 용어를 타당하게 사용한다든가 하는 섣부른 우열론에 사로잡히지 말고 우선 실상 그대로 비교하고 검토해야 한다. 소설이 무엇인가 하는 문제를 중국·한국·일본에서의 소설개념과 소설사서술의 범위로까지 확대하면서 널리 타당한 일반이론을 수립하는 것이 궁극적인 목표이지만, 그 길이 험한 줄 충분히 헤아릴 수 있어야 한다(조동일 1991: 311~312).

이 글의 말미에는 현재 중국·일본·한국의 사전에 나와 있는 소설 항목의 사전적 의미와 함께, "장차 만들어야 할『문학용어사전』에서의 소설 항목 서술"의 예가 부록으로 실려 있다(조동일 1991: 354~357). 여기에서는 소설의 원래의 뜻과 이후 중국·한국·일본에서의 의미 변화, 근대 이후 새로운 의미 설정, 그리고 소설사에서 규정한 소설의 의미를 나누어 일목요연하게 서술함으로써, 현재 우리가 사용하는 '소설'과 이전부터 사용해온 '소설'의 함의 사이에는 상당한 괴리가 존재함을 보여준다.

소설의 어원을 살펴보면 문자 그대로 "대단치 않은 수작" 혹은 잡다한 이야기의 기록을 의미했음을 알 수 있다.[1] 여기에서 주목해야 할 점은 애초에 사용되었던 소설의 의미에서는 사실과 허구의 구분이 명확하지 않았다는 것이다. 그러던 것이 후대에 오면서 소설이 꾸며낸 이야기라는 인식이 점차 확산되었지만, 소설의 가치는 오로지 그 참신함이나 기발함에 있다기보다는 역사의 하위범주로서 역사를 보완하는 데 있었기에 소설 창작에서 역사와의 친연성은 여전히 중시되

---

1   소설의 기원과 관련해서는 루쉰(2004: 25~46) 참조.

었다.[2] 소설의 화자(narrator)가 역사가의 언설을 모방해 사실임을 강조하는 서사 관습이 발달한 것도 이 때문이다. 이러한 동아시아의 문학 전통을 고려한다면 '소설'을 과연 '논픽션(nonfiction)'에 대립되는 개념으로서의 '픽션(fiction)'으로 간주하는 것이 타당한지 미심쩍은 면이 없지 않다.

오늘날 '픽션'은 온갖 형태의 지어낸 이야기를 보편적으로 일컫는 말이다. 물론 '픽션' 또는 허구(적 이야기)의 핵심은 바로 '허구성(fictionality)'에 있다. 역사적으로나 문화적으로 다양한 형식의 허구적 이야기들이 존재했지만, 역시 오늘날 픽션의 대표적 형태는 '노벨(novel)'이다. 소설이라는 용어 또한 19세기 말 일본에서 노벨의 번역어로 쓰이면서 점차 오늘날 픽션의 의미로 정착되었지만,[3] 이로 인해 논픽션과 픽션, 사실과 허구의 경계가 불분명한 근대 이전의 소설의

---

2 소설의 별칭으로 '야사(野史)', '외사(外史)', '패사(稗史)', '별사(別史)' 등이 쓰였는데, 모두 역사서술과의 밀접한 연관성을 짐작하게 하는 용어들이다. 또한 소설은 전통적으로 '전(傳)', 즉, 한 인물을 중심으로 하는 전기(biography) 형식을 자주 차용했는데, '별전(別傳)', '외전(外傳)', '잡전(雜傳)', '전기(傳奇)' 등도 모두 소설의 별칭 또는 하위 장르라고 할 수 있다. 이러한 작품들은 모두 단순히 명칭들만 차용한 것이 아니라, 서술양식이나 특정한 역사적 관점을 모방함으로써 역사서술과의 밀접한 연관성을 부각시켰다. 고전소설과 역사서술의 관계에 대해 천착한 연구로는, Plaks(1977: 309~352)와 Lu(1994) 참조. 본고의 논지와 관련하여 두 연구 모두 서사이론(narrative theory)에 입각하여 중국 소설과 역사, 서사 등의 관계를 고찰하고 있다는 점에서 참고할 만하다.

3 1886년 일본의 쓰보우치 쇼요(坪內逍遙, 1859-1935)는 『소설의 정수(小說神髓)』에서 영어의 'novel'을 '小說'로 번역한다고 밝혔다. 전통적으로 일본에서는 소설이 주로 '중국 소설'을 의미했고, 일본의 서사 장르에 대해서는 소설 대신 '物語', '草子', '讀本'과 같은 말들을 더 일반적으로 사용했다(조동일 1991: 330). 한편 일본의 영향을 받아 근대 중국에서도 서구의 '노벨'을 염두에 둔 소설 개념이 새로이 정립되었다. 즉, 량치차오(梁啓超, 1837-1929)가 1902년 『신청년(新青年)』에 「소설과 군치(群治)의 관계를 논함(論小說與群治之關係)」이라는 글을 통해서 새로운 소설 창작의 필요성을 역설할 때 이때의 소설은 바로 '노벨'을 의미했다(조동일 1991: 335). 근대 중국 소설의 의미 변화와 관련하여 좀 더 자세한 사항에 대해서는 이보경(2002) 참조.

개념과는 큰 괴리가 생긴 것이다. 이와 같은 소설의 의미 변화에 주목한다면, 우리는 픽션과 논픽션, 사실과 허구의 구분이 언제나 명백했던 것은 아니라는 사실을 발견할 수 있다.

앞의 조동일의 연구에서 보듯이, 전근대와 근대의 소설 개념의 상이성에 관해서는 많은 연구들이 지적한 바이다. 다만 장르로서의 소설이 발달하고 허구적 서사로서의 소설 개념이 형성되는 과정에서 사실과 허구의 관계가 어떻게 변화했는가에 관해서는 오히려 이에 천착한 연구가 드물다. 이런 점에서 사실과 허구의 관계 혹은 허구성의 본질에 천착하는 것은 동아시아의 소설 개념을 좀 더 명확하게 이해하는 데 도움이 되리라 생각한다.

문학과 관련해 허구성에 대한 연구가 소설—즉, 픽션—을 중심으로 이루어졌으리라는 것은 누구나 쉽게 짐작할 수 있는 사실이다. 그러나 실제로는 소설의 허구성을 너무도 당연시한 나머지 이를 초역사적인 불변성으로 간주하는 경향이 있다. 근대 소설의 허구성을 역사적 산물로 본 캐서린 갤러거(Catherine Gallagher)는 "소설(novel)의 특성 중에서 허구성만큼 명백해 보이면서도 쉽게 무시당하는 특성은 없다"고 한다(Gallagher, 2006: 337).

일찍이 20세기 후반 문학 연구를 풍미한 서사이론(narrative theory)은 허구성의 본질을 밝히고자 했다. 이는 서사이론의 주요한 분석 대상이 소설 또는 허구적 서사였기 때문이 아니라, 모든 서사는 본질적으로 허구성과 밀접한 연관성을 갖고 있었기 때문이다. 리처드 월쉬(Richard Walsh)의 주장대로, 모든 서사는 허구적이든 비허구적(nonfictional)이든 간에 "인공물(artifice)"이며 "일종의 구조물(construct)"이기에 서사성(narrativity)이라고 하면 이미 허구성을 내포하는 것으로 생각할 수 있다(Walsh, 2007: 14). 그럼에도 불구하고 서사성과 달리 허구성의 본질에 관한 본격적인 연구는 최근에 와서야 활기를 띠고 있으며, 이와 같은 시도들이 비교문학적 관점에서 동아시아의 소설 개념을 이해하는 데 본격적으로 재해석되거나 활용된 적은 없는 것 같다. 따라서 이 글에서는 먼저 허구성에 관한 최근 연구와 이러한 연구들에서 제기된 새로운 관점들을 살펴보고, 동아시아의 소설 개념에서 허구성의 문제 또는 사실과 허구의 관계를 다시 고찰해 보고자 한다.

2. 허구성에 관한 열 가지 명제들 - 소설과 허구성의 관계

처음부터 소설(novel)의 허구성은 독특하면서도 모순적이었다. 소설은 단순히 여러 허구적 서사들 중의 하나가 아니었다. 그것은 바로 여기에서 허구성이 명확하게 노골적으로 나타났으며, 이를 통해서 비로소 허구성이 폭넓게 이해되고 인정받았던, 유일무이한 허구적 서사였다. '소설'이라는 용어와 '허구(fiction)'라는 용어의 역사적 관계는 친밀하다. 그들은 서로를 구성하는 인자였다. 그러나 소설은 또한 적어도 2세기 동안 일종의 지시성(referentiality)을 주장하거나 심지어 포괄적인 사실성 주장(truth claim)을 함으로써 핍진성(verisimilitude) 또는 사실주의(realism) 뒤에 허구성을 숨기고자 노력했다. 장르도 태도를 지닌다고 생각할 수 있다면, 소설은 허구성에 대해 이중적 태도를 지닌 것처럼 보인다 - 존재론적 기반으로서 허구성을 만들어낸 동시에 그것에 심각한 제약을 가한 것이다. … **요컨대 소설은 허구를 발견한 동시에 그것을 눈에 띄지 않게 만들었던 것이다**(Gallagher, 2006: 337). (강조는 필자의 것임)

18세기에 와서 소설이 허구를 발견했다고 한 갤러거의 주장은 상당히 의미심장하다. 그동안 문학이론가들조차 소설의 본질로서 허구성이라는 것은 너무도 명백하여 숙고할 필요조차 없는 것으로 여겼기 때문이다. 그러나 역사적으로 볼 때 '픽션', 즉 허구라는 말이 가공의 사건을 이야기한 문학을 의미하게 된 것은 17세기를 전후로 하여 나타난 새로운 변화였고, 그 이전에는 주로 기만을 목적으로 고안된 장치이거나 창의적인 발명품을 의미했다. 18세기 이후로 픽션이라는 말을 기만이나 위장, 가장을 뜻하는 말로 사용하는 것은 아주 드문 일이 되었다.[4] 이는 오늘날 우리가 당연시하는 소설과 허구의 결합이 서구에서도 18세기에 와서야 나타난 새로운 현상이며, 허구성에 대한 새로운 인식을 바탕으로 서서히 형성되었음을 의미한다. 즉, 우리가 흔히 생각하듯 허구의 구성요소나 허구성을 규정하는 특성들은 애초부터 고정된 것이 아니라 가변적이라는 것이다.

18세기 사실주의(realism) 소설의 허구성은 바로 우리의 경험적 현실로부터 유리되지 않은, 실제와 매우 흡사하지만 실재하지 않는 핍진성이라는 점에서 이전의 로맨스(romance) 장르가 추구한 비현실적인 공상이나 환상(fantasy)과는 완전히 구분된다. 요컨대 사실주의 소설을 특징짓는 몇 가지 대표적인 구조적 요소들을 구체적으로 살펴보면, 회상(flashback), 묘사의 독립성, 전지적 작가 시점, 서술의 신빙성, 내면의식의 주관적 서술 등등이 있는데, 이와 같은 요소들은 사실주의 소설의 사실성을 구성하는 동시에 허구성을 구성한다(Fludernik, 1996: 151).

---

4 이러한 '픽션' 용법의 변화는 『옥스포드 영어사전(Oxford English Dictionary)』에서 확인할 수 있다. Gallagher(2006: 338) 재인용.

그러나 사실주의 소설의 사실성이 완벽하게 허구적이며 실존 인물이나 실제 사건을 가리키는 것이 아니라는 인식, 즉 사실주의 소설은 '허구'이며 전기나 신문보도 같은 '논픽션'과는 구분된다는 인식이 널리 확산되어 보편화되기까지의 과정은 상당히 점진적인 것이었다. 이러한 변화를 잘 보여주는 사례가 바로 다니엘 디포(Daniel Defoe, 1660-1731)의 『로빈슨 크루소(Robinson Crusoe)』(1720)와 헨리 필딩(Henry Fielding, 1707-1754)의 『톰 존스(Tom Jones)』(1742)였다. 디포는 로빈슨 크루소가 가상의 인물임에도 불구하고 실존 인물임을 주장한 반면, 필딩은 디포와 정반대로 톰 존스나 그 주변 인물들이 실존 인물이 아니라는 사실을 강조했다. 갤러거에 따르면, 디포가 소설을 출간하고 나서 필딩이 자신의 소설을 출간하기까지의 20년 사이에 허구성 담론이 소설 안팎에서 나타났는데, 이는 '비지시성(nonreference)'의 양식, 즉 소설의 사실성과 실제 사실을 구분하는 양식이 구체화되었음을 의미한다(Gallagher, 2006: 344). 다시 말해서 18세기에 허구성 담론은 사실주의 소설을 중심으로 서서히 진화되었던 것이다.

그렇다면 어째서 18세기에 와서 사실주의 소설이 출현하고 소설의 허구성에 대한 새로운 인식이 형성된 것일까? 갤러거가 말한 소설의 핍진성과 허구성이 모순적 관계가 이 시기에 와서야 부각된 것은 무엇 때문일까? 주지하다시피 사실주의 소설의 출현 배경에 관해서는 현재까지 많은 연구가 축적되었는데, 이러한 연구들은 한결같이 소설이 18세기 근대사회의 형성과 밀접한 연관성을 가졌음을 강조한다. 즉, 그 출현 배경에는 세속주의, 과학적 계몽주의, 경험주의, 자본주의, 물질주의의 확산과 함께 중산층 독자층이 있다(Watt 1957: 35~59). 특히, 영국의 경우 다른 나라들보다 일찍 중산층 독자층이 발달했고, 그들은 소설을 통해서 나라 안 구석구석까지 퍼져 살아가는 동시대

다른 사람들의 모습을 상상하기를 원했을 뿐만 아니라 치밀하게 묘사된 자신들의 세계를 읽기를 원했다(Anderson 1991: 22~36). 현실적인 물질주의자였던 이들은 소설에서 환상을 거부하고 개연성을 추구했으며, 이국적인 낯선 세계보다는 익숙한 세계를 원했다. 그리고 소설이 묘사한 세계가 현실의 치밀한 모방이지만 그렇다고 해서 소설이 거짓말을 하는 것은 아니라는 사실, 즉 역사적 사실성이 결여된 소설의 '모방적 시뮬레이션(mimetic simulation)'을 허위가 아닌 진실의 한 형태로 받아들이기 위해서는, 마이클 맥키온(Michael McKeon)에 따르면 인식론적 전환이 필요하다(McKeon, 2002; Gallagher, 2006: 341 재인용). 이러한 맥락 속에서 로맨스에서 노벨로의 전환이 이루어졌던 것이다.

앞에서 언급한 사실주의 소설의 구조적 요소들 중 '전지적 시점'이나 '내면의식의 주관적 서술'은 소설의 세계가 가상의 현실임을 가장 잘 보여주는 예이다. 독자는 화자의 전지적 시점을 따라 인물의 내면 세계와 주관적 경험을 세세히 관찰함으로써 그 인물에 친밀한 동질감을 느낄 수 있지만, 현실에서는 그 어느 누구도 '전지적'으로 상대방의 내면을 환히 꿰뚫어 볼 수 없다. 이것이 사실주의 소설과 전기·역사 등의 논픽션 장르가 다른 점이기도 하다. 갤러거의 주장대로 독자들을 빠져들게 만드는 소설 인물의 친밀성과 투명성, 생동성은 바로 인물의 내면과 외면, 과거와 현재를 관통하는 '비현실적인' 전지적 인식가능성에서 나온다(Gallagher, 2006: 356).

이처럼 18세기 사실주의 소설의 허구성이 이전의 서사 장르와는 다른 방식으로 구현되었고, 이런 차이가 온전히 작가로부터 비롯된 것이 아니라 작가와 독자의 관계에서 양자를 포함한 포괄적인 인식론적 전환으로부터 비롯되었다는 것은 매우 흥미로운 사실이다. 이러한 사례는 우리로 하여금 '소통 모델'의 유효성에 주목하게 만든다. 허구성이라는 것이 소설과 같은 어떤 문학양식이나 장르에 고착화된 구성 요소가 아니라 작가가 독자에게 보낸 신호와 이에 반응하는 독자의 해석에 따라 다르게 인식될 수 있다는 것, 따라서 허구와 사실, 픽션과 논픽션의 구별은 고정된 것이 아니라는 사실에 주목한다면, 월쉬의 주장처럼 수사학(rhetoric)적 관점에서 허구성을 고찰하는 것이 더 유효할 것이다.

월쉬는 언어학적 소통 이론의 화용론(pragmatics) 모델에 의거하여 소설이나 영화, 또는 어떤 다른 서사 장르로부터 허구성 개념을 분리하여 설명한다. 허구성 개념을 다양한 담론들에 폭넓게 적용할 수 있는 소통 장치로 보는 그는 다음과 같이 말한다. "나는 허구성을 어떤 재현 대상의 특징이라기보다는 소통적 수사학(communicative rhetoric)의 특징으로 이해하고자 한다(Walsh, 2007: 52)." 그에 따르면, 허구성과 허구(적 서사)의 관계는 다음과 같이 정리될 수 있다.

> 나는 허구성이 소통 체계 안에서 기능한다고 주장하고자 한다. … 나는 서사적 허구성이 일반적인 서사성과 구분될 가치가 있다고 생각한다. 다시 말해서, 나는 모든 서사가 인공물이며 매우 제한적인 의미에서 허구적이라는 추상에 전적으로 동의한다. 그러나 나는 그럼에도 불구하고 허구적 서사가 일관되게 뚜렷한 문화적 역할을 지니며, 이러한 역할을 설명하기 위해서는 확실한 허구성 개념이 요구된다고 주장한다. 그것은 형식적 관점보다는 기능적, 수사학적 관점에서 가장 잘 설명할 수 있는 성질의 것이다. 그것이 허구와 상하게 결합된 형식적 특성들을 지닌 것은 사실이다. 그러나 그런 특성들은 허구성의 필요조건 또는 충분조건이 되지 못한다. 대신 허구성이 기능적 속성이라고 말하는 것은 그것이 언어의 한 사용 방법임

을 뜻하며, 허구성이 수사학적이라고 말하는 것은 허구성의 사용이
독자(또는 청중)의 해석적 관심에 호소하는 방식에 따라 구분될 수
있음을 뜻한다. ··· 그렇다면 **허구의 수사학적 특성은 언어의 허구**
적 사용과 비허구적 사용의 소통적 지속성과 일치한다(Walsh, 2007:
15). (강조는 필자의 것임)

월쉬가 우려했듯 픽션과 논픽션, 사실과 허구를 형식주의적으로 구
분하다 보면, 허구와 허구성 개념이 소통 체계의 맥락에 의존한다는
사실을 망각하는 결과를 초래할 수도 있다. 수사학적 관점에서 볼 때
픽션과 논픽션, 사실과 허구를 구분하는 초역사적이고도 본질적인 절
대 범주는 존재하지 않는 까닭에, 형식적 구분보다는 담화에 나타나
는 허구성과 비허구성의 지속적 상호작용에 더 주목할 필요가 있다.
역사와 같은 대표적인 논픽션 장르에서도 실제 사건의 기술에 서술의
인위성이 지대한 영향을 미치는 반면, 소설과 같은 허구도 비허구적
인 정보와 사실적 근거에 의존하거나 제한되는 것은 불가피하기 때문
이다.

이처럼 소설과 같은 서사양식이 허구성 혹은 허구성 담론의 진화
에 지대한 공헌을 한 것은 사실이지만, 형식적 범주에 얽매임이 없
이 어떤 담화에나 광범위하게 존재하는 허구성의 편재성도 부인할 수
없다. 따라서 형식주의적 접근과 달리 허구성에 대한 수사학적 접근
이 문학 장르나 범주를 넘어서서 발화 행위(speech act) 또는 소통 체계
전반에 나타나는 허구성의 특징들이나 기능들에 관한 연구로 확대되
는 것은 어쩌면 불가피한 행보라 할 수 있다. 다양한 발화 행위에서
허구성이 허용되고 활용된다면, 여기에서 던질 수 있는 가장 근원적
인 질문은 바로 이것이다. 18세기 유럽의 사실주의 소설의 발전에서

보았듯이, 소통 체계에서 허구와 허위는 어떻게 구분되는가? 담화에서 허구성을 활용하는 목적, 효과, 기능들은 무엇인가? 즉, "언제, 어디에서, 왜, 그리고 어떻게, 어떤 청중과 관련하여 무슨 목적을 성취하기 위해 허구성을 이용하는가?(Nielsen, Phelan, and Walsh, 2015: 63)" 이에 대한 해답으로서, 혹은 그 해답을 찾아가는 방법론으로서 서사학자들이 함께 정리한 「허구성에 관한 열 가지 명제 (Ten theses about fictionality)」는 주목해볼 필요가 있다(Nielsen, Phelan, and Walsh 2015: 63~71). 이를 요약해보면 다음과 같다.

1) 허구성은 인간의 기본적인 상상력을 바탕으로 한다.

허구적 담화(discourse)는 독자나 청중을 상상하게 만들고, "~면 어쩌지?(what if)"라는 질문을 던지게 만든다. 또한 일어날 수 있는 가능성이나 상상을 통해서 실제를 이해하는 능력은 인간에 고유한 것이라고 할 수 있다.

2) 허구적 담화가 비허구적 담화의 명백한 대안이라 하더라도 양자는 지속적 교환을 통해 밀접한 상호연관성을 가지며, 우리가 양자와 관계 맺는 방식도 또한 그러하다.

양자는 매우 밀접하게 상호연관되어 실제에 대한 우리의 견해는 허구적 사례나 이야기, 주장들에 영향 받고 바뀔 수 있다.

3) 허구성의 수사학은 소통의 목적에 바탕을 두고 있다.

모든 담화는 허구적이든 비허구적이든 그 소통 주체가 있기에 소통의 목적 및 의도는 픽션과 논픽션의 어떤 선험적 구분보다도 더 중요하다.

4) 발신자의 관점에서 볼 때 허구성은 매우 다양한 목적을 성취할 수 있는 탄력적 수단이다.

허구성은 재현 대상이 아니라 소통 행위 자체에 중점을 둠으로써 어떤 수사학적 목적을 성취하고자 한다.

5) 수신자의 관점에서 볼 때 허구성은 발신자의 소통 행위에 관한 해석적 전제가 된다.

수사학적 관점에서 어떤 메시지를 허구적이라고 하는 것은 발신자의 의도를 추론한다는 의미이다.

6) 어떤 형식적 기법이나 텍스트적 특성도 그 자체로 허구적 담화를 식별할 수 있는 필요조건이나 충분조건이 될 수 없다.

허구성의 수사학적 개념은 그것을 논리적, 존재론적 절대원칙이기기보다는 문화적 변수로 만든다. 따라서 허구성은 담화 그 자체에 내재하는 것이라기보다는 소통의 맥락과 연관되어 있다.

7) 허구적 소통의 의도를 신호하거나 가정하는 것은 비허구적 담화에 대한 것과는 다른 태도를 수반한다.

이야기가 허구라는 가정 하에 이야기를 읽는 것과 논픽션이라는 가정 하에 읽는 것은 큰 차이가 있다.

8) 허구성은 자주 상상과 실제의 이중노출을 제공한다.

허구적 소통은 독자나 청자로 하여금 실제와 상상을 연관짓도록 요청한다. 이는 허구성을 사실로 믿을 것을 요구하는 것이 아니라 실제 세계에 대한 우리의 믿음을 형성하는 데 도움을 준다.

9) 허구성의 행동유도성(affordance)은 발신자의 에토스(ethos)와 전지구적 메시지의 로고스(logos)에 (좋든 나쁘든) 영향을 미친다.

다른 수사적 행위와 마찬가지로 허구성을 사용하는 것은 저자의 에토스에 영향을 미친다.

10) 한 장르 또는 일련의 장르들로서의 허구에 치중해온 기존 연구는 오히려 허구성의 중요성을 모호하게 만들었다.

허구성 이론과 허구 이론의 융합은 양자에 모두 해를 끼쳤는데, 이는 허구의 가장 중요한 문화적 기능뿐만 아니라 허구를 벗어난 허구성 연구에 일반적으로 소홀했음을 의미하기 때문이다. 허구성에 대한 수사학적 접근은 허구성이 도피를 위한 메커니즘이 아니라 우리로 하여금 현실을 이해하고 현실과 관계 맺도록 도와주는 허구성의 기능에 초점을 맞춘다.

앞에서 살펴본 「허구성에 관한 열 가지 명제들」은 바로 소통, 인지, 상상력 등 문학 범주를 넘어서서 허구성 및 서사(성) 문제에 접근하고자 한 서사이론의 21세기적 전환 혹은 서사학으로의 복귀를 반영한다. 한때 20세기를 풍미했던 구조주의 서사학(structuralist narratology)은 모니카 플루데닉(Monika Fludernik)의 표현을 빌리자면, "역사, 윤리, 주제, 미학, 그리고 맥락의 부재"로 요약될 수 있다(Fludernik, 2010: 924). 이후 서사학은 포스트구조주의 및 문화이론의 거센 반발에 부딪혀 오랜 침체기를 겪었지만, 최근에 와서 법학, 역사학, 경제학 등 사회과학의 인문주의 경향 및 서사 및 스토리텔링에 대한 휴머니즘적 관심과 맞물려 일련의 서사학적 전환, 즉 "역사로의 회귀, 주제적·미학적·윤리적 전환, 신(新)서사학적 경향(Fludernik, 2010: 925)" 등을 보이면서 다시 부상하고 있다.[5]

「허구성에 관한 열 가지 명제들」도 서사학적 전환의 전반적 흐름과 무관하지 않다. 이 논문의 머리말에서 밝혔듯이 궁극적 목표는 우선

---

5   서사이론의 전환과 관련하여 좀 더 자세한 사항에 대해서는 펠란·라비노비츠(2016); Herman et al(2012) 참조.

장르로서의 허구와 허구성을 구분하고,[6] 둘째로는 현실에서 소통 전략으로서의 허구성의 이용을 강조하고, 셋째 주요한 인지기능으로서의 허구성의 보편성을 주장하는 것이다(Nielsen, Phelan, and Walsh, 2015: 62~63). 월쉬는 이미 2007년 자신의 저서에서 주로 복잡한 언어학적 소통 모델과 화용론에 의존해 소설의 허구성과 그 수사학적 본질을 밝히려는 시도를 했었다. 그러나 결론적으로는 위의 논문의 입장과 크게 다르지 않는데, 단지 기왕의 시도를 여타 분야로 확장시켜 보다 보편적이고 포괄적인 결론에 도달했을 뿐이다.

요컨대 월쉬를 비롯한 서사학자들의 야심찬 '확장주의'가 긍정적인 측면이 없는 것은 아니나, 한편으로 우리는 그 확장주의 이면에 감춰진 현실을 직시해야 한다. 그 이면에는 바로 흔히 '인문학의 위기'로 일컬어지는 어두운 현실, 문학을 비롯한 분과 학문으로서의 인문학 전반의 사회적 영향력이 급격히 약화되면서 자연과학 또는 사회과학과의 학제적(interdisciplinary) 연구를 통해 위기를 극복하고자 하는 절박한 현실이 있다.[7] 선언적 성격이 강한 앞의 논문은 결국 허구와 허구성 연구의 당위성에 대한 반복적인 주장에 다름 아니다. 왜냐하면 첫째, 지구상에서 유일무이하게 상상하는 동물인 인류에게 허구성은 본질적으로 인간성을 의미하고, 둘째, 허구성은 우리의 현실 인식을 고양시킴으로써 '더 나은 세계'를 만드는 데 필수불가결하기 때문이다. '인류'와 '더 나은 세계', 이것이 (그들이 주장하는) 우리가 소설을 읽어야 하는 이유인 것이며, 한편으로 대학에서 문학과 철학 혹은 인문학을 강의해야 하는 이유이다. 따라서 소통 체계로서의 허구성 또는

---

6 그 이유는 '열 가지 명제들' 중 열 번째 명제에서 명백히 밝히고 있다.

7 이는 전지구적 현상으로서 비단 한국 대학에만 국한된 것이 아니다.

허구성과 에토스(ethos)의 연관성을 강조할 때 소설이나 영화 같은 허구적 장르는 단순히 시간을 때우는 오락거리 이상이며, 이들 장르에 대한 연구 또한 나름 중요성을 지니는 것은 물론이다.

이와 같은 일련의 서사학적 전환이 과학지향적인 동시에 윤리지향적이라는 사실, 즉 과학과 윤리의 조합은 상당히 뜻밖이며 놀라운 것이다. 특히, 서사학의 출발점이 소쉬르(Ferdinand de Saussure, 1857–1913)의 기호학이며, 구조주의 서사학은 어떤 외연적 맥락—윤리적 가치를 포함한—으로부터도 독립적인 텍스트의 자율적 메커니즘을 강조했기에 더 그렇다. 이러한 변화—과학과 윤리의 조합—는 이제 서사학자들 사이에서 일종의 '유행'인 것처럼 보인다. 이러한 추세를 보여주는 대표적 예라면, 브라이언 보이드(Brian Boyd)의 『이야기의 기원: 진화, 인지, 소설(On the origin of stories: evolution, cognition, fiction)』(2009), 리사 준샤인(Lisa Zunshine)의 「소설이 더 나은 이유 (Why fiction does it better)」(2013) 등이 있는데, 데이비드 허먼(David Herman)은 진화와 인지과학적 차원에서 이야기의 기원과 소설을 분석하는 이들 연구를 '문학적 다윈주의(literary Darwinism)'와 '인지서사학(cognitive narratology)'으로 분류한 바 있다(Herman, 2013: 193). 그렇다면, 다윈주의, 인지과학, 화용론 등 첨단의 과학지식과 복잡한 개념들, 낯선 과학적 수사를 동원한 연구들이 허구 및 허구성의 새로운 가치를 발견했는가?

이들이 내린 결론은 대체로 이렇다. 우리는 소설을 읽어야 한다, 왜냐하면 소설은 우리의 도덕적 분별력을 길러주고, 우리의 인지기능과 공감능력을 향상시켜 사회적 분쟁과 마찰을 줄이는 데 도움이 되기 때문이다.[8] 과학주의적 서사학은 이처럼 과학 패러다임의 새로운 경지를 보여주기보다는 오히려 다소 진부한 문학 효용론으로 회귀하고 있다. 화려한 과학적 수사를 내세운 효용론은 흥미롭게도 동아시아에서 '소설'이라는 말을 '작은 도리[小道]'와 연관시켰던 도덕주의적 입장을 상기시킨다. 폴 도슨(Paul Dawson)이 간파한 대로, 소설의 사회적 효용성을 설파하는 이 "복음주의적 열정(evangelical fervor)"의 이면에는 학계에 팽배한, 문학 연구의 사회적 영향력 약화 현상에 대한 오랜 불안감이 잠재한 것처럼 보인다(Dawson, 2015: 94).

그러나 그럼에도 불구하고, 허구성 이론과 관련하여 일련의 서사학적 전환이 중요하거나 유용한 이유는 허구에 대한 형식주의적 접근을 벗어나 허구성 자체에 대한 근원적 질문에 더 깊이 다가가고 있기 때문이다. 우리는 왜 이야기를 지어내고, 지어낸 이야기에 귀 기울이는가? 우리는 왜 허구를 필요로 하는가? 허구성은 사실과 어떤 관계를 맺으며, 어떤 역할을 하는가? 또한 동아시아의 소설 선동과 권련해서도 허구성 담론은 우리로 하여금 비교문학적 시각에서 다음과 같은 해묵은 질문을 재조명하도록 만든다. 동아시아 소설 전통에서 허구성과 비허구성, 픽션과 논픽션의 관계는 근대 서구 혹은 현대와 어떻게 다르며, 어떤 요인들이 이러한 차이를 만들어냈는가? 다음 장에서는 동아시아 소설의 개념에 초점을 맞추어 이 문제들을 살펴보고자 한다.

3. 허구성 이론을 통해서 본 동아시아 소설의 개념

중국 최초의 근대적 중국소설사인 루쉰(魯迅, 1881-1936)의 『중국소설사(中國小說史略)』는 중국소설사 서술의 전범으로서 지대한 영향을 미쳤으며, 모든 중국소설(사) 연구가 이 책으로부터 시작된다고 해도

---

8 필자가 이런 주장을 전적으로 부정하거나 경멸하는 것은 결코 아니다.

과언이 아니다. 이 책의 의의라면, 전통적인 담론 체계 내에서 논의되어 온 소설이라는 용어를 중국소설의 기원으로 재발견함으로써 신화와 전설로부터 근현대 소설에 이르기까지 그야말로 중국소설의 고유한 역사적 진화 과정을 재구성해냈다는 것이다. 이 책은 수많은 다양하고도 이질적인 텍스트들을 발굴해 소설이라는 단일한 문학 장르로 묶어 소개한 의의가 있지만, 이로 인해 이 책에서 다루는 소설 개념은 오히려 지극히 모호해졌다. 루쉰이 소설의 개념조차 명확히 규정하지 않은 채 소설사를 썼다고 불평한 조동일의 말은 약간 지나친 면이 있을지 모르나 그럼에도 아주 틀린 말은 아니다(조동일, 1991: 332). 루쉰이 염두에 둔 소설 개념은 분명 근대적 소설, 즉 노벨에 가까운 것이었을 터이다. 다만 그는 서구의 노벨과는 판이하게 다른 지점에서 중국소설의 기원을 찾았고, 이 격차를 분명하게 설명하지 않은 채 소설사를 서술했을 뿐이다.

루쉰이 소설의 기원을 『장자(莊子)』에서 찾은 것은 잘 알려진 사실이다.[9] 이때 소설의 함의는 장르로서의 소설과 완전히 다른 것이었기에, '작은 도리에 관계되는 대단치 않은 수작'이라는 이 말이 허구 장르의 발달과 구체적으로 어떤 역사적 연관성을 지니는지 이해하기란 쉽지 않다, 반고(班固, 32~92)의 『한시 · 예문시(漢書 · 藝文志)』「제자략(諸子略)」에 언급된 '소설가(小說家)'에 이르러서야 장르로서의 소설의 기원에 조금은 다가갔다고 할 수 있다. 15가(家) 1,380편에 이른다는 소설가에 대한 설명은 다음과 같다.

---

9 『장자 · 외물편(莊子 · 外物篇)』에 "소설을 꾸며 벼슬을 구함은 큰 도리에 이르는 것에서 역시 멀다(飾小說以于縣令 其於大達亦遠矣)"라는 구절이 있는데, 루쉰이 설명한 대로 여기에서 말한 '소설'은 '큰 도리[大道]'에 대립되는 '작은 도리[小道]'라는 뜻으로 쓰였나.

소설가의 무리는 대체로 패관(稗官)에서 나왔으며, 길거리와 마을에서 하는 이야기들을 얻어 들은 것을 바탕으로 지은 것이다. … 마을의 작은 지식을 가진 이가 한 말이라도 수집 보존하여 잊혀지지 않도록 했기 때문이다.[10]

이 '소설가'에 대한 설명에서 중요한 것은 첫째, 그들이 '패관'이라는 하급관리로부터 연원했고 민간에 떠도는 대단치 않은 ―즉, '작은 도리'나 '작은 지식'으로 여겨질 만한― 이야기들을 수집해 기록했다는 것, 둘째, 이 이야기들이 실제 사건인지 가공의 산물인지는 분명하지 않다는 것, 셋째, 다만 기록하는 과정에서의 편집이나 '개작[造]'의 가능성을 완전히 배제하지는 않았다는 것이다. 다시 말해서, 『한서·예문지』에 언급된 소설가의 역할은 기본적으로 이야기를 만들어내는 데 있는 것이 아니라 들은 이야기를 '기록'하는 데 있었으며, 이런 의미에서 그들은 역사가에 더 가까웠다. 이렇게 소설의 기원과 관련하여 역사와 소설의 친연성과 함께 역사를 보충하는 소설의 '부수적' 역할을 강조하는 소설 담론은 『한서·예문지』에서 이미 그 기초가 정립된 셈이다.

오늘날 소설의 기원을 연구하는 근대적 문학사가에게 매우 껄끄럽게 느껴지는 것이 바로 이 대목, 즉 역사의 하위 장르로서의 소설에 대한 인식이다. 미셸 드 세르토(Michel de Certeau)의 표현을 빌리자면, "역사의 억압된 타자(the repressed other of historical discourse)"(White, 2005: 147 재인용)로서 소설은 언제나 정통문학의 주변에 자리했지만, 아이

---

10 小說家者流, 蓋出于稗官, 街談巷語, 道聽塗說者之所造也. … 閭里小知者之所及, 亦使綴以不忘. 루쉰 (2004: 28-29) 재인용.

러니하게도 소설의 정당성과 그 존재 가치를 보증하는 것은 역시 역사를 보충하는 사실성 여부였다. 소설이 환상[幻] 혹은 가상[虛] 세계를 이야기할 때에도 그것이 역사적 사실[實]의 일부로 치환될 수만 있다면, 정사(正史)의 나머지[餘史]이거나 그 주변[外史], 때로는 민간의 이야기[野史] 형태로나마 전해질 가치가 있었다. 따라서 유교적 문학 관념과 사전(史傳) 전통이 주류로서 널리 받아들여진 동아시아에서 소설 담론은 처음부터 허실(虛實)의 관계, 즉 허구와 사실의 관계를 면밀히 따져보지 않을 수 없었던 것이다.[11]

이처럼 넓은 의미의 사전 문학의 범주에 소설이 포함된다고 보는 관념은 근대적 문학사가의 관점에서는 '의식적으로 지어낸 허구적 이야기'로서의 소설 창작을 지연시키는 주된 요인이었다. 중국소설사에서 허구로서의 소설 개념의 발달과 의식적인 창작이 언제부터 이루어졌는지, 즉 소설이 역사로부터 분리된 시점이 언제인지를 추적하는 작업이 중요한 것은 바로 이 때문이다. 소설과 역사가 점차 별개의 장르로 인식되기 시작한 시기는 물론 상당수의 작자층과 독자층이 형성되어 소설 외에도 다양한 장르의 문학 창작과 향유가 가능해진 시대와 일치한다고 추측해볼 수 있다.

이와 관련해 루쉰은 명대(明代, 1368-1644) 문인 호응린(胡應麟, 1551-1602)의 『소실산방필총(少室山房筆叢)』에 의거하여 당대(唐代, 618-907)를 그 기점으로 본다. 이에 따르면, 육조(六朝) 시기에는 "아직 제한된 범위 내에서만 허구를 활용(未必盡幻設語)"했으나, "당대 문인들은 그들이 좋아하는 기발한 이야기를 의식적으로 소설을 빌어 표

---

11 중국소설의 역사를 허구와 사실, 소설과 역사의 관계로 본 연구로는 팡쩡야오(1994)
   와 Lu(1994) 참조.

현해냈다(至唐人乃作意好奇, 假小說以寄筆端)"고 했다. 당대 문인들의 소설이라는 것이 바로 전기(傳奇)이다. 루쉰은 "여기에서 그[호응린]가 말하는 '의식적으로(作意)'나 '허구를 활용(幻設)'하는 것은 곧 의식적인 창작"이라고 주장했다(루쉰, 2004: 175). 즉, 당 전기에 와서야 허구성에 대한 인식의 발달과 함께 본격적으로 의식적인 '창작'이 이루어졌다는 것이다. 따라서 소설의 범주를 '의식적으로 지어낸 허구적 이야기'로 정의한다면 본격적인 중국소설사는 당 전기에서 시작하는 셈인데, 많은 문학사가들이 대체로 루쉰의 의견을 따르고 있는 것 같다.

그러나 호응린이 정의한 소설의 범주는 여전히 오늘날 허구로서의 소설 개념과는 거리가 있었다. 『소실산방필총』에서는 소설을 지괴(志怪), 전기(傳奇), 잡록(雜錄), 총담(叢談), 변성(辯訂), 삼규(箴規)의 여섯 종류로 나누고 그 구체적 작품들을 열거했다(루쉰, 2004: 33). 이 중 앞의 세 종류는 대체로 허구로서의 소설에 가깝다고 할 수 있겠으나, 나머지는 논설, 역사고증학, 교훈 및 잠언 등에 가까운 것으로 허구와는 한참 거리가 멀다.

그런데 청대(淸代, 1644-1912) 기윤(紀昀, 1724-1815)의 『사고전서총목제요(四庫全書總目提要)』는 호응린의 소설 담론을 계승하면서도 허구로서의 소설 인식과 관련해서는 진전된 측면을 보여준다. 기윤은 소설을 '잡사(雜事)', '이문(異聞)', '쇄어(瑣語)'로 분류했는데, 이때 호응린의 분류 항목과 비교하면 '잡사'는 '잡록', 나머지 둘은 '지괴'와 유사하다. 반면 기윤은 '총담', '변정', '잠규'의 세 종류는 소설이 아닌 '잡가(雜家)'로 분류했으며, 원래 「사부(史部)」에 속해 있던 『산해경(山海經)』과 『목천자전(穆天子傳)』을 소설에 편입시키기도 했다. 루쉰은 기윤에 이르러 소설의 범위가 비로소 분명해졌고 "사부에는 전설적인 요소를 많이 포함한 문장은 수록하지 않게 되었다"고 평가했다(루쉰, 2004:

35). 루쉰도 백화(白話)가 아닌 문언(文言)으로 기록된 소설에 대해서는 대체로 기윤의 분류 체계를 참조했던 것 같다. 따라서 루쉰의 『중국소설사』에서도 당 전기가 출현하기 이전에 『산해경』과 『목천자전』이 신화와 전설로 소개되고, 한대(漢代, 기원전 206-220)를 거쳐 육조 지괴가 소설로 소개되고 있는 것이다. 이는 서구의 노벨이 소개되기 이전에 이미 기윤에 이르러서 소설을 허구적 서사로 보는 관념이 어느 정도 자리잡았고, 그리하여 루쉰도 기윤의 소설 관념을 상당히 수용했음을 보여준다.

기윤에 이르러 비로소 '잡가'로 분류되었던 호응린의 소설 항목의 하위 장르들—'총담', '변정', '잠규'—을 살펴보면, 호응린은 여전히 기존의 사부(四部) 체계에 들어맞지 않는 잡다한 형식의 산문들을 소설 범주 아래 귀속시켰음을 알 수 있다. 이 장르들에는 오늘날의 수필이나 잡기(雜記), 신문 칼럼에 비교될 만한 글들뿐만 아니라 비문학적인 학술논문과 유사한 글들도 포함되어 있다. 이런 글들은 물론 허구적 서사로서의 소설 관념과는 거리가 멀지만, 정통문학의 언저리에서 사실을 보충하는 효용성의 측면을 고려할 때 소설과 동일한 범주 안에 속한다고 볼 수 있다. 특히, 루쉰도 호응린의 소설 항목에 포함된 지괴를 『중국소설사』에 소개하면서, 지괴는 육조 시대를 대표하는 허구적 서사 장르가 되었다.

지괴는 말 그대로 기이한 이야기다. 도교(道敎)의 신선술(神仙術)이 성행했던 육조 시대에 신선, 선녀, 요괴, 도술, 저승 등에 관한 온갖 신비하고 기이한 이야기들을 모아 책으로 편찬하는 것이 유행이었는데, 장화(張華, 232-300)의 『박물지(博物志)』, 간보(干寶)의 『수신기(搜神記)』, 갈홍(葛洪)의 『신선전(神仙傳)』 등이 바로 지괴를 대표하는 저작들이다. 오늘날의 관점에서 이 이야기들을 명백한 허구이자 상상의 산물로 읽는 데에는 이론의 여지가 없다. 게다가 이 이야기들의 탁월한 상상력은 오늘날의 독자들도 간단없이 매료시킨다.

문제는 오늘날과 이 이야기들이 성행했던 시대의 문화적 맥락 사이에 존재하는 메울 수 없는 간극이다. 허구성 이론에 의거하여 발신자와 수신자 사이의 소통적 맥락을 중심으로 허구성과 비허구성을 구분한다면, 지괴는 분명 그 시대에는 논픽션으로 지어지고 읽혔다. 간보는 『수신기』 서문에서 자신의 저술이 결코 거짓이 아니고 단지 옛 기록을 따랐을 뿐임을 누누이 강조한 것으로 유명한데, 이는 간보 뿐만 아니라 육조 지괴 작가들의 상투어이기도 했다.[12]

육조 지괴와 당 전기에서 서술한 괴상하고 기이한 일들은 단지 읽는 이의 호기심을 충족시키는 데서 그치는 것이 아니라 미셸 쑤꼬(Michel Foucault) 식의 '지식의 고고학'에 비견할 일종의 '잡학(雜學)' 체계를 구성했다. 원대(元代 1271-1368) 양유정(楊維楨, 1296-1370)에 의하면, 소설은 "옛날 물건들에 대한 광대한 지식을 제공하고[博古物], 기이한 문자를 해석하고[釋奇字], 이상한 일을 증명하고[證異事], 천문에 관한 지식을 제공하고[知天文], 초목에 관한 지식을 제공하고[識草木], 산천의 이름을 구별하게 해주고[辨山川], 옛 언어의 잘못된 이해를 바로잡고[訂古語], 속담을 규명하며[究諺談], 담소의 밑천을 제공[資談笑]"[13]하는 기능을 한다고 여겨졌다. 양유정이 언급한 소설의 기능은 팡쩡야오의 지적대로 '인식론적 기능'으로서 오늘날의 문학 범주를 훨씬 넘어서는 그야말로 백과사전적 지식을 전달하거나 논증하는 기

---

12 지괴 작가의 '실록' 주장과 관련하여 자세한 사항에 대해서는 팡쩡야오(1994: 103-120) 참조.

13 양유정(楊維楨), 「설부・서(說郛・序)」; 팡쩡야오(1994: 148) 재인용.

능까지도 포괄한다(팡쩡야오, 1994: 148). 물론, 서구의 '노벨'과 유사하게 후대로 갈수록 소설의 기능은 점점 기발한 이야기가 주는 오락적 재미에 국한되는 경향이 나타나지만, 최근 허구성 담론이 주목한 소설의 인식론적 혹은 인지적 기능이 동아시아의 소설 담론에서 일찌감치 주목받은 것은 흥미로운 사실이 아닐 수 없다.

다양한 소설을 읽는 경험이 축적되고 아마도 유럽의 '노벨' 독자층에 비견할 만한 '중간적' 소설 독자층이 형성되면서 점차 소설을 독립적 장르로 인정하고 소설의 허구성을 그대로 받아들이는 경향도 확산되었다. 그리하여 천도외신(天都外臣)의 「수호전·서(水滸傳·序)」에서는 『수호전』의 허구성에 대한 변명을 늘어놓는 대신, "그 이야기가 허구인지 사실인지는 깊이 따질 필요가 없으며, 그 자체로 재미있으면 그만(此其虛實, 不必深辯, 要自可喜)"이라며 당당하게 밝힌다.[14]

문언이든 백화든 다양한 중국소설을 수용하고 한문과 한글이라는 이중 언어로 소설을 창작했던 조선에서도 19세기에 와서는 소설의 허구성을 인정하는 경향이 두드러진다. 홍희복(洪羲福, 1794-1859)은 청대 소설 『경화연(鏡花緣)』의 번역서인 『제일기언(第一奇諺)』 서문에서 처음에는 소설을 "야시" 즉, 야사(野史)라 하다가 "그후 문장ᄒ고 닐업는 셤비 필무을 희롱ᄒ고 문ᄶᆞ롤 허미ᄒ야 **헛말을 늘여늬고 거즛닐을 실다히 ᄒ야** 보는 사람으로 ᄒ야곰 천연히 미드며 진정으로 맛드려 보기롤 요구(2001: 20)"하면서 소설이 성행하였다고 했다(강조는 필자의 것임). 이와 같은 언급에서 우리는 조선 사회에도 꾸며낸 이야기로서의 소설을 재미삼아 읽는 소설 독자층이 이미 형성되었음을 알 수 있다.

그렇다면 비로소 역사의 권위를 벗어던진 소설은 '헛말'과 '거짓'을

---

14 팡쩡야오(1994: 245) 재인용.

즐기는 재미 외에 어떤 가치가 있는 것인가? 소설의 '민낯'이 드러난 지금 소설은 어떻게 스스로를 정당화하고 역사로부터 빌려온 권위의 결핍을 채워나갈 것인가? 다음의 글에서 그 해답의 실마리를 찾아보자.

　〈수호전〉의 이야기는 모두 거짓이지만, **사실에 가깝게[逼眞] 이야기**하고 있기 때문에 묘미가 있다. 근래에 문집들이 실제의 이야기를 거짓말처럼 이야기하고 있는 것을 종종 보는데, 이런 글의 지은이는 참으로 어리석은 사람이다. 그러니 어찌 감히 시내암(施耐庵)과 나관중(羅貫中)의 종노릇이라도 할 수 있겠는가!15 (강조는 필자의 것임)

　〈수호전〉의 문장은 원래 거짓이지만, 단지 진실한 감정을 묘사해낼 수 있었기 때문에 세상과 더불어 처음부터 끝까지 존재할 수 있을 정도로 가치를 지니게 되었다. 이 회에서는 이소이(李小二) 부부의 사랑 이야기를 그림처럼 눈에 선하게 묘사하고 있다.16

　이 회(回)의 문장은 매우 사실에 가까워서 조물주의 재주로 사물을 그려 놓은 것처럼 자연스럽다. 송강(宋江)과 염파석(閻婆惜) 및 염파(閻婆)를 묘사한 부분은 눈앞에 펼쳐진 일을 묘사해냈을 뿐만

---

15 "水滸傳事節都是假的, 說來却似逼眞, 所以爲妙. 常見近來文集, 乃有眞事說做假者, 眞鈍漢也. 何堪與施耐庵羅貫中作奴."「용여당본 이탁오선생비평 충의수호전 제1회 회평(容與堂本 李卓吾先生批評 忠義水滸傳 第一回 回評)」; 팡쩡야오(1994: 282–283) 재인용.

16 "水滸傳文字原是假的, 只爲他描寫的眞情出, 所以使可如天地相終始. 卽此回中李小二夫妻兩人情事, 咄咄如畵."「용여당본 이탁오선생비평 충의수호전 제10회 회평」; 팡쩡야오(1994: 283) 재인용.

아니라 마음속에 떠올릴 수 있는 일도 묘사해 놓았다.[17]

　　이탁오(李卓吾)는 『동심설(童心說)』로 유명한 이지(李贄, 1527-1602)를 가리키는데, 『충의수호전(忠義水滸傳)』의 평자(評者)는 이지의 이름을 가탁했을 뿐 그 실명(實名)은 물론 아니다. 이 무명의 평자는 '가짜 이야기[假]'에 불과한 『충의수호전』에서 영원한 —"세상과 더불어 처음부터 끝까지 존재할 수 있는" —가치를 찾았다고 단언한다. 그 가치는 바로 핍진성과 진정(眞情)의 묘사, 그리고 "눈앞에 펼쳐진 일뿐만 아니라 마음속에 떠올릴 수 있는 일"도 "그림처럼 눈에 선하게 묘사"한 데 있다.

　　또한 명대 사조제(謝肇淛)도 「금병매·발(金瓶梅·跋)」이란 글에서 『금병매』의 모든 인물들과 사물들이 마치 "훌륭한 장인이 진흙을 빚어내듯이(譬之范工摶泥)" "그 겉모양을 닮게 묘사했을 뿐만 아니라 그 안에 깃든 정신까지도 표현해냈다. 그러므로 이 책은 진실로 패관의 저작 가운데 가장 뛰어난 것이며 장인의 걸작품이라 할 만하다(不徒肖其貌, 且幷其神傳之, 信稗官之上乘, 爐鐘之妙手也)"며 『금병매』의 핍진성에 대하여 찬사를 아끼지 않고 있다(팡정야오, 1994: 288).

　　이처럼 앞의 이름 없는 평자가 주장한 『충의수호전』의 가치와 사조제가 감탄한 『금병매』의 가치는 놀랍게도 근대 유럽의 사실주의 소설이 '객관적 사실'이라는 것 대신 추구했던 사실성—혹은 허구성—의 가치와 정확히 일치한다. 그렇다면 앞에서 살펴본 것처럼 근대 이전의 동아시아에는 '소설', 즉 '노벨'이 존재하지 않았다고 한 쓰보우치

---

17 "此回文字逼眞, 化工肖物, 摩寫宋江閻婆惜幷閻婆處, 不惟能畵眼的, 且畵心上." 「용여당본 이탁오선생비평 충의수호전 제10회 회평」; 팡정야오(1994: 283) 재인용.

쇼요(坪內逍遙, 1859~1935)의 주장은 틀렸다고 단언할 수 있는가?

중국문학 연구자인 앤드루 플락스(Andrew H. Plaks)는 '사대기서(四大奇書)'와 같은 장편소설을 주저 없이 '노벨'이라 부르며, 이 소설들과 근대 사실주의 소설 사이에 상당한 유사성이 있음을 지적한다.[18] 그 유사성은 첫째, 『금병매』나 『홍루몽(紅樓夢)』에서처럼 세밀화를 보는 것 같은 디테일에 대한 끝없는 집착에서 나타난다. 인간적 경험의 현실 세계를 구성하는 토대는 바로 "시간적 경험의 피상적 질감을 구성하는 물질들의 물리적 환경(Plaks, 2006: 203)"이다. 이런 관점에서 볼 때 플락스에 따르면 소설의 사실주의는 이렇게 '번역(translate)'될 수 있다.

> 소설의 사실주의는 묘사적 구절들에 나타나는 일상생활의 풍경,
> 소리, 냄새에 대한 클로즈업 기술(記述)로 번역된다. 이런 구절들은
> 다방면에서 지극히 구체적인 - 가끔은 매혹적이고 가끔은 지루한 -
> 건축, 가구, 의복, 음식, 음료, 그리고 섹스에 대한 디테일을 떠올리
> 게끔 한다(Plaks, 2006: 203).

둘째, 중국소설과 서구소설에서 가장 중요한 관념적 토대가 되는 것은 "현실에 대한 더욱 세밀하고 근접한 관찰이 외면적 세계와 내면적 세계를 분리하는 경계를 허물고, 사실 추구로부터 내면 의식의 세계로 옮아가는" 문학적 현상이다(Plaks, 2006: 204). 이는 앞에서 『충의수호전』의 평자와 사조제가 정확히 지적해냈던, "인물 안에 깃든 정신세계까지 표현해내는" 바로 그 현상을 의미한다. 또한 그것은 우리의 현실 경험을 구성하는 사실성의 토대이자, 명백한 허구성의 표지

---

18 '사대기서'를 전체적으로 분석한 플락스의 연구로는 Plaks(1987) 참조.

이기도 하다.

동아시아에서 사실주의 소설이 근대성의 상징으로 받아들여지기 훨씬 전부터 중국소설과 서구소설이 완벽한 대칭적 유사성을 보여주는 이 흥미로운 사실을 우리는 어떻게 해석해야 할까? 이는 루쉰을 비롯한 많은 근대문학사가들이 간과해온 사실이기도 하다. 그들은 중국소설과 서구소설이 재현한 세계관의 격차에 초점을 맞춘 나머지 양자의 인식론적 유사성은 인지하지 못하거나 대단찮은 것으로 무시해왔다. 그러나 중국소설과 서구소설 양자에 공통적으로 나타나는 인식론적 변화는 더 이상 간과할 수 없는 사실이다.

그렇다면 중국소설과 서구소설 양자에서 허구성과 사실성, 픽션과 논픽션의 관계에 대한 인식론적 변화가 나타난 원인을 어디에서 찾아야 할까? 이에 대한 해답으로는 간략하나마 우선 플락스의 비교문학(문화)적 견해를 참조해볼 수 있다. 플락스는 서구소설의 경우 데카르트(René Descartes, 1596-1650)에 뿌리를 둔 로크(John Locke, 1632-1704)의 경험주의로부터 최근의 현상학에 이르기까지 근대 유럽의 사상적 흐름에서 그 원인을 찾은 반면, 중국소설의 경우는 자아의 내면세계와 가족·사회·국가로 확대되는 외부적 질서 사이의 상호작용을 궁구한 성리학적 세계관이 그 원인이 아닐까 추측한다(Plaks, 2006. 207).

서구소설이 근대 동아시아에 처음 소개되었을 때 근대 동아시아의 지식인들은 서구와 중국의 서사양식에서 유사성보다는 메울 수 없는 간극을 보았고, 그들에게는 노벨이 전통적 서사양식과는 완전히 다른 '새로움의 서사'로 다가왔다. 그러나 허구성과 비허구성의 상호작용에 주목한 최근의 허구성 담론을 통해서 사실과 허구의 관계를 분석할 때 서구소설과 중국소설 혹은 동아시아의 전통적 서사양식에서 공통적인 현실 인식의 토대를 발견한 것은 상당히 흥미로운 성과가 아닐 수 없다.

4. 맺음말

실제(the real)는 그 사실에 관해 진실하게 말해질 수 있는 모든 것에 더하여 아마도 그럴 것이라고 추정할 수 있는 것에 관해 진실하게 말해질 수 있는 모든 것으로 구성된다. 아리스토텔레스가 역사와 시를 대립적인 것으로 보는 대신 그 상호보완성을 주장했을 때 그가 염두에 둔 것은 아마도 이런 것이었을 테다. 그리하여 아리스토텔레스는 세계의 사실과 실현가능성, 실제와 상상, 알려진 것과 경험적인 것 양자를 온전하게 재현하고, 상상하고, 사고하기 위해 역사와 시를 철학에 포함시켰다(White, 2005: 147).

> 역사학자인 헤이든 화이트(Hayden White)는 '실재'하는 객관적 사실성이란, 혹은 객관적 역사란 존재하지 않는다는 것을, 그리하여 우리가 사실 혹은 현실이라고 생각하는 것은 사실로 '추정'되는 가능성까지도 포함하고 있다고 주장한다. 즉, 사실과 허구의 경계는 지극히 불분명할 뿐만 아니라, 있을법한 허구와 상상, 객관적 사실과 주관적 경험이 뒤섞인 채로 우리의 불완전한 현실 인식을 구성한다는 것이다. 이렇게 볼 때 역사와 소설, 논픽션과 픽션의 관계는 형식적으로 구분되는 것이 아니라 순전히 수사학적인 것으로서, 발신자와 수신자 간의 소통 맥락 속에서 가장 잘 이해될 수 있는 성질의 것이다.

동아시아의 소설 관념은 『장자』로 거슬러 올라가는 그 기원으로부터 허구성과 비허구성의 활발한 상호작용을 통해 형성되었는데, 이는 한편으로 정통문학으로서의 역사의 절대적 권위 때문이기도 했다. 역사를 보충하는 하위 장르로서의 소설이 지닌 '자기부정성'으로 인해 동아시아의 소설사는 텍스트의 형식에 얽매이지 않은 '수사(rhetoric)로서의 허구성'의 역사로 발전해왔다. 앞에서 살펴본 것처럼 근대 이전부터 동아시아 소설의 생산과 소비가 다양해지고 확대되면서 점차 소설은 역사로부터 분리되었으며, 이와 함께 소설에서 역사적 사실성 대신 핍진성에, 외부 세계나 사건의 묘사로부터 내면의식의 기술에 치중하게 된 것은 크게 주목할 만한 특성이다. 역사적으로 독자적인 발전을 해온 동아시아 소설 관념은 최근까지도 서구소설과 크게 다르거나 사실적 재현의 측면에서 열등한 것으로 간주되었다. 허구성의 관점에서 볼 때 동아시아 소설 관념이 서구의 그것과 대칭적 유사성을 보이거나 현실 인식의 측면에서 오히려 허구성과 사실성의 활발한 상호작용을 보여준다는 점에서 앞으로도 구체적인 사례를 통한 심도 있는 분석이 필요하다고 본다.

| 참고문헌 |

紀昀, 2000, 『四庫全書總目提要』, 石家莊: 河北人民出版社.

班固, 1996, 『漢書』, 臺北:商務印書館.

胡應麟, 2001, 『少室山房筆叢』, 上海: 上海古籍出版社.

洪義福, 2001, 『第一奇諺』, 서울: 국학자료원.

루쉰(魯迅), 2004, 『중국소설사(中國小說史略)』, 조관희 역주, 소명출판.

이보경, 2002, 『문(文)과 노벨(novel)의 결혼: 근대 중국의 소설 이론 개편』, 문학과 지성사.

조동일, 1991, 「중국·한국·일본 '小說'의 개념」, 『한국문학과 세계문학』, 지식산업사.

팡쩡야오(方正耀), 1994, 『중국소설비평사략(中國小說批評史略)』, 홍상훈 역, 을유문화사.

펠란, 제임스·피터 J. 라비노비츠 엮음, 2016, 『서술이론』I·II, 홍상훈 역, 소명출판.

Anderson, Benedict, 1991, *Imagined Communities: Reflections on the Origin and Spread of Nationalism*, New York: Verso.

Boyd, Brian, 2009, *On the Origin of Stories: Evolution, Cognition, Fiction*, Cambridge: Belknap Press of Harvard University Press.

Dawson, Paul, 2015, "Ten Theses against Fictionality," *Narrative* 23.1: 74-100.

Fludernik, Monika, 1996, *Towards a 'Natural Narratology*, London: Routledge, 1996.

_____, 2010, "Narratology in the Twenty-First Century: The Cognitive Approach to Narrative," *PMLA* 125.4.

Gallagher, Catherine, 2006, "The Rise of Fictionality," Franco Moretti, ed. *The Novel: History, Geography, and Culture*, Vol. 1, Princeton: Princeton University Press.

Herman, David, 2013, *Storytelling and the Science of Mind*, Cambridge: MIT Press.

Herman, David, James Phelan, Peter J. Rabinowitz, Brian Richardson, and Robyn Warhol, 2012, *Narrative Theory: Core Concepts and Critical Debates*, Columbus: The Ohio State University Press.

Lu, Sheldon Hsiao-peng, 1994, *From Historicity to Fictionality: The Chinese Poetics of Narrative*, Stanford: Stanford University Press.

McKeon, Michael, 2002, *The Origins of the English Novel, 1600-1740*, Baltimore: Johns Hopkins University Press.

Nielsen, Henrik Skov, James Phelan, and Richard Walsh, 2015, "Ten Theses about Fictionality," *Narrative* 23.1.

Plaks, Andrew H., 2006, "The Novel in Premodern China," *The Novel: History, Geography, and Culture*, Vol. 1.

_____, 1987, *The Four Masterworks of the Ming Novel*, Princeton: Princeton University Press.

_____, 1977, "Towards A Critical Theory of Chinese Narrative," Plaks, ed. *Chinese Narrative: Critical and Theoretical Essays*, Princeton: Princeton University Press.

Walsh, Richard, 2007, *The Rhetoric of Fictionality: Narrative Theory and the Idea of Fiction*, Columbus: The Ohio State University Press.

Watt, Ian, 1957, *The Rise of the Novel*, Berkeley: The University of California Press.

White, Hayden, 2005, "Introduction: Historical Fiction, Fictional History, and Historical Reality," *Rethinking History* 9.2/3: 147-157.

Zunshine, Lisa, 2013, "Why Fiction Does It Better," *The Chronicle of Higher Education* 13: B4-B5.

5장

동학에서 보이는 '전통'과 새로운 사유

|

유학과의 관계를 중심으로

배항섭

1. 동학과 동학농민전쟁에 대한 다양한 이해들

19세기 들어 더욱 어려워져 간 국내외의 정세변화와 거기서 비롯된 위기의식이 동학의 창도에 매우 큰 영향을 미쳤다는 점은 잘 알려져 있다. 국내외적 정세변화와 위기의식에 대응하려는 노력은 다양한 성격의 사람이나 집단에 의해 이루어졌다. 그것은 기왕의 '전통적' 사유에 기반한 것도 있었지만, 그와 달리 새로운 사유에 근거한 것도 있었다. 대외 인식의 경우 한편에서는 유학적 전통에 의거한 척사론적 분위기가 강화되기도 했지만, 다른 한편에서는 주자학적 대외관과 달리 중국이나 일본은 물론 서양과의 관계도 새롭게 접근하려는 고민들이 시작되었다. 1860년 동학의 창도 역시 이러한 분위기 속에서 이루어진 것이다.

동학사상의 본질이나 성격에 대해서는 이미 매우 많은 연구들이 축적되어 있으며, 그 스펙트럼도 매우 넓다. 예를 들면 가장 적극적으로 바라보는 김용옥은 동학에 대해 성리학과 서학이 제시하는 내재와 초월의 모든 패러다임을 만족시키면서 그것과는 전혀 다른 새로운 패러다임을 구축하려는 운동인 것으로 이해한다(최제우, 2004: 140).[1] 반

---

[1] 동학농민전쟁에 대해서는 비록 정치적으로는 좌절로 끝났지만, 본질적으로 "불란서

면 동학을 매우 부정적으로 보는 함석헌은 동학이 "우리에게서 나온 것"이기는커녕 도리어 "밖에서 들어온 남의 사상을 이리 따고 저리 따서 섞어 놓은 비빔밥이지 정말 우리의 고유한 것이 아니"며, 따라서 동학의 사상이나 교리에도 "새롭고 독특하다 할 만 한 것"이 없으며, "그 안에 많은 미신적인 요소를 가지고 있던 것으로 인하여 진보적이라 할 수 없다"고 했다.[2]

극단적으로 대립되는 이해는 동학교도들이 중심이 되어 일어난 동학농민전쟁에 대해서도 마찬가지이다.[3] 이같이 다양한 이해는 무엇보다 연구자들 간의 역사인식의 차이에서 비롯된 것이다. 그러나 다른 한편 동학교단의 동학사상에 대한 이해나 강조점이 시대에 따라, 또 지도자에 따라 변화해나갔다는 점과도 관련이 있으며,[4] 또 동학이 다양한 전통적 종교나 사상, 서학이나 민간신앙 등의 영향 속에서 창도되었기 때문에 동학경전의 내용도 복합적이고 모호하기 때문이라는 점을 빼놓을 수 없을 것이다.[5]

혁명이나 미국독립전쟁이 구현하려고 했던 정신적 가치에 조금도 뒤지지 않을 뿐 아니라, 그 제도개혁을 가능케 만드는 포괄적 세계관, 그리고 왕정의 축을 민주의 축으로 전환시키는 새로운 인간관을 체계적으로 제시"한 사건으로 이해하였다(최제우, 2004: 8).

2 함석헌의 동학 인식에 대해서는 박홍규(2015: 146~147) 참조.

3 이에 관한 최근의 연구로는 배항섭(2013); Bae, Hang seob(2013) 참조.

4 박맹수는 동학사상의 변화과정에 대해 최제우가 전통종교의 한계를 극복한 '원시' 동학사상을 제시하였다면, 최시형은 '원시' 동학사상을 실천적으로 확대하여 민중 속으로 널리 전파하였으며, 전봉준은 민중 속에 널리 수용된 동학사상을 정치, 경제, 사회적 영역으로 확대하여 기존 체제변혁을 위한 일종의 혁명사상 또는 변혁사상으로 재해석, 발전시킨 것으로 이해하였다(박맹수, 1997: 111~112).

5 동학사상의 연원 내지 동학에 영향을 미친 종교나 사상과 관련한 연구들은 넘칠 정도로 축적되어 있으며, 교조 최제우 스스로는 동학에 유불선 삼교가 혼합되어 있다는 점을 밝힌 바 있다. "十五日曉頭 先生呼慶翔言 曰此道以儒佛仙三道兼出也 慶翔對曰 何爲兼乎 曰儒道投筆成字開口唱韻用祭牛羊是乃儒道也 佛道淨潔道場手執念珠頭着

예컨대 동학농민전쟁의 최고지도자 전봉준은 동학을 수심경천(守心敬天)하는 도(道), 혹은 수심(守心)하여 충효로 근본을 삼아 보국안민(輔國安民)하자는 도인 것으로 이해하여 몹시 좋아하였으며, 동학의 인원이나 확산과정, 조직체계 등에 대해서도 매우 잘 알고 있었다(「全琫準供草」再招問目; 『총서』18: 32~38). 그러나 수심경천하는 도를 왜 "동학"이라고 명명하는지에 대해서는 잘 알지 못하다며 다음과 같이 답변한 바 있다.

> 問 : 수심경천(修心敬天)하는 도를 어찌 동학이라 칭하느냐?
> 供 : 우리 도는 동쪽에서 나왔기 때문에 동학이라 칭하나 처음부
> 터 본뜻은 시작한 사람이 분명히 알 것이요, 이 몸은 다른 사람이 칭
> 함을 따라 칭할 뿐이외다.(「全琫準供草」再招問目; 『총서』18: 36)

위의 인용문은 동학을 매우 좋아하였던 동학농민전쟁의 최고지도자 전봉준 조차도 '동학'의 의미에 대해 분명히 인식하지 못하였다는 점을 보여준다. 이는 당시 교도들이 동학사상에 대해 매우 다양하게 이해할 수 있었음을 의미한다.

이 글에서는 동학사상, 그리고 동학 창도 이후 포교과정을 거쳐 동학사상을 수용한 교도들이 중심이 되어 일어난 동학농민전쟁에 이르

白衲白米引燈是乃佛道也 仙道容貌幻態衣冠服色祭禮幣帛獻酌醴酒是乃仙道也 及其時宜用合祭之法云云 平明以守心正氣四字授之 曰日後用病以爲行之"[강시원, 「崔先生文集道源記書」, 癸亥年 8월 15일, 농학농민전쟁백주년기념사업추진위원회(1996: 25)]. 또한 서학과의 관계에 대해서도 "그 운은 하나이고(運則一也) 도도 같은데 이가 다르다(道則同也 理則非也)"고 했다(「논학문」, 『동경대전』). 동학과 기독교와의 관계에 대한 연구로는 조광(2003); 이영호(2011) 참조. 이 밖에도 정감록 능 민간 신앙적 요소늘과 관련이 있는 것으로 이해되기도 한다. 우윤(1988) 참조.

기까지 동학사상이나 동학농민군의 생각을 전통적 사유이자 조선왕조의 지배이념이기도 했던 유학과 관련하여 접근해보고자 한다. 그것은 동학경전이나 동학농민전쟁 시기의 각종 격문이나 통문들을 관통하는 핵심적인 사유가 유학을 바탕으로 하고 있다는 판단 때문이다.[6] 여기서는 우선 동학경전에서 보이는 유학적 요소, 그리고 "유교화"가 강화되어 간 것으로 알려진 최시형 시기의 변화, 마지막으로 동학농민전쟁 시기의 유학적 요소와 그것을 바탕으로 하면서도 그 곳에서 싹트고 있는 "새로운 사유"들에 대해 주목해보고자 한다.

2. 동학경전과 유학

동학경전에는 도교적 요소가 강하다는 주장도 있지만, 유교적 요소가 강하다는 점은 이미 많은 연구자들이 주장한 바 있다. 윤사순은 "유학의 사상요소를 제외하면 동학이 성립할 수 없을 정도로, 동학에서 유학 성격의 사상이 차지하는 비중은 막중"하다고 주장하였다. 윤사순은 동학이 유학의 요소로 가득 차있지만, 동학은 유학 그 자체가 아니라 유학적 요소를 취사선택하고 변용하는 방식으로 시대의 요구에 맞도록 체계화함으로써 유학적 통치체제의 한계를 파기하고 새로운 '사회적 개벽'을 지향했다고 하였다.(윤사순, 1997: 106~108) 윤사순은 동학사상이 유학과 관련이 있지만, 유학의 '한계'를 극복함으로써 새로운 세상을 지향 할 수 있었다고 한 데 비해, 김상준은 동학을 유교가 대중화한 것으로 이해한다.(김상준, 2005: 169~170) 나아가 그는

---

6   이에 관한 최근의 논의로는 Bae, Hang seob(2013) 및 배항섭(2017) 참조.

유교가 대중 유교로서의 동학을 형성하게 된 계기를 윤사순의 지적처럼 "유학을 벗어난 입장"이 아니라, 유교 내부에 내재하던 근대성의 동력, 곧 자기비판과 자기부정의 능력이 발현된 데서 찾고 있다.(김상준, 2005: 201~202)

물론 동학사상이 유학과 동일한 것은 아니다. 동학경전에는 유교를 상대화하는 구절이 들어 있는 등 기성의 권위에 대한 도전적 요소가 없지 않다.[7] 그러나 전체적으로 볼 때 동학경전에는 지배이데올로기인 유교에 대한 도전이 거의 없다 할 정도로 체제에 대한 비판이 매우 취약하다. "유도 불도 누천년의 운이 역시 다했던가"(「교훈가」, 『용담유사』)라는 상대적으로 과격한 표현도 있지만, 다른 데서는 오히려 유교와 "대부분은 같고 다른 점은 조금 있다(大同而小異)"라는 점이 강조되고 있다.[8]

또 "요순성세 다시 와서 국태민안 되지만은"(「안심가」, 『용담유사』)이라는 구절도 동학이 유교를 배척한 것은 아니었음을 보여준다. 『용담유사』에서 보이는 다음의 몇 가지 구절 역시 동학이 유학을 전혀 배척하지 않았으며, 오히려 유교적 덕목이나 가치를 자연스럽게 수용하고 있음을 확인해준다.

이는 역시 그러해도 수신제가 아니하고 도성입덕 무엇이며 삼강

---

7 농민군의 언행에도 유교 이념에 근거한 조선왕조를 부정하는 이단적 요소가 있었다. 황현(黃玹)에 따르면 동학교도들은 "장차 이씨는 망하고 정씨가 일어나는데 앞으로 큰 난이 일어나 동학을 믿는 사람이 아니면 살아남을 수 없다"는 말로 상민을 꾀었다고 한다(黃玹, 「梧下記聞」, 『총서』1: 42~43). 이는 적어도 일부 교도들 가운데는 이단적 그룹이 존재했음을 보여준다.

8 "覺來夫子之道則 一理之所定也 論其惟我之道則 大同而小異也"(「수덕문」, 『동경대전』)

오륜 다버리고 현인군자 무엇이며(「도수사」, 『용담유사』)

강산구경 다던지고 인심풍속 살펴보니 부자유친 군신유의 부부유별 장유유서 붕우유신 있지마는 인심풍속 괴이하다.(「권학가」, 『용담유사』)

나도 또한 충렬손이 초야에 자라나서 군신유의 몰랐으니 득죄군왕 아닐런가.(「권학가」, 『용담유사』)

요순지세에도 도척이 있었거든 하물며 이세상에 악인음해 없단 말가 공자지세에도 환퇴가 있었으니 우리역시 이세상에 악인시설 피할소냐 수심정기 하여내어 인의예지 지켜두고 군자말씀 본받아서 성경이자 지켜내어 선왕고례 잃잖으니 그 어찌 혐의되며 세간 오륜 밝은법은 인성지강으로서 잃지말자 맹세하니 그 어찌 혐의될꼬.(「도덕가」, 『용담유사』)

임금에게 공경하면 충신열사 아닐런가.(「권학가」, 『용담유사』)

8세에 입학해서 허다한 만권시서무불통지(萬卷詩書無不通知)하여내니 생이지지(生而知之)방불하다. 10세를 지내나니 총명은 사광(司曠)이오 지국(智局)이 비범하고 재기과인(才器過人)하니 평생에 하는 근심 효박한 이 세상에 군부군(君不君) 신불신(臣不臣)과 부불부(父不父) 자불자(子不子)를 주야간에 탄식하니 우울한 그 회포는 흉중에 가득하되 아는 사람 전혀 없다.(「몽중노소문답가」, 『용담유사』)

동학은 '개벽'을 추구한 '혁세사상'으로 이해되기도 하지만, 적어도 동학경전의 내용은 그와 거리가 멀다. 동학경전의 내용 가운데 개벽과 관련된 것으로 볼 만한 대표적인 구절은 다음과 같다.

십이제국 괴질운수 다시개벽 아닐런가 / 요순성세 다시와서 국태민안 되지마는 / 기험하다 기험하다 아국운수 기험하다.(「안심가」, 『용담유사』)

노만 콘(Norman Cohn)에 따르면 혁명적 천년왕국운동의 본질은 여타의 사회운동과 달리 세상이 완전하게 달라지고 완전하게 구원되는 대격변(cataclysm)을 기대한다는 데 있었다. 예컨대 15세기 초 보헤미아 지방에서 천년왕국 운동을 주도한 요하네스 후스(John Hus)가 이단자로 처형된 이유는 무엇보다 그가 "교황제도는 하느님이 준 것이 아니라 인간이 만든 제도이며, 교회의 참된 수장은 교황이 아니라 그리스도이며, 교황 자격이 없는 교황은 폐위되어야 한다."고 주장한 점이었다. 당시 지배시스템의 근간을 부정하는 '개벽'적 주장이라고 할수 있을 것이다. 그러나 위의 「안심가」에서 표현된 내용은 '대격변'을 연상할만한 '개벽'적 상황에 대한 묘사와는 거리가 먼 것으로 보인다. 당시 엄습해오던 서양세력의 침입이라는 대외적 위기상황을 "십이제국 괴질운수"로 표현하며, 그에 대한 두려움을 '개벽'적 상황으로 표현하고 있다. 물론 단순히 자구에 대한 이해만으로 경전이 추구하는 세상을 이해하는 데는 명백한 한계가 있겠지만, 동학경전에는 위에 제시된 구절 이외의 다른 어디에도 개벽적 상황을 유추할만한 내용이 없다. 오히려 동학경전의 가르침에서 중심을 이루는 것은 대체로 평범한 생활윤리와 관련된 것이었고, 그것은 유학의 가르침이나 규범과

유사한 점이 많았다.(배항섭, 2016: 237~245)

이 같이 동학이 지배체제와 지배이념을 부정하지 않은 것—사실은 안 한 것이 아니라 못 한 것—은 조선왕조의 지배이념인 유학이 가진 영향력의 강도와 관련이 있다고 생각한다. 민중은 지배엘리트와 구분되는 독자적인 문화영역이나 의식세계를 가지고 있었지만, 그 역시 지배이념이나 체제에 대항하는 과정에서 형성된다는 점에서 지배이념으로부터 자유로운 것만은 아니었다.(E. P. Thompson, 1993: 6~7) 피터 버크(Peter Burke)도 민중문화가 자율성을 가지기는 하지만, 엘리트 문화와 민중문화 간의 엄밀한 구분이 어려우며, 양자는 상호침투하고 유동적인 경계를 가진 대항관계에 있음을 지적한 바 있다.(피터 버크, 2005: 56~58) '근대이행기'의 민중운동에서도 구래의 관습이나 구법에 호소하는 방식으로 자신들의 요구를 정당화하는 것이 일반적이었다.(Paul H. Freedman, 1996: 298) 이는 19세기 한국의 민중운동 역시 당시의 지배체제나 이념과 밀접한 관련을 가질 수밖에 없었음을 의미한다.

조선 왕조의 경우 매우 발달된 중앙집권적 정치체제와 관료제를 갖추고 있었다. 기본적으로 모든 평민들은 군사적 의무를 부여받았던 반면 엘리트인 양반은 오히려 군사적 임무를 수치로 여겨 그로부터 점차 벗어났다. 이점은 철저한 병농분리에 따라 군사적 임무는 엘리트들이 담당했던 토쿠가와 시대의 일본과 뚜렷한 차이를 보이는 것이다. 또한 중세에는 군사력을 담당하는 일이 오히려 특권이었기 때문에 귀족들이 군사력을 직접 담당한 반면, 평천민층은 거기에서 배제되었다가 19세기에 들어서야 모든 '국민'이 군사적 의무를 부여받게 되는 유럽과도 다른 것이다. 이는 엘리트의 지배방식이 무위(武威)를 통한 방식보다는 "헤게모니적 지배"의 방식이 불가결하였음을 시사한다.

또한 거주지가 평민들과 분리되어 있던 서구 중세나 일본과 달리 조선의 엘리트들은 평민들과 같은 마을 혹은 이웃마을에서 함께 살았다. 이 점은 명청시대를 거치며 엘리트와 지주들이 점차 거주지를 도시로 옮긴 중국과도 다른 점이다. 명·청의 왕조교체의 혼란과 유민이나 도적집단들의 잦은 반란, 그리고 상업화의 진행에 따라 중국의 엘리트층인 신사들의 도시이주는 명청대에 걸쳐 꾸준히 이어졌다. 청 초·중기를 거치며 상업화와 도시화가 더욱 진행되면서 이러한 추세는 강화되었다.(Kathryn Bernhardt, 1992: 124; 오금성, 2007: 239~240) 이에 반해 상업을 천하게 여기고 억제하였던 조선에서는 도시의 발달이 중국에 비해 미약하였다. 현직 관료나 원래의 거주지가 서울이 아닌 대부분의 엘리트들은 시골에서 살았다. 전국 각 군현에 흩어져 살던 양반들은 군현에서도 지방관청이 있는 읍치(邑治)지역을 회피하고 관아와 멀리 떨어진 시골마을을 택해 모여 살았다. 이는 사족들의 문화와 민중문화가 서로 침투할 가능성이 서구나 일본 등에 비해 매우 컸음을 시사한다.

또한 조선은 주자학을 정통교학으로 한다는 점에서는 중국과 같았지만, 양명학은 물론 불교와 도교도 광범위하게 받아들여지고 있던 중국과 비교할 때 '주자학 근본주의'라고 할 만큼 주자학 일원적인 경향이 매우 두드러졌다.[9] 한편 유교이념의 확산이나 상노 변에서 조선은 중국보다 더 밀도 높은 "유교의 나라"가 되어 갔다. 예를 들면 18세기 무렵 인구가 7-800만이었던 조선은 600개가 넘는 서원을 가지고 있었다. 이는 같은 시기 중국이 가진 서원의 1/3에 불과하였지만, 조선의 인구가 중국의 1/30에 불과하였다는 점을 고려하

---

9 이영호(2017); 나카 스오미, 2016: 34). 이에 따라 이미 조선 중기부터 주자학 일변도에 의한 학풍의 경직성과 독창성의 부재가 지적되기도 했다(張維, '我國學風硬直', 『谿谷集』谿谷先生漫筆卷之一[漫筆]).

면 인구대비 서원의 밀도는 조선이 오히려 10배정도 높았다.(Alexander Woodside, 2006: 22~23)

국토면적의 차이나 총인구에서 차지하는 엘리트의 비중이라는 점에 비추어 볼 때 조선은 유교이념의 확산과 교화의 수월성이라는 면에서도 중국에 비해 조선이 유리하였다. 조선의 양반과 중국의 신사(紳士)를 전체 인구에서 차지하는 비중이라는 면에서 비교할 경우 중국 신사의 경우 태평천국 이전에는 많아야 총 인구의 1.3%에 달하는 규모였고, 신사층이 급증하는 태평천국 이후에도 총 인구 대비 비중은 1.9%로 정도에 불과하였다. 조선 양반의 경우 정확한 규모는 확인할 수 없지만, 호적으로만 파악할 때는 19세기에 들어 무려 60-70%까지 비중이 올라가기도 하는데 이것을 그대로 믿기는 어렵다. 그러나 호적상의 신분 표기가 비교적 현실을 그대로 반영하던 18세기 초반에도 양반의 비중은 이미 10%를 상회한다.(Bae, Hang seob, 2013: 410) 이러한 환경의 형성과 더불어 조선은 동아시아의 다른 어느 나라보다 유교이념의 지배력이 강한 나라로 되어갔다. 그 만큼 주자학의 영향이 강력하였음을 의미한다. 이와 같은 지배이데올로기의 강고성은 '반체제적', '반질서적'인 사유나 운동의 "범주적" 형성을 근원적으로 방해하는 매우 큰 힘으로 작용하였다고 생각한다.[10]

---

10 이와 관련하여 신일철은 최제우가 추구하는 이상사회의 근본적인 틀은 보수적이어서 조선왕조의 교체가 필연적임을 예언하면서도 '보국'을 말한다고 하였으며, 나아가 조선시대에 구상되었던 '유토피아'가 모두 유학의 경세사상을 벗어나지 않는다고 하였다. 매우 흥미로운 지적이라고 생각된다(신일철,1992: 89~96).

3. 최시형의 포교활동과 유학

동학은 최제우 사후 지배이념인 유학의 요소를 더욱 적극적으로 받아들였을 뿐만 아니라, 지배체제 내지 지배질서에 반하기보다는 오히려 그것을 옹호하는 듯한 경향을 한층 강화해 나갔다. 최시형은 1883년경부터 통문을 통해 유교적 실천윤리를 강조하기 시작하였다. 그는 1883년 어느 날 교도들에게 성경신을 강조하면서 〈통유십일조(通諭十一條)〉를 내려 유교의 덕목을 힘쓸 것을 다음과 같이 하교하였다.

"우리 도(道)의 운수는 바야흐로 봄을 맞아 융성해지니 숨기지 말
고 드러내서 청구(靑邱, 우리나라) 팔도에 널리 포교할 뿐만 아니라
점차로 동서양 두 지역을 교화해 갈 것이다. 제군은 단지 성경신(誠
敬信)을 위주로 하고, 먼저 의지하고 복종함을 하늘에 맡기는 것이
옳을 것이다"라고 하였다. 이에 대신사가 각 포에 글로 유시하였는
데, 임금에게 충성하고 부모에게 효도하고 스승을 받들고 형제와 화
목하고 부부를 구별하고 붕우를 믿고 이웃을 불쌍하게 여기며, 수신
제가(修身齊家)하며 사람을 대우하고 사물을 접하는 등의 일에 힘
쓸 것 등 무릇 11조였다.(朴衡采, 「侍天敎宗繹史」; 『총서』20, 67~68)

이듬해인 1884년 10월 최시형은 다음과 같이 『서경』, 『시경』, 『맹자』에 근거하여 유교적 실천 윤리를 강조하는 한편, 국왕에게 충성 할 것을 강조하는 강서(降書)를 내렸다.

『서경』에 이르기를, "하늘이 하민(下民)에게 내려서 임금을 일어
나게 하고 스승을 일어나게 하였으니 오직 상제를 도우라"고 하였

다. 임금은 교화(敎化)와 예악(禮樂)으로 만민을 교화하고 법령과 형벌로 만민을 다스린다. 스승은 효제(孝悌)와 충신(忠信)으로 후진을 가르치며 인의예지(仁義禮智)로써 후진을 완성하게 하니 모두 상제께서 도와주시는 것이다. 아아! 우리 도인들은 이 강서를 공경히 받으라. 『시경』에 이르기를, "하늘의 위엄을 두려워하여 때를 보존할지어다"라고 하였는데, 이것은 하늘을 공경하라는 것이다. 『맹자』에 이르기를, "그것을 하지 않는 것이 그것을 하는 것이다"라고 하였는데, 이것은 하늘을 믿는 것이다. 마음을 바르게 하고 몸을 바르게 하여 하늘에 죄를 짓지 말며 정성을 다하고 충성을 다하여 임금에게 죄를 짓지 말라.(「大先生事蹟」, 『총서』27: 224; 吳尙俊, 「本敎歷史」, 『총서』27: 308)

이런 경향은 1890년대부터 더욱 강화되어 교리해석에서 유교적 요소가 강조되었는데, 그것은 1891년 10월 각 지역 접주 및 교도들에게 내린 〈통유십조(通諭十條)〉에서 구체적으로 확인된다. 〈통유십조〉는 명륜(明倫), 수신(守信), 수업(守業), 임사지공(臨事至公), 빈궁상휼(貧窮相恤), 남녀엄별(男女嚴別), 중예법(重禮法), 정연원(正淵源), 강진리(講眞理), 금효잡(禁淆雜) 등으로 구성되어 있다. 그 가운데는 동학이 "무극대도로서 하늘에서 나와 동쪽에서 빛나 삼강을 정하고 오륜을 밝혀서 인의예지와 효제충신의 도리를 갖추지 아니 함이 없다"라 하였고, 사농공상은 각기 그 직분을 다하며 안분낙도하고 수신제가할 것을 강조하고 있다.(박홍규, 2015: 161) 박맹수는 최시형의 유학적 실천윤리를 강조한 이유가 1880년대 들어 교세가 늘어나면서 체제와의 공존을 모색했기 때문인 것으로 이해 하였다.(박맹수, 1997: 187~190) 물론 그러한 측면도 작용하였겠지만, 사농공상의 직분이나 국왕에 대한 충성을 강조하고 인의예지, 효제충신을 강조한 점들은 최시형이 다만 체제와의 공존을 위해 유교적 실천윤리를 강조했다기보다는 사실상 지배이념인 유학에 대한 반대 의지가 매우 취약했고, 나아가 조선 사회 질서를 근원적으로 부정하는 지향은 없었던 것으로 받아들일 수 있을 것이다.

최시형의 '유교화' 경향은 1892년 10월에 개최된 최초의 교조신원 운동인 공주집회에서도 이어졌다. 공주집회에 모인 동학도들은 충청감사 조병식에게 〈각도동학유생의송단자(各道東學儒生議送單子)〉를 제출하였다. 그 핵심 내용은 다음과 같다.

① 동학은 서학과는 다른 것으로 사학(邪學)이 아니라 유불선을 합일한 것으로 유교와 대동소이하며, 우리가 밤낮으로 수도하고 한울님께 축원하는 것은 "광제창생(廣濟蒼生)과 보국안민(保國安民)" 이다.

② 우리도 왕민(王民)으로서 국왕에 충성하고 공납(公納)도 제때에 내고 있다.

③ 서양 오랑캐의 학문이 우리나라에 들어오고, 왜(倭)의 해독은 다시 외진(外鎭)에서 날뛰고 있고, 관세(關稅)와 시세(市稅), 산림과 천택(川澤)에서 나는 이득을 오로지 오랑캐들이 차지하고 있다.

④ 백성은 나라의 근본이라 한다. 이 근본이 견고해야 나라가 평안하게 될 것이니 충청감사는 선정을 베풀어 무고한 백성들을 구휼해 달라.

⑤ 체포된 교도들을 석방하고 교조 최제우의 신원(伸冤)을 조정에 계달(啓達)해 달라.[11]

동학교도들은 〈단자〉를 통해 교조의 신원과 포교의 자유 등 종교적 요구를 제시하면서, 그러한 요구를 정당화하기 위해 동학이 유교와 다르지 않다는 점, 교도들은 항상 "광제창생과 보국안민"을 축원하고 있다는 점을 강조하고 있다. 또 자신들이 동학교도임을 분명히 하면서도 '유생(儒生)'이라는 용어를 병기한 점, 민본이념을 강조하면서 인정을 요구한 점, 조세를 제 때 내고 있는 국왕의 충직한 백성(王民)임을 강조한 점이 주목된다.

국가와 국왕에 대한 충성과 체제 내지 질서를 옹호하는 태도는 1893년 11월 삼례집회에서도 보인다. 교단 측에서는 전라감사로부터 자신들의 의송에 대한 제사(題辭)를 받은 후 일단 해산하도록 지시하였다. 그러나 그것이 불만족스럽다고 판단한 일부 교도늘이 해산할 기미를 보이지 않았고, 교도들 사이에서 복합상소(伏閣上疏)를 하자는 주장이 제기되기도 하였다. 이에 대해 최시형은 11월 19일 밤에 다시 〈경통〉을 내려 제때에 납세하고 사농공상에 힘쓰며 정심정기(正心正氣)하고 국가를 위하여 기도할 것을 지시하면서 "복합상소에 대해서는 하회(下回)를 기다리라"고 하였다.(『東學書』: 81~83; 「本敎歷史」, 『총서』27: 321~322; 「天道敎會史草稿」, 1979: 444)

국가를 위한 기도, 기한 내의 납세, 민본사상과 왕민으로서의 충성심, 사농공상의 직분 강조 등에서 유학 이념에 입각한 체제와 질서유지에 대한 생각이 한층 강화되고 있음을 알 수 있다. 이러한 기조는 이후에 더욱 강화되면서 동학교도들의 신분상승 내지 신분해방 원망과도 배치되는 듯한 인식까지 드러내게 된다. 그것은 농민전쟁이 실

---

11 驪江出版社, 1985, 『韓國民衆運動史資料大系: 1894年의 農民戰爭篇 附東學關係資料 1, 東學書』(이하 『동학서』), 여강출판사, 60~67쪽.

패로 끝난 뒤 도피 중이던 최시형이 제자들에게 당부한 다음과 같은 훈시에서도 확인할 수 있다.

> 천생만민(天生萬民)이로되 각기분수(各其分數)가 모두 있느니라. 유생(儒生)과 농민의 의식품수(衣食品數)가 모두 다르니라. 선비는 포목(布木)이라도 8-9승의 가늘게 입고, 식기(食器)가 조금 적게 조처하는 것이 분수요, 농민으로 일꾼은 옷도 5-6승에 불과하고 식기도 조금 고대(高大)하게 하는 것이 각기 직분이니 매사를 분수대로 대인접물도 하려니와 분수를 선수(善守)할지어다. 사람들이 자기 분수에 지나치면 이 또한 위기명(違基命)이니라고 교훈하시더라."(曹錫憲, 「昌山后人 曹錫憲歷史」, 『총서』10: 202)

물론 이 글만으로 최시형의 신분의식을 단정적으로 유추하는 것은 무리일 것이다. 그러나 인용문을 통해 엿볼 수 있는 최시형의 신분관은 신분해방 내지 신분 상승을 원망하던 동학교도들이나 동학농민군의 생각과는 거리가 있었음을 암시한다.

당시 민중들의 신분상승에 대한 원망, 그리고 이와 관련하여 동학교도들이 동학에 기대하던 심리는 여러 곳에서 확인 할 수 있다. 신분상승이나 신분해방에 대한 기대 심리는 우선 동학 경전에도 반영되어 있었다. 예컨대 「교훈가」에는 "부하고 귀한 사람 이전 시절 빈천이요, 빈하고 천한 사람 오는 시절 부귀로세"라는 구절이 있다.(「교훈가」, 『용담유사』) 또 백범 김구가 "상놈 된 원한이 골수에 사무친 나에게 동학에 입도만 하면 차별대우를 철폐한다."는 말이나, "이조의 운수가 다하여 장래 신국가를 건설한다는 말"을 듣고 입도한 사실도 신분해방에 대한 기대감을 잘 보여준다.(김학민·이병갑, 1997: 34~35) 농민전쟁 당시 농민군의 입도에도 이러한 심리가 크게 작용하고 있었던 것으로 보인다. 예를 들면, 홍성지역 어느 양반가의 종들이 동학에 입도한 중요한 이유 가운데 하나가 동학을 믿으면 "상놈이 양반되고, 가난뱅이가 부자 되"는 신분상승에 대한 희원이었다.[12]

4. 동학농민전쟁과 유학

1892년 10월부터 이듬해 4월에 걸쳐 진행된 이른바 '교조신원운동'은 감사는 물론 국왕에게까지 직접 청원한 집단행동이었다는 점에서 중요한 경험이었다. 이점에서 1894년의 농민전쟁은 이보다 훨씬 급진적인 의미를 가진다. 교조신원운동이나 척왜양운동과는 달리 이것은 청원행위가 아니라, 스스로의 힘으로 민본과 인정을 방기한 조정의 대신들과 지방의 방백 수령들을 쫓아내고 민본과 인정이념을 회복하겠다는 의지를 천명하고 또 그것을 행동으로 옮겼기 때문이다.

그러나 농민군이 제시한 격문·통문의 내용이나 그들이 요구한 〈폐정개혁안〉은 대체로 유교적 언어로 구성되어 있었으며, '천년왕국적'

---

12 新丙寅生(1926: 89). 그러나 이미 1801년 내시노비를 혁파하였고, 1886년에는 노비 세습제를 폐지한 바 있다. 또한 19세기에 들어와서는 양인의 신분 상승이 대세를 이루었고, 노(奴)의 경우 신분이 세습되는 사례가 거의 없었으며, 비(婢)의 경우에도 여러 딸을 출생하였다하더라도 그 가운데 하나만 어머니의 신분을 잇고 나머지는 해방되는 것이 관례로 정착하고 있었다(이영훈, 2001). 더구나 여러 경로를 통해 서양 사정이 알려지고 있었다는 점, 이미 천주교가 자유롭게 포교되고 있었다는 점, 그 이듬해의 갑오개혁에 의해 신분제가 폐지되었다는 점 등을 고려할 때 신분질서에 대한 반대가 이런 시기에 비해 상대적으로 약화되었을 수도 있을 것이지만(물론 농민도 각자가 처해있던 신분적 위치나 그와 관련한 경험이나 인식에 따라 매우 다양했을 것이다) 당시 민중의 동학입도에 미친 영향이 어느 정도였는지에 대해서는 좀 더 구체적인 분석이 필요하다고 생각한다.

비약(개벽)이나 이른바 "혁명"과 거리가 멀었다. 뿐만 아니라 왕조체제의 지배질서 그 자체에 대한 본격적인 도전도 없었다.[13]

제1차 농민전쟁은 1894년 3월 20일 전라도 무장에서 〈포고문〉을 발포하면서 시작되었다. 〈포고문〉에 대해서는 지금까지 상대적으로 소홀하게 취급되었지만, 농민군의 이상과 현실에 대한 생각을 이해하는 데 매우 중요한 의미를 가진다.

사람이 세상에서 가장 귀한 것은 사람에게 인륜이 있기 때문이다. 군신(君臣)과 부자(父子)의 관계는 가장 큰 인륜이다. 임금이 어질고 신하가 충직하며, 아버지가 자애롭고 아들이 효성스러운 뒤에야 가국(家國)이 이루어지고 끝없는 복이 미칠 수 있다. 지금 우리 임금께서는 어질고 효성스러우며 자애롭고 총명하며 슬기롭다. 현량(賢良)하고 정직한 신하가 밝은 임금을 보좌한다면 요순(堯舜)의 덕화(德化)와 한나라 문제(文帝)와 경제(景帝)의 치세를 날짜를 손꼽으며 바랄 수 있을 것이다. 그러나 오늘날 신하된 자들은 보국(報國)할 생각은 하지 않고 한갓 벼슬자리만 탐내며 (국왕의) 총명을 가린 채 아첨을 일삼아 충성스러운 선비의 간언을 요언(妖言)이라 하고 정직한 사람을 비도(匪徒)라 일컫는다. 그리하여 안으로는 보국(輔國)하는 인재가 없고 밖으로는 백성들을 수탈하는 관리들만 득실대어 인민(人民)들의 마음은 날로 더욱 어그러져서 들어와서는 즐겁게 살아갈 생업이 없고 나가서는 제 한 몸 간수할 방책이 없다. 학정(虐政)은 날로 더해지고 원성이 이어지고, 군신의 이리

---

13 이하 동학농민전쟁 발발 이후 농민군 측이 보여준 유학적 성향과 관련하여 특별한 각수가 없는 부분은 Bae, Hang seob(2013) 및 배항섭(2017) 참조.

와 부자의 윤리와 상하의 분별이 드디어 무너져 남아 있는 것이 없다. 관자(管子)가 말하기를 "사유(四維)[禮義廉恥]가 베풀어지지 않으면 나라가 곧 망한다"고 하였다. 바야흐로 지금의 형세는 옛날보다 더욱 심하다. 공경(公卿)으로부터 방백수령(方伯守令)에 이르기까지 국가의 위태로움을 생각하지 않고, 단지 남몰래 자신을 살찌우고 제 집을 윤택하게 하는 계책만 생각하여 벼슬아치를 뽑는 일을 재물이 생기는 길로 여기며, 과거 보는 장소를 온통 사고파는 장터로 만들었다. 허다한 재화와 뇌물이 국고로 들어가지 않고 도리어 개인의 창고를 채우고 있다. 국가에는 쌓인 부채가 있는데도 갚을 방도를 생각하지 않고, 교만하고 사치하며 음탕하게 노는 데 거리낌이 없어서 온 나라가 어육이 되고 만백성이 도탄에 빠졌다. 참으로 지방관들의 탐학 때문이다. 어찌 백성들이 곤궁하지 않을 수 있겠는가. 백성은 나라의 근본이다. 근본이 약해지면 나라가 멸망한다. 그런데도 보국안민(輔國安民)의 방책을 생각지 않고 시골에 저택이나 짓고 오직 저 혼자서 살 길만 도모하면서 벼슬자리만 도적질하니 어찌 올바른 도리이겠는가. 우리들은 비록 초야(草野)의 유민(遺民)이지만 임금의 땅에서 농사지어 먹고[食君之土] 임금이 준 옷을 입고 살아가고 있으니[服君之衣] 국가의 위망(危亡)을 좌시할 수 없어서, 온 나라 사람들이 마음을 합치고 억조창생(億兆蒼生)이 순의(詢議)하여 지금 의(義)의 깃발을 치켜들고 '보국안민(輔國安民)'을 생사의 맹세로 삼았다. 금일 이러한 광경은 비록 놀랄만한 것이지만 절대로 두려워하지 말고 각자 자신의 생업에 편안히 종사하여 모두 태평성대를 축원하고 다 함께 임금의 교화를 누릴 수 있다면 천만다행이겠다.(「隨錄」茂長縣謄上東學人布告文,『총서』5: 157~159)

위의 〈포고문〉에는 근대지향성과 거리가 먼, 유교적 이념과 언어가 넘쳐날 뿐만 아니라 반외세와 관련된 내용도 전무하다. 〈포고문〉의 첫머리는 유교교육 초보과정의 입문자들도 거의 외우다시피 하던 『동몽선습(童蒙先習)』의 서문과 매유 유사하다.[14] 이와 같이 유교적 교양에 초보적이던 이런 인물들에게도 매우 익숙한 구절을 앞머리에 내세운 것은 자신들이 거의(擧義)한 정당성을 유교적 이념에 입각하여 명확히, 또 널리 알리려는 의도에서 나온 것으로 보인다. 다른 한편으로는 유교이념이 점차 확산되었고, 그에 따라 농민들도 유교이념을 점점 더 넓고 깊게 받아들이게 되었음을 반증하는 것으로 판단된다.

이어 농민군의 현실진단과 지배층에 대한 비판이 제시되어 있다. 〈포고문〉에서는 공경대부 이하 방백 수령들이 가장 중요한 책무인 인정을 방기하고 가혹한 정사(政事)를 펴기 때문에 나라의 근본인 백성들이 도탄에 빠지고 국가는 위기에 처하게 되었다고 비판하였다. 그러나 국왕은 비판의 대상이 아니었다. 국왕은 선량한 신하들의 보좌만 있으면 인정(仁政)을 펼치고 이상사회를 만들 수 있는 훌륭한 존재로 묘사되었다. 그것은 농민군이 '반란'을 일으킨 궁극목적에 대해 인정을 회복하여 "태평성대를 축원하며 다 함께 임금의 교화를 누리자"라고 표현한 데에서도 보인다. 또한 '왕도'를 갈아먹는 '왕민', '선왕의 법'으로 '선왕의 백성'을 다스린다면 나라가 천년 이상 유지될 수 있을 것이라고 한 점,[15] "아태조(我太祖)의 혁신정치로 돌아가면 그친다."는

---

14 일설에 의하면 그는 자신이 살던 고부에서 학동들을 모아 『동몽선습』을 비롯한 유교의 초보적 교재를 가르치기도 했다(역사문제연구소 농학농민전쟁백주년기념사업추진위원회, 1991: 171).

15 "선왕의 법으로 선왕의 백성을 다스린다면 비록 역년(歷年)이 천년이라도 그 나라를 오래 향유할 수 있습니다. 지금의 수령은 왕법(王法)을 돌보지 않고 왕민(王民)을 생각지 않고서 탐학이 무상합니다."(황현, 「오하기문」, 수필, 『총서』1: 70~71)

격문을 붙인 점(국사편찬위원회, 1988: 58) 등으로 미루어 볼 때 조선왕조 자체에 대해서 전혀 부정적이지 않았음을 알 수 있다.

그러나 농민군은 스스로를 "보국안민"의 주체로 자각하고 있었다. 〈포고문〉에서도 농민군은 비록 자신들이 시골에 사는 이름 없는 백성[草野遺民]에 불과하지만, 임금의 땅에서 먹고 살기 때문에 국가의 위급함을 구하기 위해 "나라를 지키고 백성들을 편안하게 하자"는 의기(義旗)를 들게 되었다고 하였다. 곧 민본이념이 붕괴되고 인정이 실종되었기 때문에 그것을 스스로의 힘으로 회복함으로써 보국안민하겠다는 의지를 표명한 것이다. 스스로를 "보국안민"의 주체로 자각하고 있었다는 사실은 민란을 일으킨 백성들의 시야가 기본적으로 고을 단위 안에 갇혀 있었던 것과 크게 다른 것이다.

민란에서는 인정회복을 위해 민중이 대집행(代執行)을 통해 제거하려던 대상이 지방관 차원에 머물러 있었지만, 동학농민전쟁에서는 그 대상이 중앙권력 차원으로 확대되었다. 이러한 변화는 무엇보다 앞서 언급하였듯이 중앙집권적이었던 조선왕조의 정치시스템과도 관련이 적지 않았던 것으로 보인다. 민란에서 농민들이 요구한 것은 수령과 이서배의 부정부패에 대한 응징이었다. 국왕과 중앙 집권층에 대해서는 여전히 인정회복의 주체로 기대하고 있었다. 그러나 농민전쟁에서 농민군은 민란에서와 달리 민막(民瘼)의 근원이 민본과 인정이데올로기를 내팽개치고 탐람(貪婪)에 몰두하는 집권세력에 있음을 정확히 지적하여 의식의 면에서도 명백히 고을 단위를 벗어나고 있었다. 거듭되는 민란을 거치면서도 "이포(吏逋)와 탐관(貪官)" 문제가 해결되지 않자, 이제 중앙집권세력 마저 인정의 주체가 아니라 학정의 주체, 이포와 탐관을 초래한 근본 원인임을 깨닫게 된 것이다.[16] 농민군이 중앙집권세력을 핵심 타도 대상으로 삼은 것도 그러한 자각으로부터 나온 것임은 물론이다.

한편 농민군의 행동 가운데는 "사회적 평등"과 "경제적(經濟的) 균산(均産)"을 향한 열망이라는 급진적 의식이 드러나기도 했지만,[17] 〈포고문〉에서 보이는 유교적 이념과 언어는 농민전쟁이 끝날 때까지 농민군이 제시한 격문이나 통문류에서 거의 동일하게 보인다. 나아가 농민전쟁 당시 농민군이 제시한 〈폐정개혁안〉 27개조의 핵심적인 내용도 무명잡세나 과징 등 부세제도의 부조리한 점과 탐관오리들의 수탈에 반대하는 내용이 대부분이었고, 지배 체제나 이념에 대한 전복은커녕, 그것을 크게 거스르는 요구조건도 사실상 없었다.[18]

이러한 모습은 프랑스 혁명과 매우 다른 점이다. 프랑스 혁명은 언어의 변화에서 시작되었다고 한다. 혁명이 본격적으로 일어났을 때 정의나 인민의 권리 같은 새로운 정치언어는 이미 프랑스 전체에 널리 퍼져 있었다.(로제 샤르티에, 1998) 이와 달리 농민군은 새로운 언어를 발명해내지 못했다. 유교적 언어로 유교이념에 근거하여 자신들의 요구를 제시하고 그것을 정당화했다.[19]

---

16 농민군은 "聖明在上 生民塗炭何者 民弊之本由於吏逋 吏逋之根由於貪官 貪官之所犯 由於執權之貪婪"이라고 하여 그 부패의 사슬구조를 정확히 인식하고 있었다(「東匪討錄」, 『동학서』: 320・321; 『駐韓日本公使館記錄』1:20).

17 이에 대해서는 배항섭(2002: 136~139); 배항섭(2002) 참조.

18 농민전쟁의 전개과정에서도 양반에 대한 공격, 노비문서 탈취 등의 신분차별에 대한 반대 등 '평등사상'과 관련된 행동이 여러 지역에서 보이고 있다. 그러나 동학사상이나 동학과 직접 관련이 있는 요구조건은 거의 제시되지 않았으며, 체제를 부정한 것도 아니었다. 제2차 전쟁부터는 동학교단도 본격적으로 가담하였지만, 역시 종교적 요구를 한 적은 없다. 교단 산하의 교도들 가운데 '대선생(大先生) 신원기(伸寃旗)'를 내걸고 다니는 사람도 있었지만(「巡撫先鋒陣謄錄」1894년 11월 26일, 『총서』14:38), 이 역시 오히려 동학교도들이 조선 왕조정부를 여전히 신원 요구의 대상으로 상정하고 있었음을, 따라서 조선왕조 정부로 부정하지 않고 있었음을 보여준다.

19 동학농민전쟁은 동학교도들이 중심이 되어 일어났음에도 불구하고 〈포고문〉을 비롯하여 동학농민군이 내건 다양한 격문이나 요구조건에 동학사상이나 동학교단과 관련

사실 〈포고문〉에 표현된 농민군의 지향이나 인식은 농민전쟁 직전에 올린 전사간(前司諫) 권봉희(權鳳熙)의 상소문이나(『聚語』, 『총서』2: 22), 1896년 의병들의 격문은 물론 조선전기에 나온 유교 지식인들의 상소문과도 매우 흡사한 점이 있다.[20] 이러한 사실에서도 확인할 수 있듯이 농민군이 추구하는 이상사회는 유교라는 지배이념의 자장을 벗어나지 않았다. 중국고대 요순의 교화, 그리고 한나라 문제와 경제의 치적을 모순에 찬, 고통만 주는 현실의 학정(虐政)과 대비시키고 있는 데서도 농민군의 목표가 인정이 행해지는 유교적 이상사회의 회복에 있었다는 것을 짐작할 수 있다.

그러나 동학경전에도 일부 드러나 있고, 민중의 동학입도에도 큰 영향을 미치고 있던 신분상승 내지 신분해방 희원 이외에도 농민군의 의식과 행동에는 엘리트 유학자들과 매우 중요한 차이가 있었다. 단적인 사례를 1896년 의병과의 대비를 통해 확인할 수 있다. 전통적 양반·사족들이 주도한 의병은 그들이 제시한 창의문에서 알 수 있듯이 단발령이나 왕비를 살해한 일본과 친일개화파의 폭거에 반대하고 그들을 물리치기 위해 일어났다. 그러나 그들은 자신들의 목표 실현

된 내용이 극히 드문 반면, 유교적 언어로 가득하다. 이는 조선과 마찬가지로 유교를 지배이념으로 하고 있으면서도 기독교를 중요한 사상적 기반으로 일어난 중국의 태평천국운동과 비교되는 것이다. 이는 조선에서 정치적, 경제적, 사회적, 그리고 대외적 위기가 최고조로 달했을 때, 그러한 위기를 극복하고 새로운 세상을 만들겠다는 것을 목적으로 발생한 민간종교와 그 종교를 기반으로 일어난 대규모 '반란'조차도 유교의 자장(磁場)을 벗어날 수 없었음을 보여주는 것이며, 앞서 언급했듯이 유교 이념의 지배력이 그 만큼 강력하였음을 시사한다. 때문에 전봉준이나 농민군 역시 동학을 유교의 일종으로, 유교의 변종으로 받아들였던 것으로 보인다. 이에 대해서는 배항섭 (2016: 254~255) 참조.

20 예를 들면, 1487년 수령의 탐포·공부·공물 등에 관해 상소하며, 민본이데올로기가 허구화되고 있음을 지적한 유학 유승탄(兪升坦)의 상소와 흡사한 내용으로 구성되어 있다(『성종실록』, 성종 18년 정미 5월 10일).

을 위한 구체적 행동도 취하지 못한 상태에서 해산하라는 국왕의 명령이 내려지자 곧바로 해산하는 모습을 보였다. 이에 반해 동학농민군은 해산하라는 국왕의 명령을 무시한 채 '반란'을 지속하였다. 그것은 "탐관이 비록 虐政을 하지만 나라, 곧 국왕이 듣지 못하"여 "백성들이 보존하기 어려운 상황"속에서(『주한일본공사관기록』1: 14;「兩湖招討謄錄」,『총서』6: 66~67) "나라의 근본인 백성"들이 살기 위해서는 무엇보다 인정(仁政)을 회복해야 했기 때문이다. 또한 여기에는 국왕의 권위를 빌려 국왕을 대신하여 탐관오리를 제거한다는 명분을 내세우면서도 생존위기를 극복하는 인정의 회복을 위해서는 국왕의 명령도 일시적으로 받아드리지 않을 수 있다는 생각이 개재되어 있었다. 이러한 농민군의 생각과 행동은 군신 간의 의리라는 명분을 앞세우던 전통유학자들과 가장 큰 차이를 드러내는 점이다.

따라서 부정부패하고 학정이 난무하는 현실을 일신하여 민본과 인정이념을 회복하려는 농민군들의 강렬한 열망은 조선의 지배질서를 내파(內破)하며 새로운 질서의식을 형성해 나가고 있었다. 그 가운데 가장 주목되는 점은 인정을 향한 열망이 국왕과 국왕을 중심으로 한 정치질서에 대한 회의를 드러내기기 시작했다는 점이다. 농민군이 중앙집권세력을 핵심 타도 내상으로 삼은 것은 중앙집권적 정치체제가 가진 동심원적 구조 속에서, 인정회복을 향한 거듭되는 경험 속에서 획득된 자각으로부터 나온 것이었다(배항섭: 2013b, 2014). 특히 중요한 것은 그러한 자각 속에는 사실상 "총명이 가려진" 국왕이 그들을 제거하지 못하고 있다는 판단이 개입되어 있었다는 점이다.[21] 농민군이

---

21 농민군이 발표한 〈무장포고문〉에도 "신하된 자들은 보국(報國)할 생각은 하지 않고 한갓 벼슬자리만 탐내며 (국왕의) 총명을 가린 채 아첨을 일삼아 충성스러운 선비의 간언을 요언(妖言)이라 하고 정직한 사람을 비도(匪徒)라 일컫는다"는 내용이 들어 있

이미 농민전쟁 초반부터 대원군의 섭정을 요구한 것도 그 때문이었다. 또 체포된 전봉준은 다음과 같은 정국운영 구상을 밝힌 바 있다.

> 일본병을 물러나게 하고 악간(惡奸)한 관리를 축출해서 임금 곁을 깨끗이 한 후에는 몇 사람 훌륭한 사(士)를 내세워서 정치를 하게 하고 우리들은 곧장 농촌에 돌아가 일상적으로 해 오던 농업에 종사할 생각이었다. 하지만, 국사(國事)를 한 사람의 세력가에게 맡기는 것은 크게 폐해(弊害)가 있는 것을 알기 때문에 몇 사람의 명사로 하여금 서로 협력하여 합의법(合議法)에 의해서 정치를 하게 할 생각이었다.(「大阪朝日新聞」, 明治 28年 3月 6日 '東學首領と合議政治', 『총서』23: 171)

전봉준의 체제구상은 일인 독재의 폐해에 대한 인식을 기반으로 '몇 명의 훌륭한 사(士)'로 표현되는 명망이 있는 선비들이 '합의법'에 의해 서로 협의하여 정국을 운영하는 것이었다. '합의법' 구상에는 서구로부터 유입된 정치제도과 관련된 지식의 영향도 있었음을 부인하기 어려울 것이다. 그러나 합의정치를 통해 결과적으로 국왕의 정치적 위상을 상대화하는 새로운 질서 구상을 열어간 바탕에는 18세기까지 형성된 "인정에 대한 요구"와 "권력의 응답"을 둘러싸고 형성된 정치문화가 자리 잡고 있었다. 합의법 구상 역시 이러한 정치문화를 전제로 생존과 생활을 위해 인정회복을 열망하며 일상적 비일상적 투쟁을 거치는 동안 민중들이 습득하고 단련해 간 정치의식의 표현이라고

다(「隨錄」茂長縣謄上東學人布告文, 『총서』5: 157~159); 「茂長布告文」, 『東學亂記錄(上)』: 142~143); 「梧下記聞」, 『총서』1: 52~54).

보아야 할 것이다(배항섭: 2010). 또한 거기에는 향촌사회에서 형성되어 간 민회 등의 새로운 논의구조와 그 속에서 대소민인들이 함께 합의하여 새로운 공론을 만들어 간 경험이 중앙집권적 정치체제의 동심원적 구조를 통해 중앙 정치 시스템에까지 영향을 미치게 된 사정도 개재해 있었을 것으로 생각된다.(배항섭: 2013b, 2014)

대원군의 섭정요구나 합의법에 의한 정치운영 구상의 배후에는 "총명이 가려진" 현재의 국왕으로는 탐학한 관리들을 제거하고 인정을 회복할 수 없다는 판단이 자리하고 있었다고 본다. 이는 곧 농민군이 아직 국왕을 부정하지 못했고, 여전히 인정을 토대로 한 정치문화의 회로 속에 머물러 있었지만, 객관적으로는 국왕이라는 존재를 상대화하고 새로운 정치질서를 열어가는 의식을 형성해나가고 있었음을 의미한다. 유교적 규범을 내면화하고 그것을 전유해나간 민중이 도달한 바, 스스로의 힘으로 인정을 회복해야 한다는 강고한 열망은 국왕에 대한 충성의 논리보다 인정회복을 위한 제도적 장치를 더 중요하게 여기는 새로운 질서의식을 형성해 나가고 있었던 것이다.(배항섭: 2010)

5. 유교의 전유를 통한 '반란'의 정당화

동학사상에는 이미 유교적 요소가 매우 많이 포함되어 있었다. 또 동학의 포교과정에서 제2세 교주 최시형은 유교적 요소를 더욱 강조하는 태도를 보였다. 동학농민전쟁의 최고지도자 전봉준 역시 동학을 유교에 대한 새로운 해석이라는 측면에서 수용한 것으로 보인다.

따라서 농민전쟁에는 수많은 동학교도들이 참가하였음에도 불구하고, 그들이 내건 요구조건이나 격문, 통문류에는 동학사상과 관련된 내용이 특이할 정도로 없다시피 하다. 오히려 〈무장포고문〉을 비롯한 농민군의 통문, 격문류는 유교적 언어로 점철되어 있었다. 요구조건이나 통문, 격문에 동학과 관련된 내용이 나타나지 않고 오히려 유교적 언어로 점철된 특이한 현상은 지도부나 농민군 대중이 동학을 유교에 대한 재해석 내지 새로운 해석으로 받아들였다는 점과 관련이 있을 것으로 보인다.

농민군은 '현실'의 지배이념과 지배체제를 수용하거나 그것에 기초하여 인정의 회복을 열망하였다. 농민군은 신분상승 내지 신분 해방을 향한 희원을 가지고 있었으며, 이 점에서 기존 질서와 충돌하는 면이 있었지만, 기본적으로 기존 정치체제를 전복하려는 강한 의시나 새로운 사상을 가지고 있지 않았다. 물론 이러한 농민군의 인식은 지배이념인 유학과 밀접한 관련을 가지는 것이었지만, 그렇다 하여 그들의 생각과 행동이 반드시 지배체제와 이념의 자장 안에 갇혀 있던 것은 아니었다.

그들은 기존의 지배이념과 지배체제에 의거하여 만들어간 정치문화를 바탕으로 치자들에게 지배이념에 상응하는 정사, 곧 민본이념에 의거한 인정을 베풀 것을 '목숨을 걸고' 요구한 것이다. 그 결과 민중에 의해 지배질서에는 균열이 가기 시작했고, 민본과 인정 이념을 기반으로 하던 '현실'의 정치질서와는 다른 새로운 정치질서가 아래로부터 형성되어 가고 있었던 것이다.

엥겔스는 독일혁명을 논하는 고전적 저작에서 "사회의 최하층민이 혁명적 역량을 계발하고 사회의 여타 모든 분파들에 대한 자신의 적대적 위치를 자각하기 위해서는, 그리고 하나의 계급으로 결집하기 위해서는, 기존의 사회체제와 화해할 수 있는 모든 것으로부터 탈피하기 시작하여야 한다."고 주장하였다. 러셀 자코비 역시 유토피아 사상을 위해서는 지배적인 사상과 일정한 거리를 두어야 한다는 점을 강조하고 있다. 그러나 20세기의 사회주의 혁명과 그 실패의 경험은 토니 주트의 지적처럼 '혁명'을 "위험하기 짝이 없는" 말로 만들었다. 그래서 그는 '혁명'이라는 소리를 되풀이 하지 않으면서, 우리 자신을 위해 현재와는 아주 다른 질서를 상상하는 방법을 되찾을 것을 강조하였다. 이러한 언급의 무게 중심은 혁명이 불필요하다는 쪽이 아니라, 새로운 질서를 만들어갈, 혁명이 아닌 다른 방법을 생각해보자는 쪽에 있다.

아무리 훌륭한 이상을 내세운다 하더라도 도래할 '유토피아'가 내세우는 이념이나 체제를 감당할만한 준비가 없다면, 지배체제나 이념에 대한 즉각적, 전면적 전복이 반드시 새로운 질서를 만들어 낼 수 있는 것은 아니다. 이는 정감록에 근거한 변란이나 홍경래란에서도 시사받을 수 있다. 반면 동학농민전쟁은 지배층 내지 엘리트들이(적어도 그들이 중심이 되어) 제시한 지배이념과 질서에 대한 한층 깊은 이해와 내면화, 나아가 그것을 온전히 실현하려는 열망과 노력이 예기치 않았던 '혁명적' 결과를 가져올 수 있음을 보여주는 중요한 경험이다.

| 참고문헌 |

『동경대전』, 『용담유사』, 『東學亂記錄(上)』

국사편찬위원회, 1988, 『駐韓日本公使館記錄』1, 국사편찬위원회.

동학농민전쟁백주년기념사업추진위원회, 1996, 『동학농민전쟁사료총서』1, 2, 5, 6, 10, 14, 18, 23, 27, 28, 사운연구소.

驪江出版社, 1985, 『韓國民衆運動史資料大系: 1894年의 農民戰爭篇 附東學關係資料 1, 東學書』, 여강출판사.

역사문제연구소 동학농민전쟁백주년기념사업추진위원회, 1991, 『동학농민전쟁연구자료집』1, 여강출판사.

한국사문헌연구소 편, 1979, 『동학사상자료집』1, 아세아문화사.

김학민·이병갑 주해, 1997, 『백범일지』, 학민사.

나카 스오미, 2016, 『조선의 양명학』, 이영호·이혜인·곽성용 공역, 성균관대출판부.

로제 샤르티에, 1998, 『프랑스혁명의 문화적 기원』, 백인호 옮김, 일월서각.

배항섭, 2002, 『조선후기 민중운동과 동학농민전쟁의 발발』, 경인문화사.

최제우, 2004, 『도올 심득 동경대전 1 : 플레타르키아의 신세계』, 김용옥 역주, 통나무.

오금성, 2007, 『국법과 관행 ; 명청시대 사회경제사연구』, 지식산업사

피터 버크, 2005, 『문화사란 무엇인가』, 조한욱 옮김, 도서출판 길.

Alexander Woodside, 2006, *Lost modernities : China, Vietnam, Korea, and the hazards of world history*, Cambridge, Mass. : Harvard University Press.

Kathryn Bernhardt, 1992, *Rents, Taxes, and Peasant Resistance : The Lower Yangzi River, 1840–1950*, Stanford University Press.

김상준, 2005, 「대중유교로서의 동학」, 『사회와 역사』68, 한국사회사학회.

박맹수, 1997, 「동학과 전통종교와의 교섭-최제우와 최시형을 중심으로」, 영남대 민족문화연구소 편, 『동학사상의 새로운 조명』, 영남대학교 출판부.

박홍규, 2015, 「동학과 자유-자치-자연 −유교적 유토피아 사상과 운동으로서의 동학에 대한 비판적 재검토」, 『동학학보』35, 동학학회.

배항섭, 2017, 「동학농민전쟁의 사상적 기반과 유교」, 『역사학보』236, 역사학회.

_____, 2016, 「1880~90년대 동학의 확산과 동학에 대한 민중의 인식－유교 이념과의 관련을 중심으로－」, 『조선시대사학보』77, 조선시대사학회.

_____, 2013a, 「동학농민전쟁의 사상적 기반에 대한 연구현황과 과제－동학(사상)과 농민전쟁의 관계를 중심으로－」, 『사림』45, 수선사학회.

_____, 2002, 「제1차 농민전쟁 시기 농민군의 행동양태와 지향」, 『한국근현대사연구』21, 한국근현대사학회.

배항섭, 2013b 「19세기 후반 민중운동과 공론」, 『한국사연구』161.

_____, 2014, 「19세기 향촌사회질서의 변화와 새로운 공론의 대두」, 『조선시대사학보』71.

_____, 2010, 「19세기 지배질서의 변화와 정치문화의 변용」, 『한국사학보』39.

新丙寅生, 1926, 「우리는 종놈이다」, 『개벽』65, 개벽사.

신일철, 1992, 「崔濟愚의 後天開闢的 理想社會像」, 『한국사 시민강좌』10, 일조각.

우윤, 1988, 「19세기 민중운동과 민중사상－후천개벽, 정감록, 미륵신앙을 중심으로－」, 『역사비평』2, 역사문제연구소.

윤사순, 1997, 「동학의 유학적 성격」, 민족문화연구소 편, 『동학사상의 새로운 조명』, 영남대출판부.

이영호, 2017, 「조선의 주자문집 주석서: 『주자대전차의집보』」, 부산대학교 점필재연구소 편, 『주자학의 고전, 그 조선적 해석과 실천』, 점필재.

_____, 2011, 「황해도 동학농민군과 기독교 선교사의 접촉과 소통 －매켄지(William J. McKenzie) 선교사를 중심으로」, 『한국기독교와 역사』34, 한국기독교역사연구소.

조광, 2003, 「19세기 후반 서학과 동학의 상호관계에 관한 연구」, 『동학학보』6, 동학학회.

Bae, Hang seob, 2013, Foundations for the Legitimation of the Tonghak Peasant Army and Awareness of a New Political Order, *Acta Koreana* vol.16, no.2(December 15)

6장

한문학 연구와
젠더적 시각

김용태

1. 한문학은 남성중심주의의 산물이 아니다

한문학계에 쟁점과 토론이 사라지고 있다는 우려가 깊어지고 있지만, 그래도 여성주의적 시각에 의한 한문학(고전문학) 연구는 치열한 문제의식을 공유하며 착실하게 연구 성과를 쌓아가고 있어 학계에 활력을 불어넣고 있다. 그동안 여성주의적 관점에 의한 한문학 연구는 상당한 성과를 쌓아왔다. 새로운 여성 작가와 관련 자료의 발굴 및 정리, 여성 생활사 자료의 집성, 기존 한문학 연구에 대한 여성주의적 시각을 통한 재검토 등 다방면으로 학문적 축적을 이루어 왔다. 그리고 이제는 그러한 성과 위에서 '한문학'의 학문적 성격 규정에 대해서까지 근본적인 문제를 제기하는 데 이르렀다. 그리고 2020년 한국한문학회는 "한문학의 성별성, 문자 체계의 젠더"라는 주제로 학술회의를 개최하기도 하였다.

사실 필자는 이 분야에 깊은 소양을 갖추지 못하였는데 19세기 중반 서울 시단의 여성 인식에 대한 연구를 진행하면서(김용태, 2019) 관련 연구 성과에 접하게 되었고, 그 결과 여성주의적 시각에 의한 한문학 연구에 깊은 매력을 느끼게 되었다. 여성주의적 관점의 날카로운 문제의식과 분석 방법은 박진감이 넘쳤으며, 그러한 논의는 필자를 각성시켜 삶을 변화시키는 힘도 있었다. 나아가 한문학계 전체에도 역동성을 불어넣을 힘이 있다고 판단되었다. 그래서 필자로서는 한문학 자체의 성격 변화를 요구하는 여성주의적 연구진영의 주장에 호응하고 토론에 참여하는 것이 동학으로서의 책무라고 생각하게 되었다.

그런데 여성주의적 고전문학연구의 이론적 논의를 가장 앞장서서 이끌고 있는 이경하는 "선명해 보였던 여성주의의 기치는 오늘날 힘을 잃은 듯 보"이고, 여성주의에 입각한 논문들이 "억압과 차별을 말하는 결론은 식상하다."(이경하, 2014: 354, 364)라는 자기반성을 하기도 하였는데, 여성주의 연구진영도 그 내부에는 간단치 않은 문제를 안고 있음을 짐작할 수 있다. 한문학계 전체가 협력하여 풀어나가야 할 문제가 아닐 수 없다.

필자가 파악한 바 '한문학의 재구성'을 요구하는 여성수의 연구신영의 주장은 다음 두 가지 쟁점 사안으로 일단 요약할 수 있을 듯하다. 첫째는 '남성 중심적 시각의 극복'이고, 둘째는 '어문생활사 연구로의 확대'가 바로 그것이다. 이러한 문제 제기의 기본 취지와 한문학의 변화 필요성에 대해서는 필자 역시 전적으로 공감하고 있다. 그런데 구체적으로 이 문제를 어떻게 해결해 나가느냐는 여러 선택지가 놓여있고, 그 선택에 이어지는 결과 또한 양상이 사뭇 다르지 않을까 생각된다. 이에 본고에서는 이 두 문제를 중심으로 거칠게나마 필자의 견해를 펼쳐 논의의 활성화에 기여하고자 한다.

2. '한문학'을 소수자의 시각으로 연구할 수 있을까?

한문학 분야에서 '여성한문학사' 서술을 위한 구체적인 작업을 가장 활발하게 진행하고 있는 박무영은 일련의 논문을 통해 '여성한문학사'는 '한국한문학사'의 서술 체계로 편입될 수 없고, 반드시 독자적으로 서술되어야 한다는 주장을 폈다(박무영, 2005; 박무영, 2016). 그 논리 구조를 필자가 이해한 대로 정리하면 다음과 같다.

1) 기존의 한국한문학사(한국고전문학사)는 남성중심적 시각에 의해 서술되었다.

2) 기본적 시각이 상반되기에 기존의 (한)문학사 틀로는 여성한문학사를 담아낼 수 없다.

3) 혹시 한문학계가 기존의 남성적 시각을 극복하고 전혀 새로운 한문학사를 서술할 수 있다면 여성한문학사와 함께 할 수도 있겠지만, 그럴 수 있을 것으로 보지 않는다. 왜냐면 한문학 전통 자체가 워낙 남성 중심적 시각의 산물이므로.

4) 그러므로 여성한문학사는 독자적으로 서술하되 다양한 문학사와 병립하는 것이 바람직하다. 그리고 그러한 복수의 문학사를 포괄하는 상위의 '한국한문학사'가 가능한 것인지, 나아가 꼭 필요한 것인지는 불투명하다.

먼저 남성 중심적 시각에 대한 박무영의 비판적 견해에 대해서는 전적으로 공감하고 지지한다. 여성을 대상화하고 수단화하는 남성중심주의는 공공연히 차별을 조장하는 인종주의나 제국주의와 똑같이 취급해 마땅하다. 그리고 한문학 연구에 알게 모르게 스며있는 남성 중심적 시각도 철저히 반성하고 확실히 극복해야 한다. 박무영의 연구가 속히 결실을 맺어 여성주의적 시각에 입각한 여성한문학사가 세상에 선보이기를 응원한다. 아울러 여러 시각에 의한 복수의 문학사가 나와 서로 '병립'하게 된다면 그야말로 한문학은 새로운 도약을 하게 될 것이다.

그런데 만약 이렇게 '병립' 일변도로 한문학 연구가 이루어진다면 그것도 바람직한 현상만은 아니지 않을까? 일반적으로 '시각'을 날카롭게 세워 적용하게 되면 그 시각에 포착되지 않는 국면이나 왜곡되어 포착되는 지점이 있을 수밖에 없다. 여성 내부에도 민족이나 계급, 지역이나 가문에 따라 각각의 입장은 천차만별일 수밖에 없다. 그러므로 선명한 시각을 강조한다면 문학사는 사실 무한대로 늘어날 수밖에 없다. 예를 들어 여성한문학사라 하더라도 계급이나 가문에 따라 독립적으로 서술되어야 한다는 요구가 나올 수도 있는 것이다.

이렇게 다양한 문학사가 병립하는 것까지는 좋은데, 만약 이 다양한 문학사들이 서로에 대한 관심의 끈을 놓아버린다면 그것은 더이상 '병립'이라고 부를 수도 없을 것이다. 다양성은 자연스레 원심력을 더 크게 할 터이니, 만약 원심력이 구심력보다 커지면 그 결과는 '파편화'가 될 수밖에 없다. '병립'이 '파편화'에 빠지지 않도록 미리 궁리해 둘 필요가 있다고 보인다.

우리가 여성주의적 문학 연구에 박수를 보내는 이유는 그것이 하나의 정치적 기획으로써 현재 우리의 삶을 더 나은 방향으로 이끌고자 하는 보편적 전망이나 가치와 연결되기 때문이다. 그런데 문학사 인식이 조각조각 파편화되어 버린다면 그러한 정치적 기획을 감당하기 어렵게 되지 않을까? 그러므로 우리는 복수의 문학사가 흩어지지 않도록 서로 연결될 수 있는 '끈'에 대해 고민해야 한다고 본다.

그런데 놀랍게도 여성주의적 고전문학 연구진영에는 '소수자의 시각'이라고 하는 훌륭한 '끈'이 진작에 제출되어 있었다. 신경숙은 "중요한 것은 배제된 공동체 내부의 소외자의 시각이지, 여성이어서 중요한 것은 아니다."(신경숙, 2000: 318)라고 언급한 바 있으며, 김경미는

"소수자 관점에서 고전여성문학사를 바라본다는 것은 모든 부류의 문학하는 주체와 내용을 끌어들이며 소수자 간의 연대를 가능하게 한다는 점에서 의미를 갖는다."(김경미, 2006: 65)라고 언급한 바 있다. 우리가 '소수자의 시각'을 중시하는 이유는 인간을 수단으로 대해서는 안 되고 목적으로 대해야 한다는 '인권' 개념과 궤를 같이하기 때문이다. 인권은 현재 그 누구도 부정하지 못하는 인류의 보편적 가치이다. 여성한문학사는 여성적 가치의 실현을 위해서도 힘을 기울여야 하지만, 다른 모든 차별받고 수단화되는 소수자(때로 남성도 포함되는)와의 연대에 적극적으로 나서야 내부의 동력도 배가되고 외부적 영향력도 커지면서 내부의 위기 또한 극복될 수 있지 않을까 생각된다.[1]

이 지점에서 '한국한문학사'에 대해서도 다시 생각할 볼 것을 여성주의 연구진영에 제안하고 싶다. 박무영은 한국한문학사의 성립에 대해 회의적 입장이지만, 여성주의와 관련해서도 꼭 그렇게 볼 필요는 없다는 것이 필자의 생각이다. 오히려 '한문학의 재구성'을 논하기 위해서는 '한국한문학사'에 대해 새롭게 사고하는 것이 필요하다고 본다. '한국한문학사'의 성립 가능성을 회의하는 것은 아마도 그동안 한국학의 민족주의에 대해 가해졌던 비판과 궤를 같이하는 것이리라 짐작한다.

문제의 핵심은 민족주의를 '소수자의 시각'이나 '인권'의 가치와 어긋나지 않게 다시 살려 쓸 수 있는가 하는 점에 있을 것이다. 민족주의 비판론자들은 민족주의가 제국주의의 쌍생아로서 민족해방의 허울 아래 내부 약자들에 대한 차별과 동원을 은폐하는 기제로 기능하

---

1 '연대'를 너무 강조하다 보면 개별 '소수자'의 입장이 약화되는 문제가 있다. '연대'와 '개별 소수자' 어느 한쪽으로 치우치지 않는 균형감각의 중요성은 아무리 강조되어도 지나치지 않을 것이다.

였으며, 맹목적 경제 발전과 자연에 대한 착취를 당연시하는 근대주의의 한계에 갇혀 있다고 본다.

그러한 부정적인 모습의 '민족주의'가 실제로 존재하였고 현재도 존재하고 있음을 부정하는 것은 아니다. 그런데 한문학(국문학)을 근대 학문으로 안착시켰던 조윤제와 같은 '민족주의자'들이 온몸을 바쳐 지향하였던 바가 그러한 '부정적 민족주의'였는지 다시 살펴보자는 것이다. 그 누구라도 조윤제가 약자에 대한 차별과 동원을 정당화하기 위해『한국문학사』를 집필하였다고 말할 수 없을 것이다.

'신민족주의'를 표방하였던 조윤제는 해방 이후 '민족적 입장'과 '민중적 입장'이 상치되지 않는다는 데에 인식이 도달하였음을 우리는 환기할 필요가 있다(김명호, 1978; 2005). 조윤제가 국문학 연구의 초기에 관심을 기울였던 형식주의적 시가(詩歌) 연구 방법은 그의 사후에 학계의 주류적 자산으로 대접을 받았지만, 남북 분단을 막고 민주주의를 발전시키기 위해 온몸으로 실천하였던 그의 지사적(志士的) 자세는 제대로 계승되지 못했다. 조윤제와 같은 민족주의자의 입장에서는 민족과 민중이 모순 관계가 아니었던 것인데, 그 입장이 충실히 계승되고 발전되었다면 민족과 민중은 물론 여성과 생태 문제까지도 어우르는 국문학(한문학)이 되지 않았을까? 그런 점에서 볼 때 외부에서 들어온 민족주의 비판 담론을 조윤제에게 덮어씌울 것이 아니라, 조윤제의 민족주의 실천에서 보편적 기치를 발견하고 확장해 나가는 것이 우리가 나아갈 길이라고 본다.

이와 같은 점을 생각하면 지금 시점에서 한국한문학사와 여성한문학사의 양립 불가능성을 구태여 강조할 필요는 없지 않은가 한다. '젠더적 시각에 의한 한문학의 재구성'도 다른 데서 답을 구할 것이 아니라, '피압박 소수 민족'의 해방을 위해 치열하게 투쟁하였던 선배 '민족주의자'들의 실천을 창조적으로 활용하는 데서 찾아야 하지 않을까.

이에 덧붙여 민족주의를 닫힌 개념으로 보지 말고, '민족적 입장'을 분명히 하고 그것의 실현을 위해 노력하는 모든 행위를 가리키는 열린 개념으로 볼 것 또한 제안하고 싶다. 민족주의에 대한 비판 담론이 '신자유주의에 의한 세계화'와 발을 맞추어 터져 나왔던 점도 수상하고, 한반도를 자신들의 이익 실현을 위한 도구쯤으로 여기는 강대국들의 제국주의적 태도를 극복하고 한반도의 평화 시대를 열어가기 위해서도 선배들의 민족주의를 창조적으로 계승하고 활용할 필요가 있다는 사실을 직시해야 한다. 한문학에 내장된 민족주의는 식민지 시기에는 제국주의에, 독재 시절에는 국가주의에 대항하였던 저항의 이데올로기로도 작동하였음을 잊어서는 안 되겠다.[2]

한편, '한문학 유산' 자체의 남성 중심적 성격도 보다 역사적 관점에서 바라볼 필요가 있다. '한문학의 시대'는 인류 역사에 있어서 남성 중심의 가부장제가 정착되고 그 전성기를 누리다가 서서히 극복되어 나가던 시점과 거의 일치하므로, '한문학 유산'에는 당연히 남성중심주의가 뼛속까지 배어있다. 그러나 그 남성 중심성이 단일한 성격으로 천년 넘도록 변함없이 지속했다고 볼 수는 없다. 응당 고려 시대와 조선 시대의 성격이 다를 것이고, 개인차도 크다고 보아야 한다. 결정적으로는 한문학(유학)의 기반에서 탄생한 동학사상이 '남녀평등'을 선언하였던 역사적 의미를 깊이 새겨볼 필요가 있다(박용옥, 1981). 관련하여 19세기 한문학사에서는 남성 중심적 시각에 담긴 비합리성을 남성 스스로 자각해 가는 흐름도 존재하였다(김용태, 2020).

---

2 물론 민족주의는 해방 이후 군사 정권에 의해 국가 발전 이데올로기로 활용되면서 부정적인 역할을 하기도 하였음을 외면할 수는 없다. 부정적인 측면에 대해서는 비판과 극복이 있어야 할 것이다.

그리고 우리는 현재의 시각에서 '한문학 시대'의 남성 중심적 구습에 대해 딱하게 바라보고 있지만, 사실 현재 우리 역시 앞으로 갈 길이 멀다는 점에 대해서도 각성해야 한다. 미래 세대는 과연 21세기를 살았던 선조를 '개명한' 존재로 봐줄 것인가? 아마 그렇지 않을 것 같다. 근대 이후 인간은 자신이 살아가는 '현재'를 절대시하여 과거의 역사를 '미개한' 것으로 함부로 재단하였던 경향이 있다. 사회주의권의 계급주의적 문학 연구는 자신들이 세운 사회주의 정권을 계급 해방의 정점으로 절대시하는 오류를 범함으로써 값싼 선전도구로 전락하고 말았다. 이는 민족주의 역사서술도 마찬가지여서 민족사를 생명이 있는 유기체로 설명하면서 근대국가의 성립을 그 정점으로 삼는 오류를 범했다. 여성주의를 포함한 소수자의 시각에 의한 문학사 서술은 이러한 사례를 반면교사로 삼아야 한다.

  그러므로 '한문학 유산'에 대해 '현대인으로서의 우월감'을 가지고 손쉽게 '남성 중심적'이라는 꼬리표를 붙여 두기보다는, 인류가 차별하고 억압하는 비합리적 사회구조를 극복해 가는 길고 긴 여정의 한 대목을 잘 보여주는 자료로 보는 것은 어떨까 싶다. 그 드라마가 결말을 보려면 아직도 많은 우여곡절을 겪어야 할 것이 분명한 만큼, 우리는 보다 긴 호흡과 진중한 마음으로 각 시대와 지역에서 행해졌던 억압과 차별의 기제를 밝혀내고 비판하면서, 또 한편으로는 그 불합리를 극복해 나갔던 흐름에 대해 겸허한 마음으로 존경을 표할 필요가 있다고 본다.

  '한문학 유산'을 이런 시각에서 바라보면, 시대마다 또 작가마다 발견되는 남성 중심적 한계에 대하여 날카로운 비판도 가해야 하겠지만, 미세한 정도라도 시대적 지평을 넓히며 비합리성을 극복해 가던 움직임에 대해서는 상찬을 아낄 필요가 없을 것이다. 현재의 수준을 기준으로 삼아 한문학 작가들을 나무라는 '절대 평가'보다는, 한문학 작가들끼리의 '상대평가'가 더 합리적이고 유용하리라 생각한다.

공자도 "여자와 소인은 기르기 어렵다(唯女子與小人, 爲難養也)"라고 하여 비합리적 편견을 여실히 드러내기도 하였지만, "자신이 받기 싫은 행위는 남에게도 하지 말라(己所不欲, 勿施於人)"는 위대한 명제를 남겼으니, 공자 사상의 절대적 영향권에 있었던 한문학 작가들이 그래도 합리성을 넓혀나갈 수 있었던 것은 저 명제에 힘입은 것이라고 보아야 한다.

만약 '한문학 유산'을 이와 같은 시각에서 바라보는 것이 허용된다면, 우리가 서술하고자 하는 한국한문학사의 방향도 좀 더 분명해질 수 있을 듯하다. '인간에 대한 억압과 차별을 극복해 나가는 보편적 가치의 실현'이라는 각도에서 한국한문학사를 서술할 수 있지 않겠는가 하는 것이다. 과거 한국한문학사는 주로 '민족해방'과 '민족자존'의 각도에서 서술되었다고 말할 수 있는데, 다른 민족을 억압하는 제국주의에 대한 저항이라는 의미를 지니고 있으므로 보편적 가치에서 벗어나는 것은 아니지만, 적용 범위가 협소했다는 비판을 면하기 어려웠다. 그러니 이제는 보편적 가치의 적용 범위를 확대하여 민족 내부의 차별과 그 극복까지 포함하는 것은 자연스러운 인식의 확대가 아닐 수 없다.

3. '한국한문학'은 '어문생활사'를 포괄할 수 있는가?

전통시대 문단은 철저히 남성 중심으로 작동되었기에 여성 작가와 작품을 아무리 모아 보아도 그 절대적 양은 빈약함을 벗어날 수 없고,

여성들의 글쓰기 양식은 이른바 정통 장르 위계에서 벗어난 점이 많았기에 기존의 관습적인 문학 연구 방식으로는 여성 글쓰기의 실상과 의의를 제대로 포착할 수 없다는 문제의식에서 '고전여성문학사'가 아닌 '여성어문생활사'가 필요하다는 이경하의 주장(이경하, 2004)이 학계에 제기된 이후, 이에 호응하는 논의와 후속 연구가 활발하게 이루어지고 있다. 필자도 이러한 주장에 깊이 공감하고 있다. 그리고 이는 좁은 의미의 '문학' 보다는 폭넓은 의미의 '글쓰기'를 강조하는 세계적인 문학 연구 추세와도 잘 어울린다고 보인다. 특히 한문학 연구와 관련해 보면, '한문과 우리말의 이중언어체계'와 관련된 최근의 활발한 논의도 '어문생활사'의 영역에서 다루는 것이 합당할 듯하고, 일본에서 근년에 출판된『日本'文'學史(A New History of Japanese "Letterature"』(勉誠出版, 2015)도 어문생활사 연구의 좋은 참고가 된다. '文學'이 아닌 '文'學을 표방하고 'literature'가 아닌 'letterature'라는 영문 신조어까지 마련한 데서 기획 의도가 무엇인지 확연히 드러나고 있다.

한문학계에서 이러한 어문생활사 연구가 본격화된다면 기존의 시(詩)와 문(文) 중심의 연구 경향에 커다란 지각변동이 이루어질 수도 있겠으나, 그러한 점을 문제 삼으며 어문생활사 연구를 비판하거나 배척하는 움직임이 나올 것 같지는 않다. 그것보다는 '한문학'과 '국문학'으로 양분된 학계의 풍토가 연구의 걸림돌이 되지 않을까 하는 점이 우려된다. 전통시대 여성 어문생활은 한글과 한문을 이리저리 횡단하였고, '이중언어체제'라는 말 자체가 한문과 한국어(한글)의 뿌리 깊고 복잡한 관련성을 문제 삼고 있다. 그러므로 어문생활사 연구가 원활히 진행되기 위해서는 '한문'과 '국문'을 자유로이 넘나드는 시야와 방법론이 필수적일 텐데, 우리 학계처럼 '한글 글쓰기 연구자'와 '한문 글쓰기 연구자'가 단절된 연구 풍토에서 과연 잘 될 수 있을까 걱정되는 것이다.

이 지점에서 임형택이 수차례 제기했으나 학계에서 별다른 호응을 받지 못해온 "국문 문학과 한문 문학의 이원성 극복"이라는 문제와 직면하지 않을 수 없다(임형택, 2002). 국문과 한문이 밀접하게 관련을 맺어온 우리의 어문생활 현실과 맞지 않는 '이원성'이 학계의 기본 풍토가 되어 버리고 말았던 근본 원인은 '배타적 한글 중심주의'에서 찾을 수 있겠지만, 비현실적 '한글 전용'의 폐해를 조금이라고 극복하기 위한 잠정적인 타협의 산물이었던 중등학교의 '한문' 과목이[3] 대학의 '한문교육과' 설립으로 이어지고, 또 '한문학과'의 설립으로까지 이어졌기에 국문과 한문의 이원적 구조는 오히려 강화되는 감이 있을 정도가 되고 말았다. 그래도 대학에서는 한문학과를 중심으로 한문학 연구가 활성화되는 긍정적 효과를 보고 있으나, 중등학교에서는 한문 과목이 거의 퇴출 수준까지 밀려나는 형편인데도 국어과에서는 이 문제에 아무런 관심도 없는 듯이 보인다. 이원성의 극복이라는 명분에 반대하는 사람은 없겠지만, 학과와 교과목의 이해관계가 걸려 있기에 실질적 해결은 요원해 보인다. 과연 우리 한문학, 국문학 관계자들이 이 문제를 슬기롭게 극복할 수 있을지 걱정되기는 하지만, 한문학과 국문학 양쪽에서 이루어지는 어문생활사 연구가 이원성 극복의 농력이 될 수도 있지 않을까 하는 희망 섞인 기대를 걸어볼 수밖에 없겠다.

그런데 한문학계 차원에서 이 문제의 해결을 모색할 때, '동아시아 한문학'이 하나의 돌파구가 될 수도 있을 듯하다. 동아시아 한문학은

---

3 이 부분은 필자가 벽사 이우성 선생에게 직접 들은 이야기를 토대로 한 서술이다. 한글 전용의 비현실성을 문제 삼으며 한문 교과의 필요성이 제기되자(한글학회도 동의하였다고 함) 벽사 선생 등이 직접 정부의 담당자를 만나 일을 성사시켰다고 한다. 그렇지만 벽사 선생은 이것을 어디까지 잠정적인 조치로 생각하였다.

한국 한문학을 넘어서 중국 한문학, 일본(류큐) 한문학, 베트남 한문학을 모두 포괄하여 연구의 대상으로 삼자는 학술 기획인데, 이제 막 본격화되고 있다고 말할 수 있다.[4] 특히 일본의 김문경(金文京, 2019), 캐나다의 로스 킹(Ross King, 2020), 미국의 뷥케 데네케(Wiebke Denecke, 2019) 같은 해외학자들은 한국, 중국, 일본, 베트남의 한문학 자료들을 종횡무진하며 활발한 비교 연구를 펼치며 국내 학계와도 왕성한 교류를 하고 있어 적지 않은 자극을 주고 있는데, 이들의 연구 경향을 보면 '한문 글쓰기'의 상호 비교 연구보다도 한문이 각 지역의 토착어들과 어떻게 관계 맺고 있는지에 오히려 더 큰 관심을 기울이고 있다는 점에 주목하게 된다. 이는 산스크리트어나 라틴어가 중세시대에 보편어로 기능하면서 각 지역의 토착어와 다중언어체제를 이루었던 세계사적 보편성을 동아시아에도 적용하면서 생긴 관심이라고 생각된다. 그리고 또 한편으로는 한자문화권에 대한 비교 연구의 주도권을 중국이 선점하지 못하도록 하려는 견제심리도 작동하고 있다고 보이지만, 여하튼 이러한 연구를 통해 동아시아 한문학의 '다양성'은 더욱 활발히 밝혀질 수 있을 것으로 기대된다.

이러한 연구 방법이 아직 우리 한문학계에 본격적으로 도입되지는 않고 있다. 하지만 한문 글쓰기가 우리말의 영향에 의해 변형된 '변격한문'에 대한 연구의 필요성이(심경호, 2008) 강하게 제기되고 있는 상황을 고려하면 머지않아 연구가 본격화되리라 예상된다. 그렇게 되면 '어문생활사' 연구도 자연스럽게 이루어질 수 있으리라 기대해 볼 수 있을 듯하다. 그리고 그것이 동아시아 한문학의 관점에서 이루어진

4　그런데 최근 고려대학교 한자한문연구소에서 발간하던 『한자한문연구』를 『東亞漢學研究』로 제호를 변경한 것은 동아시아 한문학 연구가 활성화되고 있음을 보여주는 사례라고 할 수 있다.

다면 동아시아 여성들의 어문생활을 비교 연구하는 것도 가능해질 수 있을 것이다.[5]

여성 어문생활사 연구가 한문학계에 무사히 정착된다고 하더라도 걱정되는 또 한 가지 문제가 있다. 어문생활사 연구는 아무래도 어학과 생활사 연구의 성격이 강할 수밖에 없는데 이에 영향받아 한문학의 본업이라 할 수 있는 '글쓰기(문학)'에 대한 연구가 흔들릴 수도 있지 않을까 하는 우려가 그것이다. 여러 연구자가 비판적으로 문제를 제기하였던 이른바 남성 중심의 문학 관습과 기준을 옹호하자는 이야기는 물론 아니다. 당연히 '좋은 글쓰기'에 대한 기준은 보편적 가치에 대한 인식의 지평과 발맞추어 늘 새롭게 수립해 나가야 할 것이다. 필자의 우려는 한문학 연구가 언어나 생활사, 문화사 방면의 연구에 견인되어 글쓰기 또는 고전 연구라는 기본 성격을 잃어버리면 곤란하지 않겠는가 하는 것이다. 물론 한문학이 분과학문의 협소한 영역에 안주해서는 절대 안 되며, 다양한 인접 학문과 소통하고 협력해 나가는 것이 마땅하다. 그러나 한문학의 이름으로 이루어지는 모든 연구 성과는 글쓰기로 수렴되는 것이 좋다고 본다.

한문학에 부여된 본연의 임무란 다음과 같은 것이어야 하지 않을까 생각한다. 단순하시켜 말하면, 한문이 활용된 글쓰기 가운데 내용적으로 보편적 가치를 담고 있고 형식적으로 완성도 높은 글들을 '선별'

---

5 만약 이러한 변화가 순조롭게 이루어진다면 한문학과 국문학의 역할 조정은 자연스럽게 새로운 국면으로 접어들 터인데, 그렇게 되기 위해서는 한문학 연구자들이 중국어, 일본어, 베트남어 등의 외국어에 익숙해지기 위해 너욱 노력을 기울여야 할 것이다. 그리고 여기에서 한 걸음 더 나아가, 한국의 인문학계에서 그 입지가 날로 좁아지고 있는 '고전 문헌학'을 한문학계가 끌어안는다면 기존의 '한문학'은 '동아시아 고전학'으로 새롭게 변모할 수 있지 않을까 생각된다. 그렇게 된다면 국문 문학과 한문 문학의 이원성 문제는 최소한 학문 분야 차원에서는 해소될 수 있을 듯하다.

하여 작품집을 만들고, 그 작품집을 바탕으로 문학사(글쓰기의 역사)를 서술하는 것이 바로 그것이다. 물론 '보편적 가치'와 '완성도'를 너무 좁게 해석할 필요는 없을 것이다. 때로는 소박하고 심지어 조악해 보이는 글쓰기라 하더라도, 읽는 이의 마음을 울리는 특유의 무언가가 있다면 그러한 사례를 통해 '완성도'에 대한 우리의 이해는 더욱 원숙하고 풍부해질 수 있기 때문이다. 그 반대로 보편적 가치와 완성도의 범위를 너무 느슨하게 잡아 일종의 상대주의적 경향에 빠지거나, 텍스트를 어문생활사 서술을 위한 '자료'로만 보는 태도는 경계해야 한다고 본다.

필자의 한정된 경험이긴 하나, 문화사적 의미가 있는 '자료' 중심으로 수업을 해보면 학생들의 '흥미'를 유발하기에 유리한 측면이 있지만, '좋은 글'을 중심으로 수업을 하게 되면 학생들이 '감동'을 하는 경우가 종종 있었다. '글쓰기'는 철학이나 역사 등으로 환원할 수 없는 고유의 임무와 영역이 있는 듯하다. '좋은 글'을 알아보고 스스로 '좋은 글'을 쓰고자 하는 노력은 인간의 고귀한 행위가 아닐 수 없다. 한문학은 '좋은 글' 곧 '고전'에 대한 역사적 탐구가 자신의 본연적 임무임을 잊어서는 안 될 것 같다. 그런 점에서 절대적이거나 항구적이지는 않겠으나 우리가 추구하는 보편적 가치에 조응하는 나름의 기준으로 '좋은 글쓰기'에 대한 논의를 지속하고, 그것을 바탕으로 시대에 맞는 작품집을 만들어 사회에 꾸준히 제공하면서, 그것에 기반한 글쓰기의 역사(문학사)를 서술해 나가는 작업의 중요성을 잊지 말아야 한다고 본다.

4. 맺음말

이상의 소략한 논의를 요약하면 다음과 같다.

한문학계 일반에 논쟁과 쟁점이 점차 사라지고 있지만, 여성주의적 시각에 의한 한문학 연구는 치열한 문제의식을 바탕으로 괄목할만한 연구 성과를 축적하여 이제는 한문학 자체의 성격 변화를 요구하기에 이르렀다. 그 요구는 '한문학의 남성 중심적 성격 극복'과 '어문생활사 연구로의 확장' 두 가지로 요약될 수 있다.

한문학 연구에 스며있는 남성 중심성의 극복 요구에 대해서는 논쟁의 여지가 전혀 없다. 남성 중심성은 철저히 극복해야 한다. 그리고 여성적 시각에 의한 여성한문학사도 속히 세상에 선을 보여 한문학 연구에 신선한 자극을 줄 필요가 있다고 본다.

다만 여성한문학사는 한국한문학사와 함께할 수 없다는 주장은 재고의 여지가 있다고 본다. 이러한 시각은 다양한 문학사의 병립을 선호하는 것인데 자칫 문학사 인식의 파편화를 초래할 위험이 있다. 그러므로 다양한 문학사들이 흩어지지 않도록 하는 구심력이 필요한데, 그것은 여성주의 연구진영에서 이미 제기한 '소수자의 시각'이 그러한 역할을 할 수 있을 것으로 본다. 여성을 포함한 다양한 소수자의 시각으로 문학사를 서술하게 되면 생산적인 문학사 인식으로 수렴될 수 있을 것이다. 그리고 소수자의 시각은 민족 간의 차별과 억압에 저항하는 민족주의도 포괄할 수 있다. 그렇다면 전통적인 한국한문학사도 소수자의 시각에서 새롭게 해석한다면 여성한문학사와 함께 어울릴 수 있을 것으로 본다.

그리고 한문학 유산 자체가 남성 중심적 성격을 지니고 있는 것은 분명하지만, 그러한 비합리성을 스스로 자각하고 극복해 나가려던 흐름도 있었으니 이에 대해서는 적극적으로 의미를 부여해야 한다고 본다. 인간을 목적으로 대하는 보편적 인권의 실현을 위해 전진하는 도도한 드라마의 한 대목으로 한문학 유산을 바라보게 되면 소수자의 시각에서 창발적으로 한국한문학사를 서술할 수 있을 것이다.

한문학 연구에 어문생활사를 도입하는 것은 환영할 만한 일이다. 하지만 국문과 한문으로 이원화된 우리의 연구 풍토를 감안할 때 쉽지 않은 도전이 될 것으로 보인다. 그래도 한문학과 국문학 양쪽에서 어문생활사 연구를 진척시켜 나가면 그것이 이원성 극복의 동력이 될 수 있을 것이다.

그리고 한문학의 입장에서는 '동아시아 한문학' 연구로 확대해 나가는 것이 어문생활사 연구를 더 용이하게 할 수 있다. 최근 동아시아 한문학 연구와 관련된 뜨거운 이슈는 한문이 동아시아의 다양한 토착어들과 어떻게 관련을 맺고 있는지 그 양상을 밝혀내는 것이다. 이러한 연구는 자연스럽게 어문생활사 연구와 이어지고, 나아가 동아시아 여성 어문생활사 연구로 연결될 수 있을 것이다.

그런데 어문생활사 연구가 한문학 본연의 글쓰기 연구를 약화시키지는 않을지 경계가 필요하다. 한문학 본연의 임무는 좋은 글쓰기를 발굴하여 작품집을 만들고 그 작품집에 의거하여 문학사(글쓰기의 역사)를 서술하는 것이라고 생각한다. 그러므로 한문학 분야에서 이루어지는 어문생활사 연구는 이러한 문학사 서술로 수렴될 수 있도록 하는 풍토를 만들어야 한다.

위와 같은 방향으로 한문학의 성격이 재구성된다면 그동안 한문학에 대해 제기되었던 여러 우려가 불식되고 나아가 한국 인문학의 활력을 재고하는 데도 도움을 줄 수 있을 것이다.

| 참고문헌 |

김경미, 2006, 「소수자 문학으로서의 고전여성문학의 성격과 그 의미」, 『고전문학연구』 29, 한국고전문학회.

김명호, 2005, 「도남의 생애와 학문」, 『고전문학연구』 27, 한국고전문학회.

_____, 1978, 「조윤제의 민족사관에 대한 신고찰」, 『한국학보』 4, 일지사.

김문경(金文京), 2019, 「한자문화권의 문자 생활」, 『한문학보』 41, 우리한문학회.

김용태, 2020, 「19세기 중후반 서울 문단의 여성 인식」, 『동양한문학연구』 55, 동양한문학회.

_____, 2019, 「분단 이후 남한의 한문학 연구가 걸어온 길 – 민족주의 비판론에 대한 재검토를 중심으로」, 『한국한문학연구』 76, 한국한문학회.

로스 킹(Ross King), 2020, 「'다이글로시아'라는 용어의 문제점: 전근대 한국의 말하기와 글쓰기의 생태계에 대하여」, 『한문학보』 43.

박무영, 2016, 「21세기 한국한문학사 서술의 여러 문제 – 여성문학사의 입장에서」, 『한국한문학연구』 64, 한국한문학회.

_____, 2005, 「한국문학통사와 한국여성문학사」, 『한국고전문학연구』 28, 한국고전문학회.

박용옥, 1981, 「東學의 男女平等思想」, 『역사학보』 91, 역사학회.

뵙케 데네케(Wiebke Denecke), 2019, 「동아시아 한자문화권에서 공유하는 글쓰기의 전통」, 『한문학보』 40, 우리한문학회.

성민경, 2019, 「한문학 연구의 젠더적 관점 확장을 위한 시론 – '남성성'을 중심으로」, 『민족문학사연구』 71, 민족문학사학회.

신경숙, 2000, 「고전시가와 여성」, 『한국고전여성문학연구』 1, 한국고전여성문학회.

심경호, 2008, 「이두식 변격한문의 역사적 실상과 연구과제」, 『어문논집』 57, 민족어문학회.

이경하, 2014, 「한국고전여성문학연구의 정체성과 지구화 시대의 과제」, 『한국고전여성문학연구』 29, 한국고전여성문학회.

_____, 2004, 「여성문학사 서술의 문제점과 해결방향」, 서울대 박사논문.

임형택, 2002, 「한국문학의 총체적 인식을 위한 서설」, 『한국문학사의 논리와 체계』, 창작과비평사.

7장

한국 근대문학사 서술에서 번역(주체)의 자리를 다시 생각한다

손성준

이런 의미에서 신인께 모파상이나 체홉을 본뜨기 전에 뒤마나 위고를 배우시도록 원합니다. -현진건

그럼에도 불구하고 신문학은 서구문학의 이식과 모방에서 자라났다. -임화

1. '이식문학론'의 쟁점에서 탈각된 것

김윤식·김현의 『한국문학사』(1973)의 제1장 「방법론 비판」은 임화의 '신문학사'를 비판하는 데 방점이 있었다.[1] 해당 글은 임화의 입장을 '이식문화론'으로 규정, 이를 '전통'에 대한 몰이해로 간주하였으며, "이식 문화론과 전통 단절론은 이론적으로 극복되어야 한다"(김윤식·김현, 1973: 27)고까지 단언했다. 그런데 의외로 김윤식·김현의 비판은 치밀하거나 발본적이지 않았다. 그들이 날을 세운 대개의 내용은 임화가 쓴 다음 두 대목에 국한되어 있었다.

---

[1] 김윤식·김현은 일견 임화와 정반대의 방향성을 취하는 듯하지만, 실은 유사한 방법론적 서술이 거듭 발견된다. 이런 면에서 임화의 「신문학사의 방법」과 김윤식·김현의 『한국문학사』 제1장 「방법론 비판」을 대척점으로 보는 기존 관점에서 떠나 정밀하게 비교 분석해 볼 필요가 있다.

신문학사의 대상은 물론 조선의 근대문학이다. 무엇이 조선의 근대문학이냐 하면 물론 근대정신을 내용으로 하고 서구문학의 장르를 형식으로 한 조선의 문학이다.(임화, 2009: 647)

신문학이 서구적인 문학 장르(구체적으로는 자유시와 현대소설)를 채용하면서부터 형성되고, 문학사의 모든 시대가 외국문학의 자극과 영향과 모방으로 일관되었다 하여 과언이 아닐 만큼 신문학사란 이식문화의 역사다.(임화, 2009: 653)

상기 내용의 출처는 둘 다 임화가 1940년 1월에 발표한 「신문학사의 방법」으로서, 김윤식·김현 외에도 내재적 발전론적 관점에서 임화를 평가한 많은 논자들은 위 구절들을 주된 공격 대상으로 삼아 왔다. 비판 진영의 입장은 임화의 이론을 "유럽 문화를 완성된 모델로 생각"(김윤식·김현, 1973: 25)했다거나 "문화 간의 영향 관계"를 "주종 관계"(김윤식·김현, 1973: 29)로 이해했다는 식으로 재단하는 등 '이식문화론'을 전통단절론과 동급으로 취급했다는 점에서 근본적으로는 김윤식·김현의 구도를 벗어나지 못했다. 그러므로 1990년대 이후 활발하게 이루어진 '신문학사 재정위·재평가' 작업들이 실증적 텍스트 분석을 무기로 삼게 된 것은 자연스러운 귀결이었다. 임화의 신문학사를 적극적으로 평가한 진영[2]은 징밀힌 독해 내지 임화의 종합적 행보에 근간하여 비판론자들의 공격 지점을 오독이라 주장했다. 가장 최근의 논자로는 와타나베 나오키를 들 수 있다. 그는 "김현이 지적한

---

2 '적극적 평가 진영'이라 함은 부정 일변도의 태도에 대항하여 긍정적 태도를 견지한 이들과 부정·긍정의 맥락을 모두 시야에 넣으며 비판적 거리를 확보하려 한 이들을 아우르는 표현이다.

1930년대의 실학파의 재발견이란 실로 김현이 '이식문화론'이라고 비판한 임화가 경영하고 있었던 출판사 '학예사'에서 김태준의『조선소설사』(1939) 등, 이른바 조선학 총서를 간행하면서 전개된 논의이자 운동이었다."(와타나베 나오키, 2018: 295)며, 서구적 근대성만이 임화의 유일한 잣대였던 것인 양 비판해 온 종래의 주장이 실상 사실관계 파악에조차 불성실했음을 지적한다.[3]

1990년대 이후의 적극적 평가 진영에서 도달한 주요 논리는 크게 두 가지였다. 하나는 와타나베가 예시하듯 반대론자들이 임화의 전통관을 오독했다는 것이고, 또 하나는 임화의 이식문학론을 오독했다는 것이다. 전자는 임화가 말한 것이 결코 전통의 단절이 아니며 다만 전통을 바라보는 관점의 차이라는 점을 강조한다.[4] 후자의 강조점은 이식문학론이 현장에서의 관찰 가운데 배태된 객관적 사실이라는 데 있다. 두 논리는 동전의 양면과도 같다. 여기서 주목하고 싶은 것은 후자에 있다. 관련 논의 중 일부를 모아보았다.

---

3 임화와 전통론자의 입장을 함께 비판하는 관점도 존재한다. 한기형은 임화의 문학사적 기준에 대하여 "전통문학의 생명력을 부정하고 근대문학의 시간 속에서 이들의 역할을 금지한 것은 동의할 수 없는 일"(한기형, 2019: 398)로 본다는 점에서 임화를 비판하는 구도에 있는 두하나, 기신 문제의 초점은 일빈대중의 환호를 받았던 '근대의 구소설(신작 구소설을 비롯)'이 근대문학사의 일부로 포섭·해명될 가능성이 닫힌 데에 있었다. 따라서 이때의 비판 대상은 '공존하던 전통'을 시야에 넣지 못한 채, 임화에 대한 반발로 '과거의 전통'만을 소환하려 한 기왕의 전통론자들이기도 하다.

4 이를테면 "전통은 어디까지나 '가치' 개념을 내포하고 있는 것이다. 그 가치=전통이란 어디까지나 새로운 사회경제적 토대가 산출한 새 문화와 융합되는 '고유한 가치'이지, 결코 과거의 유산이 아니다. 임화가 '전통'을 신문학사 연구의 중요한 항목으로 설정한 까닭은 여기―한편으로는 이식적 요소와 유산의 교섭을 통해, 다른 한편으로는 새 사회의 물질적 기초와 계급관계(임화는 이것을 더 규정적인 것으로 보고 있다)에 의해 창조되는 새 문화가 담을 우리 '고유한 가치'에 대한 탐구―에 있는 것이다. 나아가 그러한 고유한 가치가 부활된 새로운 문화가 창조됨으로써 신문학은 이식문학을 해체하고, 형식적으로나 내용적으로나 외국문학과 구별되게 된다는 것이 임화의 신문학사관의 요체다." 신두원, 1991.9: 188~189.

물론 이 글의 내용도 흔히 인식되듯이 '근대주의자' 임화의 문학사가로서의 관점의 적나라한 표현이 아니라 당시 실제 문학의 흐름에 대한 평가를 기반으로 한 것이다. (중략) 그러나 일본문학에서 배운 것은 매우 '극소한 것'이고 대부분은 일본문학을 통한 서구문학의 이식과 모방이라고 평가하고 있다. 다시 말해 임화는 나름대로 당대 문학현상(창작·번역·비평)을 분석한 결과로 이식문학사라 평가했던 것이다. 그렇기 때문에 이 역시 올바른 평가를 위해서는 실제 임화가 근거로 하고 있는 실제 문학현상에 대한 엄밀한 비교 분석에 의해서만이 가능하다.(임규찬, 1993: 437)

한국 근대문학의 특수성을 이식성의 문제를 중심으로 설명하려 한 임화의 시도는 한때 가장 비(非)주체적인 문학사론이라는 호된 비난을 받기도 했지만, 이식성이 엄연한 역사적 사실인 한 사실을 사실대로 지적한 임화의 주장을 비주체적이라고 매도하는 것은 학문의 논리와는 거리가 먼 사실 은폐에 불과할 뿐이다. 더구나 임화가 실학파의 자주정신을 높이 평가한 대목을 보면 '비주체적' 운운하는 비난이 전혀 근거 없는 것임을 쉽게 확인할 수 있다. 임화가 이식성을 강조한 까닭은 한 마디로 그것이 한국 근대문학의 파행을 낳은 역사적 연원임을 밝히기 위해서이다.(하정일, 2008: 121~122)[5]

그런데 실제로 임화가 문제 삼은바 일본문학을 통해 서구문학을

---

5 하정일은 이와 거의 비슷한 주장을 일찍이 「20세기 한국문학과 근대성」에서도 펼친 바 있다. 해당 내용에는 "한국 근대문학이 서구나 일본의 근대문학을 받아들이면서 시작되었음은 누구도 부인할 수 없다."(하정일, 2000: 174)라는 구절이 중간에 첨가되어 있다.

이식한 구체적인 근거는 이식문학론에 의해 평가된 것이 아니라 역으로 번역, 창작, 비평의 문학사적 현상에 대한 귀납적 분석의 결론으로 제시된 것이다. 임화가 '환경' 항목을 설정하고 나아가 이식문학사라는 의제를 명시한 것은 구체적인 문학사적 사실 관찰과 이론화에 근거한 소산이라는 점에서 일단 정당한 인식이라고 평가할 수 있다.(박진영, 2013: 432~433)

위의 글들은 공통적으로 이식문학론에 대한 반(反)비판을 수행하며 임화의 논의에 힘을 싣고 있다. 그러나 이러한 입장들조차 '이식'과 '모방' 자체의 부정적 인식은 전제되어있는 편이다. 변론의 결정적 명분은 하정일의 논의가 잘 보여주듯 단지 임화의 관점이 '사실에 부합'하기 때문이었다. 한편, 임화의 이론을 '전통단절론'으로 치부하는 것에 반하는 입장, 즉 그의 문학사 연구에 명백히 '전통'의 지분이 있다는 주장은 그들 또한 '전통' 자체는 긍정적으로 인식하고 있다는 점을 증명한다. 정리하자면 이식문학론 비판에 관한 재인식은 '전통'을 긍정하고 '이식'을 부정한다는 점에서 비판론자와 동일한 인식 지평 위에 놓여 있었다. 끝내 문학사적 의미 부여에서, '전통은 좋은 것'이고 '이식은 나쁜 것'이라는 감각은 고착되어 갔다. 그리고 이 때문에 적극적 평가 진영 역시 임화가 남긴 다음의 말들에 진지하게 응답하지 못했다.

그런 만치 신문학의 생성과 발전의 각 시대를 통하여 영향받은 제 외국문학의 연구는 어느 나라의 문학사 상의 그러한 연구보다도 중요성을 띠는 것으로, 그 길의 치밀한 연구는 곧 신문학의 태반의 내용을 밝히게 된다.

(중략) 그럼에도 불구하고 신문학은 서구문학의 이식과 모방에서 자라났다. 여기에서 이 환경의 연구가 이미 특히 서구문학이 조선에 수입된 경로를 따로이 고구하게 된다. 외국문학을 소개한 역사라든가 번역문학의 역사라든가가 특별히 관심되어야 한다. 여기서 우리가 봉착하는 것은 서구문학의 직접 연구보다도 일본문학 내지 명치대정 문학사의 상세한 연구의 필요다.

신문학이 서구문학을 배운 것은 일본문학을 통해서 배웠기 때문이다. 또한 일본문학은 자기 자신을 조선문학 위에 넘겨준 것보다 서구문학을 조선문학에게 주었다. 그것은 번역과 창작과 비평 등 세 가지 방법을 통해서 수행되었다.

(중략) 다음으로 문학이론과 비평 급 평론은 최근까지 일본의 그것의 민속(敏速)한 이식으로 살아왔으며, 앞으로도 막대한 영향을 받아갈 것이라고 믿는다. 우리의 외국어 지식의 부족뿐만 아니라 일본문학의 외국문학에 대한 관심과 조선문학의 그것의 근사성으로 더욱 그러했다. 원서에 접하는 편의가 우리보다 훨씬 좋기 때문이기도 하다. 그런 의미에서 전체로 일본문학 위에 가장 많은 영향을 준 노문학, 영불문학 등이 역시 우리 문학의 환경으로서도 특히 중요성을 띠게 될 것이다.(임화, 2009: 654~655)

「신문학사의 방법」은 〈1. 대상, 2. 토대, 3. 환경, 4. 전통, 5. 양식, 6. 정신〉까지 총 6개 항목으로 구성되어 있으며, 상기 인용문은 〈3. 환경〉에서 기술된 부분이다. 「신문학사의 방법」의 마지막 문장은 "신문학사나 되나 안 되나 추구해야 할 문제는 대략 이러한 몇 가지의 것이다."(임화, 2009: 663)로 끝난다. 하지만 기실 6개 항목 중 분석 대상을 범주화하며 일정한 방향을 제시한 것은 〈3. 환경〉에 국한되어 있었다. 그중에서도 핵심은 위 대목이다. 인용문이 보여주듯, 임화가 누누이 강조한 것은 조선의 신문학에 직접적 영향력을 행사한 외국 문학 및 번역문학에 대한 본격적 연구의 필요성이었다. 이러한 연구들의 축적이 궁극적 형태의 신문학사 서술을 가능케 할 것이기 때문이다. 이 구도의 자명함을 알았던 임화는 한 걸음 더 나아가, 이식과 모방의 관점을 전제로 할 때 필연적으로 요청되는 문학 연구의 비전 (vision)을 천명하고 있다.

그러나 정작 임화를 옹호했던 이들은 이식문학론에 대한 방어 논리를 펼친 데서 멈춘 감이 없지 않다.[6] 만약 "신문학사란 이식문화의 역사"라는 명제를 인정한다면 "외국문학을 소개한 역사라든가 번역문학의 역사라든가가 특별히 관심되어야 한다."는 이어지는 임화의 주장에도 화답해야 마땅했을진대, 근본적 차원에서 전자에서 후자로의 초점 전이는 일어나지 않았다. 선험적으로 임화를 단죄한 진영은 어차피 논외로 해야겠지만, 이식문학론의 당위를 적극적으로 방어한 이들마저 임화가 제시한 연구 과제까지는 공유하지 못했던 것이다. 이 사실은 곱씹어볼 필요가 있다. 임화 역시 궁극적으로는 이식문학의 한계를 극복하고 싶어했지만,[7] 그가 그 '이식성'을 한국 근대문학사의

---

6 이런 맥락에서 조재룡의 연구(조재룡, 2011)는 이채롭다. 그는 임화의 「신문학사의 과제」의 〈환경〉 부분을 '중역'이라는 키워드를 통해 적극적으로 해석하는 가운데, 임화가 "일관되게 타매되어 읽혀" 온 것은 기실 "번역 문학사, 정확히 말해 '중역의 문학사'에 대한 사유와 인식, 그리고, 그 가능성"(조재룡, 2011: 25)에 대한 타매라고 주장하였다. 이 글은 단순한 방어 논리를 넘어서 (임화의 논의를 경유하여) 한국문학사 전체를 중역의 프리즘으로 해석하려 한다는 점에서 새로운 시도를 보여준다.

7 그런 이유로 일부 연구자는 임화의 신문학사의 성격을 이식문학론으로 명명하기 어렵다는 입장을 보이기도 한다. 그러나 임화가 "신문학은 서구문학의 이식과 모방에서 자라났다."고 명언한 이상 이식문학론 그 자체를 임화와 분리시키는 것도 무리가 있다. 용어를 버리기보다는, 이식문학론이라는 기표에 부정적 성격이 깃들게 된 현상을 비판하는 편이 합리적이라고 생각한다.

특징으로 내세운 이상 사정은 마찬가지다. 임화의 이론을 인정한다면 그가 제시한 '연구의 과제'를 실천하는 데에도 관심을 기울여야 마땅하다. 「신문학사의 방법」의 원 제목은 다름 아닌 "조선문학 연구의 일 과제"였다.[8]

2. 노정된 불균형들: 전통 우위·비교 경시

이상에서 살폈듯, 한국 신문학 연구에 대한 임화의 제안은 오랜 시간 제대로 관철되지 않았다. 그 사이, 한국 근대문학사 서술에는 최소한 세 가지의 불균형성이 노정되었다. 첫째, 문학사 서술에서 전통의 우위가 견고하게 뿌리내렸다. 다시 말해, 문학사의 새로운 현상을 설명할 때는 외래적 요인이 아닌 '내부'에서 그 계기나 동력을 찾는 것을 선호하게 된 것이다. 예컨대 조동일은 근대문학의 형성과 관련된 한국적 조건 중 하나로 "서양의 근대문학을 일본을 통해 간접적으로 받아들여야 하는 탓에 이해가 깊을 수 없었"으며 "비평적인 논의를 보면 근대문학의 간접적 이식 때문에 생긴 차질이 심각했다."고 서술하면서도 "그러나 실제 창작에서는 작가들이 스스로 의식하지 못하기도 하면서, 민족문학의 전통을 계승하고 근대문학의 자생적인 원천을 활용하는 방법으로 문제를 해결해 제3세계에 널리 모범이 된다

8　「신문학사의 방법」은 1940년 12월 초판이 발행된 『문학의 논리』에 수록되기 전, 먼저 「조선문학연구의 일과제 - 신문학사의 방법론」이라는 제목으로 1940년 1월 13일부터 20일까지 『동아일보』에 연재된 바 있었다. 한편 『개설 신문학사』의 제3장 「신문학의 태생」 중 「정치소설과 번역문학」 부분은 그 한 달여 전인 1939년 12월 『조선일보』에 발표된 글이었다. 「개설 신문학사」을 비롯한 임화의 문학사 관련 논저 집필 시기 및 각 지면에 대해서는 와타나베 나오키(2018: 238~239)의 정리를 참조.

고 할 수 있는 민족문학을 이룩했다."(조동일, 2013(2005): 13)[9]는 식으로 '이식' 쪽에 있던 논의의 초점을 곧장 '전통'으로 옮겨 간다. 보다 구체적인 예로, 채호석은 신채호의 『을지문덕』을 소개하며 "특히 신채호의 영웅 전기는 전통적인 한문학 양식인 전(傳)의 양식을 따르고 있습니다. 한문학 양식이 현대로의 이행기에 시대에 맞게 변용된 것이지요."(채호석, 2009: 41)[10]라고 쓴 바 있다. 여기서도 "전통적인 한문학 양식"을 변용한 신채호의 활약에만 초점이 있을 뿐, 정작 신채호가 『을지문덕』보다 일 년 앞서 『이태리건국삼걸전』을 번역한 경험이 있다는 사실은 제시되지 않는다.[11] 현진건의 「운수 좋은 날」을 설명하는 방식도 이와 비슷하다.

---

9 다만 흔히 전통론자로 분류되고 있는 조동일임에도 불구하고(가령 김혜원, 2012: 196) 그가 한국 근대문학을 설명함에 있어서 서양문학의 충격이나 영향을 비교적 상세하게 다루려 했다는 점은 지적해두고자 한다. 조동일, 2013(2005): 50~67 참조.

10 근본적으로 새롭다고 평가할 만한 한국 문학사가 다시 씌어진 지는 오래 되었지만, 기존의 문학사 및 문학연구 성과를 압축적으로 정리한 '교육용' 문학사는 꾸준하게 발간되고 있다. 이러한 종류의 문학사는 보통 주류 문학사의 체계와 관점을 효과적으로 대변해야 하는 사명을 띠기에, 그 자체로 집필자의 기준을 살펴볼 수 있는 재료이기도 하다. 참고로 황호덕은 "경제사회적 변화의 여기에서 싱징해 나오는 세계관과 예술형식에 대한 역사적 서술을 문학사라고 한다면 물리적으로 그것은 1993년 이후 분명 거의 없었다.(나는 여기서 김윤식과 정호웅의 『한국소설사』를 하나의 임계점으로 염두에 둔다.)"(황호덕, 2019: 285)라며 가장 근과거의 문학사를 1993년의 김윤식·정호웅의 『한국소설사』로 제시한 바 있다.

11 『이태리건국삼걸전』의 정보 자체가 없는 것은 아니다. 하지만 다음과 같이 번역 전기와 창작 전기를 나누어 소개할 뿐, 『을지문덕』을 쓴 신채호가 바로 『이태리건국삼걸전』의 번역자라는 사실은 누락시키고 있다. 이로써 결국 '이식'의 가능성은 타진되지 않고 '전통'의 우위만이 남을 뿐이다. "번역물의 경우 국가 발전이나 독립에 기여한 인물들의 전기가 많이 나옵니다. 〈이태리건국삼걸전(1907)〉, 〈애국부인전(1907)〉, 〈화성돈전(1908)〉 등은 이탈리아의 건국 영웅들, 프랑스의 잔 다르크, 미국의 워싱턴을 소개하고 있습니다. 창작 전기로는 신채호의 〈을지문덕(1908)〉, 〈이순신전〉 등이 대표적이지요."(채호석, 2009: 40~41)

어쨌건 현진건의 소설은 「운수 좋은 날」에 와서 한국 단편 소설의 중요한 한 형식을 완성합니다. 바로 아이러니라는 형식입니다. 아이러니의 형식은 물론 서구에서 들어왔습니다. 하지만 「운수 좋은 날」에 와서는 서구에서 왔다는 느낌을 전혀 받지 않을 정도로 완성된 모습을 보입니다.[12]

"서구에서 들어"온 형식이지만, "서구에서 왔다는 느낌을 전혀 받지 않을 정도로 완성"했다는 결론에서 저자의 두 가지 태도를 읽어낼 수 있다. 하나는 "서구에서 들어"온 경위 자체는 그다지 중요하지 않다는 것이다. 나아가 "서구에서 왔다는 느낌을 전혀 받지 않을 정도로" 현진건이 역량을 갖출 수 있었던 배경 역시 관심의 대상이 아니다. 다른 하나는 결국 "완성된 모습"을 만들어 낸 것은 현진건이라는 것이다. 이는 결국 수용자의 주체성을 강조하는 것으로서, 종합해 보면 외래적 요소(형식)가 아닌 전통적 요소(한국인)에 방점을 찍는 셈이다. 이 사례가 대변하듯, 대개 우리의 근대문학사 서술은 '과정'이 아닌 '결과' 위주로 구성되어왔다. 그 저간에, '과정'을 탐구할 때는 즉각

---

12 채호석, 2009: 62~63. 흥미로운 것은, 아이러니하게도 이 인용문의 서술 구조가 바로 임화의 '전통' 개념을 설명하기에 적합하다는 데 있다. 임화는 "외래문화의 수입이 우리 조선과 같이 이식문화, 모방문화의 길을 걷는 역사의 지방에서는 유산은 부정될 객체로 화하고 오히려 외래문화가 주체적인 의미를 띠지 않는가? (중략) 즉 문화 이식이 고도화되면 될수록 반대로 문화 창조가 내부로부터 성숙한다. 이것은 이식된 문화가 고유의 문화와 심각히 교섭하는 과정이요, 또한 고유의 문화가 이식된 문화를 섭취하는 과정이다. 동시에 이식문화를 섭취하면서 고유문화는 또한 자기의 구래의 자태를 변화해 나아간다."(「신문학사의 방법」: 656~657)라고 했다. 즉 그에 따르면, 외래문화가 들어옴으로써 전통의 부정적 요소는 제거되고 외래문화와 결합한 새로운 전통이 창조될 수 있다. 위의 「운수 좋은 날」 관련 서술에 적용해보면, 외래문화는 아이러니 형식이고, 그것이 현진건에 의해 "서구에서 왔다는 느낌을 전혀 받지 않을 정도로 완성"되었다는 것은 새로운 전통의 창조를 의미한다.

이식과 모방으로 귀착되는 '불편한' 현실이 놓여 있다. 역으로, '결과'만을 제시할 때는 전통적 자산 혹은 내재적 요인과 연결 짓기에 훨씬 수월했을 것이다.

둘째, 비교문학적 방법론에 대한 거부감이다. 김윤식·김현 류의 이식론 비판이 널리 수용될 수 있었던 이유는 이식과 모방의 구도에서 오는 심리적 저항에서 해방시켜준 것이 크게 작용했다. 그리고 그것은 "김시습(金時習)의 『금오신화(金鰲新話)』만 나왔다 하면 구우(瞿佑)의 『전등신화(剪燈新話)』, 허균(許筠)의 『홍길동전』은 『수호지(水滸志)』, 한용운(韓龍雲) 하면 R. 타고르, 김소월(金素月)은 A. 시몬즈 등등"[13]과 같이 비교문학적 구도와 불가분의 관계에 있었다. 문제는 이것이 "기준도 없고 근거도 희박한 채 저질러졌던 저 해괴한 사냥"과 같은 방식으로 인식되었다는 데 있다. 고로 "우리 문학의 창조적 역량에 대한 신뢰를 회복시키는 데 내재적 발전론은 훌륭한 역할을 수행했다."는 최원식의 소회는 곧 이식문학론에 대한 민족문학론의 승리를 당연시하던 전대의 분위기를 증언해준다. 이 시기, 비교문학적 방법을 통해 한국 근대문학을 설명하는 것은 '이미 극복한 것으로 간주되던' 이

---

13 최원식이 든 예들이다. 이후 본고에서 이어지는 직접 인용문 2개 역시 같은 글을 출처로 삼는다. 관련 설명은 다음과 같이 최원식의 생각에 변화가 일어나는 맥락(밑줄)까지 함께 파악되어야 한다. "당시 우리는 국문학을 외국문학의 기계적 이식만으로 파악하는 이론 아닌 이론에 얼마나 신물났던가? 김시습(金時習)의 『금오신화(金鰲新話)』만 나왔다 하면 구우(瞿佑)의 『전등신화(剪燈新話)』, 허균(許筠)의 『홍길동전』은 『수호지(水滸志)』, 한용운(韓龍雲) 하면 R. 타고르, 김소월(金素月)은 A. 시몬즈 등등. 기준도 없고 근거도 희박한 채 저질러졌던 저 해괴한 사냥을 정지시키고 우리 문학의 창조적 역량에 대한 신뢰를 회복시키는 데 내재적 발전론은 훌륭한 역할을 수행했다. 그런데 이제 내재적 발전론을 근원적으로 다시 생각해볼 때가 도래했다. 위대한 문명은 순결한 고립이 아니라 강력한 잡식성에서 창조되는 것임을 염두에 둘 때 영향에 대한 신경증적 거부감으로부터 우선 해방되자 나는 요즈음, 허균이 『수호지』의 영향을 더 제대로 받아서 그 당시에 홍명희(洪命熹)의 『임꺽정』 같은 대작이 나왔다면 얼마나 좋았을까 하는 허황된 꿈도 꾼다."(최원식, 1993.9: 406)

식문학론의 그림자를 쫓는 태도와 쉽게 동일시될 수 있었다.

임화의 문학사론과는 별개로 '이식'을 부정적으로 인식하는 이상, '비교 연구' 자체가 터부시되거나 무의미한 작업으로 치부될 우려가 상존했다. 이 구도에서 익숙한 비판의 수사는 바로 "직선적인 영향" 혹은 "일면적 대응관계"만을 드러낸다는 식의 평가절하다.

> 특히 이 분야는 지금까지 실증주의적 시각의 문학 연구나 비교문학적 연구의 주요 대상이 되어 왔으나, 우선 연구 자체가 양적인 측면에서 대단히 미미할 뿐만 아니라, 기왕에 이루어진 대부분의 연구도 실증주의적 시각의 인과론적이고 평면적·직선적인 영향의 이해에 기초한 초보적인 탐구에 머물러 있었다. 한국과 러시아의 소설문학을 비교 연구하는 경우도 한 작가나 작품이 다른 작가나 작품에 준 영향이라는 일면적 대응관계, 즉 개개의 측면만이 고찰되고 있을 뿐, 한 러시아 작가나 작품이 어떤 경로로 우리 문학에 접촉하여, 어떻게 우리 문학의 전통 속에 수용되었으며, 그 과정에서 어떠한 굴절을 겪게 되었는가 하는 전체적인 맥락을 고려한 개별적인 사실에 대한 접근에는 이르지 못하고 있는 것이 현실이다.(권영민·박종소·오원교·이지연, 2016: xiv)

인용문은 2016년에 간행된 『한국 근대문학의 러시아 문학 수용』의 서문에 수록된 내용으로서, 이 학술서 자체가 비교문학적 방법에 의거하여 구성될 수밖에 없는 조건을 갖고 있었다.[14] 그러나 정작 이 책

---

14 이 저서에 대한 비판적 검토는 손성준(2017) 참조. 한편, 톨스토이, 체홉, 투르게네프의 한국적 수용을 다룬다는 점에서 『한국 근대문학의 러시아 문학 수용』과 동일한 구성을 갖고 있지만, 일관성 있게 수용 이후의 변용 단계를 적극 고찰한 사례

은 "한국과 러시아의 소설문학을 비교 연구하는 경우도 한 작가나 작품이 다른 작가나 작품에 준 영향이라는 일면적 대응관계, 즉 개개의 측면만이 고찰되고 있을 뿐"과 같이 기존의 비교 연구는 손쉽게 부정하고, "한 러시아 작가나 작품이 어떤 경로로 우리 문학에 접촉하여, 어떻게 우리 문학의 전통 속에 수용되었으며, 그 과정에서 어떠한 굴절을 겪게 되었는가"와 같이 권장하는 내용에는 '종래의 비교문학적 연구와는 다른 것'이라는 암시를 주고 있다. 어느 순간부터 비교문학 연구는 일면적 대응관계만을 일차원적으로 탐구하는 열등한 방법론이 되어 왔다. 하지만 기실 위에서 구분해둔 '지향해야할 연구' 역시 자명하게도 비교문학적 방법론의 범주에 속하는 것이다. 아울러, 어쩌면 지양해야 할 태도로 지적된 "실증주의적 시각"으로 "일면적 대응관계"를 탐구하는 일이야말로 중요한 작업일 수 있다. 이 기초적 단계 없이는 그 분석 대상이 "어떻게 우리 문학의 전통 속에 수용"되었는지 등등의 2차적 분석으로 넘어갈 수조차 없기 때문이다. 하지만 비교문학적 방법론을 경시하는 풍조는 여전히 유지되고 있는 것이 사실이며, 그 배경 중 하나는 이식문학론에 대한 부정적 인식이 마련했다고 볼 수 있다.

3. 주변부로 밀려난 번역문학

세 번째로 지적할 것은 번역문학 연구의 비주류화이다. 전술했듯

로, Heekyoung Cho(2016) 참조. 조희경이 저서에 대한 비판적 검토는 Son Sung-Jun(2019) 참조.

임화는 "신문학의 생성과 발전의 각 시대를 통하여 영향받은 제 외국 문학의 연구는 어느 나라의 문학사 상의 그러한 연구보다도 중요성을 띠는 것"라고 했으며 "외국문학을 소개한 역사라든가 번역문학의 역사라든가가 특별히 관심되어야 한다."(임화, 2009: 654)라고도 명시적으로 언급했다. 이식문학론의 견지에서, 신문학 연구의 전제조건은 그 원천이 된 외국문학 및 그것의 한국어 버전인 번역문학을 해명하는 데 있었다.

이 언급이 이루어진 「신문학사의 방법」을 처음 발표하기 직전, 임화 스스로 「개설 신문학사」 중 한 절에서 '번역문학'을 다룬 바 있다. 『조선일보』에 연재한 「개설 신문학사」의 제3장 「신문학의 태생」 중 제2절 「정치소설과 번역문학」에서이다. 이후 신소설 단계에서 「개설 신문학사」가 멈출 때까지 더 이상 '번역문학'은 언급되지 않기 때문에 「정치소설과 번역문학」은 더더욱 눈여겨봐야 할 텍스트이다.

이와 관련해서는 여러 논자들의 해석이 있었지만, 그중 가장 비판적인 평가는 김영민에 의해 내려졌다.

> 「신문학사」에 나타난 임화의 정치소설 분류는 지나치게 포괄적이다. 그가 사용하는 정치소설이라는 용어 속에는 창작 〈역사·전기소설〉과, 역사전기류 번역물, 그리고 신소설의 일부가 포함되어 있는 것이다. 그는 안국선의 「금수회의록」뿐만 아니라 그의 단편집 『공진회』 역시 세상을 풍자했다는 이유를 들어 정치소설로 거론한다. 이러한 임화의 정치소설 분류는 매우 포괄적일 뿐만 아니라 막연하게까지 보인다. 그 이유는 무엇인가. 그것은 임화가 〈창가〉나 〈신소설〉에 대해 논의할 때와는 달리 〈정치소설〉에 대해서는 양식적 접근을 하고 있지 않기 때문이다. 임화는 신문학사 초기의 대표

적 '문학 형식'으로 〈정치소설〉, 〈창가〉, 〈신소설〉을 꼽았다. 하지만 그는 〈창가〉나 〈신소설〉에 대해 접근할 때와는 달리 〈정치소설〉에 대해서는 전혀 형식론적 접근을 하지 않았다. 그는 〈정치소설〉이라는 용어를 사용하면서, 양식적 특성에 대한 이해를 생략한 채 내용 분석에만 치중했다. 따라서 형식에 큰 관계없이 일정하게 정치적 색채를 띠고 있는 소설들을 막연하게 정치소설이라고 서술할 수밖에 없었던 것이다. 정치소설에 대한 임화의 이러한 정리는 「신문학사」 서술 가운데 가장 거친 서술 가운데 하나이다. 문학 양식의 역사성에 대한 이해 없이 기술된 부분이기 때문이다.(김영민, 2004: 32)

김영민이 문제 삼는 부분은 '정치소설'의 양식적 분류가 엄밀하지 못했다는 것이다. 실제 임화는 김영민이 지적한 대로 역사물·전기물을 다룰 때 저술과 역술을 따로 분리하지 않았으며, 지금은 일반적으로 신소설로 분류하는 「금수회의록」[15] 역시 정치소설의 범주에 넣었다. 그런데 이를 "문학 양식의 역사성에 대한 이해 없이 기술된 부분"으로 보는 것은 무리가 있다. 왜냐하면 임화의 입장에서는 그러한 '문학 양식의 역사성' 자체를 당대적 기준으로 설정할 수밖에 없었기 때문이다. 그가 언급한 '정치소설'이 내포들을 다시 '역사전기소설'과 '신소설' 등으로 분류하고 정의하는 것 자체가 현재적 관점일 뿐이다.[16] 오히려

---

15 물론 이제는 널리 알려져 있듯이 「금수회의록」 역시 창작소설은 아니었다. 서재길 (2011) 참조.

16 이를테면 오윤선은 기왕에 신소설로 인식되어 온 목록 중 상당수가 조건에 부합하지 않다는 것을 알고 재점입을 통해 새로운 목록을 추린 바 있다. 하지만 새로운 목록에서도 『쌍옥루』, 『장한몽』, 『해당화』, 『지장보살』 등 번역·번안소설 류가 다수 포함되어 있었다는 사실을 환기해 둔다.(오윤선, 2005) 이는 시간이 다시 지난 현 시점에서 그간 새로이 밝혀진 것들이 있으므로 판단 가능한 것이다. 한편, 임화의 정치소설 부분은 애초 그 개념부터 본인이 다시 설정한 뒤 구체적 논의를 펼치고 있다는 점에서 오

임화는 정치소설의 개념을 조선의 상황에 맞게 재설정하는 데 꽤 많은 노력을 기울였다. 모리스 에드몬드 스피어와 기무라 다케시를 참조하며 영국과 일본의 정치소설 개념을 두루 언급한 임화는, 이어서 "우리 조선에서는 그것이 공문서나 경서풍이나 신문·잡지의 논설이 아니고 사실(史實)이나 설화의 형식을 빈 것으로 겨우 문학이라 칭할 수 있는 정도였다. 단일한 정치적 목적을 추구하기 위하여 사실을 차용하고 설화에 가비(假批)하기 때문에 우리는 또한 그것을 정치적 산문으로, 즉 정치소설로 볼 수 있는 것이다."(임화, 2009: 142)라며 나름의 '조선적' 정의를 내리고 있다. 이 기준에서는 김영민이 제기한 다양한 텍스트들 역시 정치소설로서의 내적 정합성을 지니게 된다.

그럼에도 불구하고 여전히 남는 문제는 '번역물과 창작물'을 같은 층위에서 다룰 수 있느냐일 것이다. 이와 관련하여 임화는 다음과 같은 언급을 남기고 있다.

> 이렇게 이야기를 벌여놓고 보니 번역문학이란 것의 태반이 기술된 것 같아 이상 더 특별히 말하는 것도 싱거울 듯하나, 그러나 여기에서 간략히 그 유래와 계통과 공적의 대강을 아물어 버림은 필요할 듯하다.
> 그런데 번역문학을 정치소설과 동 항목 중에 이야기함은 외국문학이 특히 정치소설로 많이 번역된 때문이라기보다도 통틀어 공리적 목적으로 수입됨이 어느 나라를 물론하고 후진국의 개화기에 있어서 특징이기 때문이다.

윤선의 사례와 간극이 있다. 임화는 본인의 서술에 번역문학이 포함되어 있다는 것을 처음부터 파악하고 있었다. 임화가 창작으로 오인했던 것은 「금수회의록」 정도에 불과하다.

이렇게 말하면 혹 성서의 언역(諺譯)을 위주로 그 계통의 문학 번역은 공리적 의미에서도 종교문학에 들지 아니할 것이냐 반문할지 모르나 종교와 종교문학이라는 것도 그 시기에 있어서 우리에게는 조선을 근대화시키는 데 사용되었다는 정치적·사회적 이익 때문에 그 수입이 가능했다는 것을 잊어서는 아니 된다.

그러나 성서의 번역은 역시 종교사에 속하는 일이다.

그러므로 우리는 한말의 번역문학을 대략 3부류 혹 3계통으로 구별할 수 있는 것으로 1을 종교문학, 2를 정치문학, 3을 순문학과 그에 준하는 것 등으로 볼 수 있다.(임화, 2009: 154~155)

신문학사를 논구할 때 자주 인용되지는 않는 대목이나, 이 내용은 중요한 시사점을 갖고 있다. 일단 임화가 정치소설을 다룰 때 번역과 창작을 따로 구분하지 않았던 것은 그의 말마따나 한말이 바로 정치문학의 시대였고 수입된 번역문학의 대다수도 그 범주에 속했기 때문이다. 다시 말해 주류적 문학을 다룰 때 번역과 창작을 함께 다루는 것은 임화에게 자연스레 주어진 값에 해당했다.[17] "이렇게 이야기를 벌여놓고 보니 번역문학이란 것의 태반이 기술된 것 같아 이상 더 특별히 말하는 것도 신거을 듯"하나고 발할 정도라면, 처음부터 그의 인식 속에서 경계가 불명확했다는 것을 짐작할 수 있다. 임화가 의식하고 집필했든 사후적으로 깨달은 것이든, 결국 이러한 서술이 가능했던 것은 그만큼 번역과 창작이 혼효되어 있었기 때문일 것이다.

---

17 이는 임화가 참조했을 김태준의 『증보 조선소설사』(학예사, 1939)가 취하던 방식이기도 했다. 다만 김태준은 이들 부류를 '역사소설'로 칭했다. "융성한 정치 사상과 국가 관념을 반영한 시대적 산물"(김태준, 1997: 195)로 평가했다는 점에서는 임화의 정치소설 개념과 큰 차이가 없다.

그 직후에 쓴 「신문학사의 방법」에서 번역문학 연구의 당위를 강력하게 천명한 것 역시 같은 맥락에서 생각해 볼 수 있다. 위 인용문에 나타나듯 임화는 '한말의 번역문학'을 총 세 종류로 나누었다. 그리고 그중 주류였던 '정치문학'을 서술함에 있어서 번역과 창작 사이의 경계를 무너뜨렸다. 정치문학은 한말의 번역문학 중 두 번째에 속했다. '한말'이 종언을 고한 후 본격적인 신문학의 시대로 들어가면 그때는 세 번째, 곧 '순문학과 그에 준하는 것'이 주류로 등극할 예정이었다. 이에 따라 우리는, 임화가 본격적으로 신문학 서술 단계에 돌입했더라면 '순문학'과 관련한 번역과 창작을 함께 다루었을 수도 있었다는 합리적 가설을 세울 수 있다. 「정치소설과 번역문학」에서 '한말 번역문학'의 제3종류였던 순문학은 '한말'에서의 비주류성으로 인해 제목 및 작가의 이름 정도만이 나열되는 데 그쳤다.[18] 그렇지만 「개설 신문학사」가 '신소설' 단계에서 멈추지 않고, 최남선·이광수의 활약 및

---

[18] 한말의 번역문학에 한정하여 임화의 글에서 언급된 '세 번째'의 작품과 작가들은 다음과 같다. "1882년에 나온 *Peep of day*(譯名, 역자 미상)와 윤치호가 『이솝』을 역한 『이삭우언』(연대미상이나 극히 초기다)을 비롯하여 잡지 『소년』에 역재되고 신문관에서 간행된 적지 아니한 것들은 제3에 속할 것이다. / 신문관 간(刊)으로는 육당이 역한(대부분 초역) 십전총서로 나온 스위프트의 『걸리버유람기』(융희 3년), 라미이 부인의 『불쌍한 동무』(융희 4년), 애드워드 부인의 『만인계』, 춘원이 번역한 스토우 부인의 『검둥이의 설움』 등과 김독(金櫝)이란 이가 초역한 『절세기담 라빈손표류기』(융희 2년) 등의 번역이 공리성에 흥미와 유락(愉樂)을 더했으며 순문학에의 지향을 보여 『소년』지에는 제임스 몽고메리(스코틀랜드의 시인), 찰스 메케이, 톨스토이, 캐롤라인 에프 오은, 안데르센, 시몬스, 롱펠로우, 스마일즈, 페스탈로치, 세익스피어, 밀튼, 바이런의 이름을 대할 수 있어 벌써 톨스토이의 소설, 바이런의 장시를 읽게 됨은 실로 놀라운 일이 아닐 수 없다. / 그 밖에 아리스토텔레스, 칸트, 세네카, 베이컨, 키케로, 에머슨 등의 이름을 대한다는 것은 경이가 아닐 수가 없다."(임화, 2009: 155~156) 이와 같이, 순문학의 경우 정치소설을 소개할 때와는 달리 이름의 나열에 그치고 있다. 그 이유는 순문학이 당대의 주류가 아니었기 때문이지만, 그럼에도 "놀라운 일", "경이" 등의 표현을 써가며 '그들'을 대하는 임화의 태도는 새로운 순문학의 시대를 예비하는 시그널로 읽힐 수 있다.

1920년대 이후로까지 나아갔다면 그 시대의 주류였던 '순문학'을 대상으로 하여 번역과 창작을 한 데 엮어 서술했을 가능성이 컸다는 것이다.

하지만 주지하듯 신문학사는 신소설 이후로 나아가지 못하고 중단되었다. 장 제목으로는 제3장 「신문학의 태생(胎生)」, 절로는 제4절 「신소설의 출현과 유행」이 「개설 신문학사」의 마지막이었다. 정작 신문학의 완숙기는 다루지도 못한 채 미완으로 남은 것이다.[19] 재론하겠지만 임화 이후의 번역문학 연구는 한국문학사의 주재료들과는 다른 궤도를 그리게 되었다. 역사성을 고구하더라도 '번역문학사'라는 독립적 틀 안에서만 취급되었고, 외국문학이나 번역문학의 영향을 창작과 아우르는 시도는 예외적으로만 출현했다. 이러한 맥락에서, 번역문학은 문학사의 주변부로 '밀려났다'고 표현할 수 있겠다. 임화가 신문학의 역사를 이식문학론으로 정초하고자 했을 때, 애초부터 염두에 둔 이미지는 바로 외국문학(번역문학)과 한국 신문학의 동거에 있었을 것이다. 그러나 임화 이후로 번역문학은 개화기 문학사 서술의 언저리에 박제된 형태가 되어 버렸다.[20]

---

19 와타나베 나오키는 "임화의 「개설 신문학사」는 여기서 서술이 중단된 채 1945년 8월 15일 해방을 맞이하게 된다.(신소설에 대한 기술 자체도 미완성이다) 원래라면 신소설에 관한 기술로써 '과도기의 문학'에 대한 언급을 정리하고 본격적인 근대문학에 대한 언급으로 들어가서 이광수와 최남선의 소설이나 시에 대해서 거론될 예정이었을 것이다."(와타나베 나오키, 2018: 276)라고 말한 바 있다.

20 임화가 남겨둔 불완전한 유산, 즉 「정치소설과 번역문학」에서 번역문학을 다룬 것은 그 자체로 하나의 관례처럼 이어졌다. 즉, 개화기를 다룰 때에 만큼은 번역된 정치소설을 함께 다루는 경향이 형성된 것이다. 이 주제에 관한 한, 별도의 챕터 구분이 없이도 번역과 창작을 같이 배치하는 경우가 많으며, 김영민의 지적대로 '번역'의 영역을 분리시키는 방식도 드물지 않게 확인된다. 가령 백철의 『신문학사조사』(민중서관, 1953)의 경우 제1편 '신문학태동기'의 첫 챕터로 「번안과 창가의 시대」를, 야학광의 『조선문학사』(교육도서출판사, 1956)는 「번역 정치소설」을 항목을, 윤병로의 『한국근·현대문학사』(명문당, 1991)에도 '개화기소설'을 다룰 때 「번역소설」 챕터를 따로

한편, 임화의 이식문학론이 전통단절론 또는 서구 중심주의로 치부되고 한국문학 연구에서 번역문학에 관한 관심이 요원해진 시기, 번역문학의 총체적 정리를 시도한 외국문학 연구자가 있었다. 곧 김병철이다. 그의 외국문학 수용 연구는 임화의 의도처럼 신문학 연구의 일환으로서가 아니라, 그 한국적 양상을 정리한 것에 가까웠다. 역으로 보자면 김병철의 연구는 외국문학(번역문학)이 비단 한국문학과 연동될 때에만 의미를 획득하는 것이 아니라 그 자체로 독자적 가치를 지닌다는 사실을 새삼 환기해준 것이기도 했다. 그는 기념비적 저작 『한국 근대번역문학사 연구』(을유문화사, 1975)를 마무리하고 『한국 근대서양문학 이입사 연구(상)』(1980)을 내며 다음과 같이 말하였다.

이 총서에서 내가 주력한 바는 체계 확립이었으며, 이 책에서도 번역사 집필 때와 마찬가지로 체계 확립에 부심하였음은 물론이다. 오래고도 즐거운 고심 끝에 도달한 체계 확립의 초점은 우리나라에 이입소개된 '(1) 서양작가, (2) 그 작품, (3) 논문에서의 필자의 전신태도(轉信態度)의 표명'이라는 세 가지 점을 밝힌다는 데 맞추어졌다. 이 방법은 극히 간단한 초보적인 방법이긴 하지만, 우리나라와 같이 서양문학이 주로 신문과 잡지에 의하여 산발적으로, 또 다분히 시사적인 성격을 띤 데서 이입소개된 나라에서는 서지학적인 연구를 겸한 그리고 변증과 귀납을 겸용한 이 방법이 가장 바람직하다고 나는 생각했기 때문이다. 또한 작가와 작품의 이입소개 수 및 논문 수의 다과(多寡)는 우리 조상들의 그에 대한 관심도의 표명의 다과와 함수관계를 이룰 것이고, 그 작가 및 작품이 우리나라에 준 영

두고 있다.

향의 밀도와도 직결될 것이며, 서양 문인 내지 작품을 다룬 논문에
서의 필자의 전신태도의 표명은 그것이 곧 그 작가가 우리나라에
이식 투영된 모습이기 때문이다.(김병철, 「자서」, 1980: 1~2)

　김병철의 출발점은 '외국문학 수용'에 대한 관심이었지만 결국 수
용 주체가 '한국'이었기에 그 관심이 "그 작가 및 작품이 우리나라에
준 영향의 밀도"와 "그 작가가 우리나라에 이식 투영된 모습"으로 향
하게 된 것은 당연한 일이었다. 김병철이 '이식'이라는 표현을 쓴 것
이 임화의 영향인지는 알 수 없지만, 결과적으로 임화가 설정한 조선
문학 연구의 과제와 김병철이 위에서 언급한 내용은 중첩되어 있다.
다만 김병철의 말처럼 유관 텍스트의 '다과'와 '관심도' 사이에 함수관
계가 있다 하더라도, 이러한 접근 방법은 단면적 이해만을 가능케 할
것이기에 한계는 명확한 셈이었다. 『한국 근대서양문학 이입사 연구
(하)』(1982)에서 새로 쓴 「자서(自序)」를 보면, 김병철 역시 그 사실을 인
정하고 있다.

　이 〈서양문학이입사연구〉는 그 방법론에 한계점이 있다. 이 책은
우리나라에 끼친 서양문학의 영향 판세엔 선여 관여하고 않고 투영
과 전신(轉信)에만 주력하였다. 외국문학 전공자에 의하여 이루어
진 이 책과 같은 책에서 다룰 것이 아니라고 그 역량에 한계를 느꼈
기 때문이다. 그 직접 영향에 관한 문제는 마땅히 국문학전공학도
가 담당해야 할 일이라고 생각한다. 공동작업 중 전신태도의 표명을
밝히는 과제만은 외국문학전공학도가 담당해서 마땅하다고 생각한
다.(김병철, 「자서」, 1980: 3)

김병철이 '국문학전공자'의 과제로 언급한 위의 내용은 사실 임화가 신문학사의 방법론으로서 강조했던 '조선문학 연구의 과제'와 동일하다. 그러나 임화 혹은 김병철의 바람과는 달리, 국문학계는 위 서문이 나온 1982년 이후로도 오랫동안 "우리나라에 끼친 서양문학의 영향 관계"를 밝히는 데 주력하지 않았다. 반전은 2000년대로 진입한 이후에야 가능했다. 이후 국문학자들의 번역문학 연구가 활성화된 것은 주지의 사실이다. 허나 그들의 작업 대부분은 임화의 과제―환언하면 김병철이 자신과 선을 그었던―를 계승하기보다는 김병철이 오히려 외국문학전공자의 몫이라 말했던 번역·번안 텍스트 및 번역가를 발굴하는 일에 집중되어 있었다.[21]

물론 임화의 작업과 김병철의 작업이 '한국문학의 해명'이라는 집점을 형성하고 있듯, 두 갈래의 번역문학 연구 역시 궁극적으로는 상호 보완성을 지닐 수밖에 없다. 예컨대 박진영, 강현조 등이 제출한 번역문학 연구, 번역 텍스트들의 발굴 및 정리, 번역가의 재발견 작업들은 일견 한국문학사라는 '내연'과는 분리된 '외연의 확장'인 경우가 우세하다.[22] 하지만 그 자체가 뚜렷한 가치를 지닌다는 점, 확보된

---

21 2000년대에 본격화된 이 방면의 연구는 2010년대 이후로 다시 한번 급증하였으며 갈수록 상승세를 타고 있다. 양적 측면이 두드러지는 이유는 우선 '번역문학' 혹은 '외국문학의 수용'이라는 연구 대상 자체가 방대하기 때문이다. 이 텍스트의 바다에서 제대로 조명받지 못한 사례를 확보하는 순간 어떤 방식으로든 연구를 진행할 수 있는 셈이다. 또한 외국문학전공자와 국문학전공자가 모두 참여 가능한 테마라는 점도 영향을 미쳤다. 가장 최근의 성과를 중심으로 일부만 예를 들어보면 다음과 같다. 박진영(2011); 김준현(2011); 강현조(2011); 오혜진(2011); 강현조(2012); 김준현(2012); 황정현(2012); 최성윤(2012); 손성준(2012); 김미연(2013); 윤민주(2014); 정선태(2014); 권정희(2016a, 2016b); 구인모(2018); 박진영(2019); 이상숙(2019); 김미연(2019); 윤경애(2019); 안미영(2019); 김영애(2019) 등.

22 김병철의 작업은 귀한 것이었으나 지금 보기에는 누락되거나 사실과 다른 부분도 적지 않아서 이와 관련한 보완적 성격을 띠는 후속 연구들, 또는 김병철의 정리 자체를 기점 삼아 새로운 담론을 만들어내는 연구들이 꾸준히 제출될 수 있었다. 또한 오랜

외연들이 결국 언젠가 한국문학사라는 내연 연구의 자원이 될 수 있다는 점도 잊어서는 안 된다. 이러한 면에서, 김병철 이후 한국학계의 번역문학 연구가 다시 활성화되기까지 오랜 공백이 있었다는 사실이야말로 아쉬운 대목이다.[23] '전통 우위'와 '비교 경시'의 흐름, 그리고 번역문학에 대한 선입견적 인식이 만든 그 공백은, 호미 바바, 사카이 나오키, 리디아 리우 등의 탈식민주의 번역 이론 및 동아시아 연구의 대두를 계기로 2000년대 이후에야 깨어지기 시작했다. 이 흐름 속에서 재발견된 번역문학 연구의 계보는 '내연 친화적'인 임화의 이식문학론이 아닌 '외연 친화적'인 김병철의 실증주의를 출발점으로 삼고 있었다. 그 결과 번역문학 연구는 활성화되었지만 김병철이 '국문학전공자의 과제'라 말한 번역문학이 한국문학에 끼친 영향을 규명하는 일은 여전히 답보상태였다.

그렇다면 번역문학은 한국 근대문학 연구 및 근대문학사 서술 속에 어떠한 방식으로 들어올 수 있을 것인가? 오랜 시간 문학사적 내연을 설명하는 언어로는 고려되지 않았던 번역의 문제를, 어떻게 새로운 문학사 서술의 동력으로 전환할 수 있을 것인가?

시간 명맥이 끊겨 있다시피 한 영역이었기에, 여전히 새롭게 발굴하고 개척할 수 있는 대상(텍스트, 번역가)도 많은 편이다. 하지만 한국 근대문학(사) 연구와의 관련성을 기준점으로 잔자면, 이러힌 연구의 활성화는 어쨌거나 '외연의 확장'을 의미한다. 최근 번역(문학) 연구의 주요 흐름과 논점들은 다음을 참조. 강현조(2012); 박진영(2013); 구인모(2017).

23 이는 일본학계나 중국학계의 번역문학 연구 양상과 비교해 보면, 그 차이를 더 확연히 체감할 수 있다. 이 부분의 상세한 논의는 별고를 통해 다뤄보고자 한다.

4. 문학사의 심부(深部)에 '번역'을 불러오기

다시 임화의 선범을 따라가 보자. 앞서 필자는 「정치소설과 번역문학」 및 「신문학사의 방법」의 분석에 의거, 임화가 신소설 부분 이후로도 '신문학사'를 서술했다면 외국문학 및 번역문학의 존재를 창작문학과 함께 다루었으리라고 추정하였다. 이는 신소설 이후의 한국문학을 분석 대상으로 삼는 임화의 다른 문학사 관련 논의를 통해서도 어느 정도 뒷받침된다. 여러 논자들이 정리한바, 임화의 문학사 관련 논저에서 「개설 신문학사」 이후의 것으로는 보통 「소설문학의 20년」(『동아일보』, 1940.4.12.~4.20/6회)과 『『백조』의 문학사적 의의 – 일 전형기의 문학」(『춘추』 22호, 1942.11)을 꼽는다.[24] 두 텍스트 모두 신소설 이후의 한국문학에 역사적으로 접근한다는 점에서, 미완으로 마친 「개설 신문학사」의 후속 작업을 연상시키는 면이 있다.

하지만 전자인 「소설문학의 20년」의 경우 임화가 제시한 '신문학사의 연구 방법'이 적용된 글로 보기는 어렵다. 인과관계에 따른 과학적 문학사 서술의 방식이 아니라 단순히 주요 소설가들의 면면을 시간순으로 나열하고 평가를 덧붙이는 데 그쳤기 때문이다.[25] 짧은 지면에

---

24 이 두 가지 텍스트는 2009년에 출간된 〈임화문학예술전집〉 제2권인 『문학사』(임규찬 책임 편집) 편에도 「개설 신문학사」와 함께 수록되어 있기도 하다.

25 이 글의 평가 방식을 예로 들면 "상섭의 다음으로 초기 조선 소설사 상에 자기의 좌석을 요구할 수 있는 작가는 도향 나빈 한 사람뿐이다."(임화, 2009: 450), "이러한 가운데서 초기 신경향파 가운데 박영희적 경향에 가까운 작가로 비교적 좋은 소설을 남긴 이는 송영과 조명희다."(임화, 2009: 455) 등이 있다. 표현들을 미루어 보건대, 「소설문학의 20년」은 연구라기보다는 회고에 가까운 글이었다. 가설에 불과하나 이 글에서의 태도를 보건대, 「개설 신문학사」가 신소설 이후의 역사로 전진하지 못했던 데에는 한창 활동 중이던 문단 지인들을 대상으로 '이식'과 '모방'의 문학사를 기술해야 하는 어려움도 크게 작용했을 것이다.

과다한 문인들을 등장시켰고 행간의 생략이 많았으며 이식론적 분석은 전혀 시도되지 않았다. 해당 글이 「개설 신문학사」와 결이 달랐다는 것은 연재 시기의 중복에서도 엿볼 수 있다. 「소설문학의 20년」의 연재 시기는 1940년 4월 12일~20일(『동아일보』)이다. 당시는 임화가 『조선일보』에 연재했던 「속 신문학사」의 연재 기간(1940.2.2.~5.10)과 겹친다. 「신문학사」를 정식으로 쓰는 와중에 별개로 다른 시대를 대상으로 한 문학사 서술을 동시에 작성했을 가능성은 희박하므로 「소설문학의 20년」은 별도의 성격이었다고 보는 것이 타당하다.

이에 반해 「『백조』의 문학사적 의의 – 일 전형기의 문학」은, '문학사'라는 표현을 전면에 내세운 것과 『백조』라는 대상 설정에서 알 수 있듯, 본격적인 '신문학사 연구'를 천명한 글이다. 즉, 이는 「신문학사의 방법」에서 말했던 연구의 비전을 직접 선보이기에 적합한 장(場)이었다. 여기서 임화는, 외국문학과 번역문학의 영향을 문학사와 연동하여 기술하는 시도를 감행한다. 애초 「『백조』의 문학사적 의의」는 『백조』가 상징적으로 머금고 있던 문학사의 과도기적 혼류 양상을 밝히는 데 방점이 있었다. 논의를 전개하는 과정에서 임화는 "『백조』의 경향이라는 것은 먼저도 약간 언급해두었거니와 대체로 세기말적인 데카당스의 일색으로 볼 수 있는데 동인들의 대부분이 시인이었다는 사실도 우연히 서구의 데카당스와 비슷한 점이 있다."(임화, 「『백조』의 문학사적 의의 – 일 전형기의 문학」, 2009: 472)와 같이 서구 사조와의 공통점이나 "서구에서 더구나 불란서에서 자연주의로부터 데카당스에 이르는 동안에는 적지 않은 계단이 있었으나 조선의 자연주의와 데카다니즘은 직접으로 연결되어버리고 말았다."(임화, 2009: 472)와 같이 그 차이점을 거듭 교차 분석하고 있으며, 무엇보다 다음과 같이 번역문학의 출현을 통해 한국적 데카다니즘의 시원을 설명하였다.

조선에 있어 자연주의와 낭만주의 혹은 세기말적 경향의 성쇠라는 것은 대정 8년으로부터 대정 11, 12년간에 이르는 4, 5년간의 짧은 시일에 일어난 현상인데, 데카다니즘은 결코『백조』의 탄생과 더불어 시작되지 아니했다.

보들레르, 베를렌느 등 불란서 데카당스의 시가 수십 편 실려 있는 안서(岸曙)의 역시집『오뇌의 무도』초판이 대정 10년 초에 출판되었다.『백조』창간호가 나오기 1년 전이다.

또『오뇌의 무도』서에서 역자가 "이 역시집에 모아 놓은 대부분의 시편은 여러 잡지에 한 번씩은 발표하였던 것"[주12: 대정 10년 3월 경성 광익서관 발행, 김억 역시집『오뇌의 무도』]이라고 한 사실을 고려할 필요가 있다. 안서가 이 역시집에 실린 시편들을 저음 소개한 것은 사실 대정 8, 9년간의 일이다.

안서는 실상 조선에 있어 자연주의문학의 탄생의 시기인『창조』의 초기부터(그 자신『창조』의 동인이었다) 데카다니즘 소개에 착수하였던 것이다.

이렇게 보면 조선의 데카다니즘은 자연주의와 함께 탄생했고 낭만주의 또한 자연주의와 더불어 존재하였다고 보아지지 아니할 수 없다. 이러한 사실은 주지와 같이 서구의 문학사 상에는 볼 수 없는 사실이다.(임화, 2009: 478~479)

『오뇌의 무도』에 대한 이 해석은 「『백조』의 문학사적 의의」에서 핵심에 해당한다.[26] 이 외에도 임화는 「『백조』의 문학사적 의의」에서 조

---

26 인용문이 등장하는 5절에 앞서 4절에서부터 임화가『오뇌의 무도』를 염두에 둔 발화를 한 점이 이를 증명한다. "자연주의가 문단을 풍미할 때 돌연히(데카다니즘이『백조』에만 한하지 아니했으나 이것은 후술하겠다) 불어온 세기말의 선풍 가운데는 월탄이 말

선의 작가들이 그동안 어떠한 외국작가의 영향 아래 놓여 있었고, 또 시간의 변천에 따라 그것이 어떻게 조정되고 있었는지 등과 관련한 회고를 결정적 장면에서 인용하기도 하는 등,[27] 글 전반에 걸쳐 서구 사조가 동시다발적으로 이식되었던 현상과 그로부터 파생되어 간 문학사적 변곡점의 설명에 주력했다.

한편, 번역문학을 문학사 서술에 활용한 임화의 또 다른 예가 있다. 전술했던 「정치소설과 번역문학」에서의 방법이다. 임화가 절 제목과는 달리 번역과 창작을 구분하지 않은 채 정치소설의 역사를 서술했으며, 그것이 번역의 발화와 창작의 발화가 당대 문학장에서 공존하고 있었기에 가능했다는 점은 이미 언급하였다.[28] 그런데 당초 임화의 신문학사 구상에서 가장 본격적인 서술 대상은 신소설까지를 다룬 「신문학사의 태생」이 아닌, 그 이후여야 했다. 이를테면 신문학사의 방법론으로 씌어지진 않았지만 「소설문학의 20년」이 다룬 대상들과 "현대 작가"(임화, 2009: 457)들이야말로 신문학사의 핵심적인 집필 재료였을 것이다. 따라서 그들에 대해 기술할 때에도 「정치소설과 번

한 것처럼 그들의 오뇌와 불안이 있었다. 이러한 오뇌와 불안은 고전주의 이후 전 시민문학의 붕괴의 표현이었고 개인의 존재와 시민사회와의 부조화의 반영이었음은 주지의 사실이다."(임화, 2009: 472)

27 임화가 인용한 것은 홍사용의 다음 문장이다. ""아무튼 이제는 새 시대다."/ "톨스토이의 인도주의는 늙은 영감의 군수작이요, 투르게네프의 「전날 밤」도 너무나 달착지근하여 못쓰겠다. 노사아 면은 고리키나 안드레예프다. / "아무튼 시방 이때 일초 일각까지 모든 시대는 지나갔다. 지나간 시대다. 그까진 지나간 시대를 우리가 말하여 무엇하랴. 우리의 시대는 앞으로 온다." / 우리의 앞에는 백조(白潮)가 흐른다. 새 시대의 물결이 밀물이 소리치며 뒤덮어 흐른다.(주16」「그 광」제2권 제9호, 홍노사「백조가 흐르는 시절」]"(임화, 2009: 483)

28 성격 면에서는 수평적이라 할 수 있지만 임화가 예로 든 텍스트들을 펼쳐놓자면 기실 번역문학의 수량이 창작을 압도할 정도로 구성되었던 것이 그의 정치소설 관련 서술이었다.

역문학」에서처럼 '번역'과 '창작'을 같은 시대정신의 지평 위에서 논하는 방법을 상정해 볼 수 있다. "외국문학을 소개한 역사라든가 번역문학의 역사라든가가 특별히 관심되어야 한다."(임화, 2009: 654)던 임화의 방향성은 신소설 이후의 '본격 신문학사의 단계'에서도 적용되는 것이 마땅하다.

본장의 논의는 다음의 질문으로 연계된다. 그렇다면 어떤 번역문학을 한국 근대문학사 다시 쓰기에 끌어들여야 하는가? 일단 외국문학/번역문학을 한국의 창작과 함께 다룬다고 하자. 문제는 영향력을 행사했을 후보군이 자못 방대하다는 데 있다. 한국의 근대문학을 해명하는 데 있어서 '번역'이 중요한 요소라는 것을 동의한다 해도, 외래 텍스트의 선별 기준이 명확하지 않은 이상 실마리를 풀어내기는 어렵다. 임화가 정치소설을 설명할 때 큰 문제 없이 각종 번역 텍스트를 불러올 수 있었던 것은, 그 총량 자체가 한정되어 있었기에 가능했다. 그러나 1910년대 이후 수용된 외국문학 전체를 시야에 넣는다면 이야기는 달라진다. 특히 1920년대의 양적 증가는 가히 폭발적이었다. 이러한 조건 속에서 선택과 집중을 위한 돌파구는 무엇인가?

5. 번역과 창작의 한국 근대문학사

번역과 창작의 상호 연관성을 문학사의 흐름 속에서 고찰할 때 한 가지 주효한 방법이 있다. 바로 '작가가 창작 전후에 수행한 번역'에 주목하는 것이다. "신문학은 서구문학의 이식과 모방에서 자라났다."는 임화의 문제적 발언이 사실을 반영한 것이라면, 창작의 주체가 직접 수행한 번역이야말로 가장 확실한 영향력의 진원(眞原)일 가능성이 크다. 자신에게 의미가 없는 텍스트를 일부러 번역까지 해서 소개할 사람은 없기 때문이다.[29] 임화가 「개설 신문학사」에서 정치소설을 서술할 때, 가장 먼저 "한말에서 공공연히 정치소설이란 명(銘)을 붙인 유일의 서책인 『서사건국지』(광무 11년 7월 대한매일신보사 번간) 소재의 겸곡산인 박은식 씨의 서문을 인(引)하면 저간의 사정과 당시 조선 사람의 문학관을 알기에 절호(絶好)한 문서가 아닌가 한다."(임화, 2009: 142~143)라고 말한 것에 주목해 보자. 『서사건국지』는 박은식의 번역이지만, 서문은 기본적으로 박은식의 문장이다.[30] 요컨대 임화가 「개설 신문학사」를 통틀어 가장 긴 인용문이 될 『서사건국지』의 서문을 소개한 것은, 그가 번역과 창작의 결합 속에서 "당시 조선 사람의 문학관"을 설명할 최적의 지점을 발견했다는 의미다. 문인의 번역 활동에 주목해야 하는 것도 같은 맥락이다.

그러나 본격적인 신문학사에서 번역과 창작을 다루는 방식은 당연히 구한말 정치소설을 다루는 방식과 동일할 수 없다. 단적으로, '과도기' 이후의 신문학사에서는 작가 개개인의 개별성이 크다. 가령 박은식의 서문이 조선 사람의 당시 문학관 전체를 대변한다는 식의 설명 방식은 유효하지 않다. 임화가 「신문학사의 방법」에서 "일례로 신문학사의 출발점이라고 할 육당의 지유시와 춘원의 소실이 어떤 나라의 누구의 어느 작품의 영향을 받았는가를 밝히는 것은 신문학 생성사(生成史)의 요점을 해명하게 되는 것이다."(임화, 2009: 654)라고 한 데

---

29 물론 순전히 경제적 이윤을 고려하여 청탁에 응한 번역이라면 다른 잣대를 적용할 필요가 있다. 물론 번역의 체험이란 이 경우에도 모종의 영향을 남기기 마련이다.

30 사실 임화의 설명과는 달리 박은식의 서문 역시 절반 정도는 저본에 있던 것이었다.(손성준, 2019: 43) 그러나 창작의 비중 또한 상당하는 점에서 박은식의 주체성이 구현된 점은 충분히 인정된다.

서 잘 나타나듯, 최남선과 이광수의 작품은 다른 층위에 놓여 있었으며, 따라서 각자의 모델 역시 다를 수밖에 없었다. 이 경우 최남선과 이광수가 무엇을 읽고 깊이 침잠했었는지를 탐색해 들어가는 단계가 필요하다. 직관적으로 떠올릴 수 있는 방법은 그들의 회고나 간접적 기록을 참고하는 것이 있겠다. 하지만 더 명료한 방법은 그들이 남긴 번역에 주목하는 것이다.[31] 그들 직접 발표한 번역문학이야말로 그들이 '읽고 깊이 침잠했던' 알리바이이자 핵심 텍스트를 규명할 스모킹 건이기 때문이다.[32]

번역 연구는 '일면적 대응관계'만을 드러내는 일이 결코 아니다. 문학사의 중심에 깊숙이 자리 잡고 있던 문인들이 실은 번역의 주체이기도 했다는 것, 이를 원점으로 삼는다면 대개 먼 영토의 개적에만 내진하던 번역문학 연구가 이제는 문학사 서술의 핵심동력으로도 전환될 수 있을 것이다. 번역과 창작을 수시로 넘나들었던 주체들로부터 생산(번역과 창작으로)된 텍스트들은 모종의 인과성과 상호 보완성을 내장한 채 신문학사의 육체를 형성하고 있었다. 이미 거론한 최남선과 이광수를 위시하여 홍명희, 진학문, 김동인, 양건식, 현철, 김억, 염상섭, 나도향, 현진건, 변영로, 김형원, 전영택, 박영희, 김기진, 심훈, 조명희, 김우진, 양주동, 최승일, 조춘광, 이익상, 최서해, 이상화, 홍난파, 주요한, 주요섭, 방정환, 김일엽, 김명순, 노천명, 임화, 박태원, 박용철, 이하윤, 김진섭, 정인섭, 이헌구, 함대훈, 죄재서, 김

---

31 이광수의 사례를 언급했기에 소개하자면, 이미 그가 번역한 『검둥의 설움』과 그의 소설 문체 사이의 상관성에 주목한 논고가 제출되어 있다. 정혜영(2019) 참조.

32 한국 근대문학과 관련하여 번역과 창작의 상호 연관성에 주목한 논문들은 다음을 참조. 조진기(1985, 1999); 김경수(2007); 송하춘(2007); 조연정(2011); 손성준(2014, 2018, 2019); 손성준·한지형(2017); 홍석표(2019) 등.

유정, 이태준, 이효석, 김소월, 김사량, 백석, 김수영 등이 모두 번역작을 발표한 바 있었다. 두서없이 나열했지만 일견 충분히 한국 근대문학사를 구성할 수 있을 법한 진용이며, 이 명단 외에도 번역과 창작을 겸한 이들은 얼마든지 존재한다. 두 활동의 비중에는 편차가 있을지언정 이들의 존재 자체는 일반적이었다. 물론 이미 강조했던 그들의 '개별성'으로 인해, 각각의 문학적 실천은 다종다양한 형태로 나타날 수밖에 없었다. 그 개별성의 양상, 그리고 그것이 기존의 토대와 맞물리며 재현되는 '이식의 역동성'을 통해 문학사를 재구성하는 것은 당연히도 연구자들의 몫이다.

참고문헌

임규찬·한진일 편, 1993, 『임화 신문학사』, 한길사.

임화, 신두원 편, 2009, 『임화문학예술전집3 −문학의 논리』, 소명출판.

임화, 임규찬 편, 2009, 『임화문학예술전집2 − 문학사』, 소명출판.

김병철, 1980, 『한국 근대서양문학 이입사 연구(상)』, 을유문화사.

___, 1982, 『한국 근대서양문학 이입사 연구(하)』, 을유문화사.

김윤식·김현, 1973, 『한국문학사』, 민음사.

김태준, 정해렴 편, 1997, 『김태준 문학사론 선집』, 현대실학사.

박진영, 2019, 『번역가의 탄생과 동아시아 세계문학』, 소명출판.

_____, 2013, 『책의 탄생과 이야기의 운명』, 소명출판.

_____, 2011, 『번역과 번안의 시대』, 소명출판.

백철, 1953, 『신문학사조사』, 민중서관.

손성준, 2019, 『근대문학의 역학들 − 번역 주체·동아시아·식민지 제도』, 소명출판.

손성준·한지형, 2017, 『투르게네프, 동아시아를 횡단하다 −『그 전날 밤』의 극화와 번역』, 점필재.

와타나베 나오키, 2018, 『임화문학 비평 − 프롤레타리아문학과 식민지적 주체』, 소명출판.

윤병로, 1991, 『한국근·현대문학사』, 명문당.

조동일, 2013(2005), 『제4판 한국문학통사 5』, 지식산업사.

채호석, 2009, 『청소년을 위한 한국현대문학사』, 두리미디어.

하정일, 2008, 『탈식민의 미학』, 소명출판.

_____, 2000, 『20세기 한국문학과 근대의 변증법』, 소명출판.

한기형, 2019, 『식민지 문역 − 검열/이중출판시장/피식민자의 문장』, 성균관대 출판부.

강현조, 2012, 「한국 근대초기 번역·번안소설의 중국·일본문학 수용 양상 연구 −1908년 및 1912~1913년의 단행본 출판 작품을 중심으로」, 『현대문학의 연구』 46, 한국문학 연구학회.

_____, 2011, 「김교제 번역·번안 소설의 원전 연구 -〈비행기〉·〈지장보살〉·〈일만구천 방〉·〈쌍봉쟁화〉를 중심으로」, 『현대소설연구』 48, 한국현대소설학회.

구인모, 2018, 「근대기 문학어의 고안과 중역(重譯) : 베를렌 시 번역을 둘러싼 논란과 함의에 대하여」, 『현대문학의 연구』 64, 한국문학연구학회.

_____, 2017, 「번역 연구라는 시좌(視座)의 보람」, 김용규·이상현·서민정 엮음, 『번역과 횡단 : 한국 번역문학의 형성과 주체』, 현암사.

권영민·박종소·오원교·이지연, 2016, 「한국 근대문학의 러시아 문학 수용」, 서울대학교 출판문화원.

권정희, 2016a, 「현철의 번역 희곡 「바다로 가는 者들」과 일본어 번역 저본 -일본어 번역을 통한 '중역'의 양상」, 『비교문학』 69, 한국비교문학회.

_____, 2016b, 「일본어 번역의 매개로 읽는 현진건의 단편 번역소설 -「행복」·「가을의 하로밤」·「고향」을 중심으로」, 『사이間SAI』 21, 국제한국문학문화학회.

김경수, 2007, 「염상섭 소설과 번역」, 『어문연구』 35(2), 한국어문교육연구회.

김미연, 2019, 「1920년대 식민지 조선의 H. G. 웰스 이입과 담론 형성」, 『사이間SAI』 26, 국제한국문학문화학회.

_____, 2013, 「해제: 조명희의 『산송장』 번역」, 『민족문학사연구』 52, 민족문학사학회.

김준현, 2012, 「'번역 계보' 조사의 난점과 의의」, 『프랑스어문교육』 39, 한국프랑스어문교육학회.

_____, 2011, 「진학문(秦學文)과 모파상 : 1910년대의 프랑스 소설 번역에 대한 고찰」, 『한국프랑스학논집』 75, 한국프랑스학회.

김영민, 2004, 「임화의 신문학사(新文學史) 연구의 성과와 의미 -신문학의 발생 및 성장 과정에 대한 논의를 중심으로」, 문학과 사상 연구회, 『임화문학의 재인식』, 소명출판.

김영애, 2019, 「『춘희(椿姬)』의 번역 계보와 문학사적 의의」, 『한국어문교육』 29, 고려대학교 한국어문교육연구소.

김혜원, 2012, 「임화의 '이식문화론'에 나타난 탈식민성 : 호미 바바의 '혼종성' 담론을 중심으로」, 『국어문학』 53, 국어문학회.

서재길, 2011, 「〈금수회의록〉의 번안에 관한 연구」, 『국어국문학』 157, 국어국문학회.

손성준, 2018, 「한국 근대소설사의 전개와 번역」, 민족문학사연구소 편, 『문학사를 다시 생각한다』, 소명출판.

_____, 2017, 「갈증의 심화」, 『인문논총』 74(3), 서울대학교 인문학연구원.

_____, 2014, 「투르게네프의 식민지적 변용 -「사냥꾼의 수기」와 현진건 후기 단편소설을 중심으로」, 『민족문학사연구』 54, 민족문학사학회.

_____, 2012, 「영웅서사의 동아시아 수용과 중역(重譯)의 원본성」, 성균관대 박사학위논문.

송하춘, 2007, 「염상섭의 초기 창작방법론 -『남방의 처녀』와 『이심』의 고찰」, 『현대문학연구』 36, 한국현대소설학회.

신두원, 1991.9, 「이식과 창조의 변증법 − 임화의 '이식문학론'의 정당한 이해를 위하여」, 『창작과 비평』 19(3), 창작과비평사.

오윤선, 2005, 「신소설 서지 데이터베이스의 분석과 그 의미」, 『우리어문연구』 25, 우리어문학회.

오혜진, 2011, 「"캄포차 로맨쓰"를 통해 본 제국의 욕망과 횡보의 문화적 기획」, 『근대서지』 3, 근대서지학회.

윤경애, 2019, 「홍난파의 러시아소설 번역 연구 (1) : −「첫사랑」의 일본어 저본과 번역의 계보를 중심으로」, 『한민족어문학회』 84, 한민족어문학회.

윤민주, 2014, 「현철의 중역(重譯) 텍스트 「戱曲사로메」에 나타난 중층성의 징후들」, 『어문론총』 62, 한국문학언어학회.

안미영, 2019, 「한국 근대 문학에서 에드거 앨런 포 문학의 수용」, 『영주어문』 43, 영주어문학회.

이상숙, 2019, 「백석의 만주 통신(通信) −러시아 작가 바이코프 작품 번역의 의미」, 『우리어문연구』 64, 우리어문학회.

정선태, 2014, 「시인의 번역과 소설가의 번역 −김억과 염상섭의 「밀회」 번역을 중심으로」, 『외국문학연구』 53, 한국외국어대학교 외국문학연구소.

정혜영, 2019, 「이광수와 근대적 문체 형성 − 초기문장을 중심으로」, 『국학연구논총』 23, 택민국학연구원.

조연정, 2011, 「번역체험'이 김수영 시론에 미친 영향 : '침묵'을 번역하는 시작 태도와 관련하여」, 『한국학연구』 38, 고려대학교 한국학연구소.

조재룡, 2011, 「중역(重譯)의 인식론 −그 모든 중역들의 중역과 근대 한국어」, 『아세아연구』 54(3), 고려대학교 아세아문제연구소.

조진기, 1999, 「현진건의 번역소설 연구 −초기 습작과정과 관련하여」, 『인문논총』 12, 인문과학연구소.

_____, 1985, 「현진건소설의 원천탐색 −번역작품과 체흡을 중심으로」, 『가라문화』 3, 가라문화연구소.

최성윤, 2012, 「『조선일보』 초창기 번역·번안소설과 현진건」, 『어문논집』 65, 민족어문학회.

최원식, 1993.9, 「이식론과 내재적 발전론을 넘어서 − 임규찬·한신일 편, 『임화 신문학사』, 한길사, 1993」, 『창작과 비평』 21(3), 창작과비평사.

홍석표, 2019, 「이육사(李陸史)의 쉬즈모(徐志摩) 시(詩) 번역의 양상 − 시 창작이 번역에 미친 영향」, 『중국현대문학』 88, 한국중국현대문학학회.

황정현, 2012, 「현진건 장편번역소설 「백발」 연구」, 『한국학연구』 42, 한국학연구소.

황호덕, 2019, 「멜랑콜리 이후의 중동태들, 다시 문학사 병원에서 −'메타−문학사' 전후, 문학의 역사철학인가 다른 문학사들인가」, 『문학과 사회』 126, 문학과지성.

Heekyoung Cho, 2016, Translation's Forgotten History : Russian Literature, Japanese

Mediation and the Formation of Modern Korean Literature, Cambridge ： Harvard University Asia Center.

Son Sung-Jun, 2019, 「Overturning the Center and the Periphery: Its Significance and Limitations」, 『Korean Journal』 59-2.

8장

동아시아 북방학의 가능성

임우경

1. 잊혀진 연대, 〈폴란드로 간 아이들〉

2018년 추상미 감독의 다큐멘터리 〈폴란드로 간 아이들〉이 잔잔한 소동을 일으켰다. 영화는 한국전쟁시기 북한 정부가 폴란드에 양육을 위탁한 고아들과 그 아이들을 부모의 마음으로 키웠던 폴란드 선생님들의 이야기를 주축으로 하되, 남한의 추상미와 탈북여성 이솜이 함께 과거의 이야기를 따라 낯선 폴란드를 취재하는 여정에서 남북의 상처를 보듬어 가는 로드서사 형식을 취한다. 영화는 얼마 전 아이를 낳은 추상미 감독 자신의 '엄마'로서의 시선과, 마찬가지로 고아들을 자식처럼 그리워하며 눈물을 흘리는 폴란드 선생님들의 절절한 사랑을 전면에 내세우며 보편적 휴머니즘에 호소한다. 영화는 폴란드로 간 아이들은 이념을 떠나 남북 모두의 문제이고 민족을 초월하여 고아를 만들어내는 인류 전쟁의 문제임을 부각시킨다. 그리고 "상처가 사랑이 되다"는 영화 홍보카피처럼, 70여년전 상처받은 이들의 공감과 연대가 보편적 사랑을 빚어냈듯이 여전히 '상처' 속에 놓여 있는 남북한 역시 사랑의 치유가 필요함을 조용히 역설한다.

이 영화가 관객들의 시선을 더 끌 수 있었던 가장 큰 매력은 무엇보다 소재 자체의 신선함에 있었다. 영화가 홍보과정에서 "최초 공개 비밀실화!!!"라는 호기심 유발 전략을 십분 활용한 것처럼 한국전쟁

고아들이 대규모로 폴란드로 보내진 사실을 아는 사람은 극히 드물기 때문이다. 남한에서 한국전쟁 고아들은 대부분 국내 고아원에 수용되거나 홀트재단 같은 민간단체들을 통해 외국으로 입양되었다. 그로부터 시작된 남한의 해외입양은 전쟁 후 점점 더 증가하여 '고아 수출국'이라는 오명까지 생겼으며, 그렇게 해외로 입양된 아이들의 미래는 그저 개인의 팔자나 운으로 치부되었다. 이것이 바로 남한사람들이 상식적으로 알고 있는 한국전쟁 고아들의 이야기이다. 그런데 〈폴란드로 간 아이들〉은 국가가 대규모로 위탁했다는 점, 그것도 냉전시대 적대국이었던 폴란드로 보내졌다는 점에서 한국인들의 냉전적 상식과는 전혀 다른 고아 이야기를 다룸으로써 대중의 호기심을 자극했던 것이다. 그런데 북한이 한국전쟁 고아들의 양육을 위탁한 나라는 사실 폴란드만이 아니었다. 아래 표에서 볼 수 있듯이, 북한은 폴란드 외에 중국과 몽골을 비롯한 동구권의 여러 국가들에 고아들을 대규모로 위탁했다.[1]

구분	1951-1959년
중국	26,816
루마니아	1,800
폴란드	1,500
체코슬로바키아	800
헝가리	232

1 이 표는 박종철·정은이(2014), 손춘일(2015), 이해성(2014) 및 영화 〈폴란드로 간 아이들〉을 참고하여 필자가 정리한 것으로 정확하게 확인된 수치는 아님을 밝혀 둔다. 북한의 한국전쟁 고아에 대해서는 중국, 폴란드, 헝가리 등 몇 개 국가의 상황에 대한 개별 연구가 초보적으로 이루어져 있지만, 유독 사회주의 종주국이었던 소련으로 보내진 고아들의 상황에 대해서는 아직 알려진 바가 없다.

구분	1951-1959년
불가리아	200
몽골	197
동독	600
계	32,145명

  남한의 한국전쟁 고아가 4~5만 명이이었다고 하는데, 북한도 그와
비슷한 수준이었다고 가정하면 적어도 북한 고아들의 3분의 2 이상
이 중국을 비롯한 공산권 국가들로 보내졌던 것이다. 소련으로 간 아
이들에 대한 연구는 전혀 없어 이 표에 반영하지 못했지만 그 숫자까
지 합치면 총인원수는 더 늘어날 것이다. 이들은 1951년 한국전쟁 당
시부터 보내지기 시작했으며, 1956년 이래 공산권 내부의 여러 가지
변동과 북한 내부 사정으로 인해 1959년 무렵 모두 북한으로 귀국조
치되었다. 그 중에는 돌아오지 않거나 혹은 돌아오지 못했거나 혹은
그곳에서 유명을 달리한 아이들도 있었으니 그 운명이 다 똑같았다고
할 수는 없다. 하지만 전체적으로 보면 북한은 남한과 달리 국가차원
에서 전쟁고아들의 운명을 책임지고자 했고, 그 결과 대규모의 아이
들이 공산권 국가들에 분산되어 수년간 그야말로 '트랜스내셔널한' 방
식으로 양육되었음은 분명하고도 경이로운 사실이다. 70여년전 낯선
나라로 먼 길을 떠났을 아이들의 여정이 남한 고아들의 그것과 너무
나 달랐을 것임은 두 말할 나위도 없다. 남한은 물론이고 세계의 역사
어디에서 또 이런 장면을 찾아볼 수 있을까? 이런 특별한 역사가 어
떻게 가능했던 것일까?
  전쟁 당사자인 북한에게 외부의 도움이 절실히 필요했던 것은 말할
필요도 없지만, 폴란드를 비롯한 공산권 국가들은 당시 왜 기꺼이 북

한을 도왔던 걸까? 사실 아이들을 양육하고 교육한다는 건 그들의 장거리 이동, 질병진단과 치료, 주거, 의복, 식사, 교육은 물론이고 이들을 관리하기 위한 기타 행정비용까지 많은 재정을 필요로 하는 일이었다. 더구나 그들은 고아뿐만 아니라 북한재건에 필요한 수 만 명의 유학생도 육성해 주었고, 북한에 경제적 기술적 인적 방면의 직접 원조도 아끼지 않았다. 고아위탁양육은 그 원조 중 일부였을 뿐이다. 자유진영에 속한 남한 역시 전후 미국 원조의 덕을 톡톡히 봤지만, 미국이 부유한 최강대국이었던 반면 당시 중국을 비롯한 동구권 국가들은 그 자신도 2차 대전의 전란 속에서 이제 막 복구를 시작한 어려운 처지의 국가들이었다는 점에서 그들의 원조는 더 각별하게 다가온다. 도대체 무엇이 그들로 하여금 어려운 조건 속에서도 그 멀고노 낯선 동양의 아이들을 기꺼이 돕게 만든 걸까? 그리고 이런 뭉클한 이야기를 우리는 그동안 왜 몰랐을까?

물론 철의 장막이니 죽의 장막이니 하는 동서진영의 경계가 엄존했던 냉전시대에 북한의 이야기가 남한에 알려지기는 어려웠을 터이다. 하지만 지난 세기말부터 이른바 세계적 '탈냉전'이 시작되었고 남한이 폴란드와 수교한지도 벌써 30년이나 되었는데, 폴란드로 간 한국전쟁 고아 이야기가 이제야 비로소 "최초" 운운하며 알려지게 되었나는 긴 무엇을 익미할까? 또 영화의 포스터에 폴란드로 간 아이들은 '한국전쟁의 고아들'이라고만 표시되있을 뿐 이야기의 주행위사였던 북한은 여전히 전면에 드러나지 않는 것은 왜인가? 사실 홍보과정에서 북한의 삭제가 다분히 의도적으로 이루어졌다는 사실이 이 영화의 메시지가 보편적 사랑과 치유라는 점과 짝을 이루는 것임은 어렵지 않게 알 수 있다. 즉 둘 다 의도적인 탈정치화 장치인 것이다. '탈냉전' 시대에도 남한에서는 북한(과 동구권)의 삭제를 통해서만 대중적 발화공간이 열린다는 사실, 혹은 감독이나 배급사가 그렇게 생각했다는 사실 자체는 '탈냉전' 시대에도 여전한 냉전성의 전형적 징후를 보여준다는 점에서 주목할 만하다. 물론 영화는 잊혀져 버린 냉전시대 공산주의 진영 내부의 탈민족적 연대의 기억을 "최초"로 대중 앞에 생생하게 드러냈다는 점만으로도 주목할 만한 가치가 충분하다. 그런 점에서 본 논문은 냉전은 종식되었다는 확신 자체가 왜 주류적 이데올로기인지, 그로인해 '탈냉전' 시대에 만연하게 된 탈정치화의 정치에 대해 살펴보고, 이를 극복하기 위한 하나의 지적 실험으로서 '방법으로서의 동아시아 북방학'을 제안하고자 한다.

2. 1989년의 희망과 북방관계연구의 등장

1980년대 후반 공산권 국가들 내부의 변혁열망이 증대하며 균열이 퍼지기 시작하고 소련의 개혁개방이 한창 추진될 당시, 남한에서 누구보다 먼저 그것을 기회로 포착한 것은 아이러니하게도 가장 냉전적 세력이었던 군사정권이었다. 전두환 정권시절 '북방정책'이란 말이 처음 등장한 데 이어 그 뒤를 이은 노태우 정권은 본격적으로 '북방정책'을 선언하고 행동으로 옮겼다. 그러자 한편에서는 여전히 북방국가란 모두 북한의 동맹국 내지 우방이라는 점에서 한계가 있다며 비판하는가 하면 다른 한편에서는 시장경제적 셈법을 앞세워 북방정책을 환영했다. 노태우 정권은 1989년 공산권 국가로는 처음으로 헝가리 폴란드와 연이어 관계정상화를 이루었고, 1990년에는 공산진영의 종주국 소련과도 수교를 함으로써 북방정책이 정치적 수사에 불과한 것이 아님을 보여주었다. 그 후로 남한은 모두 45개의 공산권 국가들과 수교했는데, 이것, 즉 북방외교야말로 남한 대중들에게 '탈냉전'적 변화를 가장 확실하게 체감하게 해준 사건이었다. 가로막혀 있던 냉전의 경계가 북방외교를 통해 무너지는 것을 보며 사람들은 남북왕래에 대한 꿈에 부풀기 시작했고, 희망찬 그러나 섣부른 통일 논의가 무성하게 전개되기 시작했다. 1989년은 혼란스럽지만 변화의 희망과 꿈이 커가던 해였고, '북방'은 그 희망의 한 가운데에 자리했다. '북방'은 통일과 평화와 번영을 지시하는 그야말로 '탈냉전'의 기표였다고 할 만하다.

남한에서 '북방정책'이란 말이 공식적으로 처음 쓰인 것은 1983년 6월 이범식 외무장관이 〈선진조국의 창조를 위한 외교과제〉라는 특강에서였다. 그러나 이때 북방은 중국과 소련만을 가리키는 것이었고 북방정책의 개념도 불분명했다(조병선, 1989: 27). 그 후 북방정책을 선거공약으로 내걸었던 노태우는 1988년 2월 취임사에서 북방외교를 정식으로 천명했으며[2], 7월에는 〈민족자존과 통일번영을 위한 특별선언〉에서 북한과의 적대관계를 청산하고 공산국가와의 관계정상화를 추진하겠다고 선언했다. 이범석이 지시했던 북방과 달리 박철언이 주도했던 노태우 정권의 북방정책(Nordpolitik)은 중국, 소련은 물론이고 동구의 공산국가까지 포함하는 것이었으며 때에 따라서는 북한까지 포함하기도 했다. 실제 북방외교가 시작된 1989년 당시만 해도 남한의 북방정책은 서독의 동방정책(Ostpolitik)과 비견되곤 했지만 어진히 엄밀한 학술적 의미의 개념과 범주가 명시된 것은 아니었던 듯하

---

[2] "우리와 교류가 없던 저 대륙국가에도 국제협력의 통로를 넓게 하여 북방외교를 활발히 전개할 것입니다. 이념과 체제가 다른 이들 국가들과의 관계개선은 동아시아의 안정과 평화, 공동의 번영에 기여하게 될 것입니다. 북방에의 이 외교적 통로는 또한 통일로 가는 길을 열어 줄 것입니다." 1988년 2월 25일 제13대 노태우대통령 취임사 中

다. 당시 많은 사람들이 북방정책에 대한 학술적 정립을 시도했는데, 30여년이 지난 지금 되돌아 볼 때 그중에서도 북방개념을 국제관계사적 방법론을 통해 역사적으로 파악하고자 했던 홍순호의 글이 눈길을 끈다.

홍순호는 1989년 「'북방'개념에 대한 제관점: 한국북방정책의 국제관계사적 연구를 위한 방법론적 시론」[3]을 발표하고 다음해 이를 「북방관계연구의 방법론적 시론」[4]으로 수정보완하여 발표했다.[5] 그는 남한의 북방정책은 서독의 동방정책과 마찬가지로 "분단국의 통일외교정책으로서 소련 중심의 공산국가들과의 관계개선을 지향하는 정책"이라고 정의했다. 하지만 그는 남한 북방정책의 국제관계사적 맥락이 브란트 동방정책이 처했던 국제관계사적 맥락과는 질적으로 다르며 훨씬 불리한 조건 속에 있다고 지적했다. 무엇보다 그는 당시 유행처럼 번지던 '북방정책' 담론들이 북방에 대한 경제적 진출만을 과도하게 부각시키거나 북한을 외교적으로 고립시키는 것을 경계하고자 했다. 그가 볼 때 북방외교의 궁극적 목표는 바로 통일에 유리한 국제적 환경을 조성하고 북한을 개방으로 나아가도록 만드는 것이었기 때문이다. 하지만 그의 말대로 당시 북방정책은 국가보안법이나 공산권과의 접촉에 저해가 되는 제요인들이 그대로 방치되고 무엇보다 북한을 계속 적대시하는 사고가 잔존하는 상황에서 성급하게 추진되고 있었고, 확실히 그런 상황은 북방정책의 목표와는 정반대로 북한을 고립시킬 위험이 컸다.

---

3 홍순호, 『사회과학논집』 9호, 1989.

4 홍순호, 「북방관계연구의 방법론적 시론」, 『한국정치외교사논총』 6호, 1990.

5 이 글은 한국정치외교사학회 지음, 『한국 북방관계의 정치외교사적 재조명』(평민사, 1990)의 서장으로 실렸다.

흥미롭게도 홍순호는 이 같은 현상의 근본적 원인이 외교의 역사성과 철학성의 빈곤, 그리고 북방국가들에 대한 역사적 몰이해에 있다고 진단했다. 그렇다면 북한을 포함한 북방국가들과의 관계를 개선하기 위해서는 무엇보다 북방민족과의 역사적 접촉에서 드러난 우리의 대외의식과 외교사상 및 그들과의 관계사를 재인식하는 일이 시급해지는 것이다. 그가 북방개념의 정립과 국제관계사적 관점에 입각한 북방관계 연구의 필요성을 제기한 것도 바로 그 때문이다. 그에 따르면 한반도는 예부터 지정학적으로 북방세력과 해양세력의 사이 또는 경계에 존재했으며 현대에 들어서는 자유진영과 공산진영의 최전선이었다. 한반도 북방의 경계선은 주로 중국의 고대민족들과의 관계 속에서 형성되었는데, 1860년에 이르러 한반도의 북방관계가 근내적으로 재편되기 시작했다. 1860년 청나라와 러시아 사이의 북경조약에 따라 연해주 지역이 러시아로 할양되었기 때문이다. 이 때부터 한반도는 최초로 러시아라는 서양 대륙세력과 북방변경을 마주하게 되었고, 그 후 러시아는 중국과 함께 한반도의 가장 중요한 북방세력으로 작용했다. 그러다가 2차 세계대전 후 연합국의 이해관계에 따라 한반도는 남북으로 강제분할되었고 북방경계선은 38선으로 변경되었다. 그리고 얼마 후 중국이 공산화되면서 북방은 중국과 몽고 소련을 넘어 동구까지 확장되었으며 6.25 전쟁 이후 휴전선이 3.8선을 대체하면서 북방경계선이 되었다는 것이 그의 주장이다.

그런데 홍순호가 38선 또는 휴전선을 북방경계선으로 보는 것은 엄밀히 말해 남한을 주체로 했을 때 성립하는 논리라고 할 수 있다. 한반도의 북방경계선에 대한 더 일관성 있는 설명이 되려면 한반도가 남북으로 분단되면서 그 북방경계선도 둘이 되었다고 해야 한다. 하나는 남한의 북방경계선이고 또 하나는 한반도의 전통적 북방관계를 계승한 북한의 북방경계선이다. 홍순호는 이 부분을 건너뛰고 있어 일견 남한 중심주의적 사고처럼 보인다. 하지만 그 역시 3.8선과 휴전선을 "대한민국의 북방경계선"(홍순호, 1990: 23)이라고 말하는 것으로 보아 그것을 의식하지 못했던 것은 아닌 듯하다. 사실 이 같은 의식적 모호성은 분단이라는 현실 속에서 남한을 행위주체로 놓는 사고의 필연적 결과일 것이다. 현실적으로 북방정책의 추진 주체는 북한이 아니라 남한이었기 때문이다.

오히려 의미심장한 점은 홍순호가 발화자로서의 남한의 위치를 분명히 드러내는 바로 그 지점에서 북한 역시 남한과 동등한 역사적 행위주체로서 인정된다는 사실이다. 그것은 그가 분단 이후 한반도의 북방관계는 북한이 주도한 반면 남한은 휴전선 이북의 북방국가들과 수 십 년간 불편한 관계를 유지할 수밖에 없었다(홍순호, 1990: 24)고 설명하는 데서 잘 드러난다. 다른 논자들과 달리 그는 북방정책의 대상으로서 북한을 북방이라는 범주 안에 분명히 자리매김할 뿐만 아니라 북한이야말로 분단 후 한반도에서 북방관계들의 주요 행위주체이자 중심이었다고 보는 것이다. 그렇게 보면 북방관계의 중심에 있는 북한을 고립시키거나 소거하는 북방정책은 자연히 실패할 수밖에 없다. 결국 남한 북방정책의 관건은 북한이고, 북방국가들과의 관계개선을 추구하려면 북한을 중심으로 한 상호주체로서의 북방국가들의 역사 및 그들과 남한과의 관계를 일단 연구하고 이해하는 것, 즉 북방관계연구가 필수적인 것이 된다. 그런 점에서 홍순호의 북방관계연구는, 그가 의도했든 안 했든 상관없이, 과거 진영간 경쟁을 목표로 북방국가들을 타자화하던 정책차원의 공산권 연구와는 질적으로 다른 차원의 연구를 노정하고 있었다. 전자가 냉전시대의 적대적 연구였다면 후자는 바야흐로 도래하던 세계적 평화공존의 가능성과 한반도의 통일을 선취하기 위한 실천적이고 미래지향적 연구로서의 의미를 지녔던 것이다.

3. '탈냉전' 이데올로기와 탈정치화의 정치

하지만 아쉽게도 홍순호가 제안했던 북방관계연구가 제대로 시작도 되기 전에 세계는 너무 빨리 이른바 '탈냉전'의 시대로 들어서 버렸다. 홍순호의 글이 발표된 직후인 1990년 10월 동서독이 통일되고 1991년 12월 소비에트연방이 해체되면서 하루아침에 북한을 제외한 북방세계 자체가 사라져버린 것이다. 당시 홍순호가 북방국가들의 변화가능성을 예견했다 하더라도 그 종주국 소련의 해체가 그처럼 빨리 전면적으로 닥칠 것이라고는 짐작하지 못했음이 분명하다. 그렇지 않고서야 북방을 해명하기 위해 그처럼 공을 들이지는 않았을 터이다. 아무튼 국제사회는 동서독의 통일과 소련의 해체를 곧장 세계냉전의 종식으로 받아들였다. 대결의 일방이 사라졌으니 그 대결이 종식되었다고 보는 것이나, 살아남은 다른 일방이 그 대결에서 이겼다고 보는 것은 상식적인 해석으로 여겨졌다. 1989년 남한의 가장 핫한 용어였던 '북방' 역시 어느 사이엔가 자취를 감추어 버렸다. 남한은 여전히 북한이라는 사회주의 체제를 마주하고 있음에도 덩달아 '탈냉전' 시대로 휩쓸려간 것이다. 그리고 '북방'보다 더 핫한 세계적 '탈냉전'의 물결 속에서 홍순호가 제기했던 실천학으로서의 북방관계연구는 말 그대로 요절하고 말았다. '탈냉전' 현실을 선취하기 위해 고안되었던 북방관계연구가 정작 '탈냉전' 때문에 요절할 수밖에 없었다는 사실은 참으로 아이러니하다.

이처럼 1988년부터 1991년까지 짧은 시간 남한을 섣부른 희망
에 들뜨게 했던 '북방열'을 뒤로 한 채 '베를린 장벽 붕괴 이후', '동구
권 해체 이후', '1989년 이후'와 같은 상투어들이 범람하기 시작했다.
1990년대는 '탈냉전' 담론의 시대라 해도 과언이 아닐 만큼 '탈냉전'
이 단연 압도적인 학술적 유행어로 부상했고 북방 대신 '세계화' 바람
이 불었다. 학술계에서도 '탈냉전'을 바탕으로 유교경제론, 아시아적
가치론, 후기구조주의와 포스트모더니즘, 근대성과 탈근대론, 탈식
민주의, 국민국가론과 탈민족주의, 동아시아론, 문화연구, 페미니즘,
생태주의 등 각종 이론과 담론이 연달아 봇물처럼 쏟아졌다. 물론 그
속에서 냉전시대의 금기였던 공산권 국가에 대한 연구가 급증하고
그간 한국근현대사에서 공백이었던 좌익의 역사적 발굴과 복원이 이
루어졌으며 무엇보다 북한연구가 활성화되기 시작했다. 한국전쟁이
나 북중관계, 중소관계 등에 대한 연구도 '탈냉전'이라는 새로운 시각
에서 활발하게 재조명되기 시작했다. 북방이라는 이름표를 달지는 않
았다 해도 실질적으로는 북방연구가 활성화된 셈이다.

하지만 '탈냉전' 시기 이들 북방연구는 홍순호가 제기했던 북방관
계연구와는 근본적으로 다른 지점이 있다. 첫째는 홍순호의 북방관
계연구에서 북방이 남한의 내외상대로서 현존하는 주체였다면 '탈냉
전' 시대 북방은 이미 사라져버린 과거로서 더 이상 대화의 주체가 아
니라 역사화해야 할 연구의 대상이 되었다는 점이다. 협력하고 대화
해야 할 주체로서의 상대가 이제 역사화의 대상으로 타자화되기 시작
했다는 점에서 그것은 실천적으로나 이론적으로나 상당한 차이를 낳
을 수밖에 없다. 둘째는 북방관계연구에서 북한은 북방관계의 주축으
로서 그 관계 안에서 파악된 데 반해 '탈냉전' 시대 북한은 대개 고립
된 것으로 파악된다. '탈냉전' 시대에도 몰락하지 않은 현실사회주의

체제로서 북한은 매우 특수한 사례로 남았으며 심지어 '탈냉전' 시대의 이단아, 문제아, 악의 축 등으로 취급되기에 이르렀다. 이러한 현실은 북방의 역사화 작업에도 반영되어, 홍순호처럼 북한을 북방관계 속의 역사적 상호주체, 또는 남한과 대등한 대화의 상대로 인식하기 어렵게 만든다. 나아가 그것은 냉전 시대 사회주의 진영 내부의 긴밀한 연대 속에서 구축된 북방세계, 그리고 그 일원으로서의 북한보다는 자꾸만 고립된 단위로서 북한의 특수성에 주목하게 만들고(조한범, 2004), 심지어 부단히 북한을 괄호 치거나 간과하게 만드는 것이다.

이러한 문제는 일차적으로 북방은 사라지고 북한만 남게 된 현실적 조건에서 기인하지만, 더 크게는 동구와 소련의 해체를 세계냉전의 종식으로 보는 '탈냉전' 인식 자체에서 비롯된다. 수시하다시피 1990년대 초반 김영삼 정부가 내세웠던 '세계화'는 노태우 정권의 북방정책을 삽시간에 대체하며 일약 유행어가 되었고 이제는 굳이 '세계화'를 말하는 것이 촌스러울 정도로 너무나 당연한 일상이 되어 버렸다. 압도적으로 일원화된 자본주의의 세계화 추세 속에서 북방은 현실적으로 너무나 빠르게 소거되어 갔다. 무엇보다 '탈냉전' 인식은 이 같은 현실을 추인하고 사회주의 진영에 대한 자본주의 세계의 승리를 기정사실화함으로써 동서 진영으로 나뉘었던 이원적 세계가 일원적 자본주의 세계로 재편되는 과정을 합법화했다. 이 과정에서 사회주의는 시대착오적인 것으로 치부되고, 사회주의 역사 연구는 그것이 왜 실패할 수밖에 없었는지를 증명하는 데 집중되었으며, 이른바 탈사회주의 또는 전환 연구는 대개 사회주의의 자본주의로의 전환을 당연한 것으로 전제한다.[6] 이처럼 자본주의 승리자 관점의 '탈냉

---

6 이에 대해 더 자세한 것은 권헌익(2013) 제2장 59~73쪽 참고

전' 인식에 기반한 사회주의 연구는 그 양적 증가에도 불구하고 내용적으로는 사회주의를 역사적 맥락으로부터 탈각시키고 승리자의 기준으로 재평가하고 평가절하하며 정형화하는 경향에서 자유롭지 못했다. 이러한 경향은 '탈냉전' 시대 세계 각지에서 보편적으로 출현한 '탈정치화의 정치' 현상과 긴밀하게 맞물려 있는데, 북방의 역사와 잔여적 현재마저 소거하고자 하는 '탈정치화의 정치'는 역으로 자본주의적 '탈냉전' 인식을 더욱 강화시킨다. 북한의 고립화 또는 비가시화는 이와 같은 '탈냉전' 시대 '탈정치화의 정치'의 한 결과이며, 〈폴란드로 간 아이들〉의 이야기가 망각된 것도 결코 우연이 아니다.

사실 '탈냉전' 시대의 담론들이 승리자의 서사임은 많은 논자들에 의해 지적되어 온 바, 딱히 새삼스러운 일도 아니다.(베른트 슈퇴버, 2008) 그럼에도 불구하고 그것이 여전히 문제인 이유는 승리자 서사를 비판하는 논자들조차 많은 경우 '탈냉전' 인식 자체를 근본적으로 회의하지 않기 때문이다. 이른바 좌파나 냉전연구자들조차 '탈냉전'의 핵심적 인식, 즉 냉전은 종식되었다는 전제를 의심하지 않는 경우가 많다는 것이다. 오히려 많은 경우 과거 사회주의권 국가들의 주류 신계몽지식인들이야말로 자본주의의 승리를 전제로 하는 '탈냉전' 인식을 옹호하는 주요세력이기도 하나. 중국만 해도 그런데, 심지어 중국의 대표적 냉전연구자 션즈화는 중미화해가 이루어진 1971년 이미 냉전은 끝났다고까지 말한다(牛大勇·沈志華, 2004: 5).

그러나 정말로 냉전은 끝났는가? 결론부터 말하자면, 어떤 냉전은 끝났지만 어떤 냉전은 여전히 진행중이다. 다행히 '아직은 탈냉전 시대가 아니다'라는 주장은 전에도 한국을 비롯한 주변부 지식인들을 중심으로 꾸준히 제기되어 왔는데, 근래에는 특히 냉전연구자들에 의해 세계적으로 활발하게 확산되는 추세다. 그중에서도 권헌익은 기존 논의의 성과를 탁월하게 종합하면서도 '탈냉전' 인식의 문제점을 가장 예리하고 전면적으로 제기하는 것으로 보인다. 인류학자 권헌익은 흔히 냉전의 기원은 복수형으로 다루어지는 데 반해 냉전의 종결은 단수형으로 취급된다는 점에 주목했다. '1989년 이후' 혹은 '공산권 붕괴 이후'와 같은 관용구가 그 예라는 것이다. 나아가 그는 냉전은 상충하던 두 가지 현대성 중 자유주의의 승리로 받아들여지는데 이것에 동의하는 입장이든 반대하는 입장이든 모두 냉전의 종결이 사실이라는 전제와 확실성은 공유한다고 지적한다. 좌우를 막론하고 냉전이 종결됐다고 확신하는 이 통념은 무엇보다 냉전을 '상상의 전쟁'으로 보는 주류 서구중심적 정의에서 비롯된다. 미국과 서구 유럽국가들에게 냉전시대는 말 그대로 '오랜 평화'의 시기였던 것이다.

하지만 한국과 베트남 같은 냉전의 주변부에서 냉전은 결코 상상의 전쟁이 아닌 현실의 전쟁, 즉 열전으로 치루어졌다. 뿐만 아니라 권헌익은 어떤 지역에서 냉전이란 기껏해야 국가와 그 동맹국 사이의 일이거나 이념적 불일치의 문제거나 실존적 불안의 문제에 그쳤던 반면, 다른 지역에서 냉전은 정치적 폭력과 위협이 일상화되는 영속적 예외상황으로 경험되었으며 자연히 냉전은 국가와 정치적 차원만이 아니라 개인의 일상과 친밀성의 영역까지 지배하는 문제기도 했다고 지적한다.(권헌익, 2013: 17~18) 이처럼 냉전은 지역에 따라, 또 같은 지역이라도 서로 다른 층위나 범주에 따라 매우 다양한 형태로 진개되었고 심지어 지금도 전개되고 있기 때문에 냉전의 종결 역시 단일한 형태일 수 없음은 당연하다. 그런 점에서 권헌익은 "누군가 냉전이 세계적으로 끝났다고 말할 때 그 사람이 말하는 것이 누구의 냉전이며 냉전의 어떤 측면인가라고 스스로에게 질문"(권헌익, 2013: 50)해야 한다고 말한다. 나아가 "냉전의 끝이라는 이름이 붙은 역사적 전환점이

실은 아렌트가 말하는 '아직은 아닌 것'의 확장된 지평(즉 창조적인 정치 행위와 도덕적 상상을 향해 열려 있는 시공간의 영역)"(권헌익, 2013: 19)임을 인지하고, 냉전이 어떻게 구체적인 장소에서 다양한 방식으로 천천히 끝나가고 있는지를 지켜볼 필요가 있다고 주장하는 것이다.

냉전 종결의 다양성에 대한 권헌익의 통찰은 그가 이른바 '탈냉전' 시대 탈식민주의 담론이나 탈사회주의 연구, 그리고 문화적 세계화에 관한 담론들의 문제를 검토할 때 더욱 빛을 발한다. 그의 관찰에 따르면 이들 '탈냉전' 시대 대표적 담론의 조류에는 공통적으로 양극시대의 역사가 빠져 있고, 또한 역사적으로 탈식민과정과 양극화과정은 서로 연결되어 있음에도 불구하고 위의 담론들 속에서 양자는 서로 다른 주제로 분리되어 다루어진다. 즉 탈식민 이론가들은 냉전을 상상의 전쟁으로 보는 주류 유럽중심의 냉전개념을 무비판적으로 수용하기 때문에 탈식민 문화의 장에서 양극시대 역사의 자취를 배제해 버리는 경향이 있으며, 이는 문화연구는 물론이고 이른바 냉전문화론자들에게서도 발견된다는 것이다. 역사적으로 탈식민 세계에서 반공주의 정치는 수사적 문화적 상징만이 아니라 무차별적 폭력과 정치 테러도 그 수단으로 적극 활용했는데, 냉전을 상상의 전쟁으로만 보는 이들 문화적 접근은 엄연히 존재했던 물리적 폭력의 문제를 단지 기호론적 문화이론으로만 접근한다는 것이다. 한편 탈사회주의 혹은 전환연구는 사회주의에서 자본주의로의 전환을 당연한 과정으로 전제하며 그 전환의 출발점을 바로 '냉전의 끝'과 동일시하는 경향이 있다. 또 이 경우 냉전을 흔히 사회주의와 자본주의 간 이념 및 체제이 대결로 보는데, 기본적으로 맞는 말이긴 하지만 그렇다하더라도 냉전시대 글로벌한 역사를 단지 추상적 이념의 대결로만 축소하는 것도 문화적 접근과 유사한 문제를 낳는다는 것이다.

이와 같은 권헌익의 통찰은 냉전 종식의 확실성에 대한 믿음이 이른바 '탈냉전' 시대의 거의 모든 주류 이론과 비평에서 양극시대의 역사가 소거되거나 현실과 유리된 문화적 편향이 드러나는 것과 어떤 관련이 있는지를 잘 보여준다. 그런 이유로 그는 '냉전을 해체'해야 한다고 주장한다. 그가 말하는 '냉전의 해체'란 우선 냉전사의 관점을 지정학적 역사에서 사회사적 역사로, 상징적 비유적 전쟁으로서의 냉전이라는 중심부적 이해에서 내전을 포함해 극히 폭력적 형식으로 구현된 주변부의 역사적 경험으로 이동하여 냉전사를 비교사회 문화연구의 주제로 제시하는 것이다. 그의 표현대로 하자면 그것은 냉전의 시간성에 대한 현상학적 접근인 동시에 역사적 공간성에 대한 다원주의적 접근이기도 하다. 또한 '냉전의 해체'는 나상하고 지역적으로 특수한, 그리고 시간적으로 서서히 끝나가는 방식들을 다루는 것이고, 이는 냉전을 현재의 역사의 문제로서 참여관찰을 통해 이해해야 할 문제로 이해하는 것을 가리킨다. 또한 그에게 '냉전의 해체'란 양극시대 충돌의 희생자들과 그 주변의 고통스런 기억들을 글로벌 냉전사의 보이지 않는 곳으로부터 한가운데로 재배치하는 작업이기도 하다. 무엇보다 냉전이 끝났다는 주류적이고 지정학적이고 포괄적인 관념을 다루는 것 자체가 바로 '냉전의 해체'인 것이다.[7]

요컨대 권헌익은 냉전의 종결이라는 이른바 '탈냉전' 인식과 그에 기반한 담론들이 어떻게 다수의 역사적 현실과 나상한 인간경험으로 이루어진 글로벌 냉전의 역사와 상충되는지를 잘 보여준다. 그의 작업에서도 여실히 확인되는 바, '탈냉전'이란 결코 현실에 대한 객관적 반영이 아니라 '상상의 전쟁'이라는 중심부 논의를 무비판적으로 수용

---

7 '냉전의 해체'에 관한 논의는 권헌익(2013) 19~23쪽 참고.

한 결과 믿게 된 이데올로기였다고 할 수 있다. 특히 한반도를 포함해 가장 뜨거운 열전을 겪었고 여전히 남북대결과 양안대결이 지속되고 있는 동아시아에서 현실과 '탈냉전' 이데올로기의 간극은 더욱 극심했다. 그런 점에서 최근의 신냉전사 연구자들이 냉전의 지역적 다양성과 주변부의 행위주체성에 주목하면서 냉전연구의 '지역적 전환'을 꾀하는 것이나, 탈냉전 시대에 접어든지 30여년이 지난 지금까지도 냉전의 문화심리적 구조가 여전히 개인들의 삶에 깊은 영향을 미치고 있음을 지적하면서 냉전연구의 '문화적 전환'을 꾀하고 있는 것은 그나마 다행스런 일이라 할 것이다.[8]

4. '냉전'/'탈냉전'을 해체하기

필자는 앞에서 '탈냉전'이라는 용법이 객관적 현실에 대한 반영이라기보다는 서구중심의 역사적 경험과 시각에 기반하여 지난 30년간 세계의 사람들로 하여금 냉전의 종결을 확신하도록 만들어온 이데올로기였으며, 그것이 '탈냉전' 시대 보편적인 '탈정치화의 정치' 현상과 밀접한 관련을 가진다고 말했다. 그런 점에서 '냉전의 해체'는 곧 이데올로기로서의 '탈냉전'을 해체하는 작업으로부터 시작될 수밖에 없다. 즉 권헌익이 말한대로 냉전의 종결이라는 주류 지정학적 관념 자체를 문제 삼고, 냉전사를 비교사회문화연구의 주제로 제시하며, 냉전을 과거가 아닌 현재의 역사로서 참여관찰을 통해 이해해야 하는 문제로 바라볼 때 냉전연구는 비로소 이데올로기 너머의 정치적 현실

---

8   최근 냉전연구의 동향에 대해서는 백원담(2011) 참고.

에 닿을 수 있는 것이다. 그런데 '탈냉전' 시대 '탈정치화의 정치'를 문제 삼기에는 냉전의 다층성과 다양성 그리고 현재성에 주목하는 것만으로는 부족해 보인다. 필자는 권헌익을 비롯한 냉전연구의 성찰이 '탈냉전' 시대 '탈정치화의 정치'를 문제삼는 데까지 갈 수 있으려면 보다 더 근원적인 질문, 즉 '냉전'이라는 개념 또는 패러다임 자체가 공정한 것인가라는 질문을 더 보태야 한다고 본다. 물론 권헌익도 "냉전이라는 발상과 그 안에 내재된 엄청난 의미론적 모순"에 대해 언급했지만 그 구체적인 내용에 대해서는 모호한 채로 다뤄진다.

'냉전'이라는 말을 처음 사용한 것은 1945년 조지 오웰이었다. 그가 '평화 없는 평화'라는 의미로 사용한 이 말은 1946년 미국 대통령 고문 바루크(Bernard Baruch)의 참모였던 스워프(Herbert B. Swope)에 의해 처음으로 미소간 대결을 지시하는 용어로 사용되었고, 1947년 6월 바루크에 의해 공식석상에서 처음 논의되었다. 그러나 이 말이 널리 회자되기 시작한 것은 저널리스트 리프먼(Walter Lippman)이 〈뉴욕 헤럴드 트리뷴〉에 글을 발표하고 〈냉전, 미국대외정책 연구The Cold War: A Study on US Foreign Policy〉라는 제목의 팜플릿을 출간한 후부터였다.(베른트 슈퇴버, 2008: 16) 애초 '냉전'은 미국의 정치권에서 그 대외정책을 가리키는 용어로 제시되었던 것이다. 그런데 흥미롭게도 우리가 흔히 냉전시대라고 부르는 그 시대에 정작 대결의 일방이었던 사회주의 국가들에서는 '냉전'이라는 용어를 사용하지 않았던 것으로 보인다. 엄밀한 것은 아니지만 필자가 중국의 학술데이타베이스인 CNKI를 검색해 보니, 1950년대 중국은 냉전이라는 말을 사용할 때 따옴표를 붙여 쓰고 있었다. 중국은 '냉전'이란 미국이 자신들의 자본확장과 전쟁추구를 은폐하기 위해 사용한 위장평화전략의 수사라고 비난했고, 그런 점에서 냉전에 따옴표를 붙였던 것이다. 그리고 개혁

개방이 시작된 후 1980년대에 이르러서야 '냉전'에 붙은 따옴표가 사라지기 시작하고 1990년대에 이르면 냉전이라는 단어의 등장횟수도 급격히 증가했다. 우리가 냉전시대라고 부르는 그 시기의 대결관계를 중국은 결코 '냉전'이라는 틀로 보지 않았던 것이다.

그렇다면 북방국가들은 '냉전'을 어떤 틀로 해석하고 이해했을까? '냉전'이라는 말이 미국에서 처음 회자되기 시작할 무렵 소련은 이에 대응하여 '양대진영론'을 정식화했다. 1947년 9월 코민포름 창립대회에서 안드레이 즈다노프는 세계가 이미 '미국을 중심으로 하는 제국주의 진영과 소련을 중심으로 하는 민주진영'으로 분화되었다고 선언한 것이다. 냉전이 양대 진영의 대결이라는 점에서 사람들은 즈다노프의 양대진영론을 소련의 냉전선언으로 보고 미소가 공히 냉전정책을 공식화했다고 보기도 한다. 그러나 사실 양대진영론은 진영대립에서 결코 전쟁(열전)을 배제하지 않으며 오히려 전쟁을 전제한다는 점에서 '냉전' 개념과는 결이 다르다. 양대진영론은 이른바 자유주의 진영을 제국주의 진영으로 보고 그것을 전쟁세력이라고 간주하는 한편 사회주의 국가들은 민주진영이며 전쟁세력에 맞서는 평화세력이라고 규정한다. 제국주의 진영이 전쟁세력이라는 규정에는 자본주의는 그 속성상 제국주의로 발전할 수밖에 없으며 제국주의 국가간 전쟁은 불가피하다는 레닌의 제국주의론이 깔려 있다. 한편 민주진영이 평화세력라고 말할 때 평화란 기본적으로 민주진영은 제국주의진영과 달리 전쟁을 추구하지 않는다는 의미기도 하지만 제국국주의 전쟁세력에 맞서는 저항전쟁은 광의의 평화로 간주할 수 있다는 양가적 개념을 포함한다. 이 양가성은 특히 여전히 민족해방전쟁을 치러야 했던 피압박 민족들에게서 더욱더 두드러졌다.

예컨대 그와 같은 평화개념의 양가성은 당시 항일전쟁에 승리를 거두고 내전에 돌입했던 중국공산당에게서도 찾아볼 수 있다. 1947년 즈다노프의 양대진영론이 발표되자 중국공산당은 이를 적극 지지하며 반제국주의 진영, 즉 민주진영의 단결을 주창했다. 물론 중공은 양대진영 중 평화세력인 민주진영의 편에 섰다. 하지만 당시 국민당과 본격적인 내전을 치르고 있던 상황에서 양대진영의 대결이란 현실적으로 평화적일 수도 없었고 평화적인 것으로 이해되기도 어려웠다. 내전에서 이기려면 오히려 전쟁세력에 맞서는 평화세력의 적극적 저항으로서의 전쟁은 제국주의에 반대하고 민족의 혁명과 진보[9]를 위해 불가피한 과정이자 반드시 필요한 수단이며 궁극적으로 정의로운 것으로 이해될 필요가 있었다. 이는 양대진영론의 평화 개념 자체에 내포된 양가성의 표출이기도 했지만 한편으로는 소련을 중심으로 진행되었던 평화공세와 실제 주변부 반제국주의 투쟁 속에서 재해석된 평화개념 사이의 간극을 보여주는 것이기도 하다.[10]

그럼에도 불구하고 양대진영론에 내포된 이 간극이 미국의 '냉전' 패러다임과 '양대진영론' 사이의 간극보다 크다고 하기는 어렵다. 요컨대 소련을 비롯한 사회주의 진영은 양극시대 진영 대립의 핵심을 제국주의와 반제국주의 간의 대립으로 보았으며, 비록 평화세력임을 자처했지만 반대로 반제국주의를 목표로 하는 전쟁과 폭력을 반대하지 않았을 뿐만 아니라 심지어 민족혁명과 해방이라는 명분 하에 주

---

9 예컨대 류샤오치는 1948년 발표한 「국제주의와 민족주의를 논함(論國際主義與民族主義)」에서 오늘날 어떤 민족도 "소련과 연합하든지 미국과 연합하든지 둘 중 한 편에 서야 한다. 그것은 애국과 매국의 경계이고 혁명과 반혁명의 경계이며, 어떤 민족이 진보할 것인지 퇴보할 것인지를 가르는 경계이다"라고 말했다.

10 청카이는 1940년대 말 세계적 평화서명운동이 중국에서 전개되는 과정을 분석하면서 중국의 평화개념과 세계적 평화운동 사이에 존재하는 간극에 주목했다(청카이, 2013). 김태우 역시 소련과 유럽의 반전평화론과 동아시아의 해방전쟁론의 충돌에 대해 논한 바 있다(김태우, 2012).

동적으로 전쟁을 발동하기도 했다. 북한이 한국전쟁을 조국해방전쟁이라 부른 것이나, 중국이 그것을 일본 제국주의 침략의 미국판으로 간주하고 중국의 참전을 미제국주의 침략에 저항하고 피억압민족인 조선을 돕기 위한 정의로운 국제주의의 실천으로 본 것도 '냉전' 패러다임과는 사뭇 다른 접근법을 보여주는 것이다.

그럼에도 불구하고 '탈냉전' 시대 냉전연구는 양대진영론 속에 포함되어 있던 평화나 전쟁 개념의 다의성과 그 사이의 간극 그리고 그 안의 정치성을 '냉전'이라는 양극 패러다임 속에 평면화시킨다. '냉전'이라는 패러다임이 '양대진영론' 속의 핵심적 정치, 즉 자본주의 및 제국주의에 대한 저항이라는 정치의 문제를 지워버리는 것이다. 그런데 여기에는 '냉전'이라는 패러다임 자체에 내포된 '대등한 주체'들 간의 힘겨루기라는 전제, 또는 이미지의 힘이 크게 작용한다. '대등한 주체'라는 이미지는 애초 양자 사이에 존재하던 힘과 자원과 권력의 불평등이 양측의 대립을 초래했다는 사실 대신 그 결과인 양자의 대립 자체만 부각하기 때문이다. 그 결과 양측 대립 속에 내재한 억압과 피억압, 착취와 피착취 같은 불평등의 문제와 그를 둘러싼 정치의 문제는 부차적인 것이 되거나 사라져 버린다. 애초 마르크스주의와 그 혁명이론이 자본주의를 극복하려는 이래로부터의 민주적 열망과 연계되어 있다는 사실도 쉽게 간과된다. 그러나 자본의 탐욕과 제국주의적 불평등과 부정의에 대항하고자 했던 사회정의로서의 혁명의 시도들, 그들의 꿈과 미래에 대한 상상과 실천의 헌신들이 모두 이처럼 한낱 패권다툼의 일방으로만 취급되는 것은 과연 정의로운가?

'대등한 주체들 간의 힘겨루기'라는 냉전 용법이 초래하는 또 하나의 효과는 바로 양대 진영이 똑같이 강했다는 착각이다. 당시 자유주의 진영은 비록 전쟁피해를 입었다고는 하나 다수가 장기간의 식민지 개발로 부를 축적해온 강대국들이었고 특히 미국은 2차대전을 거치며 막대한 부를 축적한 데다 원자폭탄까지 보유한 세계 최강대국이었다. 반면 사회주의 진영의 국가들은 다수가 후진국이거나 구식민지였거나 세계대전이나 내전을 겪으며 내상을 크게 입은 국가들이었다. 심지어 사회주의 진영의 리더였던 소련도 상황이 크게 다른 것은 아니었다. 2차대전으로 소련 역시 강대국으로 부상한 것은 사실이지만 2차대전에서 가장 막심한 피해를 입은 것도 소련이었다. 게다가 따지고 보면 소련은 후발자본주의 러시아가 제국열강들과의 힘겨운 경쟁을 벌이던 와중에 볼세비키 혁명이 성공함으로써 탄생한 신생국에 불과했다. 소련의 국력은 정치 경제 군사적으로 모두 미국과는 상대가 되지 않았다. 전후 소련이 자유주의 진영을 전쟁세력으로, 자신을 평화세력으로 규정하며 그처럼 평화공세를 펼쳤던 것도 실은 자신의 열세를 은폐하면서 미국과의 전쟁을 피하기 위한 전략의 일부였던 셈이다. 냉전시기 요란했던 미소간 체제경쟁에서 소련이 우주개발과 군사부문에서 미국을 앞선 적도 있지만 그것은 예외적인 순간에 불과하며, 훗날 소련과 동구권이 결국 해체된 것도 출발선에서부터 이미 노정되었던 양진영간 힘의 비대칭을 끝내 극복할 수 없었기 때문일지도 모른다. 미소를 중심으로 한 양대진영의 대결은 사실 처음부터 기울어진 운동장 위의 경기였던 것이다.

그럼에도 불구하고 대등한 주체들 간의 힘겨루기라는 '냉전'의 이미지는 기울어진 운동장은 가린 채 그 위에서 벌어지는 경기에만 초점을 맞추게 만든다. 게다가 '탈냉전' 시대 승리자의 서사는 더더욱 그러하다. 이처럼 진영간 역사적 힘의 비대칭성을 간과하는 것이 과연 공평한 것일까? 더구나 '탈냉전' 시대에 냉전연구는 대결의 양방을 양비론적 태도로 취급하기까지 한다. 양비론적 접근은 무엇보다 냉전은 나쁜 것이고 종식되어야 한다는 암묵적 전제 위에 서 있다. 그리고 냉전은 종식되어야 한다는 양비론적 접근은 냉전의 종식 시대, 즉 '탈냉전' 시대를 정당화하고 이는 다시 '탈냉전' 이데올로기를 정당화하는 데로 나아간다. 자연스럽게 이는 다시 진영대결은 애초 기울어진 운동장으로부터 비롯되었으며, 사회주의적 이상과 실천은 그 기울어진 운동장을 극복하려는 아래로부터의 민주적 열망과 연계되어 있음을 간과하게 만든다. 이는 겉으로 드러난 폭력만 보게 하고 그 폭력이 왜 발생했는지 그 정치에 대해서는 간과함으로써 폭력에 대해 근본적 성찰을 할 수 있는 기회까지 차단해 버리는 것이다. 그리하여 '탈냉전' 시대 탈정치화는 또 한 번 깊어진다.

그런 점에서 냉전종식의 단수성을 문제 삼는 권헌익조차 '냉전은 종식되어야 한다'는 전제에 대해서 의문을 제기하지 않는 것은 퍽이나 아쉬운 일이다. '냉전은 종식되어야 한다'는 가치평가적 명제는 어쩌면 '냉전은 종식되었다'는 역사적 명제보다도 더 단호한 확정어법 속에 갇혀 있는 듯하다. 그러나 그것이 설령 형편없는 선수들의 패배한 경기였다 하더라도, 애초 사회주의 이념과 그 실천으로서의 혁명, 나아가 사회주의 국가들간 연대의 궁극적 목표는 자본의 세계지배에 대한 저항과 극복에 있었다는 점까지 부정할 필요는 없을 터이다. 혹여 그 저항의 기운과 그들 사이의 횡적 연대의 실천을 '아래로부터의 냉전'이라고 볼 수는 없을까? 그리고 성공한 혁명권력이 민족국가화할 때 세계적 민족국가시스템의 패권경쟁구도에 불가피하게 말려들어가면서 '위로부터의 냉전' 구조가 형성된 것이라고 본다면? 그렇게 보면 사회주의 진영이 해체됐다는 것은 결국 자본을 제어하는 기제로서의 사회주의적 민족국가 시스템, 즉 '위로부터의 냉전'이 무너졌음을 의미할 뿐, '아래로부터의 냉전'까지 모두 해체됐음을 의미하는 것은 아니라고 할 수도 있지 않을까? 이런 식의 구분이 타당한지는 더 따져봐야겠지만, 사회주의 민족국가 시스템이 상당수 해체된 이후 자본주의시스템이 더 교묘하고 더 거대하고 더 탄력 있는 지구적 착취구조로 진화하고 있는 것은 분명하고, 그에 대한 문제제기와 대안적 모색과 실천들도 계속될 것이다. '아래로부터의 냉전'을 발생시킨 근본원인이 사라지지 않는 한 '냉전'의 종결도 영원히 보류될 수밖에 없을 터이다.

그런 점에서 우리는 '냉전의 종식'이라는 말 속에 두 개의 층위, 즉 '냉전은 종식되었다'는 역사적 판단과 '냉전은 종식되어야 한다'는 가치평가적 판단이 중첩되어 있다는 사실을 분명하게 인식할 필요가 있다. 특히 승리자의 역사 서술 속에서 이 두 층위는 서로 혼재하며 상호정당성을 강화하고 그것이 다시 승리자 서술을 합리화하는 순환 구조를 만들었으며, 이를 간과한 결과 그간의 냉전연구는 의도하지 않았다 해도 결과적으로 '탈냉전' 이데올로기가 탈정치화를 부추기는 또 다른 정치로 작동하는 과정을 방관하거나 심지어 방조했음을 직시해야 한다. 권헌익이 말한 대로 누가 냉전이 세계적으로 종식됐다고 말할 때 "누구의 냉전이, 어떤 냉전이 종식되었는가"라고 물어야 할 뿐만 아니라, 누가 냉전이 종식되어야 한다고 말할 때 "냉전은 종식되어야만 하는 것인가", "어떤 냉전이, 냉전의 어떤 차원이 종식되어야 하는가"라고 묻는 것도 잊지 말아야 한다. 그럴 때 비로소 지난 30여 년 간 '탈냉전' 이데올로기가 무엇을 탈정치화하고 있는지, 그것은 결국 누구의 이해를 대변하는지, 그리고 사라져간 역사로부터 우리가 더 소중히 여겨야 할 것은 무엇인지가 더 분명해질 것이다.

5. 방법으로서의 동아시아 북방학

지금까지 우리는 역사적으로나 가치평가적으로 모두 '냉전의 종식'을 확신하는 이른바 '탈냉전' 인식이 왜 또 하나의 이데올로기인지, 그리고 그것이 지난 30여년간 세계적으로 만연하게 된 탈정치화 현상과 어떻게 관련되는지 거칠게 살펴보았다. 서두에서 거론한 〈폴란드로 간 아이들〉의 뭉클한 이야기와 그들의 시대가 이른바 '탈냉전' 시대에 쓰여진 역사에서 공백으로 존재했던 것도, 1989년 홍순호가 제기했던 '북방관계연구'가 그처럼 빨리 요절할 수밖에 없었던 것도 '탈냉전'이라는 이데올로기가 형성되고 확산되는 과정에서 수반된 '북방 소거'의 일부였다고 할 수 있다. '냉전'이라는 용어는 그 탄생부터 그리고 '탈냉전' 시대인 지금까지도 다분히 서구중심적일 뿐만 아니라 탈정치화를 부추긴다는 점에서 '탈냉전' 이데올로기를 포함한 '냉전' 패러다임은 적극적으로 해체할 필요가 있다. 그러나 여기서 말하는 (탈)냉전의 해체가 '냉전'이라는 용어 자체의 폐기를 의미하는 것은 아니다. 첫째, '냉전'은 과거 수십년간 실제로 사용되면서 세계의 다양한 층면을 구성해 온 역사적 용어라는 점에서 자의적으로 폐기할 수 있는 것도 아니거니와, 둘째, '냉전'이라는 말은 그 자체로 그것이 구성해 온 역사의 불균등성과 폭력성, 그리고 비대칭적 담론권력의 세계적 구조를 매우 직관적으로 떠올리게 해 준다는 점에서 여전히 역설적인 사용가치를 지닌다. 중요한 것은 '냉전'을 다양한 시간과 층위를 가진 것으로 부단히 분절하고 해체하면서, 그것이 또 다시 이데올로기화 하지 않도록 심문하는 일이다.

그러기 위해 우선 '탈냉전' 시대에 소거되었던 냉전의 일방, 즉 북방의 역사와 현재를 적극적으로 담론의 장 속으로 소환해야 한다. 여기서 북방이란 기본적으로 홍순호가 정의한대로 북한을 포함하여 중국, 몽골, 소련 및 동구의 공산권 국가들을 가리킨다. 전통적으로 공산권은 동방이라 불리지만 그것이 서유럽을 중심으로 한 명칭이라면 북방은 남한을 중심으로 한 명칭으로서 지역주체성을 드러내고 냉전연구의 지역적 전환을 시도하기 위한 명명이다. 또한 여기서 소환되는 북방은 과거형이 아니라 현재형으로 이해되어야 한다. 여전히 사회주의체제를 고수하고 있는 북한이나 비록 시장경제로 돌아섰지만 여전히 사회주의 깃발을 내리지 않고 있는 중국은 물론이고, 이미 사회주의체제를 포기한 국가들이라 하더라도 사회주의적 잔여들은 서서히 끝나가며 여전히 현재를 구성하는 일부이자 미래의 역사라는 의미에서 그렇다.

또한 북방은 여기서 상호관계적 구성물로 파악된다. 그것은 사회주의 이념의 확산, 그 실천의 산물인 혁명들의 연쇄, 그리고 혁명주체들간 상호연대가 북방을 구성하는 핵심영역이라는 말이기도 하다. 북한을 포함한 북방을 상호관계적 구성물로 파악하게 되면 '탈냉전' 시대 북방의 소거에 따라 북한연구 자체가 사회주의 연구가 되어버린 남한의 고립된 북한학(조한범, 2004)도 비로소 자연스럽게 비교사회주의적 시야를 확보할 수 있게 된다. 뿐만 아니라 북방을 상호관계적 구성물로 파악하면 북방의 범주는 단지 국민국가를 단위로 하는 경계에 머무르지 않고 심지어 사회주의적 이념과 실천의 연쇄와 관련된 모든 역사적 범주로까지 확대된다. 그렇게 보면 남한은 북한을 대상화하는 주체기도 하지만 북한과의 관계 속에서 남한 스스로 북방의 범주에 속하게 된다. 또 사회주의적 사상과 실천의 연쇄라는 측면에서 일본, 대만, 베트남과 동남아시아의 관련 역사까지 모두 북방 범주 속에 딸려오게 된다. 자연스럽게 북방은 동아시아라는 지역을 의미론적으로

품게 되는 것이다.

위와 같은 북방의 범주 설정에 따라 필자는 그에 관한 학술적 실천을 동아시아 북방학이라 명명하고자 한다. 그렇다고 동아시아 북방학이 스스로 어떤 완결된 체계를 지닌 학문범주를 지향하는 것은 아니다. 굳이 말하자면 그것은 북방의 트랜스내셔널한 연대의 사상과 실천의 역사적 자원을 탐색하고 그 전통을 복원하여 현실개혁의 동력으로 삼는 학술적 실천 자체라고 할 수 있다. 그런 점에서 동아시아 북방학은 방법이자 시각이며 지적 실험으로서의 동아시아론의 연장이라고 할 수 있다. 그간 비판적 동아시아론이 동아시아를 하나의 단위로, 즉 통으로 사고하는 훈련을 해 온 것처럼 동아시아 북방학도 당장은 북방을 하나의 단위로 사고하는 훈련부터 시작되어야 할 것이다. 동아시아 북방학이 실제로 어떤 새로운 사고의 길을 열어 줄 수 있을지 지금 당장 온전히 가늠하기는 불가능하다. 없던 길도 사람들이 많이 걸어가면 길이 된다는 루쉰의 말대로 그 길은 가고자 하는 사람들이 함께 만들어가는 것일 테니까.

| 참고문헌 |

권헌익, 2013, 『또 하나의 냉전 』, 민음사.

베른트 슈퇴버, 2008, 『냉전이란 무엇인가』, 최승완 역, 역사비평사.

조병선, 1989, 『북방정책의 실상과 전망』, 열음사.

牛大勇·沈志華, 2004, 『冷戰與中國的周邊關係』, 北京:世界知識出版社.

김태우, 2012, 「냉전 초기 사회주의진영 내부의 전쟁·평화 담론의 충돌과 북한의 한국전
　　　　생 인식 변화」, 『역사의 현실』 83호.

박종철·정은이, 2014, 「한국전쟁 이후 북한 재건을 위한 동유럽 사회주의 국가의 원조에
　　　　대한 검토」, 『중동유럽한국학회지』, Vol.15.

백원담, 2015, 「냉전연구의 문화적·지역적 전환 문제」, 『중국현대문학』 75호.

손춘일, 2015, 「한국전쟁 발발 후 북한난민에 대한 중국정부의 정책」, 『국가전략』 제21권
　　　　3호.

이병한, 2011, 「신냉전사: 중국현대사의 새 영역」, 『중국근현대사연구』 제53집.

이해성, 2014, 「폴란드에 남겨진 북한 전쟁고아의 자취를 찾아서」, 『중동유럽한국학회지 』
　　　　Vol.15.

조한범, 2004, 「비교사회주의 연구방법론의 활성화를 제안하며」, 『국제지역연구』 13권
　　　　1호.

청카이, 2013, 「평화염원과 정치동원: 1950년의 평화서명운동」, 『냉전' 아시아의 탄생: 신
　　　　중국과 한국전쟁』, 백원담·임우경 엮음, 문화과학사.

홍순호, 1990, 「북방관계연구의 방법론적 시론」, 『한국정치외교사논총』 6호.

9장

디지털 경전주석학의 모색

—

한국경학자료시스템을 중심으로

이영호·함영대

1. 디지털 경전주석학의 모색

유학의 근간이었던 경학은 현대 학문이 대두된 20세기 이전, 불과 100년전까지 전통학문의 시대에 동아시아의 사상과 문화 뿐 아니라, 정치와 경제에 이르기까지 학문의 기본 원리를 제공했다. 한국을 비롯한 동아시아의 유학자들이 그들의 사상과 이념을 근간으로 경학저술을 많이 남겼던 것은 그러한 학문적 전통에서 유래한 것이다. 이러한 경학 저술에 대하여 동아시아의 중요한 축을 이루는 중국과 일본에서는 일찍부터 목록의 정리에서 자료의 회집에 이르기까지 다양한 성과를 제출했다.

중국의 경우, 『십삼경주소』, 『사서오경대전』, 『사고저서·경부(經部)』, 『황청경체』, 『속황청경해』, 『통지당경해』, 그리고 20세기에 들어와 대만의 엄영봉에 의해 회집된 『무구비재집성(無求備齋集成)』 등을 들 수 있다. 이상의 중국 경전 집성서들은 최근에 『사고전서』가 데이터 베이스화되고 『십삼경주소』의 표점본이 발간됨으로 인해 경전주석에 대한 정리를 진일보시켰다.

한편 일본은 20세기에 들어와 자국의 경전주석에 대한 목록화와 회집을 이룩했다. 하야시 다이스케(林泰輔, 1854~1922)는 『일본경해총목록(日本經解總目錄)』을 작성했다. 그는 저명한 경학자였지만 동시에

갑골학의 대가였고, 조선의 역사를 연구한 성과도 있다. 관의일랑(關儀一郞)은 1923년 일본 에도시대 경학자들의 사서(四書) 주석을 회집하여『일본명가사서주석전서(日本名家四書註釋全書)』를 출판하였다. 이 전서는 원본을 활자화하여 표점을 찍고 해제와 저자의 전기를 싣고 있다. 실로 경전주석정리의 모범적인 예라고 할 수 있겠다.[1]

이에 비해 한국에서는 조선 중기 무렵 김휴(金烋, 1597~1638)에 의해 경해목록이 만들어지거나, 권상하, 류건휴, 이해익, 서석화 등에 의하여 단편적으로 조선경학자들의 경설이 회집되곤 하였다.[2] 그러나 이는 조선시대는 물론 현대에 들어와서도 그다지 주목받지 못하였다. 근대 이후 1980년대에 이르기까지 조선의 경학저술들은 주로 목록의 형식으로 제목만 회집되곤 했다. 대표적인 목록집으로 대한제국 시기에 출판된『증보문헌비고』(『예문고·유가류』), 대한제국 때 조선공사의 통역관으로 내한한 일본인 마에마 교사쿠(前間公作)이 작성한『고선책보(古鮮冊譜)』, 윤남한 교수가 집록한『잡저기설류기사색인(雜著記說類記事索引)』(경해산문목록(經解散文目錄)을 들 수 있다.

이러한 상황 속에서 성균관대학교 대동문화연구원에서 1988년에 시작하여 1998년에 걸쳐 조선조에 이루어졌던 한국경학자료를 회집하여『한국경학자료집성』이라는 명칭으로 출간하였다. 조선시대 406명의 경학자의 1234종의 저술들을 145책의 규모로 회집해 놓은『한국경학자료집성』은 한국 경전주석서 회집에 있어서 거대한 역사였다. 이『집성』을 보면, 조선시대 경학자료 중 단행본과 문집내의 경학주석서들을 회집하고 나서 해제를 달아 놓았다. 이러한『한국경학자

---

1   이에 대한 자세한 보고는 이영호(2005: 89~123) 참조.
2   조선 경학자들의 회집의 상황에 대해서는 이영호(2017: 23~46) 참조.

료집성』의 발간으로 한국의 경학저술들은 어느 정도 집성이 되었다고 할 수 있으며, 또한 한국경학에 대한 체계적 연구의 기초가 마련되었다고 평가할 수 있다. 『한국경학자료집성』이 국내외적으로 상당한 인지도를 획득한 것은 물론이다. 정부의 지원으로 2004년부터 단계적으로 DB화를 진행하고, 한국경학자료시스템(http://koco.skku.edu/) 이라는 명칭으로 온라인 서비스를 하게된 것은 이 총서의 가치를 인정받은 결과라고 할 수 있다.(이영호, 2009: 301~323)

이 글은 성균관대 대동문화연구원에서 완간한 『한국경학자료집성』과 그를 데이터 베이스화한 한국경학자료시스템을 검토하고, 이어서 한국의 경학자료를 데이버 베이스화한 또 다른 사이트를 살펴보려 한다. 이는 한국의 디지털 경전주석을 활용한 경학연구의 새로운 지평을 모색하려는 시도로 이는 '디지털 경전주석학'이라고 할 수 있겠다. 물론 한국 경학자료의 데이트 베이스화는 아직 보완할 여지가 많은 상황이다. 하지만 동시에 경학연구의 새로운 방법론을 개척하는 데도 적지 않게 기여할 수 있는 가능성을 가지고 있다. 이 글은 이러한 가능성을 탐지하는 시발점이다.

2. 『한국경학자료집성』과 한국경학자료시스템

성균관대학교 대동문화연구원에서는 한국의 경학자료에 대한 정리의 필요성을 절감하고, 1988년부터 1998년에 걸쳐 150여명의 전문가와 50여명의 실무진을 참여시켜 한국의 경학자료를 발굴하여 수집했다. 그렇게 수집된 방대한 자료를 『대학』 8책, 『중용』 9책, 『논어』 17책, 『맹자』 14책, 『서경』 22책, 『시경』 16책, 『역경』 37책, 『예기』

10책,『춘추』12책 등 전 145책 규모로 정리해서 해제를 붙여 출간하고,『한국경학자료집성』이라 이름 붙였다.

이는 그야말로 한국의 방대한 경학자료를 정리한 것이지만 아쉽게도 이 자료를 용이하게 이용할 수 있는 색인조차 마련하지 못했다. 그 때문에 일반인은 물론 연구자들조차도 쉽게 활용하기에는 어려운 점이 적지 않았다. 성균관대학교 동아시아학술원에서 한국전산원에서 전담하는 '지식정보자원관리사업'의 일환으로 '한국경학자료 DB구축사업'을 진행한 것은 이 때문이다. 오랜 기간에 걸쳐 수집·정리된 한국의 경학자료를 전문적이고 체계적으로 디지털화하여 방대한 분량의 경학자료에 대한 이용확대를 도모한 것인데 이 같은 과정을 거쳐 구축된 한국경학자료시스템(http://koco.skku.edu/)은 수석별 검색을 비롯하여 다양한 검색 방식 도입하면서 한국의 경학자료에 대한 접근을 용이하게 했다.

경학자료시스템의 '메인화면'과 '경학자료열람'에서 제공하는 다양한 검색기능은 다음과 같다.[3]

---

3 위의 검색 기능에 관한 자세한 소개는 이영호(2009) 참조.

1. **분류별 검색**:『집성』내 해당 경학자료의 전체 서지가 보이며, 최종 단계의 정보는 서명, 출전, 저자, 편명, 장명, 경문, 한국학자들의 주석으로 구성되어 있으며, 원문이미지를 함께 볼 수 있다.

2. **주석별 검색**: 각 경서 아래의 장 또는 편을 클릭하면, 그 상의 전체 서지가 화면에 보인다. 이 중 해당 장(편)을 클릭하면 이 장에 대한 한국경학가들의 전체주석에 대한 서지를 차례대로 볼 수 있다.

3. **저자별 검색**: 가나다순으로 분류되어 있으며, 저자의 이름을 클릭하면 해당 서사의 경전 주석을 일목요연하게 볼 수 있다.

4. **서명별 검색**: 가나다 순으로 분류되어 있으며, 서명을 클릭하면

해당 서명에 속해있는 경전 주석서를 경전별로 볼 수 있다.

5. **경전원문**: 경의 원문과 이에 대한 주자(주자학파)의 주석을 동시에 보거나 검색할 수 있으며, 동시에 한국경학자료와 링크되어 있어서 한국경학자들의 주석을 볼 수 있다.

한국경학자료시스템의 검색기능을 보면, 경전의 종류에 따른 분류별 검색, 저자의 성명에 따른 저자별 검색, 주석서의 서명에 따른 서명별 검색 외에 주석을 일괄적으로 볼 수 있는 주석별 검색이 있다. 주석별 검색은 특정 경문에 대한 한국경학자들의 주석을 한 번에 볼 수 있는 검색기능으로, 이는 한국의 경전주석서늘의 대부분이 주자의 편장구분에 의거하여 분장이 가능하기 때문에 만들 수 있었던 검색기능이다. 『맹자』「진심 상」 1장을 예로 들어 살펴보기로 하자.

『맹자』「진심상」 1장의 경문인 "孟子曰, 盡其心者, 知其性也, 知其性則知天矣. 存其心, 養其性, 所以事天也. 殀壽不貳, 修身以俟之, 所以立命也."에 대한 한국 경학자들의 주석을 보고자 할 경우, '한국경학자료시스템(http://koco.skku.edu/)'에서, 분류별, 저자별, 서명별 검색에서도 가능하다. 한국경학자료시스템에서는 텍스트를 구현하는 최종단위를 경전의 장으로 했기 때문이다. 그러나 위의 세 종류의 검색은 모두 『맹자』「진심상」 1장에 대한 하나의 주석만을 보여주기 때문에, 다른 경학자 혹은 다른 『맹자』 주석서의 『맹자』「진심상」 1장에 대한 주석을 보려고 한다면 계속 재검색을 해야만 한다. 재검색을 한다 하더라도 검색의 과정에서 누락되는 주석을 피할 수 없을 것이다.

그런데 주석별 검색에서는 한 번의 검색으로 조선 경학자들의 『맹자』「진심상」 1장에 대한 주석 전체를 볼 수 있는데, 총 68종의 주석들이 검색된다. 이때 보여지는 총 68종의 주석은 두 가지 형태로 구현된다. 첫째는 경전주석서별 구현으로, 『맹자』「진심상」 1장에 대한 주석이 들어있는 주석서를 시대별로 정렬해 놓은 것이다. 여기에서는 검색자가 보고 싶은 주석서 또는 주석가를 찾아 클릭하면, 해당 경문에 대한 주석이 구현된다.

두 번째는 화면 우측 상단에 있는 '전체주석보기' 기능이다. 이 전체주석보기 항목을 클릭하면, 『맹자』「진심상」 1장에 대한 조선 경학자들의 주석 68종 전체가 일시에 화면에 구현된다.

'한국경학자료시스템'의 주석별 검색은 국내외의 한국학과 동양학을 연구하는 학자들이 조선 경학자들의 경전의 대한 견해를 동시에 비교하면서 볼 수 있는 편리성을 제공해 주고 있으므로 이러한 주석별 검색은 그 검색의 편리성의 측면에서 보자면, 진일보한 검색기능이라고 평가할 수 있다. 특히 주석별 검색에서는 한 구절의 경문에 대한 한국 경학가들의 전체의견을 일목요연하게 볼 수 있다는 점에서, 일찍이 중국과 일본에서도 시도된 적이 없는 매우 획기적인 검색방법이다.

한국학 연구자들에게 한국의 경학자료를 다양한 측면에서 손쉽게 활용할 수 있도록 제공한 것인데 한국학 연구의 수준제고를 기대할 수 있게 되었다. 또한 해외의 한국학 연구자들에게도 이 자료의 활용을 편리하게 함로써 국가적 차원에서 한국학을 바로 알릴 수 있는 좋은 계기를 마련하였다.

한편 '한국경학자료시스템'은 조선 경학자들의 경전주석을 원문으로 구현했을 뿐 아니라, 대중과의 소통을 위하여 〈국역경학자료〉를 따로 나타냈다. 여기에서는 〈한국경학정선〉, 〈세계유교경전〉, 〈한글유교경전〉이라는 분류가 있고, 〈한국경학정선〉에는 이황(李滉, 1501~1570)의 『논어식의(論語釋義)』 전편의 번역과 박문호(1846~1918)의 『논어집주 상설(論語集註詳說)』 일부의 번역이 올라있고, 〈세계유교경전〉에는 이지(李贄, 1527~1602)의 『논어평(論語評)』 전편과 제임스 레제(james legge, 1815~1897) 의 『CONFUCIAN ANALECT』 가운데 1편 학이편에서 11편 선진편까지 등재되어 있다. 앞으로 이 부분이 활성화 된다면, 이 사이트는 전문가와 대중이 모두 활용할 수 있을 것이다.

3. 그 외의 디지털 경학자료

한편 성균관대 동아시아학술원에서는 경학자료시스템 이외에 디지털 경학연구의 또 다른 면모를 지닌 한국주자학봉어사선 System(http://jjh.skku.edu/)을 구축하였다.

신유학이라고도 불리는 주자학은 동아시아 한자, 유교 문화권에서 절대적 비중을 차지하는 유학사조이다. 중국, 한국, 일본에서 주자학은 사상사에서 뿐 아니라 정치사, 경제사, 사회사에도 큰 영향을 미쳤기 때문이다. 이러한 주자학의 원천은 바로 주자가 남긴 글이다. 주자는 매우 다양하면서 질적으로 수준 높은 글들을 남겼는데, 주로 그의 문집과 경전 주석서에 그 정수가 담겨있다. 그리고 주자가 당시 제자들과 문답한 내용을 담은 『주자어류』에도 주자학의 핵심 내용이 포함되어 있다. 그러므로 주자가 남긴 글의 정수는 『주자문집(朱子文集)』, 『주자어류』, 주자 경학 등 세 영역에서 확인할 수 있다. 주자학 연구에 있어서 주자가 남긴 이 세 영역의 문헌을 읽는 것이 필수적인 것은 바로 이러한 이유이다. 그런데 이 세 영역의 주자의 문헌에 대한 용어풀이 사전은 일찍이 한국의 주자학자인 이항노, 이의철, 이황 등에 의하여 저술되었다. 이들의 저술은 조선의 주자학이 수백 년에 걸쳐 축적해 온 주자 문헌에 대한 주석과 용어 해설을 집대성한 성과이다.

　이러한 조선 주자학의 학문적 성과를 국내외 학계와 두루 공유하고 자, 성균관대학교 동아시아학술원에서는 이들이 남긴 저술들을 '주자 문집용어', '주자어류용어', '주자경학용어' 등으로 분류하고서, 그 원 문을 전산화하여 학계에 제공하기로 하고 성균관대학교 인문한국 사 업단의 지원으로『주자대전차의집보』의 전산화를 2008년부터 시행하 였다. 이후 이의철(李宜哲, 1703~1778)의『주자어류고문해의(朱子語類考 文解義)』(42권 10책), 이황의『사서삼경석의(四書三經釋義)』를 비롯한 조 선의 주자학 관련 언해서의 데이터 베이스 작업을 완료하여, 현재 '주 자학용어사전시스템(http://jjh.skku.edu/)이라는 명칭으로 전산화 된 내 용을 학계에 제공하고 있다. 이 중 '주자경학용어'는 바로 조선의 주 자학적 경학의 정수를 데이터 베이스로 구축한 것이다.

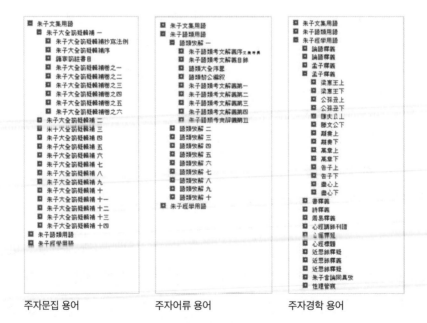

주자문집 용어　　　　　　주자어류 용어　　　　　　주자경학 용어

화면에서 보듯이 세 종류의 사전을 전산화하여 학계에 제공함으로써, 궁극적으로 동아시아 주자학에 대한 치밀하고 고차원적인 연구의 계기를 장을 마련했다.

기실 『주차집보』 등 자료의 큰 의의는 바로 그 현재성에 있다. 주자학은 전근대 동아시아 삼국의 중심을 이루고 있는 학문임에도 불구하고 『주자대전』과 『주자어류』의 방대함과 난해함으로 인하여 그 주석서는 현재까지 『주차집보』와 『주자어류고문해의』를 제외하고는 찾아볼 수가 없다. 그런 점에서 오늘날 주자학의 원전을 통해 주자학을 탐구하고자 하는 학자들에게 있어 이 사이트의 가치는 여전히 유효한 현재성을 지닌다고 할 수 있을 것이다.

그 밖에도 디지털 경학자료를 활용할 수 있는 것에는 한국학중앙연구원에서 구축한 한국학진흥사업 성과포털(http://waks.aks.ac.kr/dir/bizHome)에 반영된 다양한 전집의 정본화 작업의 성과들이다. 한국주역대전, 성호전서정본, 정본여유당전서 등의 데이터베이스화 작업이 여기에 해당된다.

1) 한국주역대전 http://waks.aks.ac.kr/rsh/dir/rdir.aspx?rshID=AKS-2012-EAZ-2101

중국대전 보기

한국대전 보기

　　한국주역대전 DB는 '중국대전 보기'와 '한국대전 보기' 등의 방식을 통해 중국과 한국의『주역』관련 주석을 시대별로 일목요연하게 보여주고 있어 주목된다. 그 내용을 보면, 한국경학료시스템과 한국주자학용어시스템에서는 여력의 부족으로 인해 시행하지 못했던 표점과 번역을 동시에 제시하고 있어 이후 경학자료의 전산화가 가야 할 방향을 제시하고 있다는 점에서 주목할 필요가 있다.

2) 〈성호전서 정본〉 http://waks.aks.ac.kr/rsh/?rshID=AKS-2011-EBZ-2103
　　〈정본 여유당전서〉 http://waks.aks.ac.kr/rsh/?rshID=AKS-2009-JA-2001

　　성호전서 정본화 DB는 제1차 정본화 사업의 대상으로 성호의『질서』와 기타 독립 저작들인『사칠신편(四七新編)』,『예설유편(禮說類編)』,『곽우록(藿憂錄)』,『백언해(百諺解)』,『관물편(觀物編)』을 선정하여 작업을 신행하되 특히『실서』의 정본화에 역점을 둔 사업결과이다. 교감, 교열, 표점 연구를 통한 성호 저작 정본의 확정을 목표로 다양한 필사본 이본의 교감과 검토를 거쳐 정본화된 결과물을 제출했다. 특히 이 사

성호전서 정본 데이터베이스　　『논어질서』「학이」1장

정본 여유당전서 데이터베이스　한국고전종합 데이터에비스와 연동

업팀은 '디지털 정본성호전서' 구축을 기획하여 이본(異本)을 모두 이미지화하여 연구자가 확인할 수 있는 시스템 구축을 추진했는데 이는 디지털 경학 연구의 소중한 자산이 될 것으로 생각한다.

　한편 정본 여유당전서 데이터베이스는『여유당전서』정본사업의 결과물을 데이크 베이스화 한 것이다.『여유당전서』정본사업은 다산의 저작을 서지학적으로 종합하여 정리하고 전문적 표점 및 교감연구를 토대로 다산의 원전에 가장 가까운 '현대화된 비판적 정본'을 만드는 섯을 목적으로 진행되어 총 37책의『정본 여유당전서』를 제시했나. 한국학계의 다산학 중진들이 망라되어 작업에 참여함으로써 그 역량을 집결한 것이다. 또한 다산 관련 필사본·친필·유묵·간찰 등의 자료를 종합적으로 정리하고 새로운 자료도 추가적으로 발굴 조사하여『신발굴자료집』을 만들었다. 이와 함께 이들 자료를 바탕으로 신조선 사본의 출간 배경 및 필사본 전승에 관한 연구를 수행하여 그 결과물을 『다산필사본연구』(사암, 2019)로 출간하기도 했고, 교감기도 정리했다. 뿐만 아니라 확정된 표준 범례안을 마련하고, 『여유당전서』 출판을 위한 편집체제에 대해 심도있는 논의를 진행하였다.

『정본 여유당전서』 사업의 성공적인 마무리는 다산학연구의 저본이 될 뿐만 아니라, 향후 우리나라 고전문헌을 정리하고 현대화하는 인문학술 사업에서 중요한 이정표가 될 것으로 생각된다. 또한 정본사업의 진행과정을 객관적으로 이해할 수 있도록 편찬과정을 설명함으로써 앞으로 이와 유사한 정본사업이나 교감사업의 표준을 마련할 수 있을 것으로 기대된다.[4]

특히 한국고전번역원에 해당 자료를 연동하여 여러 연구자들의 활용을 좋게 한 것은 향후 이러한 정본화 사업의 성과를 공유하는 방면에서 좋은 시시점을 줄 수 있을 것으로 생각된다.

4. 디지털 경학자료의 연구방법론

이렇게 구축된 〈한국경학자료시스템〉을 활용하여 경학연구에서는 어떠한 작업을 시도할 수 있을까? 조선 중·후기 『맹자』 구식서의 주석 분포도는 조선 맹자학의 경향성을 대변한다. 곧 조선시대 학자들이 『맹자』 텍스트 가운데 어떠한 곳에 주석을 했는가를 파악하여 주석의 분포도를 작성하고, 그 변화의 추이를 분석하면 그러한 관심이 가

---

4 이 외에도 『율곡전서』를 비롯 다양한 정본사업의 결과물들에 제시되어 있는데, 그 역시 경학자료가 포함되어 있는 것은 디지털 경학연구의 중요한 연구자료로 활용될 수 있겠다. 여기서는 우선 경학의 비중이 높은 자료만을 제시했다.

지는 학술적 의미를 고찰할 수 있을 것이다.[5]

『맹자』 텍스트에는 '성선'이나 '사단(四端)'으로 대표되는 심성론에 대한 문제의식은 물론, 왕도정치론, 방벌론, 정전론 등의 정치경제론을 비롯하여 화이론, 의리론 등 사회문화론에 이르는 폭넓은 주제의식을 담고 있다. 그러므로 '『맹자』의 어느 장절에 주석했는가'라는 점은 바로 『맹자』 텍스트를 바라보는 주석자의 관심을 단적으로 드러내는 것이다. 맹자의 심성론에 깊은 관심을 가진 학자들은 무엇보다도 호연장이나 사단장과 같은 심성론을 다룬 장절에 주석하고, 정치경제론에 많은 관심을 가진 학자들은 방벌장과 정전장에서 적극적으로 자신의 의견을 개진한다. 실제로 호연장의 경우 하곡 정제두는 무려 8차례에 걸쳐 그 의미를 분석했다. 양명학의 입장에서 주자학을 비판하려는 교두보를 호연장에 대한 주석을 통해 확보하려고 했던 것이다. 성호 이익과 다산 정약용은 정전장에 대해 그 의미를 거듭 분석했고, 외암 이간은 우암 송시열의 호연장에 대한 문제의식을 계승했다. 곧 특정한 장절에 대한 주석은 그 자체만으로도 학자나 학파의 관심사를 파악하는 직접적인 자료가 된다.

그러므로 현재까지 파악된 조선 학자들의 『맹자』 주석서 전체를 장절로 구분하고, 이것을 바탕으로 시대순에 따라 '주석분포도'를 작성하는 것은 매우 의미있는 학술적 작업이 될 수 있다. '주석분포도'는 바로 조선 학자들의 『맹자』 텍스트에 대한 해석적 관심을 직관적으로 파악하는 가장 일차적이고 객관적인 자료로 유용하게 활용될 여지가 있다.

『맹자』의 거의 전편을 주석한 포저 조익과 성호 이익의 경우, 포저는 『맹자천설』에서 주자학적 견해에 기초하여 자신의 의견을 제시한

---

5 이와 관련한 좀 더 자세한 논의는 함영대(2012: 417~440) 참조.

반면, 성호는『맹자질서』에서 정치·경제론의 장절에서 특히 중요한 언급을 많이 남겼다. 60% 정도를 주석한 다산의『맹자요의』는 군신관계에 대한 주석은 자제하고, 심성·수양론에 해당하는 장절에 집중적으로 자신의 견해를 제시했다. 정치경제론에 대한 주석 역시 아주 없지는 않으나 상대적으로 비중이 작았고, 그 발언의 수위는 매우 조심스러웠다. 주석자의 당시 저술 상황이 주석서에 반영된 결과였다.

이러한 현상은 조선의 맹자학을 이해하는 중요한 표식이다.『맹자』주석에 대한 분포도 작성은 바로 그 작업의 고증적 기초를 다지는 첫걸음이 될 수 있다.『맹자』의 전편에 대하여 주석하지 않고 그 일부만을 주석한 '차기'나 '문대'의 형식을 띠는 주석서 역시 해당 시기『맹자』텍스트의 특정한 화제에 대한 관심을 반영하는 간과할 수 없는 자료이다.

18세기에서 19세기까지 조선의『맹자』주석서에 나타나는 주석의 분포도는 조선 후기 학자들이『맹자』를 이해하는 관심의 변화를 보여주는 객관적인 지표이다. 그것은 다시 중국과 일본의 주석과 비교할 수 있는 객관적인 자료를 획득하는 것이다. 이것은 주자와의 거리 확보에 골몰하던 이전의 조선 경학에 대한 연구방법론을 전환하는 하나의 돌파구가 될 수 있을 것이다. '조선맹자학'의 구체적인 면모는 이러한 고증적이고 객관적인 자료를 확보하는 과정을 통해 동아시아 경학에서 점차 그 내실있는 연구 대상으로서의 의미를 확보할 수 있을 것이다.

이러한 문제의식은 다음과 같이 조선『맹자』텍스트의 전체장 (260장)을 가로축으로 68명이 저술한 조선의 맹자 주석서를 세로축으로 하여, 각 주석서에서 주석한 해당 장절을 '●'표시하여 아래와 같은 하나의 거대한 조선『맹자』주석 분포도를 작성할 수 있다. 우선 맹자학의 주석서가 처음 제출되는 조선 중기의 경우는 다음과 같은 표를 얻을 수 있다.

〈표1〉조선 중기 『맹자』 해석의 주석 분포도(부분)

學者	著作	「梁惠王上」(7)							…	「公孫丑上」(9)									…
		1	2	3	4	5	6	7		1	2	3	4	5	6	7	8	9	
李滉	孟子釋義	●	●	●	●	●	●	●		●	●	●	●		●	●	●		
李德弘	孟子質疑										●				●				
金長生	經書辨疑-孟子	●			●		●			●	●				●				
權得己	僭疑-孟子	●		●						●			●	●	●	●	●	●	
趙瀷	孟子蹖說	●	●		●	●	●			●	●	●	●			●		●	

이를 실제 16~17세기의 조선 맹자학의 경향성을 파악하는 방식으로 접근할 수 있다. 『한국경학자료집성』 자료 가운데 시기적으로 16~17세기에 해당하는 15여종의 경전 주석을 이러한 방식으로 파악할 수 있다.

이러한 시도는 '주자와의 거리'라는 종래의 조선 경학에 대한 연구 논점에서 탈피하여 조선 학자들의 관심사에서부터 조선 경학의 한 특징적인 국면을 파악해 보려는 의도에서 비롯된 것이다. 조선 학자들의 경학적 관심사에서부터 논점을 포착하여 경학 연구의 시대별 경향성을 규명하려는 것이다. 이러한 연구 방법의 적용은 조선 경학의 개성적인 특징을 찾는데 도움을 줄 수 있을 것이며, 다른 한편으로는 조선 경학 연구의 전체적인 면모를 좀 더 객관적으로 파악하는데 기여할 수 있을 것이다.[6] 동아시아 경학의 한 부분을 구성하

---

6 이 점에 대한 문제의식과 연구 방법으로서의 가능성에 대해서는 함영대(2012) 참고.

고 있는 조선 경학의 개성적인 면모 역시 이러한 전체에 대한 고증
적 고찰을 통해 좀 더 선명하게 포착될 수 있을 것이다.

1) 16~17세기 조선 학자들의 『맹자』 주석 분포도(부분)

學者	著作	「梁惠王上」(7)							「梁惠王下」(16)																「公孫丑上」(9)									「公孫丑下」(14)												
---	---	1	2	3	4	5	6	7	1	2	3	4	5	6	7	8	9	10	11	12	13	14	15	16	1	2	3	4	5	6	7	8	9	1	2	3	4	5	6	7	8	9	10	11	12	13
李滉	孟子釋義	●	●	●	●	●	●	●	●	●	●	●		●	●	●				●		●				●	●	●	●		●	●	●		●	●	●		●	●		●		●		●	
李珥	孟子釋義	●	●	●	●	●	●	●	●	●	●	●	●	●	●	●	●	●	●	●	●	●	●	●	●	●	●	●	●	●	●	●	●	●	●	●	●	●	●	●	●	●	●	●	●	●	●
李德弘	孟子質疑																										●																				
金長生	經書辨疑-孟子	●			●		●				●															●	●			●																	
權得己	僭疑-孟子	●		●							●	●	●	●	●					●		●				●	●								●	●		●	●	●	●	●	●	●			
趙瀷	孟子踐說	●	●	●	●														●																												
權諰	經筵講義																																														
李惟泰	四書答問-孟子	●	●	●					●	●	●	●	●	●	●	●					●	●				●	●	●		●	●	●	●						●				●		●	●	
宋時烈	孟子或問精義通考	●	●			●	●	●	●	●			●		●	●		●		●	●		●	●		●	●	●	●	●	●	●	●	●		●		●	●	●	●	●	●	●	●	●	●
吳益升	雜錄-孟子	●				●																																									
洪汝河	讀書劄記-孟子	●			●	●	●					●						●									●	●			●																
房明爀	疑-孟子																												●			●															
朴世堂	思辨錄-孟子	●	●	●	●	●						●		●					●	●						●										●	●	●	●				●	●			
金榦	劄記-孟子	●	●	●	●	●	●	●	●	●	●	●	●	●	●	●	●	●	●	●	●	●			●		●	●	●	●			●	●	●	●	●		●	●		●	●	●	●		
林泳	讀書劄記-孟子	●			●																						●								●			●	●		●						
15명	15종																																														

2) 18~19세기 주석분포표를 통해 본 전체상

한편 2세기에 걸친 주석 분포의 변화상을 더 충분한 사료로 더욱
극적으로 보여주는 것은 18~19세기 주석 분포표에 의해 작성된 표

를 분석하여 획득한 결과이다. 이에 대한 연구성과[7]는 이미 제출되어 있는데 그 결과를 참고하여 파악한 결과는 다음과 같다. 18세기 조선 학자들의『맹자』해석에서 특히 주목할 것은 철저하게 심성 수양과 왕도정치의 소의경전으로『맹자』를 활용하고 있는 것이다. 빈도수를 종합하여 보면 가장 높은 빈도를 차지하고 있는 것이 호연장(「공손추상」2장)인데 분석대상 33명 가운데 무려 30명의 학자가 이 논점에 대해 자신의 견해를 제시했다. 이것은 18세기 학자들에게 이 논점은 거의 일상화된 학문의 화두였음을 확인시켜 준다. 한편 호연지기장에 이어 높은 빈도수를 차지하는 장절을 표로 제시하면 다음과 같다.

순위	1	2	3	4	5	6	7
18세기 (33명)	공순추상2 (30)	양혜왕상1 (20)	양혜왕상7 (19)	고자상3 (18)	진심상1 (18)	공손추상6 (18)	등문공상3 (18)
19세기 (30명)	공손추상2 (23)	진심상1 (21)	양혜왕상1 (19)	양혜왕상7 (17)	공손추상1 (14)	등문공상3 (14)	등문공하9 (14) 고자상6 (14)

위에서 확인할 수 있는 것처럼 「호연장」을 이어 높은 빈도로 주석이 작성된 장은 왕도정치와 관련한 장이다. 의리지변과 여민동락을 설파한 「양혜왕상」 1장과 7장, 백성들에게 항산이 있어야 함을 말하는 「등문공상」 3장 등이 그것이다. 이러한 현상은 민본주의를 강조하는 유교국가의 일면으로 이해된다. 개별 특징에 대한 세심한 검토는 각 장절에 대한 분석을 통해 이루어져야 하지만 전체적인 성격을 파악하는 데는 이러한 주석의 분포라는 전체상에 대한 분석이 필수 불가결하다.

---

7   이에 대한 실증적인 탐색은 함영대(2014: 423~453) 참조.

18~19세기의 경우 주요한 관심사는 「공손추상」 6장이나 「진심상」 1장 등 사단과 심성, 지성 등 심성의 본질과 그 수양에 대한 것이었으며, 그에 대한 내용을 집중적으로 다룬 「고자상」 8장과 「진심」편의 몇몇 주요한 장절은 서로 연관된 점이 많지 않음에도 불구하고 상당히 깊은 관심 속에서 검토되었다. 주요한 문헌인 『주자언론동이고』와 조대의 항목, 『경사강의』에서도 이 항목은 집중적으로 검토되었다. 이것은 18~19세기 맹자학의 저류를 관통하는 핵심 문제의식이었던 것이다.

한편 이러한 전체상의 파악은 『맹자』의 주석서와 그 작자에 대한 또 다른 관심을 견인한다.

(1) 18~19세기 『맹자』 주석서의 성격

시기 \ 주석서의 성격	논설	조대 (경연)	독서 차기	강설	집설 증주	문답	기타
18세기	12	7	5	3	2	2	1
19세기	11	5	2	3	3	4	2

18세기의 조대는 정조와 깊은 관련이 있고, 19세의 조대는 정조와 고종, 또는 성균관의 문내와 관련이 있다. 군주의 관심이 학문적 연구방법과 그 결과물의 성과를 견인한 셈이다. 그 외에 문답체 주석이 확대되는 것은 지방 강학의 성장과 무관하지 않다.

(2) 18~19세기 『맹자』 주석자의 분량

주석항목 분량	70%이상	50%이상	30%이상	10%이상	10%미만
18세기	5	0	4	7	17
19세기	2	4	1	8	16

위에서 확인할 수 있는 바와 같이 맹자학의 경우 전반적으로 주석의 양이 하락하는 국면을 보이는데 이는 전체적인 경전주석자의 수준 하락과 무관하지 않다. 이는 17세기에 이르러 경전 전체에 대한 주석이 증거하고 있는 것과는 변별되는 점이다.

한편 18세기에 비해 19세기의 주석자는 전국적인 분포를 가지는데 이는 경전에 대한 연구가 지방화되는 것이다. 이는 경전 연구의 전국적인 확장이 아니다. 오히려 그 반대인데 더 이상 경전에 대한 지식이 국정의 핵심 관직을 확보할 수 있는 시대가 아니었기 때문에 향촌에 은거하면서 학문에 침잠한 결과로 파악된다. 그 주석자의 사회적 진출에 대한 검토를 통해 이는 분명하게 파악할 수 있다.

(3) 18~19세기 『맹자』 주석자의 당맥

당맥	노론	남인	소론	미상
18세기	19	5	미상	9
19세기	11	9	4	7

18~19세기 『맹자』 주석자를 통해 확연하게 파악할 수 있는 당맥의 변화상은 노론학자의 감소와 남인학자들의 성장으로 요약할 수 있다. 스승의 반열에 있는 학자들의 제자들을 살펴 두 시대를 비교하면 18세기에는 송시열(1), 권상하(4), 김창협(2), 이재(2), 김원행(5), 민우수(1), 윤봉구(1) 등 노론계 학자들의 제자 배출이 확연하다. 거의 대부분을 노론계 사승을 가진 학자들이 차지했다. 남인계 학자는 성호 이익(2) 만이 외롭게 그 제자그룹을 둘 뿐이다. 이것은 18세기 경학 연구의 학맥이 전반적으로 노론에 의해 장악되었다는 것을 의미한다.

이렇게 전체상을 파악함으로 인해 조선 맹자학의 경향성에 대한 이해는 더욱 심화될 수 있는데, 이것은 한 두 종의 해석에 대한 깊이있는 접근으로는 불가능하고 오직 이렇게 전체적인 흐름을 거시적으로 파악할 때에 확인할 수 있는 것이다. 경학자료시스템의 주석별 검색을 비롯하여 전체에 대한 정보를 집적한 전산화의 성과가 연구에 활용될 여지는 매우 무궁하다고 할 수 있겠다.

5. 디지털 경전주석학의 과제

『한국경학자료집성』의 간행은 동아시아에서 중국과 일본에 비해 그 회집의 역사가 일천했던 한국 경학자료의 규모와 위상을 확인한 학술적 진전이었다. 한국유학의 저력을 구체적인 자료로 입증할 수 있는 문헌적 근거를 마련한 것이기 때문이다. 이를 효과적인 방식으로 전산화한 〈한국경학자료시스템〉은 중국과 일본에는 이제까지 없었던 주석별 검색이라는 방식을 전산화 과정에 도입함으로써 경학자료를 활용한 연구에 획기적인 전환을 가져왔다. 또한 이를 조선의 경학적 특색을 잘 보여주는 주자학문헌 방면으로 발전시킨 〈한국주자학용어시스템〉은 동아시아에서 '주자학 문헌연구'의 주요한 참고서목으로 활용될 가능성을 농후하게 가지고 있다. 이렇게 전산화된 경학자료들은 이후 경학연구의 새로운 방법론 모색에 적지 않은 도움을 줄 것으로 기대된다.

그러나 현재까지 구축된 경학자료를 경학연구에 좀 더 효과적으로 활용하기 위해서는 다음의 몇 가지 사안에 대한 충실한 보완이 요구된다.

우선 여전히 전산화의 대상이 되는 원전자료에 대한 보완이다. 초기에『한국경학자료집성』의 자료를 수집하는 과정에서 전문가의 부족과 여건이 구비되지 못한 다양한 이유들로 인해 경학자료 자체가 완비되지 못하였다. 이들 원천자료에 대한 보완적인 수습과 정리는 두 말할 나위없는 중요한 과제이다.

한국학중앙연구원에서 진행 중인 한국학성과포털에서 집성하여 서비스 중인『정본 성호전서』와『정본 여유당전서』사업은 이러한 디지털 경전주석 연구에서 정본사업의 성과를 부분적으로 드러낸 것이다. 특히 광범위한 문집자료의 데이터 베이스화를 집적하고 있는 한국고전번역원의 〈한국고전종합 데이터베이스〉와 연동시킨『정본여유당전시』의 경우 이후 진행될『정본 퇴계집』이나 이미 집성된『정본 율곡전집』,『정본성호전서』의 활용에 대한 하나의 시사점을 제공한다고 할 수 있겠다.

다음으로 확보된 경학자료를 단순히 선본으로 교체하는 데서 그칠 것이 아니라 이본대조를 통한 교감작업을 수행하여 정본으로 확정하고, 이를 다시 표점하는 작업을 수행할 필요가 있다. 한국에서 간행된『한국경학자료집성』의 자료는 중국에서 진행하고 있는『국제유장』편찬 작업의 주요한 모본이 되었음이 분명하다. 우리의 자료가 중국의 유경 경전화 작업에 활용된 경우라고 추측되는데, 그 과정에서 충분한 정본화 작업을 거치지 않았기에 표준이 되기에는 어렵다고 판단된다. 그러므로『한국경학자료집성』의 이러한 정본화 과정을 거친다면 중국의『국제유장』의 성과를 상회하는 의미있는 작업을 수행할 수 있을 것으로 생각된다. 그러한 성과를 이끌어내기 위해서는『한국경학자료집성』을 제작할 당시에 전문가의 부족 내지 형편의 미흡으로 미처 수습하지 못했던 자료들을 다시 세심하게 수습하여 보완할 필요가 있을 것이다.

아울러 한 가지 더 강조할 것이 있다. 경학연구는 근대 이전 동아시아에서는 학술연구의 근간이었지만 현재는 문사철의 구석진 일부로, 전문 연구자들만이 탐구하는 전문 학술영역으로 남겨져 있다. 고전에 대한 전문적인 연구의 필요는 재론할 필요가 없는 것이지만 이러한 고전자료의 대중화를 위한 노력은 간과되어서는 안 될 것이다. 〈한국경학자료시스템〉에서 최초 기획하였고 위에서도 얼마간 거론하였지만 일반 대중과의 소통을 위해서는 다양한 원전자료의 국역본을 제시할 필요가 있을 것이다. 이 부분이 충실하게 보완된다면 〈한국경학자료시스템〉의 활용성은 더욱 확장될 수 있을 것이다.

| 참고문헌 |

『다산필사본연구』, 2019, 다산학술문화재단 엮음.
『한국경학자료집성』, 1989, 성균관대 대동문화연구원.

이영호, 2017, 「해제」, 『경설유편』, 한국국학진흥원.
＿＿＿, 2009, 「한국유학자료의 회집과 전산화」, 『동방한문학』 41권, 동방한문학회.
＿＿＿, 2005, 「『한국경학자료집성』의 자료적 특징과 그 보완 및 연구의 방향」, 『대동문화
연구』 49집, 성균관대 대동문화연구원.
함영대, 2014, 「18~19세기 조선 맹자학의 주석서와 그 작자」, 『한국한문학연구』 53호, 한
국한문학회.
＿＿＿, 2012, 「조선후기 맹자학 연구를 위한 시론」, 『동양한문학연구』 35집, 동양한문학회.

성호전서 정본 DB(http://waks.aks.ac.kr/rsh/?rshID=AKS-2011-EBZ-2103)
정본 여유당전서 DB(http://waks.aks.ac.kr/rsh/?rshID=AKS-2009-JA-2001)
한국경학자료시스템(http://koco.skku.edu/)
한국주역대전 DB(http://waks.aks.ac.kr/rsh/dir/rdir.aspx?rshID=AKS-2012-
EAZ-2101)
한국주자학용어사전 System(http://jjh.skku.edu/)
한국고전종합DB(http://db.itkc.or.kr/)

2부

횡단하기

1장

허신이 동아시아 서예 이론에
미친 영향

조민환

1. '허신'의 서예사적 위상

허신(許慎)『설문해자(說文解字)』「서(序)」에는 문자의 기원 · 역할 · 유변(流變), '문(文)'과 '자(字)'의 관계, '육서(六書)'의 정의, 서체 특징이 담겨 있다. 이 같은 내용들은 한대(漢代) 이후 다양한 차원에서 제기된 서예이론의 한 지남(指南)이 된다는 점에서 서예사적 의의가 있다.

반지종(潘之淙)은 문자학을 체제, 훈고, 음운 등 세 가지 부류로 분류한다. 그리고 허신『설문해자』는 체제를 논한 것으로 이해한다.[1] 아울러 허신『설문해자』를 통해 편방(偏旁, [部首字])을 알 수 있다고 한다.[2] 허신에 의한 편방의 발견은 문자학의 혁명이라고 말해진다. 체제를 논한『설문해자』는 '육서'에 관해 자세히 설명하고 있는데, 중국 서론사에서 서예의 원류를 논할 때는 흔히 '육서'와 연계하여 논하곤

---

1 潘之淙,『書法離鉤』卷一「原流 · 四學」, "晁氏云, 文字之學有三. 其一體制, 曰點畫縱横也. 其二訓詁, 曰稱謂古今雅俗也. 其三音韻, 曰淸濁高下也. 殆後篆隸變而行楷興, 復有論格勢諸書, 是謂四學. 論體制者, 許愼說文, 呂忱字林, 李陽冰刊定徐鉉集注, 徐鍇系傳, 王安石字說, 夢英公字源, 張有復古編, 鄭樵六書略, 戴侗六書考, 楊桓六書統, 倪鏜類釋, 許謙假借論, 周伯琦正訛, 趙古則本義皆是也."

2 潘之淙,『書法離鉤』卷一「原流」, "故曰三倉制字而後知義類, 有周爾雅而後知訓詁, 秦漢定體而後知書文, 許愼說文而後知偏旁, 孫炎作音而後知聲韻."

한다.[3] 그 하나의 예로 송조(宋曹)가 '육서'가 있고 서예가 갖추어졌음을 말한 것을 들 수 있다.[4] 왕불(王紱)은 '육서'의 명칭은 『주례(周禮)』와 『한서(漢書)』에 보이는데, 『한서』에는 '육서'의 명칭만 있지 훈고한 것이 없음에 비해, 허신은 『설문해자』를 지어 '육서'에 대해 학설을 제기하였다고 하여 허신의 문자학적 위상을 밝힌다.[5] 아울러 왕불은 손과정(孫過庭)의 『서보(書譜)』와 장회관(張懷瓘)의 『서단(書斷)』 등 여러 서예이론서를 거론하면서, 허신의 『설문해자』는 오래전에 '서학(書學)'에 대해 말했다고 한다. 일단 왕불의 언급 등에서 허신 『설문해자』가 갖는 서예사적 위상을 확인할 수 있다.[6]

이상의 발언을 통해 허신 『설문해자』는 서예와 매우 밀접한 관련이 있음을 알 수 있다. 한대(漢代) 서론를 연구할 때 빼놓을 수 없는 것이 허신의 『설문해자』 「서」이다. 본래 허신이 『설문해자』 「서」에서 말한 것은 후대 서예를 염두에 두고 말한 것은 아니다. 하지만 후대의

---

3 潘之淙은 '六書'와 서예의 연관(聯關)을 밝히고 있다. 潘之淙, 『書法離鉤』 卷一 「原流」, "伏羲觀象於天, 取法於地, 作八卦而字畫萌. 倉頡仰觀奎星圓曲, 俯察鳥跡龜文, 窮天地之變, 洩造化之機, 而文字立. 至周設官分職, 乃立保氏, 掌養國子, 教之六藝. 六藝之五, 有曰六書, 而書藝乃大備. 六書者, 一象形, 二指事, 三會意, 四諧聲, 五假借, 六轉注也. 肇於象形, 滋於指事, 廣於會意, 備於諧聲. 四書不足, 然後假借以通其聲. 聲有不合, 則又轉注以演其聲. 象形加義於指事, 會意生聲於諧聲, 假借葉聲於轉注. 此六書之本末也."

4 宋曹, 『書法約言』 「論作字之始」, "伏羲一畫開天, 發造化之機, 而文字始立. 自是有龍書穗書雲書鳥書蟲書龜書螺書蝌蚪書鍾鼎書以至虎爪蚊腳蝦蟆子, 皆取形而作書. 古帝啟萌, 倉頡肇體, 嗣有六書, 而書法乃備."

5 王紱, 『書畫傳習錄』 卷一 「論書」, "聖人之道, 惟籍六經. 六經之道, 惟藉文字. 六書之名, 始見於周禮, 嗣見於漢書. 但存其名而無所訓詁. 至叔重許氏作說文, 其立說乃詳, 其次第已與班氏異."

6 王紱, 『書畫傳習錄』 「序」, "盈天地, 遍古今, 以書名以畫名者, 難更僕數也. 若夫言書學者, 則許氏慎之說文尚矣. 後此若張懷瓘書斷, 羊欣筆陣圖, 梁武帝書評, 衛恒四體書, 王僧虔書賦, 類能接微抉奧, 震古爍今, 而孫過庭書譜, 尤集其大成者也."

서예가들은 허신『설문해자』「서」의 발언을 서예에 연계하여 이해하였다. 특히 역대 문인들이 서예를 '심화(心畵)'로 이해함에 따라 그 의미가 더욱 풍부하게 되었다. 서예 역사적 변천의 관점에서 보면 허신『설문해자』는 서예이론사에서 시조리(始條理)에 해당한다는 의미가 있다. 기본 문자학 분야에서『설문해자』와 관련된 많은 연구가 있었지만,『설문해자』「서」가 후대의 서예이론에 어떤 영향을 주었는지 하는 점에 대한 심도 있는 연구는 거의 없다.[7]

이글은『설문해자』「서」의 내용 중 서예와 관련지어 이해할 수 있는 내용을 네 가지 관점에서 고찰하고자 한다. 다만 중국서예사에 나타난 다양한 서예이론은 크게 유가사상의 영향을 받은 서예이론과 도가사상의 영향을 받은 서예이론이 있는데, 여기서는 유가사상에 영향을 받은 서예이론에 한정하고자 한다. 왜냐하면 허신의 학문적 경향은 기본적으로 유가 지향적인데, 이런 유가지향적 학문 경향과 세계인식이 설문해자에 그대로 반영되고 있기 때문이다. 즉『설문해자』「서」자체의 내용이 기본적으로 유가사상과 매우 밀접한 관련을 갖고 있고, 이런 문자와 관련된 학문적 경향성이 후대 유학의 사유에서 서예를 인식한 인물들에게 많은 영향을 주었다는 것이다.

이글에서 분석하고자 하는 네 가지는 첫째, '꾄 물 취 싱(觀物取象)'의 결과로서 나타난 '법상(法象)으로서 서예'에 대한 인식, 둘째, '서자(書者), 여야(如也)' 사유의 후대 서예적 전개에 관한 것, 셋째, '죽간이나 비단에 쓴 것을 서라 한다[著於竹帛謂之書]'라는 심화적 전개 양상과 문자의 정교 차원의 효용성에 관한 것, 넷째, 선후본말론(先後本末論)의

---

7 張志熏, 金惠蘭,「韩国关于《说文解字》研究现状及《说文解字》〈叙〉的书法美学」(『서예학연구』제36호, 한국서예학회, 2020.) 이외에는 없다.

'군자무본(君子務本)' 사유와 바람직한 서예가 설정 및 서예창작 조건에 관한 것이다. 이상 네 가지 분석을 통해 우리는 허신이 『설문해자』「서」에서 말한 것이 의도하지는 않았지만 이후 서예 이론가들에게 서예란 무엇인가를 규명하는데 하나의 '시조리' 및 '지남'이 되었음을 확인하고자 한다.

2. 관물취상, 법상으로서 서예

『설문해자』「서」의 내용 중 후대 서예이론과 연계했을 때 서예적 의미를 부여할 수 있는 것은 다음과 같다. 논지 전개의 편의상 내용을 내용이 서로 연계성이 있는 것을 임의적으로 번호를 부쳐서[예를 들어, 내용이 서로 연관성이 있는 3)-1과 3)-2 등으로 구분한 것을 말한다] 나누었다.

　　1). 옛날 복희씨가 세상을 다스릴 때, 우러러 하늘에서 일월성신의 변화를 관찰하고 고개 숙여 땅에서 그 이치를 살펴 새와 짐승의 무늬가 지리와 서로 알맞게 어울리는 것을 보았다. 가까이는 사람의 몸에서 법을 취하고, 멀리는 사물에서 법을 취하였는데, 이에 팔괘를 짓기 시작하였고, 그것으로써 역법으로 정한 도형을 드러내었다. 신농씨에 이르러 매듭으로 다스리고 그 일들을 통솔하니, 많은 일들이 매우 번잡해지고 가식과 거짓이 생겨나기 시작했다. 황제의 사관 창힐이 새와 짐승의 발자국을 보고 나누어진 무늬가 서로 구별되어질 수 있음을 알고 처음으로 서계를 만들었다.[8]

8　許愼, 『說文解字』「序」, "古者, 庖犧氏之王天下也, 仰則觀象於天, 俯則觀法於地, 視鳥

3)-1. 대체로 夬의 괘에서 그것을 취하였는데, "夬는 왕의 조정에서 펼친다" 하니 문자란 왕의 조정에서 가르침을 펼치고 교화를 밝히는 것임을 말하는 것이다.[9]

2). 창힐이 처음 글자를 만들 때 대체로 유형에 의거하여 형태를 본뜨니 이를 文이라 하고, 그 뒤에 형태와 소리가 서로 더해지니 이를 곧 字라 한다. 文이란 사물의 본래 모습이고, 字란 말이 파생되어 차츰 많아진 것이다. 죽간이나 비단에 쓴 것을 '書'라 하는데, '書'는 (사물의 모양과) 같다[著於竹帛謂之書. 書者, 如也]는 뜻이다.[10]

3)-2. 무릇 문자란 경서와 예술의 근본이며 왕이 정치하는 시작이다. 앞선 사람이 그것으로써 문화를 후대에 전하고, 뒷사람은 그것으로 고대문화를 이해한다.[11]

4). 그러므로 이르기를 "근본이 세워져야 길이 생기고, 천하의 깊은 도리를 알면 혼란스럽지 않다"고 한 것이다.[12]

이상과 같은 『설문해자』 「서」 내용 중에서 1)은 이른바 『주역』의 '관물취상(觀物取象)'을 운용해 서예발생과 관련된 형이상학적 근거 및 문자기원설을 말한 것으로, 이른바 천문지리 및 자연의 이법 체득을 요

獸之文與地之宜, 近取諸身, 遠取諸物. 於是始作易八卦, 以垂憲象. 及神農氏, 結繩爲治, 而統其事. 庶業其繁, 飾僞萌生. 黃帝史官倉頡, 見鳥獸蹄迒之跡, 知分理之可相別異也, 初造書契. 百工以乂, 萬品以察."

9 許愼, 『說文解字』「序」, "蓋取諸夬, 夬, 揚於王庭, 言文者, 宣教明化於王者朝庭, 君子所以施祿及下, 居德則忌也."

10 許愼, 『說文解字』「序」, "倉頡之初作書也, 蓋依類象形, 故謂之文. 其後形聲相益, 即謂之字. 文者, 物象之本. 字者, 言孳乳而寖多也. 著於竹帛謂之書. 書者, 如也."

11 許愼, 『說文解字』「序」, "蓋文字者, 經藝之本, 王政之始. 前人所以垂後, 後人所以識古."

12 許愼, 『說文解字』「序」, "故曰, 本立而道生, 知天下之至嘖而不可亂也."

구하는 '법상(法象)'으로서 서예론의 근거가 된다. 2)의 '서자(書者), 여야(如也)' 사유는 이후 서예가 '마음의 그림[심화(心畵)]'라는 차원으로 이해되면서, 서예가 실용 차원에서 벗어나 전문직업성을 띠는 이른바 '사경서예(寫經書藝)' 혹은 '사자관서예(寫字官書藝)' 등과 차별화된 우아함과 고상함을 담고자 한 '문인서예(文人書藝)'의 예술로 승화될 수 있는 근거를 제시한다. 3)-1과 3)-2는 주로 유가 차원에서 서예가 갖는 대사회적 효용성과 관련된 것으로, 이른바 '재도론(載道論)'적 예술관을 보여준다. 4)는 선후본말론(先後本末論) 차원에서 예술창작 이전에 예술가가 구비해야 할 전제조건을 말한 것으로, 윤리적 차원에서 신성 수양 및 천지자연의 이법을 안 이후에 창작에 임해야 할 것을 요구하는 사유의 근저가 된다. 이런 점은 문인들이 서예란, 사언의 이법을 체득한 작가가 서권기(書卷氣)와 문자향(文字香)이 담긴 학문 차원의 서예창작이야 함을 강조하는 것으로 전개된다.

이상 거론한 것 중 먼저 '관물취상'에서 출발한 '법상으로서 서예'을 괘(卦)와 문자의 관계를 통해 살펴보기로 한다. 서예의 본질을 탐구하려면 반드시 문자에 담긴 음양론 및 역리적(易理的) 사유를 논급해야 한다. 왜냐하면 서예는 『주역』에서 말하는 '이간(易簡)'의 원리, 음양이 '상마상탕(相摩相蕩)'하는 원리, '앙관부찰(仰觀俯察)'의 원리, '변통(變通)'의 원리 등을 흡수하였고, 또 글자 형체 구조의 측면에서도 역상(易象) 및 역괘(易卦) 부호의 조합을 본받았기 때문이다. 유희재(劉熙載)는 『예개(藝槪)』「서개(書槪)」에서 "성인(聖人)은 역(易)을 만들어 상(象)을 세움으로써 의(意)를 다하였다. '의'는 선천(先天)이니 서(書)의 본체이고, '상'은 후천(後天)이니 서(書)의 작용이다"[13]라 하여, '의'와 '상'을 각

---

13 劉熙載, 『藝槪』「書槪」, "聖人作易, 立象以盡意. 意, 先天, 書之本也. 象, 後天, 書之

각 서예의 본체와 작용으로 설명하고 있다.[14] 우세남(虞世南)은 서예의 현묘한 이치를 음양과 연계하여 논하고 있다.[15] 이상과 같은 언급은 서예와 역리(易理)가 매우 밀접한 관계가 있다는 것이고, 아울러 허신의 『설문해자』 「서」에서 말한 이른바 '앙관부찰(仰觀俯察)'의 원리를 적용하여 문자의 형이상학적 발생을 논한 것이다.

허신이 『설문해자』 「서」에서 『주역』 「계사전(繫辭傳)」의 내용을 통해[16] 문자의 탄생을 말한 것은 이른바 법상으로서 서예의 근간이 된다. 허신이 문자 창조를 천문지리를 통한 '관물취상' 사유에서 출발하였다고 한 사유는 이후 많은 서예이론서에서 인용된다. 손과정(孫過庭)은 『서보(書譜)』에서 '천문을 관찰하는 것[觀天文]'과 '인문을 관찰하는 것[觀人文]'의 복합체로서 서예를 규정한 적이 있다.[17] 창힐(蒼頡)이 고문(古文)을 창안했다는 것을 인정하는 장회관(張懷瓘)은[18] 이런 점을 보다 다양한 측면에서 기술하고 있다. 장회관은 '자연의 도에 합하는 내용을 담

用也."

14 이런 사유와 關聯해 張懷瓘은 『書斷上』 「草書」에서 "春秋則寒暑之濫觴, 爻劃乃文字之兆朕."라 말한 적이 있다.

15 虞世南, 『筆髓論』, "字雖有質, 跡本無爲, 稟陰陽而動靜, 體萬物以成形, 達性通變, 其常不住, 故知書道玄妙, 必資神遇, 不可以力求也. 機巧必須心悟, 不可以目取也…學者心悟於至道, 則書契於無爲." 참조. 이밖에 龔賢, 『乙輝編』, "古人之書畫, 與造化同根, 陰陽同候…心窮萬物之源, 目盡山川之勢, 取證於晉唐宋人, 則得之矣.", 何紹基, 『東洲草堂文集』, "書雖一藝, 與性道通." 등도 참조.

16 『周易』 「繫辭傳下」, "古者包犧氏之王天下也, 仰則觀象於天, 俯則觀法於地, 觀鳥獸之文與地之宜, 近取諸身, 遠取諸物, 於是始作八卦, 以通神明之德, 以類萬物之情." 참조.

17 孫過庭, 『書譜』, "易曰, 觀乎天文, 以察時變, 觀乎人文, 以化成天下, 況書之爲妙, 近取諸身."

18 張懷瓘, 『書斷』 卷上 「古文」, "案古文者, 黃帝史蒼頡所造也. 頡首四目, 通於神明, 仰觀奎星圓曲之勢, 俯察龜文鳥跡之象, 博採衆美, 合而爲字, 是曰, 古文, 孝經援神契云, 奎主文章, 蒼頡仿象, 是也."

는 것으로 서예보다 더 가까운 것이 없다'고 하여 서예의 공효성을 강조한다. 아울러 서예의 탄생에 역리와 관련된 형이상학적 우주론이 담겨 있음도 말한다.[19]

장회관은 특히 서체의 기원과 연혁을 서술한 『서단(書斷)』에서 괘상(卦象)과 문자의 관계성을 말한다. 괘상이란 '문자의 조상[文字之祖]'이요 '만물이 근본[萬物之根]'이라 한 것이 그것이다. 이런 발언은 문자를 근간으로 하여 창작을 하는 서예란 결국 음양의 이치를 점획(點劃)과 문자로 표현한 예술임을 말한 것이다.[20] 정표(鄭杓)는 문자의 근본은 성인(聖人)이 천지작용을 본받은 결과물[法天]인 '육서'에 있고, 이런 '육서'를 통해 성인의 도가 담긴 육경(六經)을 제작할 수 있었다고 말한다.[21] 결론적으로 성인이 한 소서(造書)는 천시의 작용을 제득한 결과이기 때문에 '조서의 묘'함을 아는 것이 쉽지 않음을 말한다.[22] 이런 발언들은 모두 서예의 형이상학적 속성을 역리와 연계한 것이다.

유유정(劉有定)은 정표(鄭杓)가 『연극(衍極)』을 저술한 이유로 서예는 '지리(至理)'가 담겨 있는 것을 알려주기 위해서 지은 것이라고 말

---

19 張懷瓘, 『書斷』 「序」. "昔庖犧氏畫卦以立象, 軒轅氏造字以設教, 至於堯舜之世, 則煥乎有文章. 其後盛於商周, 備乎秦漢, 固夫所由遠矣. 文章之爲用, 必假乎書, 書之爲征, 期合乎道. 故能發揮文者, 莫近乎書."

20 張懷瓘, 『書斷』 卷上 「古文」. "論曰, 夫卦象所以陰騭其理, 文字所以宣載其能. 卦則渾天地之竊冥, 秘鬼神之變化. 文能以發揮其道, 幽贊其功. 是知卦象者, 文字之祖, 萬物之根."

21 鄭杓, 『衍極』 卷下 「造書篇」. "天地之理, 其妙在圖書. 聖人法天, 其用在八卦六書. 八卦之變也, 卦以六位而成, 書以六文而顯. 卦有陰陽, 書有文字. 卦有子母, 書亦有子母. 義文周孔, 易更三聖而理辭象數始大備. 頡禹孔籀, 書亦更三聖而典章文物集大成. 是故六書者天地之大用也...聖人之道, 惟藉六經. 六經之作, 惟藉文字. 文字之本, 在於六書, 六書不分, 何以見義."

22 鄭杓, 『衍極』 卷下 「造書篇」. "至哉, 聖人之造書也. 其得天地之用乎. 盈虛消長之理, 奇雄雅異之觀, 靜而思之, 漠然無朕, 直引反. 散而觀之, 萬物分錯, 書之時義大矣哉. 自秦以來知書者不少, 知造書之妙者爲獨少, 無他, 由師法之不傳也."

한다.[23] '조서(造書)'에 담긴 '지리'의 체득을 강조하는 이런 사유는 서예가 그만큼 현묘한 기예임을 말한 것이다. 왕희지(王羲之)는 이런 점과 관련해 서예는 '현묘(玄妙)한 기예(伎藝)'이기에 '통인(通人)과 달사(達士)'가 아니면 배운다고 제대로 알기 어렵다는 말을 한 적이 있다.[24] 이런 점은 서예가 단순 기교 차원의 예술이 아니고 철학과 미학 차원에서 의미를 갖는 예술임을 말해준다.

허신이 『설문해자』「서」에서 말한 문자와 관련된 '관물취상'의 결과물인 '법상' 차원의 서예인식은 이후 서예가들에게 우주론 차원의 문자발생론 및 서예의 형이상학적 근거를 밝히는데 지남 역할을 하였다. 이런 점에 일단 허신『설문해자』「서」의 서예사적 위상을 확인할 수 있다.

3. 후대 서예사에 전개된 '서자, 여야'에 대한 사유

『설문해자』「서」에서 '육서'가 '상형(象形)'에 기초한 것이라는 인식은 "서자(書者), 여야(如也)" 이론으로 발전하였다. 단옥재(段玉裁)는 『설문해자주(說文解字注)』에서 "서자, 여야"의 '여(如)'자를 "그 사물이 형상과 같은 것을 말한 것이다[謂如其事物之狀]"라 풀이하고 있다. 이런 해석을 참조하면, 허신이 문자와 서예의 본질로 인식한 것은 그 글자가

---

23 鄭杓, 『衍極』卷下「造書篇」에 대한 劉有定 주석, "右衍極五篇, 莆田鄭杓所作也. 極者理之至也. 凡天下之小數末藝, 莫不有至理在焉, 況其大者乎. 孔安國曰, 伏羲氏始畫八卦, 造書契, 是八卦與六書同出, 皆聖人所以效法天地而昭人文也. 世之言書者蔑焉不知至理之所在, 此衍極所繇作也. 是書自古文籀隷以極書法之變, 靡不論著. 辭嚴義密, 讀者難之, 於是詳疏下方, 使人考辭以得義, 而知書之爲用大矣." 참조.

24 王羲之, 『書論』, "夫書者, 玄妙之伎也, 若非通人志士, 學無及之."

상징하는 형태다. 후대의 서예 이론가들은 이와 같은 이론을 서예 심미적 차원에서 규명한다.

　허신이 『설문해자』 「서」에서 말한 "서자, 여야"의 이론은 서예의 객관적 심미 특징을 대표하는 이론이다. 그것은 이후 주관적 심미 특징을 표현한 "서, 심화"라는 이론과 함께 서예이론의 두 축을 이룬다. 이 두 가지 사유는 중국 서예사에서 각각 '형태'와 '내면의 정신'으로써 서예를 규명하는 서예 비평의 길도 열어 놓았다. 유희재(劉熙載)는 이 두 가지 사유를 "서(書)는 그 사람과 같다[如其人]"라는 서예 미학사상으로 총결하였다. 장회권(張懷瓘)은 "서란 같은 것이고, 펼치는 것이고, 드러낸 것이고, 기록한 것이다"라고 하여, 허신이 말한 '서자, 여야' 사유를 보다 다양한 측면에서 분석하고 있다.[25] 항목(項穆)은 서예란 "(경직된 마음을) 흐트러트린 것이고, 펴는 것이고, 뜻하는 것이다"라는 것을 말하고, 최종적으로 "같은 것이다"라는 것을 말한다.[26] 항목의 이런 발언은 '여(如)'자를 통해 서예를 이해한 것 중에서 '마음의 그림[心畵]' 차원으로서의 서예를 강조한 것에 속한다. 이상 논한 '서자, 여야'를 '서여기인(書如其人)' 사유로 총결하면서 아울러 서예에서

---

25 전후 문맥은 다음과 같다. 張懷瓘, 『書斷』 卷上 「古文」. "夫文字者, 總而爲言, 包意以名事也. 分而爲義, 則文者祖父, 字者子孫, 得之自然, 備其文理. 象形之屬, 則謂之文. 因而滋蔓, 母子相生, 形聲·會意之屬, 則謂之字. 字者, 言孳乳寖多也. 題之竹帛謂之書. 書者, 如也, 舒也, 著也, 記也. 著明萬事, 記往知來. 名言諸無, 宰制群有. 何幽不貫, 何往不經. 實可謂事簡而應博, 豈人力哉."

26 項穆, 『書法雅言』 「神化」. "書之爲言, 散也, 舒也, 意也, 如也. 欲書必舒散懷抱, 至於如意所願, 斯可稱神.". 魯一貞·張廷相, 『玉燕樓書法』 「六則」에서도 이상 거론한 내용들과 유사한 사유를 보인다. 魯一貞·張廷相, 『玉燕樓書法』 「六則」. "書之爲言舒也, 如也. 言欲書者, 必先舒暢其神氣, 而後書如吾意也. 語曰, 字雖有象, 妙出無形. 又曰, 由象識心, 徇象表意, 象不可著, 心不可離. 而右軍之言亦曰, 心不忘手, 手不忘書, 心機活潑, 筆機自流. 柳公權曰, 心正則筆正, 旨哉, 言乎書技也, 進乎道矣." 참조.

의 학문성을 강조한 것은 유희재다.[27]

유희재가 서예에서 '학(學)'을 특히 강조하는데, 이런 사유는 서예가 하나의 자적(字跡)으로 나타났을 때 그것이 대사회적으로 어떤 긍정적 결과를 갖는가 하는 점과 관련이 있다. 즉 '마음의 그림[心畵]'으로서 서예가 자신의 마음[心]을 표현하는 예술이라면, 마음의 어떤 상태 및 경지가 표현되었을 때 그것이 대사회적으로 긍정적 측면이 있는가를 논한다. 이런 점에서 유희재는 서예란 '성정(性情)을 다스리는 것'이어야 함을 말한다.[28] 항목(項穆)은 이런 점을 보다 구체적으로 유가에서 '사무사(思無邪)', '무불경(毋不敬)', '신독(愼獨)' 등과 같은 윤리적 차원의 마음을 강조하는 것을 서예에 적용하기도 한다.[29]

이처럼 서예가 성정을 다스리는 것이 되려면 그만큼 후천적 수양이 필요하고, 그 후천적 수양과 밀접한 관련이 있는 것은 '수많은 독서[讀萬卷書]'를 통해 다양한 지식을 습득하는 것이다. 이처럼 '많은 독서'를 통해 다양한 지식을 습득하고, 아울러 수양된 마음이 자적(字跡)으로 표현된다는 것은, 그 자적에 인품과 학식이 반영된다는 것도 의미한다. 아울러 유희재가 '재능(才能)'을 강조하는 것은 이전 서예 이론가들과 차별화를 보이는 것이고, 특히 자적을 통하여 그 인품(人品)과 마음 상태를 알 수 있다는 이른바 '글씨를 보면 그 사람이 어떤 사람인지를 알 수 있다[觀書知人]'고 말한 것은 유희재 서예 미학의 특징에 해당한다. 이런 사유는 문인서예의 총결에 해당하는데, 이 같은 사유

---

27 劉熙載, 『藝概 · 書概』, "書者, 如也. 如其志, 如其學, 如其才, 總之曰如其人而已."

28 劉熙載, 『藝概 · 書概』, "筆性墨情, 皆以其人之性情爲本, 是則理性情者, 書之首務也."

29 項穆, 『書法雅言』「心相」, "所謂有諸中必形諸外, 觀其相可識其心. 柳公權曰, 心正則筆正. 餘今曰, 人正則書正. 心爲人之帥, 心正則人正矣. 筆爲書之, 充筆正則書正矣. 人由心正, 書由筆正. 即詩云, 思無邪. 禮云, 無不敬. 書法大旨一語括之矣."

에는 기본적으로 '서, 심화'라는 사유가 근저를 이루고 있다. 이런 사유는『대학』6장의 '성중형외(誠中形外)' 사유와 매우 밀접한 관련이 있다. 요맹기(姚孟起)는『대학』6장의 '성중형외' 사유에서 출발하여 글자에도 정신이 있다고 말한다. 따라서 진정한 서예가라면 마음을 맑게 하고 욕심을 적게 해야 함을 말한다.[30] 항목도 '상을 보고 마음을 안다 [觀相識心]'라는 표현을 통해 유사한 사유를 말한 적이 있다.[31]

허신이 말한 '서'는 본래 문자를 가리킨 것이지 서예를 말한 것은 아니다. 즉 허신은 문자가 갖는 자연물상에 대한 모의(模擬)와 결구(結構) 및 규율(規律)에 대한 본받음 측면을 말한 것이다. 이런 점을 항목이나 유희재는 서예가 갖는 마음 표현의 서정성과 관련된 '심의(心意)', '심지(心志)', '성정(性情)', '회포(懷抱)' 측면 이외에 '새학(才學)'까지 언급하여 '서자, 여야' 사유를 확장하고 있다.

이상 본 바와 같이 허신『설문해자』의 '서자, 여야' 사유는 허신이 의도하지 않았지만 이후 서예가들의 '서예란 무엇인가' 하는 질문에 대한 답을 주게 된다. 특히 서예가 '심화'로 이해되면서 다양한 관점의 이해가 나타나게 된다. 이 같은 '서자, 여야'라는 사유에서 출발한 서예는 이제 실용적 차원에서 벗어나 문인들이 지향하는 예술로 승격되는데, 그 출발점에 허신이 있었다. 특히 '서자, 여야' 사유를 학문과 연계한 유희재의 견해는『설문해자』「서」에서 강조하는 문자의 효용성을 아는 것과도 관련이 있다. 이후 이런 점을 고찰하기로 한다.

---

30 姚孟起,『論著匯編』, "淸心寡欲, 字亦精神, 是誠中形外之一證."
31 項穆,『書法雅言』「心相」, "所謂有諸中, 必形於外, 觀其相, 可識其心." 참조.

4. '저어죽백위지서'의 심화적 전개와 문자의 정치·교육적 효용성

문자를 통한 문장의 정치·교육 차원의 효용성을 강조하는 것은 일종의 유가 문인들이 지향하는 '서이재도(書以載道)' 사유에 속한다. 이런 사유의 발단은 허신의 『설문해자』「서」이다. 허신이 "무릇 문자란 경서와 예술의 근본이며 왕이 정치하는 시작이다. 앞선 사람이 그것으로써 문화를 후대에 전하고, 뒷사람은 그것으로 고대문화를 이해한다"라 한 것은 문자의 정치·교육적 효용성을 강조한 것이다. 이런 사유는 문장을 작성할 때, 자기 멋대로 마음을 표현하는 식으로 작성되어서는 안 됨을 강조한 것인데, 이런 점은 유가의 서예관에 해당한다.

한대 조일(趙壹)은 이미 서예가 갖는 유가 차원의 견해를 밝힌 적이 있다. 조일은 당시 유행하는 '유가 경전의 뜻을 위배하고 속된 경향으로 나아가는 것[背經趨俗]'의 초서(草書) 서풍을 비판한 「비초서(非草書)」를 쓴다. 문자를 통한 예술을 한다 해도 유가 성인이 문자를 만든 근본 목적인 '유가 성인의 도를 넓히고 세상을 흥기시키는 것[弘道興世]'에서 벗어나서는 안 된다는 것이다.[32] 결론적으로 초서를 쓴다고 해도 인륜을 밝히고 세상을 경륜(經綸)하는 '치세(治世)'와 '재도(載道)' 차원에서 임해야지, 자신의 心을 탐닉하는 차원에서 해서는 안 됨을 말한다.[33]

---

32 趙壹, 『非草書』, "餘郡土有梁孔達·薑孟穎者, 皆當世之彥哲也, 然慕張生之草書過於希孔顏焉. 孔達寫書以示孟穎, 皆口誦其文, 手楷其篇, 無怠倦焉. 於是後學之徒競慕二賢, 守令作篇, 人撰一卷, 以爲秘玩. 餘懼其背經而趨俗, 此非所以弘道興世也." 참조.

33 趙壹, 「非草書」, "第以此篇研思銳精, 豈若用之於彼聖經, 稽曆協律, 推步期程, 探賾鉤深, 幽贊神明, 覽天地之心, 推聖人之情. 析疑論之中, 理俗儒之諍, 依正道於邪說, 儕雅樂於鄭聲, 與至德之和睦, 宏大倫之玄清. 窮可以守身遺名, 達可以尊主致平, 以茲命世, 永鑒後生, 不亦淵乎." 참조.

우세남(虞世南)은 일찍이 문자는 '경서와 예술의 근본이며 왕이 정치하는 시작'이라 한 허신의 논지를 그대로 답습하고 있다.[34] 장회관(張懷觀)은 『문자론』에서 서예가 갖는 효용성을 구체적으로 "전분(典墳)의 대유(大猷)를 천명하고 국가의 성업(盛業)을 이루는데 서(書)보다 가까운 것은 없다"라고 말한다.[35] 육심(陸深)은 문자가 갖는 효용성으로 '교화를 보존하고, 예악을 전한다[存敎化, 傳禮樂]'라는 측면을 거론하고, 아울러 서예를 '심화'로 규정한다. 육심의 '서'에 대한 인식[著於竹帛謂之書]은 허신이 말한 '죽간이나 비단에 쓴 것을 서라 한다[著於竹帛謂之書]'라는 사유와 동일하다.[36] 하지만 육심이 '서'를 허신과 같이 '죽간이나 비단에 쓴 것을 서라 한다'라고 동일하게 규정했지만 다른 점을 보이는 것은, '서'를 '심화'로 규정한 것이다. 육심의 이 깊은 발인은 이제 허신이 말한 문자론과 관련된 서예를 '심화' 차원으로 이해할 수 있는 근거를 제시했다는 점에 의의가 있다.[37]

그럼 허신이 말한 서예의 정치·교육 차원의 효용성이 다양하게 이해됨 점을 보자. 서예의 공효성에 관한 장회관의 사유는 항목에 와서

---

34 虞世南, 『筆髓論』 「敍體」, "文字, 經藝之本, 王政之始也. 倉頡象山川江海之狀, 龍蛇鳥獸之跡, 而立六書. 戰國政異俗殊, 書文各別, 秦患多門, 約爲八體, 後復訛謬, 凡五易焉, 然並不逃用筆之妙. 及乎蔡邕張索之輩, 鍾繇衛王之流, 皆造意精微, 自悟其旨也." 참조.

35 전후 문맥은 다음과 같다. 張懷瓘, 『文字論』, "因文爲用, 相須而成. 名言諸無, 宰制群有. 何幽不貫, 何遠不經, 可謂事簡而應博. 範圍宇宙, 分別川原高下之可居, 土壤沃瘠之可殖, 是以八荒籍矣. 紀綱人倫, 顯明政體, 君父尊嚴, 而愛敬盡禮. 長幼班列, 而上下有序, 是以大道行焉. 闡典墳之大猷, 成國家之盛業者, 莫近乎書. 其後能者加之以玄妙, 故有翰墨之道生焉."

36 許愼, 『說文解字』 「序」, "蓋依類象形, 故謂之文. 其後形聲相益, 即謂之字. 文者, 物象之本. 字者, 言孶乳而寢多也. 著於竹帛謂之書." 참조.

37 陸深, 『儼山外集』 卷三十二 「書輯上·述通」, "夫存敎化, 傳禮樂, 所以行遠及微, 功與造化侔者, 文字是也. 依類象形之謂文, 形聲相益之謂字, 著於竹帛之謂書, 書心畫也. 心畫形君子小人見矣."

보다 구체적으로 나타난다. 항목은 누구보다도 문자를 통한 문장의 윤리성과 마음 수양 및 유가 차원의 정치·교육의 효용성을 강조한 인물이다. 항목은 이런 점을 마음이 드러난 것이 '도덕', '경륜', '훈유(勛猷)', '절조(節操)', '문장(文章)' 등과 관련이 있다고 이해하면서, 그것들이 자적(字跡)으로 드러난 것이 서예임을 말한다. 이런 점은 유가가 강조하는 문자를 통한 서예가 갖는 정치·교육 차원의 효용성을 유가가 지향하는 '재도론(載道論)' 측면에서 말한 것이다.[38] 항목은 우선 서예가 일어남으로써 '제왕의 경륜', '성인(聖賢)의 학술' 등이 역사적으로 문자를 통해 기록되지 않은 것이 없다고 본다. 이런 점에서 서예의 효용성을 '천지와 함께 흐르고 가르침과 경전을 돕고 보위하는 것'이란 점으로 귀결한다.[39] 아울러 항목은 제왕의 '전모(典謨)와 훈고(訓詁)' 및 성현의 '성도(性道)와 문장(文章)'은 모두 서예를 통해 전해졌다는 점에서 서예는 '의륜(彝倫)을 밝히는 것'과 '인심(人心)을 깨끗이 하는 것'이란 두 가지 효용성이 있다고 한다. 이런 점은 서예의 중용과 윤리성을 강조하는 것으로 이어진다.[40] 항목이 중용에 입각한 윤리성을 강조하

---

38 項穆,『書法雅言』「辨體」, "夫人靈於萬物, 心主於百骸. 故心之所發, 蘊之爲道德, 顯之爲經綸, 樹之爲勛猷, 立之爲節操, 宣之爲文章, 運之爲字跡. 爰作書契, 政代結繩, 刪述侔功, 神仙等妙, 苟非達人上智, 孰能玄鑒入神."

39 項穆,『書法雅言』「書統」, "河馬負圖, 洛龜呈書, 此天地開文字也. 羲畫八卦, 文列六爻, 此聖王啟文字也. 若乃龍鳳龜麟之名, 穗雲科鬥之號, 篆擂嗣作, 古隸爰興, 時易代新, 不可殫述. 信後傳今, 篆隸焉爾. 曆周及秦, 自漢逮晉, 真行迭起, 章草浸孳, 文字菁華, 敷宣盡矣. 然書之作也, 帝王之經綸, 聖賢之學術, 至於玄文內典, 百氏九流, 詩歌之勸懲, 碑銘之訓戒, 不由斯字, 何以紀辭？故書之爲功, 同流天地, 翼衛教經者也."

40 項穆,『書法雅言』「規矩」, "天圓地方, 群類象形, 聖人作則, 制爲規矩. 故曰規矩方圓之至, 範圍不過,曲成不遺者也. 大學之旨, 先務修齊正平, 皇極之疇, 首戒偏側反陂. 且帝王之典謨訓詁, 聖賢之性道文章, 皆托言傳, 垂教萬載, 所以明彝倫而淑人心也, 豈有放辟邪侈, 而可以昭蕩平正直之道者乎."

는 동시에 정치·교육적 효용성에 입각한 서예를 또 강조하는 것은 때론 서예 비평 차원에서는 이단 의식으로 표출되기도 한다.[41]

이상 말한 것을 정리하면, 예술창작 이전에 먼저 마음(心) 다스림의 수양공부 및 인격을 완성하고 그 이후에 예술창작에 임하라는 것을 강조함을 알 수 있다. 이처럼 항목이 유가 성현이 말한 치세와 '전도(傳道)'로서의 예술, 즉 '재도(載道)'로서의 예술을 강조하는 것은 장언원(張彦遠)이 회화의 "교화를 이루고 인륜을 돕는다"라는 것을 말한 것과 유사한 사유다.[42] 주희(朱熹)는 서예의 효용성을 '대용(大用)으로서의 서예'와 '소용(小用)으로서의 서예'로 구분하여 말한 적이 있다. 주희가 말하는 '대용으로서의 서예'는 '경전을 풀이한 것[傳經]', '도를 싣는 것[載道]', '역사를 서술한 것[述史]', '일을 기록한 것[記事]', '백관을 다스린 것[治百官]', '만민을 살핀 것[察萬民]', '(天地人) 삼재에 관통하는 것[貫通三才]' 등을 담아내야 한다는 것이다. '소용으로서의 서예'는 간편(簡便)함과 자미(姿媚)함을 추구하다가 점차로 '(유가가 추구하는) 참된 진리를 잃어버리고[失眞]' '눈만 즐겁게 하는 것[悅目]'을 아름다운 것으로 여기는 것을 의미한다.[43] 여기서 '실진(失眞)'은 주희가 『중용장구(中庸章句)』「서」에서 말한 유가 성인이 지향하는 '진실로 그 중을 잡아라[允執厥中]'라는 것을 벗어나 '인욕(人欲)'을 서예작품에 드러낸 것을 의

---

41 項穆, 『書法雅言』, "六經非心學乎. 傳經非六書乎. 正書法, 所以正人心也. 正人心, 所以閑聖道也. 子興距楊墨於昔, 予則放蘇米於今. 垂之千秋, 識者復起, 必有知正書之功, 不愧爲聖人之徒矣."

42 張彦遠, 『歷代名畫記』권1「敍畫之源流」, "夫畫者, 成敎化, 助人倫, 窮神變, 測幽微, 與六籍同功, 四時並運, 發於天然, 非由述作." 참조.

43 『性理大全』卷55「字學」, "夫字者, 所以傳經, 載道, 述史, 記事, 治百官, 察萬民, 貫通三才, 其爲用大矣. 縮之以簡便, 華之以姿媚, 偏旁點畫, 浸浸失眞, 弗省弗顧, 惟以悅目爲姝, 何其小用之哉."

미한다. '열목(悅目)'은 '예술의 오락적 측면'을 말한 것으로, 서예에 대한 본질[所以然]에 대한 인식보다는 현상[所然]에 중점을 두어 눈과 마음을 즐겁게만 꾸미는 차원에 해당한다. 이런 점에서 주희는 예술이란 자신의 감정을 그대로 표현하는 순수예술론 측면보다는 '치세'와 '전도'로서의 예술이어야 함을 강조하는, 이른바 '도학(道學) 차원의 서예관'을 전개한다. 주희의 이런 사유에서 출발하면, 예술창작 이전에 심성을 수양하는 '심정(心正)'의 수양 공부가 중요하게 된다.[44] 주희의 이같은 이해는 재도론 차원의 서예관의 핵심을 잘 보여주는 것에 해당한다.

이상 본 바와 같이 허신이 『설문해자』「서」에서 '저어죽백위지서(著於竹帛謂之書)'라고 한 '서'에 대한 규정은 서예가 '심화' 차원으로 승화되면서 매우 다양한 기능과 효용성을 갖는 것으로 나타났음을 알 수 있다. 특히 '전도' 및 '치세'와 관련된 정치·교육 차원의 효용성을 강조하는 것으로 나타났고, 그것에는 유가의 '서이재도(書以載道)'적 사유가 담겨 있음을 확인할 수 있다.

5. 선후본말론의 '군자무본' 사유와 바람직한 서예창작 조건

유가는 선후본말론(先後本末論)을 통하여 자신들의 철학을 전개하는데, 이런 점은 예술창작에 임하는 진정한 서예가란 무엇인가 하는 질문으로 이어진다. 아울러 예술창작에서의 '선인품(先人品)'을 완성한

---

44 王昱, 「東莊論畵」에서 "畵中理氣二字, 人所共知, 亦人所共忽. 其要在修養心性, 則理正氣淸, 胸中自發浩蕩之思, 腕底乃生奇逸之趣, 然後可稱名作."라고 하는 점은 이런 점을 잘 말해준다.

이후에 '기교를 운용하라'는 선후 문제로 이어진다. 동양예술문화에서 공자가 말한 '회사후소(繪事後素)' 정신은 바람직한 예술가상 형성에 많은 영향을 끼쳤다.『시경』「석인(碩人)」에서는 진정한 미인은 형식미 차원에서 몸매가 갖추어지고 얼굴이 예뻐야 하지만, 보다 근본적인 것은 내용 차원에서 내적 마음이 고와야 한다는 것을 강조하고 있다.[45] 주희는 유(柔)와 세장(細長)의 곡선이 갖는 '음유(陰柔)의 미'와 '방정(方正)의 정제미' 및 '결백(潔白)의 백색'이 갖는 미학 등을 통해 이해하는데[46], 이런 미학은 먼저 마음이 고울 때 의미가 있다는 것이다. 그 마음이 곱다는 것은 학덕과 인품이 동시에 갖추어진 것을 의미한다.「석인」에서 말하는 이런 미인상은 공자가 말한 '그림 그리는 일은 흰 바탕이 있고 난 이후의 일이나[繪事後素]'라는 사유와 매우 밀접한 관련이 있다.

이른바 유가의 선후본말론 사유를 잘 보여주는 '회사후소' 정신을 예술론에 적용하면, 먼저 예술가로서 기교 운용 이전에 인품과 학덕을 동시에 요구하는 것으로 전개된다.[47] 공자는 "사람으로서 인자하지 않으면 예를 하는 것이 무슨 의미가 있겠는가? 사람으로서 인자하지 않으면 악을 하는 것이 무슨 의미가 있겠는가"[48]라는 말을 한 적이

---

45 手如柔荑, 膚如凝脂, 領如蝤蠐, 齒如瓠犀, 螓首蛾眉, 巧笑倩兮, 美目盼兮.

46 『詩經』「衛風·碩人」에 대한 朱熹의 주석, "茅之始生曰荑, 言柔而白也. 凝脂, 脂寒而凝者, 亦言白也. 領은 頸也. 蝤蠐, 木蟲之白而長者. 瓠犀, 瓠中之子, 方正潔白而比次整齊也. 螓, 如蟬而小, 其額, 廣而方正. 蛾, 蠶蛾也, 其眉細而長曲, 倩, 口輔之美也, 盼, 黑白分明也."참조.

47 『論語』「八佾」, "子夏問曰, 巧笑倩兮, 美目盼兮, 素以爲絢兮, 何謂也. 子曰, 繪事後素. 曰, 禮後乎. 子曰, 起予者商也, 始可與言詩已矣."에 관한 朱熹의 주석, "繪事, 繪畫之事也. 後素, 後於素也. 考工記曰, 繪畫之事後素功. 謂先以粉地爲質, 而後施五采, 猶人有美質, 然後可加文飾. 禮必以忠信爲質, 猶繪事必以粉素."참조.

48 『論語』「八佾」, "子夏問曰, 巧笑倩兮, 美目盼兮, 素以為絢兮, 何謂也. 子曰, 繪事後

있는데, 이것은 선후본말론 입장에서 '내용으로서 인(仁)'과 '형식으로서 예(禮)와 악(樂)'의 관계를 규정한 것이다. 이 같은 '인이불인장(人而不仁章)'은 이른바 '예와 악은 그 사람과 같다[禮樂如其人]'라는 인품론과 관련이 있다.[49] '인이불인장'의 '예와 악은 그 사람과 같다'라는 사유는 동양예술의 인품 결정론의 기본 틀을 제시하였고, 이후 바람직한 서예가는 기교보다도 먼저 인품과 학식을 갖출 것을 요구하는 사유로 나타났다.

이처럼 유가는 선후본말론을 통해 구체적 행위 이전에 먼저 윤리적 인간이 될 것을 요구하는데, 이런 점을 상징적으로 보여주는 것은 공자의 제자인 유자(有子[=有若])의 다음과 같은 말이다.

군자는 근본을 힘쓰니, 근본이 서면 가야할 길이 생긴다. 효제는 아마도 그 인을 행하는 근본인 것 같다.[50]

유자의 이 말에 대해, 주희는 "말하자면, 군자는 모든 일에서 근본에 오로지 힘을 쓰니, 근본이 이미 서면 그 길은 스스로 생긴다는 것이다"[51]라고 풀이한다. 즉 어떤 길이 가야 할 올바른 길인지를 억지로 찾을 필요가 없고, 자신이 살아가는데 근본이 무엇인지를 고민한 뒤, 그 근본에 힘쓰고 근본을 세우면 자신이 가야 할 길은 '저절로' 생긴

素. 曰, 禮後乎. 子曰, 起予者商也, 始可與言《詩》已矣."

49 『論語』「八佾」의 '人而不仁章'에 대한 "李氏曰, 禮樂待人而後行, 苟非其人, 則雖玉帛交錯, 鐘鼓鏗鏘, 亦將如之何哉. 然記者序此於八佾雍徹之後, 疑其爲僭禮樂者發也." 참조.

50 『論語』「學而」, "君子務本, 本立而道生, 孝弟也者, 其爲仁之本與."

51 『論語』「學而」, "君子務本, 本立而道生, 孝弟也者, 其爲仁之本與."에 대한 주희의 주석, "言君子凡事, 專用力於根本, 根本既立, 則其道自生"

다는 것이다.

'효제(孝悌)'는 혈연관계 속에서 자신과 관계를 맺고 살아가는 대상에 대해 당위적으로 실천해야 할 윤리적 덕목에 해당한다. 유자가 말한 사유를 예술 차원에 적용하면, 자신이 행하고자 하는 예술창작 과정에서 '가장 먼저 습득해야 할 근본적인 것'이 무엇인가 하는 질문으로 연결된다. 만약 그 근본적인 것을 습득했다면 자신의 가야 할 참된 예술의 길은 '저절로' 열린다는 것이다. 아울러 '인을 행하는 근본인가 하노라[其爲仁之本與]'하는 말에서 '인'을 '참된 예술'로 바꾸어 이해해도 전혀 문제가 되지 않는다.

허신은 이상 거론한 문자 및 '서'가 갖는 다양한 의미를 결론적으로 '본립이도생(本立而道生)' 사유로 결론 맺는데, 이 같은 사유는 바로 『논어』에서 말한 '군자무본(君子務本)'의 사유를 서예에 응용한 것이다. 허신이 '본립도생(本立道生)'을 강조하는 것은 다른 것이 아니다. 문자가 갖는 진정한 의미를 알려면, 문자 사용 이전에 앞서 말한 '관물취상'에 입각한 법상으로서 문자가 갖는 의미, '서자, 여야'가 의미하는 것, '경서와 예술의 근본이며 왕이 정치하는 시작'으로서의 문자의 정치·교육 차원의 효용성, 문자에 담긴 '관물취상'한 결과에 담긴 '지극한 이치'[52]를 알아야 한다는 것이다.

이 같은 '군자무본' 사유를 서예에 적용한 인물은 손과정이다. 손과정은 『서보』에서 다음과 같이 말한 적이 있다.

> 붓을 마음대로 놀려 몸체를 삼고 먹을 모아 형태를 이루니, 마음

---

[52] 『周易』「繫辭傳上」6章, "聖人有以見天下之賾, 而擬諸其形容, 象其物宜, 是故謂之象. 聖人有以見天下之動, 而觀其會通, 以行其典禮, 系辭焉以斷其吉凶, 是故謂之爻. 言天下之至賾而不可惡也, 言天下之至動而不可亂也." 참조.

은 본뜨는 방법이 혼매하고 손은 붓을 운용하는 이치에 미혹되면서 그 곱고 묘함을 구하니 또한 잘못된 것이 아닌가? 그러나 군자는 몸을 세울 때 그 근본을 닦는 것에 힘쓰는 것이다.[53]

손과정은 서예의 법도(法道)를 준수하지 않고, 아울러 어떤 붓놀림이 서예의 이치를 담아 표현하는 것인지를 제대로 모르는 상태에서 자기 마음대로 붓을 놀리는 것을 문제 삼는다. 이런 점에서 '군자무본'의 사유를 적용하여 서예의 근본 원리와 운필(運筆)의 기본 법도를 알고 난 이후에 붓을 운용해 창작에 임할 것을 말한다. 손과정의 '군자무본' 발언은 실질적인 운필 이전에 습득해야 할 조건들을 말한 것이다. 그리고 이 같은 선후본말론과 관련된 '군자무본'의 사유를 서예에 보다 다양하게 적용한 인물은 항목이다. 항목은 '정서(正書)'하고자 한다면 먼저 '정필(正筆)'할 것을 요구하고, '정필'하고자 한다면 먼저 '정심(正心)'할 것을 요구한다. 결과적으로 바람직한 서예는 먼저 '정심'이 완성되어야 신묘하고 기이한 경지에 오를 수 있음을 말한다. 이런 점에서 항목은 '경괘(經卦)'는 '심화(心畵)'이고, '서예'은 '전심(傳心)'이란 것을 말한다.[54] 우세남(虞世南)도 '글씨를 쓰고자 하는 때'에는 먼저 '심정'할 것을 요구한 적이 있다.[55] 항목은 아울러 '획을 긋기 이전'

---

53 孫過庭, 『書譜』, "任筆爲體, 聚墨成形, 心昏擬效之方, 手迷揮運之理. 求其姸妙, 不亦謬哉. 然君子立身, 務修其本."

54 項穆, 『書法雅言』「心相」, "故欲正其書者, 先正其筆. 欲正其筆者, 先正其心. 若所謂誠意者, 卽以此心端己澄神, 勿虛勿貳也. 致知者, 卽以此心審其得失, 明乎取舍也. 格物者, 卽以此心博習精таар, 不自專用也. 正心之外, 豈更有說哉. 由此秉筆, 至於深造, 自然秉筆思生, 臨池誌逸, 新中更新, 妙之益妙, 非惟不奇而自奇, 抑亦己正而物正矣. 夫經卦皆心畵也, 書法乃傳心也, 如罪斯言爲迂, 予固甘焉勿避矣."

55 虞世南, 『筆髓論』「契妙」, "欲書之時, 當收視反聽, 絶慮凝神, 心正氣和, 則契於妙. 心神不正, 書則敧斜, 志氣不和, 字則顚覆."

상태에서는 '뜻을 안정시키고 기운을 통솔할 것'과 글씨를 쓸 즈음에서는 '기운을 기르고 뜻을 충실하게 할 것'을 요구한다.[56] 이같이 '전심'과 '심화'로서의 서예 미학을 강조하는 항목의 발언은, 앞서 본 선후본말론과 '군자무본' 사유를 서예창작에 실질적으로 적용한 것에 해당한다.

이처럼 예술창작 이전에 먼저 마음의 수양을 통해 '정심'을 이룬 윤리적 인간이 될 것을 요구하는 선후본말론 및 '군자무본'의 사유는 '의재필선(意在筆先)' 사유와도 밀접한 관련이 있다.[57] 송조(宋曹)는 '의재필선'은 서예의 '법언(法言)'이라 하여 서예창작의 핵심으로 이해한다.[58] 항목은 '의재필선'과 관련하여 '아직 구체적인 형상으로 드러나지 않은 형상'으로서 '서지심(書之心)'과 '이미 구체적인 형태로 드러난 마음'으로서 '서지상(書之相)'으로 각각 나누어 말한다. 이런 점은 '전심(傳心)'으로서 서예 창작을 구체적으로 '의재필선'과 연계하여 말한 것이다.[59]

허신이 말한 '본립도생' 사유와 '천하의 지극한 이치를 알 것[知天下之至賾]'을 요구하는 사유는 본래 문자의 의미와 그 문자를 운용하는 측면에 적용해 말한 것이다. 하지만 후대 서예가들은 '본립도생'이 의미하는 선후본말론을 서예창작 이전과 이후로 나누어 적용하였다. 즉

---

56 項穆, 『書法雅言』『神化』, "未書之前, 定志以帥其氣, 將書之際, 養氣以充其志. 勿忘勿助, 由勉入安, 斯於書也無間然矣."

57 王羲之, 『題衛夫人筆陣圖後』, "凡書貴乎沉靜, 令意在筆前, 字居心後, 未作之始, 結思成矣."

58 宋曹, 『書法約言』『總論』, "學書之法, 在乎一心, 心能轉腕, 手能轉筆. 大要執筆欲緊, 運筆欲活, 手不主運而以腕運, 腕雖主運而以心運. 右軍曰, 意在筆先, 此法言也."

59 項穆, 『書法雅言』『心相』, "蓋聞, 德性根心. 睟盎生色, 得心應手, 書亦云. 然人品既殊, 性情各異. 筆勢所運, 邪正自形. 書之心, 主張布算, 想像化裁. 意在筆端, 未形之相也. 書之相, 旋折進退, 威儀神彩, 筆隨意發, 既形之心也."

서예창작 이전에 서예가로서 갖추어야 할 조건이 무엇인가 하는 것으로 이해하였는데, 수양론 측면에서는 '정심' 이후에 '운필을 통해 기교를 운용'할 것을 요구하는 것으로 나타났다. 항목이 특히 서예의 출발점이 되는 '경괘'는 '심화'이고 '서예'는 '전심'의 예술임을 강조한 것은 『주역』의 '팔괘(八卦)' 등이 법상으로서 서예를 '심화'로 규정했다는 의의가 있다.

6. 나아가며

중국서론사에서 『설문해자』를 중요하게 인식하는 이유는 『설문해자』「서」에서 문자의 기원, 한자의 조자법(造字法)과 용자법(用字法), '육서'의 해설, 문자 변천 등을 광범위하게 거론한 것이 후대 서예이론과 서예 미학 형성에 탁월한 영향을 주었기 때문이다. 그것에 대해 이 글에서는 이런 점을 주로 유가사상에 입각한 서예이론과 관련짓고, 그것을 네 가지 관점에서 살펴보았다.

첫째, '관물취상'의 결과로서 나타난 '법상으로서 서예'에 대한 인식을 살펴보았다. 이런 인식에는 음양론과 관련된 『주역』의 이치가 담겨있다. 따라서 성인이 행한 '조서'에 담긴 의도를 올바로 이해하려면, 천문지리에 대한 정확한 습득과 아울러 천지자연의 '지리'를 깨달아야 할 것을 강조하였다.

둘째, '서자, 여야'가 갖는 의미와 그 사유가 후대 서예이론에 어떻게 전개되었는지를 살펴보았다. 허신이 말한 '서자, 여야'는 본래 후대 '심화'로 이해된 서예를 말한 것은 아니었다. 하지만 후대 서예 이론가들은 허신의 사유를 '서예는 심화'라는 차원으로 확장함으로써 중국예술 특유의 문인 서예 문화를 형성하였다. 이런 사유는 구체적으로 '서여기인'으로 귀결되었다.

셋째, '저어죽백위지서'의 심화 차원 전개와 문자의 정치·교육 차원의 효용성을 논하였다. 문자가 갖는 효용성으로서 지식전달이나 의사 표현 차원 이외에 문자를 통한 정치·교육 차원의 효용성을 강조하였다. 이런 점과 관련해 허신은 문자를 "경예의 근본이고 왕도의 시작[經藝之本, 王政之始]"이라고 규정하였는데, 이런 사유는 이후 명대 항목 등과 같이 유가사상에 훈도된 서예가들은 문자를 통한 서예의 정치·교육 차원의 효용성을 강조하는 것으로 전개하였다. 즉 서예란 순수예술적 측면도 중요하지만 그것이 갖는 유가의 '재도론' 측면도 중요하다는 것이다.

넷째, 선후본말론의 '군자무본' 사유가 갖는 서예적 의미를 논하였다. 유가의 선후본말론 사유를 잘 보여주는 '군자무본' 사유를 허신은 '본립도생'이란 말로 표현하였는데, 이런 사유는 이후 서예창작과 관련하여 진정한 서예가란 무엇인가 하는 질문으로 이어졌다. 아울러 기교 운용의 예술창작 이전에 '정심'을 먼저 강조하는 '전심'으로서 서예에 대한 인식으로도 나타났다.

결론적으로 말하면 허신 『설문해자』 「서」에서 말한 '조서'와 관련된 법상으로서 서예 인식, 문자가 갖는 정치·교육 차원의 효용성, '본립도생' 사유는 이후 서예가들이 서예를 '심화' 차원으로 승화시킴에 따라 중국 서예문화가 화려하게 꽃을 피울 수 있게 되었다. 그 서예 변천사의 중심에는 김정희(金正喜)처럼 심화 차원에서 '문자향(文字香)'과 '서권기(書卷氣)'를 강조한 문인들이 있었고, 이에 문인서예가 탄생할 수 있었다. 이 같은 문인서예의 시발점에 허신이 있었던 것이다.

| 참고문헌 |

段玉裁, 1995,『說文解字注』, 上海: 上海古籍出版社.
염정삼, 2007,『說文解字注 부수자 역해』, 서울대학교출판부.
허신 저, 금하연, 오채금 공역, 2016,『허신 설문해자』, 자유문고.
조민환, 2018,『동양예술미학산책』, 성균관대출판사.

2장

동전을 중심으로 본
전근대 동아시아의 화폐[*]

|

송(宋)과 일본의 사례를 중심으로

고은미

1. 지불수단으로서의 동전

시장이 충분히 발전하기 전에는 재화의 이동을 필요로 하는 부분은 압도적으로 국가재정이 점하고 있었고, 국가는 재정 운영에 필요한 물류를 원활히 유통시키기 위해 화폐를 발행하였다. 즉 화폐는 교환수단이기 이전에 지불수단이었던 셈이다(マックス·ウェーバー, 1954: 69~70).

현재는 교환수단으로 사용되는 화폐가 화폐의 다른 기능도 전부 수행하고 있기 때문에, 화폐는 교환수단이라는 시각을 당연하게 여긴다. 그러나 전근대의 화폐는 기능에 따라 여러 가지 화폐들이 병존하였다(칼 폴라니, 1983: 150~152). 즉 화폐는 물건을 사거나(교환수단), 가치를 표시하거나(가치척도), 세금을 내거나 채무를 이행하고(지불수단), 부를 저장하는(저축수단) 등 여러 기능을 가지고 있는데, 이러한 기능을 모두 갖추어야 화폐인 것이 아니라 이 중 일부라도 가지고 있다면 화폐였던 것이다.

시장이 거의 존재하지 않고 국가재정이 물류의 대부분을 점하는 사회일수록 교환수단보다는 지불수단으로서의 화폐의 역할이 더욱 중

---

* 본고는 『史林』제68호(2019년 4월호)에 실린 논문을 재수록한 것이다.

요하였다. 그런데 고려 시대의 화폐에 관한 연구를 보면 고려조정이 발행한 주조화폐가 유통되지 않고 주조정책이 중지된 원인을 고려사회가 주조화폐를 사용할 정도로 시장이나 상품경제가 발달하지 못했다거나 계층별로 고액화폐를 사용하는 층과 소액화폐를 사용하는 층이 나누어져 있던 상황에서 소액화폐로 현물 화폐인 쌀이나 포(布)가 사용되었던 점에서 원인을 찾는 연구가 많다(김도연, 2018: 2~6). 이처럼 화폐와 시장을 동일시하여 주조화폐의 등장을 상품경제의 발생으로 파악하는 시각은 화폐는 교환수단이라는 공식에 기반하고 있다고 할 수 있다(足立啓二, 2012: 352).

그러나 이러한 시각은 국가 전체 물류에서 재정적 물류가 차지하는 비중이 압도적이었던 고려사회(蔡雄錫, 1997: 282~286. 여기에는 12세기 이후에도 안정적인 농업생산력을 유지하기 어려워 농촌 장시가 정기적으로 열릴 수 없는 수준이어서, 지배층 중심의 도시 유통경제는 농촌 잉여를 강제적으로 탈취하는 방식에 의존하고 있었다는 지적도 확인된다.)를 평가하는 데 적절하다고는 할 수 없다. 고려 시대의 시장은 주현(州縣)의 관아 근처에 개설되어 상하의 모든 계층이 모여 거래하는 형태가 중심이었고, 고려조정은 이러한 시장에 기반하여 주조화폐를 유통시키고자 했다(李景植, 1987: 75~79). 이처럼 행정관청에 기반한 시장을 중심으로 화폐를 유통시키려고 했다는 것 자체가 화폐가 가진 지불수단으로서의 성격을 여실히 보여준다고도 할 수 있다.

또한 시장의 자생적인 발전이 동전으로 대표되는 전국적으로 통일된 화폐를 필요로 하는 단계에까지 이르지 못한 상황은 동전 유통에 성공한 중국도 마찬가지였다. 중국 역사상 가장 많은 동전을 발행한 송대 역시 상품경제의 발달로 전국 어디에서나 통용되는 화폐가 필요할 정도로 전국적인 시장이 형성된 시기는 아니었다. 전체 물류에서

차지하는 시장의 비중이 국가재정을 점차 능가하게 되는 시기는 명대
(明代) 이후에나 등장하고 그제야 동전은 일상적인 교환수단으로만 기
능하게 되는 것이다(足立啓二, 2012: 366·436~437·453).

따라서 시장이 국가재정을 압도하기 이전의 화폐는 지불수단의 기
능이 중심이라는 관점에서 분석하는 작업이 필요하다.[1] 이를 위해 본
고에서는 지불수단으로서의 동전이 가진 성격을 중국이나 일본의 사
례를 통해 살펴보고자 한다. 시장의 자생적인 발전에 따라 자연스럽
게 등장하는 화폐가 아니라 국가가 자신의 필요에 따라 인위적으로
공급하는 화폐로서의 동전의 성격을 양국의 사례가 잘 보여줄 것으로
판단되기 때문이다. 또한 그 과정에서 확인되는 동전의 성격이 향후
고려 시대에 주조된 화폐를 분석하는 데 조금이라도 시사점을 줄 수
있기를 기대한다.

2. 동전과 명목화폐

중국 역사상 가장 많은 동전이 주조된 시기는 송대인데, 송대의 기
록에 따르면 동전은 그대로 사용하는 것보다 녹여서 동기(銅器)를 만드
는 편이 5배 이익이었다고 한다.[2] 동전을 녹여서 동기로 만들면 동전

---

1 위은숙 역시 고려 시대 물자유통의 가장 큰 부분은 수취체제와 관련된 재정적 물류가
   차지하고 시장적 물류는 부차적인 의미밖에 가지지 못했는데, 그렇다면 고려의 화폐
   역시 지불수단이라는 측면에 주목하여 분석해야 한다고 주장하고 있다(위은숙, 2001:
   576~577).

2 『宋史』卷180, 志133, 食貨下2, 錢幣, "송에서는 1074년부터 새로운 법령을 배포하여
   기존의 조문을 삭제하고 동전의 유출금지(錢禁)도 해제하였다. 이 때문에 변경에서는
   수레에 가득 실어 내가고 선박도 가득 싣고 돌아간다. 듣기로는 연해 지역에서는 동전
   이 외국으로 나갈 때 매관(每貫)마다 동전으로 세금을 징수할 뿐이라고 한다. 동전은

으로 사용하는 것보다 5배의 이익이 발생했다는 것은, 동전의 액면 가치가 실제 가치보다 낮았다는 것을 의미한다. 이처럼 동전을 녹여 동으로 만드는 행동은 송대의 전 시기에 걸쳐 문제가 되고 있었다. 즉 송조정의 입장에서 동전은 주조하면 주조할수록 손해를 보는 화폐였던 셈이다. 여기에는 전근대 중국의 화폐의 성격을 고찰하는 데 있어 중요한 문제가 내포되어 있으므로 이하에서 상세히 검토해 보고자 한다.

1장에서 지적한 대로 명대 이전의 중국 주조화폐는 시장이 아니라 국가재정과 연계시켜 파악해야 한다. 따라서 이하에서는 우선 중국의 화폐사에서 국가재정이 결정적인 역할을 했다는 견해를 중심으로 개괄해 보고자 한다.

전근대 사회는 국가재정이라는 공적 영역이 차지하는 부분이 상당히 커서, 화폐가 사회 내부의 자생적인 상품유통의 발달에 대응하지 않았다고 한다. 즉 사회적 결합의 주요한 측면을 시장이 아니라 정치적 조직이 담당하는 사회에서는 국가재정이 차지하는 물류가 압도적이라는 것이다. 따라서 화폐의 중심적인 기능은 유통수단(교환수단)에 있는 것이 아니라 국가적 지불수단 특히 조세의 지불수단에 있었다. 이는 금은이 아니라 동전이 핵심적인 화폐가 된 배경이기도 했다.

서양의 금화나 은화와는 달리 중국이 기본적으로 소액화폐인 동전을 사용했던 이유는 인구의 대부분을 차지하는 소농을 대상으로 조세를 징수하기 위한 것이었다. 조정은 대량으로 주조된 동전을 물품 조달·봉급·공공사업을 통해 방출한 후 조세징수를 통해 회수하는 순환

본래 중국의 보화이나 지금은 외국인과 함께 사용하고 있다. 또한 민간의 동(銅) 사용 금지를 폐지한 이후 민간에서 소각한 양도 또한 헤아릴 수 없을 지경이다. 동전 10전을 녹이면 청동(精銅) 한량을 얻는데 그것으로 동기(銅器)를 만들면 5배의 이익을 얻을 수 있나.

구조를 통해 전국적으로 통일된 재정을 운용하였고, 그 과정에서 국가에 의한 사회의 편성·유지·재생산이 성립하였다. 따라서 소액동전의 필요량은 상품경제와는 무관한 것으로 유통화폐의 총액은 상품총액에 대응한다는 화폐수량설은 전근대 중국에서는 성립되지 않는다는 것이다.

이러한 시각은 동전이 해당 동전에 포함된 동의 교환가치와 화폐의 액면 가치가 일치하는 실체화폐(實體貨幣)가 아니라 소재 가치와 액면 가치가 다른 명목화폐라는 주장과 연계된다. 동전의 가치를 결정하는 것은 화폐의 소재 가치가 아니라 국가가 해당 화폐를 얼마로 인정하여 수납하는가에 있다는 것이다. 송대처럼 국가재정이 전체 유통의 대부분을 차지하는 사회에서 화폐는 지불수단이라는 기능에 기반하여 사회적 신용을 획득했고, 지불수단의 역할을 하는 화폐는 조세를 징수하고 배분하는 국가가 그 화폐를 얼마의 가치로 받아들이는가가 중요하지, 금이나 은 등의 귀금속처럼 중량이라는 객관적인 가치기준을 가지고 있지 않았다고 한다. 즉 국가재정이 뒷받침되는 한 소재 가치가 액면 가치보다 낮더라도 액면 가치대로 통용됐다는 것이다.[3]

그러나 이상의 주장과는 달리, 물류의 대부분을 국가 재정이 차지하는 사회라고 하더라도 주조화폐가 조정이 정하는 가치대로 통용되지는 않았다. 당시 주요한 주조화폐였던 동전은 조정이 인정하는 가치 그대로가 아니라 사회적 신뢰도에 기반하여 받아들여졌다고 판단되기 때문이다.

중국 동전의 특징 중 하나는 그 개수를 세어 물건의 가치량을 표시하는 계수화폐라는 점이다(宮澤知之, 2007: 46). 이러한 계수화폐는 한

---

3 이상은 足立啓二(1992), 宮澤知之(1998: 3~29)를 참조하여 정리하였다.

대(漢代)에 처음으로 등장했는데, 이는 동전의 액면 상의 중량과 실제 동전의 중량을 엄격하게 준수하면서 가능해졌다(宮澤知之, 2007: 79). 그 이전에는 유통되는 동전의 액면에 표시된 중량과 실제 중량이 달라 저울에 달아 그 부족분을 동전 수를 추가하여 메울 필요가 있었다. 그러나 액면 상의 중량과 실제 중량이 일치하면서 단지 개수를 세기만 하면 되었던 것이다. 그런 측면에서 보자면 동전이 계수화폐가 된 배경에는 소재 가치와 액면 가치의 일치가 있었던 셈으로 금은 등의 칭량화폐와 완전히 달랐다고는 할 수 없다.

이처럼 동전이 소재 가치와 분리되어 수용되기는 어려웠다는 사실은 동전이 현물 화폐의 기능 일부를 대체하기는 했지만, 여전히 현물 화폐와 함께 유통되었고 현물 화폐가 가진 성격으로부터도 자유롭지 못했다는 점을 반영하는 것인지도 모른다. 전근대 사회에서는 하나의 화폐재가 화폐의 모든 기능을 독점하지는 못했고, 기능에 따라 다양한 화폐재가 병존하였다는 점은 1장에서 지적하였다. 중국의 대표적인 화폐라고 할 수 있는 동전 역시 16세기까지 곡물이나 포와 같은 현물 화폐와 함께 사용되었다(黒田明伸, 2014: 55). 송대 역시 대도시를 제외한 지역에서의 일상적인 상거래는 동전이 아니라 쌀이 교환수단으로 기능하고 있었다고 한다(宮澤知之, 2007: 198~199).

이렇게 현물 화폐와 주조화폐가 병존하면서 송대에는 현물 화폐와 주조화폐를 명확히 구별하지 않는 사고방식이 존재하였고, 그 결과 주조화폐인 동전을 현물과 같이 취급한 사례가 확인된다. 원칙적으로 화폐인 동전은 상업세의 대상이 아니었는데도 불구하고 실질적으로는 상업세가 부과되었던 것이다(梅原郁, 1960: 23~25; 宮澤知之, 1998: 38). 이처럼 현물 화폐와 주조화폐를 명확히 구별하지 않는 상황은 중국의 경우 현물 화폐가 더 이상 화폐로서는 기능하지 않게 되는 명대까지 지속된다(宮澤知之, 1998: 39).

이렇게 동전이 현물 화폐와 비슷하게 인식되었다는 것은 동전 역시 현물 화폐처럼 소재 가치와 분리되어 수용되기는 어려웠다는 사실을 의미한다. 화폐가 현물과는 달리 교환을 중개하는 매개물로만 존재한다는 인식은 현물 화폐가 사라진 이후에나 등장하게 되는 셈이다.

다만 동전은 무게나 길이를 재어 사용하는 현물 화폐와는 달리 별도의 주조 비용이 발생하기 때문에, 소재 가치와 액면 가치가 근접하면 근접할수록 주조 비용은 주조자가 부담하지 않으면 안 되었다. 앞에서 언급한대로 한대의 동전은 한개가 일전(一錢)으로 유통되기 시작하지만 그것은 주조하면 주조할수록 조정이 손해를 보는 대가를 치뤄야 했다(宮澤知之, 2007: 57~75). 이 비용을 국가가 부담했다는 측면에서 동전의 주조와 유통에는 국가의 재정 운용상의 필요가 절대적이었다고 할 수 있다. 국가의 힘은 사람들에게 실질 가치가 낮은 동전을 액면 그대로 받아들이게 하는 데 있는 것이 아니라, 재정적 손실을 감수하더라도 전국적으로 통일된 화폐를 유통시키는데 있었다고 할 수 있다. 그러나 재정적 손실을 감수하기 힘들어지면 당연히 동전의 생산비를 낮추려는 경향이 나타나게 된다.

실제로 한대 후반기부터는 동전의 액면 가치가 실제 가치를 능가하는 현상이 재현되었고, 그 결과 당대(唐代)는 중국 역사상 동전의 밀조가 가장 활발한 시대가 되었다(宮澤知之, 2007: 147~168). 그런데 밀조는 채산이 맞지 않으면 발생하지 않는데, 780년 이후에는 동의 가격이 올라가서 1관(貫; 1,000錢)의 동전에 필요한 원료값만으로도 1관의 비용이 들어서 같은 품위를 가진 동전의 밀조는 주조 비용만 발생시킬 뿐이었다고 한다. 따라서 품위를 떨어뜨리는 방식의 밀조가 발생하거나 동전을 주조하기보다는 오히려 동전을 녹여 동으로 만드는 문제가 발생했다. 앞에서 지적한 동전을 녹여 동기를 만들어 5배의 이익을 얻는 사례도 여기에서 비롯된 것이다.

이처럼 주조해도 반드시 재정적 이익을 가져오지 않는 동전은 국가가 재정적 필요에 따라 발행액을 늘리기 쉬운 지폐와는 다른 성격을 가지고 있었다. 지폐가 조정의 지불능력을 넘는 수준으로 발행되어 화폐의 가치가 점점 하락하고 결국에는 휴짓조각이 되는 상황에까지 가는 위험을 가진 데 반해, 동전은 처음부터 국가가 재정적으로 감당할 수 있는 범위내에서 화폐를 발행하게 하는 성격을 가지고 있었던 셈이다. 이것이 다시 화폐에 대한 신용으로 연결되는 구조였다고 할 수 있다. 그 결과 장기적으로는 물가가 안정되는 데도 기여했다.[4]

3. 동전발행과 재정이익

2장에서 지적한 것처럼 동전은 동 가격의 변동에 따라 가치가 변동하는 실체화폐가 아니라 한 개의 동전이 일전 혹은 일문(一文)으로 평가되는 명목화폐였다. 이처럼 사회의 자생적인 필요에 의해서가 아니라 국가 재정을 운용하기 위해 주조된 화폐는 안정적인 재정 운영을 위해 소재 가치가 액면 가치와 분리되어 있었던 것이다. 그런데 사람들은 이러한 분리를 액면 가치가 소재 가치보다 높았다고 해석하는 경향이 있다. 국가가 손실을 보면서까지 화폐를 주조하지는 않았을 것이라는 전제를 가지고 있는 것이다. 물론 이러한 전제에는 사

---

4   송대의 물가는 북송기의 경우 년간 0.5~0.7%, 남송기의 경우 년간 1.0~1.5%의 상승률을 보여 상당히 안정되어 있었다(宮澤知之, 1998: 457~458).

료적 근거도 존재한다. 동아시아 각지에서 재정적 이익을 위해 동전을 발행한 사례가 존재하는 것이다.

먼저 국가가 재정이익을 위해 동전을 발행한 것이 전형적으로 확인되는 일본의 사례를 살펴보고자 한다.[5] 일본 조정은 683년경부터 958년까지 13종의 동전을 발행했는데[6], 처음부터 수도 조영에 필요한 경비 등 국가재정을 보완하기 위해 동전을 발행했기 때문에 주조 비용에 비해 공정가격(公定價格)을 높게 설정하였다. 당시 동전의 가격이 높게 설정되어 있었다는 것은 일 년 사이에 공정가격이 50%나 하락한 사례가 있는 것을 통해서도 짐작할 수 있다.[7] 그러나 주조 비용에 비해 높게 설정된 가격은 동전을 밀조하는 강한 동기로 작용하여, 심지어는 밀조 동전이 전체 동전의 절반을 점한다는 말이 나올 지경이었다.[8] 이처럼 밀조된 동전이 유통되면서 조정이 발행한 동전의 가치가 하락하면, 일본조정은 다시 새로운 종류의 동전을 주조하여 기존 동전의 10배로 유통시키고자 했다. 그러나 새로운 동전 역시

---

5 일본 고대의 화폐 발행에 관해서는 栄原永遠男(2002)을 참조하여 정리하였다.

6 683년경에 발행된 부본전(富本錢)을 주술용 화폐로 보느냐 유통화폐로 보느냐에 따라 발행된 동전을 12종으로 보는 시각과 13종으로 보는 시각으로 나누어진다.

7 『続日本紀』養老五年(721) 正月 丙子, "천하의 백성에게 명하여 은전 일전은 동전 25전으로, 은 한냥은 동전 백전으로 사용하게 하였다."; 『続日本紀』養老六年(722) 二月 戊戌, "또한 동전사용의 편리함을 헤아려 백성에게 이익이 되도록 동전 이백전을 은 한냥으로 사용하여 물건의 귀천, 가격의 다소는 그때그때 정당하게 평가하고 향후에도 따르도록 하였다." 여기에서 721년에는 은 한냥당 100전이었던 동전이 722년에는 200전으로 50%나 가치가 하락한 것을 알 수 있다. 722년에 일본 조정은 물건이나 가격을 시가에 따라 평가하는 방침을 정하면서 동전의 가격도 내리고 있어 721년에 정해진 가격은 시가보다 한참 높게 책정된 가격이라는 것을 알 수 있다.

8 『続日本紀』天平宝字四年(760) 三月 丁丑, "최근 밀조가 점점 많아져 밀조전이 이미 반이 되었으나 갑자기 금하면 소란이 있을까 우려되니 새로운 사양을 주조해 舊錢과 병행하여 민에는 손해가 없고 국가에는 이익이 되게 하고자 한다. 그 새로운 동전은 만년통보라 부르고 한 개가 舊錢의 열 개에 해당한다."

밀조 동전이 유입되면서 가치가 하락했기 때문에 10년이나 20년 정도의 간격으로 새로운 동전을 주조하지 않을 수 없었다.

이처럼 발행차익에서 재정적 이익을 얻기 위해 동전을 주조하면, 민간의 밀조가 지속되면서 동전의 가치는 주조 비용에 근접한 선까지 하락하게 된다. 동전의 소재 가치가 액면가보다 낮으면 동전을 밀조하려는 움직임이 발생하여 결과적으로 동전의 공급이 증가하고 그 결과 동전의 가치가 하락하여 액면가보다 낮은 가격에 유통되게 되는 악순환이 발생하기 때문이다(Von Glahn, 1996: 40). 그래서 발행차익을 위해 동전을 주조하던 조정은 결국 주조를 포기하는 상황에 이르게 된다. 7세기 말부터 일본에서 발행되던 동전은 10세기 중반의 발행을 마지막으로 단절되게 된다. 따라서 발행차익을 얻으려는 동기에서 시작되는 동전주조는 단기간이라면 몰라도 장기적으로는 지속되기 어렵다고 할 수 있다.

이후 일본의 화폐주조는 긴 공백기를 맞이하여 다음에 본격적으로 화폐가 주조된 것은 17세기로, 그 사이에는 자국에서 주조된 화폐가 없는 시대를 살았다. 대신 동전의 공급을 중국에서의 수입에 의존했다. 11세기 초에 일본에서 주조된 화폐의 유통이 단절된 이후, 쌀이나 견(絹)·포 등 현물 화폐를 사용하다가, 12세기 후반에 다량의 중국 동전이 유입되기 시작하면서 중국 동전이 화폐의 기능 대부분을 흡수하게 되는 것이다.[9] 결국 자국에서 주조한 동전의 유통에는 실패한 셈인데, 동전의 발행과 유통에 성공한 중국이라고 해서 재정이익을 노리고 동전을 주조한 사례가 없는 것은 아니다.

---

9 일본으로 중국동전이 유입된 과정과 그 의미에 대해서는 고은미(2018)를 참조하기 바란다.

송대 역시 재정수입을 확보하기 위해 보통의 동전보다 큰 대전(大錢)을 만들어 2~10배의 가치로 유통시키고자 했던 사례가 확인된다. 그러나 대전은 당연히 소재 가치보다 액면 가치가 높았기 때문에 그 차액을 노리고 밀조하려는 움직임이 지속되어 결국 액면 가치대로 유통되지 않았다. 이러한 상황을 1071년 섬서전운사(陝西轉運使)[10] 피공필(皮公弼)이 건의한 내용을 통해 확인할 수 있다.

> 피공필이 건의하기를, 섬서지역에서는 현재 당이문(當二文) 짜리 동전을 사용하고 있는데, 최근에 서쪽 변경에서 전쟁이 있어 처음으로 당십문(當十文) 짜리 동전을 주조했다. 후에 전쟁이 끝나자 밀조하는 일이 많아 당삼문(當三文)으로 삼았다. 그런데도 밀조가 발생하자 더욱 감하여 당이문으로 삼았다. 지금은 주조 비용과 같아져서 민간에서 이익을 얻을 일이 없어 밀조가 사라졌다. 청컨대 옛 동이나 납을 모두 당이문 동전으로 주조했으면 한다고 했다. 이에 그의 의견을 받아들여 이문짜리 동전인 절이전(折二錢)이 마침내 전국에서 사용되게 되었다.[11]

서하(西夏)와의 전쟁 상황에서 전비 마련을 위해 하나에 10문에 해당하는 동전을 주조하였으나 이처럼 소재 가치와 액면 가치가 크게 차이가 나는 동전은 당연히 밀조의 대상이 되었다. 이에 송조정은 해

---

10 섬서전운사는 섬서로(陝西路) 전운사(轉運使)를 가리킨다. 송대에는 지방을 감독(監督)단위인 로(路)로 나누어 여러 가지 면에서 부(府)·주(州)를 감독했는데, 그중에서 일로(一路)의 경제·민정 전반에 대해 부·주를 감독하는 역할을 담당한 것이 전운사이다(宮崎市定, 1963: 33~34).

11 『續資治通鑑長編』卷221, 熙寧四年(1071) 三月 己亥.

당 동전의 가치를 삼문으로 내렸으나 그래도 여전히 밀조는 멈추지 않았다. 결국 주조 비용에 해당하는 이문으로 낮추고 나서야 민간에서 밀조가 사라졌다고 한다.

즉 주조 비용보다 높은 가치로 동전을 유통시키려는 순간 밀조가 발생하여 해당 동전의 실제 가치는 계속해서 하락하였고, 결국 주조 비용과 거의 비슷한 수준으로 유통시키지 않을 수 없었다는 것을 알 수 있다. 여기서 보이는 이문짜리 동전인 당이전(當二錢) 혹은 절이전은 수도와 그 주변을 제외한 전국에서 통용된 것이 확인되는데, 고고학적 조사에 따르면 일문짜리 동전과 같은 동함량에 거의 2배의 중량을 가지고 있었다고 한다(宮澤知之, 1998: 353). 즉 이름에 걸맞는 품위와 중량을 가지고 있어야 통용되었던 셈이다.

4. 동전과 계수화폐

앞에서 지적한 것처럼 동전은 기본적으로는 일문짜리가 중심이 되어 유통되었는데, 이러한 일문짜리 동전 역시 품위를 낮추어 주조 비용을 낮추려는 움직임은 존재했다. 기본적으로 동전은 동(銅)·주석(錫)·납(鉛)의 합금으로 주조되었기 때문에, 비싼 동의 비율을 줄이고 다른 금속의 비율을 높이는 방식으로 생산비를 낮출 수 있었던 것이다. 3장에서 언급했던 일본조정이 발행한 동전의 경우에도, 후대로 갈수록 작고 가벼워진 데다 동과 주석의 비율이 낮아져 거의 납 중심의 질이 나쁜 동전이 발행되는 경향이 확인된다(東野治之, 1997: 70~73).

이러한 경향은 송에서도 확인되는데, 예를 들어 1070년(熙寧3년) 경

소철(蘇轍)은 당시 부재상에 해당하는 참지정사(參知政事) 왕개보(王介甫)의 주조 동전에 관한 질문에 답하면서 다음과 같이 말하고 있다.

> 당의 개원통보(開元通寶)가 가장 좋으나 지금은 이에 미치기 어렵다. 천희(天禧: 1017-1021)·천성(天聖: 1023-1032) 년간 이전의 동전도 또한 좋아 지금과는 비교되지 않아서 밀조하기 어려웠다. 그러나 당시는 관이 동전을 주조해도 그다지 이익이 없었다. 대체로 화폐제도란 원래 있고 없는 것을 조절하여 유통되게 하는 데 있지 이익을 얻는데 있지 않다. 예전에는 하루에 8~9백문을 주조할 뿐이었는데 최근에는 이익을 얻고자 많이 주조하는 데 치중하여 하루에 1,300~1,400문을 주조한다. 동전은 갈수록 질이 나빠지고 그 때문에 밀조가 갈수록 많아진다. 다만 점차 옛 방식을 회복하면 화폐제도도 점차 바로잡힐 것이다.[12]

이러한 소철의 발언을 통해 당시 당의 개원통보가 송대의 동전과 함께 통용되고 있었다는 사실뿐 아니라 송대의 동전에 비해 질이 좋았다는 사실을 확인할 수 있다.[13] 또한 좋은 품질의 동전의 경우 동전을 주조하는 것 자체에서 얻는 이익은 별로 없었다는 점 역시 알 수 있다. 다만 동전을 주조하는 목적은 재화의 원활한 유통에 있는 것으로, 동전 주조에서 그다지 재정적 이익을 기대하지 않는 소철의 인식도 엿볼 수 있다. 그러나 동전 주조 자체에서 이익을 얻기 위해 질이

---

12 蘇轍撰, 『龍川略志』第三, 「與王介甫論靑苗鹽法鑄錢利害」.

13 초기에 주조된 일본 동전 역시 당의 개원통보를 모방한 것으로(東野治之, 1997:37~51), 개원통보가 후대는 물론 주변국에까지 강한 영향을 미친 것을 엿볼 수 있다.

저하된 동전을 생산하면 민간에서 밀조하는 일이 다발하여 결과적으로는 화폐제도가 문란해졌던 셈이다.

송대에 상당량의 개원통보가 통용되고 있었다는 사실은 소철의 발언만이 아니라 출토된 동전을 통해서도 확인된다. 개원통보는 북송대에 매장된 동전 중 7.99%를, 남송 대에 매장된 동전 중 6.62%를 차지하여, 송대 전반에 걸쳐 개원통보가 전체 동전의 7~8% 정도의 비율로 유통되고 있었다(三宅俊彦, 2005: 90·103). 이처럼 질이 좋은 동전이 이미 상당수 존재하는 상황은 그에 비해 현저히 중량이나 품위가 떨어지는 동전이 주조되는 것을 막는 배경으로 존재했던 것이다. 그러나 그러한 억제 장치에도 불구하고 주조에 따른 이익을 추구하여 동전의 품질을 떨어뜨리면 그것이 민간의 밀조를 부추겼다는 사실 또한 엿볼 수 있다.

이처럼 중국왕조가 화폐의 품위를 떨어뜨려 재정손실을 만회하는 방식을 채택하지 못했던 이유는, 이미 선행왕조가 발행한 다량의 동전이 민간에 축적되어 있는 상황에서 그보다 품위를 떨어뜨린 동전을 발행해도 민간에 받아들여지지 않았기 때문이었다. 그 결과 2000년간에 걸쳐 주조된 동전은 하나의 중량이 4g 정도에 동 함유량이 80% 이상이라는 획일성을 가지게 되었고, 동전의 밀조(密造)보다는 동전을 녹여서 동으로 사용하는 것이 문제시되었다(黑田明伸, 2014: 59~60·96~99·104).

중국에서 동전 한 개를 일전이나 일문으로 평가하여 동전을 중량에 기반한 소재 가치가 아니라 개수로 계산하는 방식이 정착된 것은, 일정한 품위와 중량을 가진 동전이 사회적 신뢰를 획득했고 이후에는 이미 사회적 신뢰를 획득한 동전과 동일한 형태의 동전을 주조하는 방식이 정착된 결과 탄생한 역사적 산물이었다. 이는 단순히 전체 물류에서 국가재정이 차지하는 압도적인 지위만으로는 설명되지 않는다. 역사적 과정을 거쳐 사회적 신용을 획득한 화폐를 국가의 인위적인 개입 없이 도입한 것이 주효했다. 동전을 받아들인 일차적인 원인은 해당 정권에 대한 재정신뢰도라기 보다는 해당 화폐가 이미 가지고 있던 사회적 신뢰도였던 셈이다.

일반적으로 특정 정권이 발행한 화폐는 그 정권이 지속하는 동안만 사용되고, 해당 정권이 전복되어 새로운 정권이 등장하면 새로운 정권은 이전 정권이 주조한 화폐를 회수하고 새로 주조한 화폐를 유통시키는 경향이 있다. 국가가 화폐 발행권을 독점하여 사회를 통제한다는 관점에서 보자면 이는 당연한 선택이라고 할 수 있다. 국가가 통제할 수 없는 화폐가 민간에 상당량 축적되어 있는 상황에서 재정을 운영해야 하는 것은 새로 성립한 정권에게는 부담이 되기 때문이다.

그러나 액면 가치와 소재 가치가 근접한 동전은 기존의 동전까지 녹여서 다시 주조하면 할수록 해당 정권이 부담해야 하는 주조 비용이 늘어나는 결과를 가져왔을 것이다. 그 결과 중국에서는 현 왕조는 물론 역대 왕조가 발행한 동전을 폐기하지 않고 모두 한 개를 일전 혹은 일문으로 유통시키는 관행이 정착되었다(宮澤知之, 1998: 17). 그리고 여기에 외국 동전까지 가세하게 되었다.

1018년 비서승(秘書丞)이었던 주정신(朱正臣)은 자신이 이전에 광주(廣州)의 부장관에 임명되었을 때 보니, 무역상들이 다수 교주(交州; 현재의 베트남 북부지역에 존재하던 국가)에 가서 무역하고 여자전(黎字錢)·사납전(砂鑞錢)을 광주에 가져와서 중국의 법을 상당히 어지럽힌다고 지적하고, 앞으로 이러한 죄를 지은 자는 유배를 보내거나 감옥에 가둘 것을 제안했다. 이에 조정은 광남전운사(廣南轉運使) 및 광주지방관에게 재심의하도록 명했는데 그 결과 보고에서 광주는 해로로 교주·참

파(占城; 현재의 베트남 중남부지역에 존재하던 국가)와 접하고 있어서 무역
상은 배를 타다 많은 경우 파도 때문에 표류하여 외국에 이르는 것으
로 원래부터 무역 때문에 간 것은 아니니, 앞으로 가지고 오는 여자
전·사납전 등은 몰수하고 그 외에 교역해서 가져 온 직물은 1/3을 징
수하고 나머지는 모두 돌려주고 이를 어긴 자는 위반죄로 처벌하고자
한다고 요청했고 조정은 이를 허가했다.[14]

여자전이란 베트남의 전여조(前黎朝; 980~1009) 시기에 주조된 천복
진보(天福鎭寶)로 동전의 뒷면에 여자(黎字)가 새겨져 있어서 그렇게 불
린 것으로 보이고, 사납전은 납 성분이 많이 함유된 동전을 가리킨다
(宮澤知之, 2007: 264~265). 당시 교주 즉 교지(交趾·交址)에서는 이러한
동전들이 유통되고 있었는데, 이곳을 왕래하는 중국의 무역상들이 교
지의 화폐를 들여와서 광주의 화폐제도를 문란시켰던 것이다. 물론
현직에 있는 광주측 관리들은 무역상이 교지나 참파에 간 것은 무역
목적이 아니라 표류때문이라고 주장하고 있지만, 그들도 무역상이 해
당 지역에서 교지의 동전이나 직물을 가져 오는 것은 인정하고 있다.
그중에서 동전은 몰수하고 직물의 경우에는 1/3을 세금으로 징수할
것을 요청하고 있는 셈이다. 이를 통해 당시 교지의 동전이 광주에 유
입되어 중국의 동전과 혼용되는 상황이었다는 것을 알 수 있다.

이러한 상황은 1178년경에도 확인되어, 흠주(欽州; 현재의 廣西壯族
自治區 남부지역)를 거점으로 한 교지와의 교역상황을 살펴보면, 교지
상인들이 가져오는 것은 금은·동전·향료·진주·상아·무소뿔 등이었
다. 이에 대해 근방의 소상인들은 문방구나 곡식·포 등을 매일 교지
인들과 소량 교역했으나 언급할 가치도 없을 정도의 양이었다고 한

---

14 『續資治通鑑長編』卷92, 天禧二年(1018) 十一月 癸未.

다. 오직 사천에서 오는 부상들만이 비단을 가져와서 향료와 교환하여 사천으로 가져갔는데, 매년 한 차례 왕복했고 교역마다 수천민(緡=1000文)에 달했다고 한다.[15]

여전히 교지에서 주조한 동전을 송에 가지고 와서 교환하고 있는 상황을 엿볼 수 있다. 교지에서 주조한 동전은 중국 동전을 본떠 만들었지만, 양국의 가치체계 속에 편성되었기 때문에 당연히 다른 가치를 가지고 있었다. 교지의 동전이 송전과 같은 가치를 가지고 있었다면 일부러 운반해와서 교환할 필요는 없었다고 추정되기 때문이다. 국가의 금령에도 불구하고 베트남전이 유입되어 중국 동전과 혼용되고 있었던 것이다.

이처럼 중국 역대 왕조의 동전과 함께 외국 동전까지 혼용되는 방식은 일본에도 그대로 도입되었다. 앞에서 언급한 대로 일본에서는 12세기 말부터 16세기까지 중국 동전을 중심으로 수입 동전이 화폐의 중요한 기능을 수행하였다. 다만 일본의 경우 중앙정권의 금지령에도 불구하고 수입 동전의 사용이 사회적으로 확산·정착되었다는 측면에서, 조정이 주조한 동전이 유통화폐의 중심이었던 중국과는 대조적이라고 할 수 있다. 그러나 동전을 수입하면서 중국의 동전 사용 방식까지 도입한 것은 분명하여, 주조된 시대나 지역이 다양한 동전을 병행하여 사용하고 있었다.

이는 일본에서 출토되는 동전에서 중국의 역대 왕조의 동전과 함께 일본 고대국가가 발행한 동전, 류큐(琉球), 한반도, 베트남 등에서 주조된 각종 동전이 발견되고 있는 것을 통해 알 수 있다(鈴木公雄, 1999: 7·32·79). 즉 1998년 3월 7일 시점에 일본 전국에서 출토된 275 사례

---

15 周去非, 『岭外代答』 卷8, 財計門, 欽州博易場.

352만 9020개의 동전을 분석한 결과에 따르면, 그중 북송전(北宋錢)이 전체의 약 77%, 명전(明錢)이 약 8.7%, 당전(唐錢)이 약 7.6%, 남송전(南宋錢)이 약 1.9%로 전체의 95%를 차지하는 가운데 나머지를 금전(金錢), 조선전(朝鮮錢), 원전(元錢), 베트남전, 류큐전, 일본 고대국가가 발행한 동전 등이 모두 0.2% 미만의 비율로 존재하고 있는 것이다. 그중 1000개 이상이 일괄출토된 사례에서 동전의 종류는 가장 많은 경우가 93종 가장 적은 경우가 17종이고, 평균적으로는 40~60종이었다고 한다.

이처럼 다양한 동전이 유입된 정황은 1976년에 전라남도 신안군 앞바다에서 발견된 침몰선에서 인양된 유물을 통해서도 확인할 수 있다. 해당 선박은 1323년에 원의 경원(慶元; 현재의 寧波)을 출발하여 일본으로 가던 중 난파되었다고 추정되는데, 여기에서 28톤 약 800만 개의 동전이 인양된 것이다. 기원후 14년에 주조된 화천(貨泉)부터 1310년에 주조된 지대통보(至大通寶)에 이르기까지 동전명으로 보자면 66종에 해당하는 동전이 발견되었다. 이중에는 984년 베트남에서 제작된 천복진보(天福鎭寶)도 포함되어 있었다(문화재청·국립해양유물전시관편, 2006, 203~243). 이 천복진보는 동전 뒷면에 '黎'자가 새겨져 있어 1018년경에 광주에 유입되었던 베트남 동전과 같은 종류로 판단된다. 이는 중국에 유입되어 중국 동전과 혼용되던 베트남 동전이 일본에까지 건너갔다는 정황을 보여주는 증거라고 할 수 있다.

그런데도 이들 모두가 동일하게 일문으로 평가되었다는 점은 일본에서 오히려 더 극적으로 확인된다. 앞에서 송에서는 일문짜리 동전과는 별도로 대전을 만들어 일반 동전의 2~10배로 유통시키고자 했다고 지적하였다. 그러한 시도는 대부분 실패로 끝났지만 그때 주조된 대전 역시 소량이지만 일문짜리 동전과 함께 일본으로 유입되었다. 일본에서는 그러한 대전의 테두리를 갈아서 보통의 일문짜리 동전과 비슷한 크기로 만들어 유통시킨 사례가 확인되는 것이다((東野治之, 1997: 81~83).

즉 송에서의 가치 차이와는 상관없이 모든 동전 하나는 일문으로 평가된 것이다. 이러한 계수화폐는 극단적으로 말해 비슷한 크기나 중량을 가진 동전이기만 하면 그것이 언제 어디에서 주조되었던 간에 그 개수로 물건의 가치를 표시할 수 있었다. 따라서 그 안에 베트남전이나 고려전이 섞여 있더라도 전혀 문제가 되지 않았던 것이다.[16]

하지만 이처럼 다양한 종류의 동전이 전국적인 결제수단으로 사용되기 위해서는 해당 동전을 주고받는 사람들이 인정할 수 있는 균일성이 필요했다(鈴木公雄, 1999: 166~168). 그래야 해당 화폐에 대한 신뢰가 발생하기 때문이다. 실제로 일본 전국에서 대량으로 출토되는 동전은 종류별로 일정한 비율로 구성되어 있는 특징을 보인다. 예를 들어 1275~1375년경에 매장된 것으로 추정되는 동전 구성이 전국적으로 거의 동일한 양상을 보이는 것이다. 물론 그 구성은 당시 중국의 남송·금·원과 비슷한 양상을 보이기는 하지만, 중국이 출토지역에 따라 동전 구성이 어느 정도 다양성을 보이는데 반해 일본은 지역에 상관없이 너무나 동일한 구성을 보이고 있는 것이다(三宅俊彦, 2005: 181~191). 이처럼 다양한 동전들이 전 지역에서 동일한 구성을 보이게 된 배경은 무엇일까?

---

16 일본에서 海東通寶·東國通寶 등의 고려 동전이 유통된 정황도 확인되는데(이정수, 2002: 149~156), 다만 이 동전들이 고려와 일본간의 직접적인 교류를 통해서만 일본에 건너갔다고 판단하는 시각은 단면적이라고 할 수 있다. 실제로 중국에서 출토되는 동전 중에는 고려의 해동통보나 동국통보 등이 발견되고 있어(三宅俊彦, 2005: 85·101), 앞서 언급한 베트남전의 사례처럼 중국을 통한 간접적인 전파의 가능성도 존재한다.

현재 일본에서 출토되는 동전을 보면 낱개가 아니라 꾸러미 단위로 묶여 있거나 묶여있던 흔적을 가진 채 발견되는 경우가 많다. 즉 100개씩 꿴 꾸러미 10개를 모아 1관 단위로 구별한 것으로 보이는 다량의 동전이 발견되는 것이다. 이러한 동전의 출토상황은 당시 동전을 취급하던 점포를 그린 그림 속의 동전의 형태와도 일치한다. 이러한 동전의 사용방식과 전국적으로 동일한 동전 구성을 고려해보면, 동전이 특정 지역에서 동일한 구성을 가진 1관으로 만들어져 일본 전지역으로 유통된 것으로 보인다.

즉 이들 동전들이 일본과의 무역거점이었던 영파(寧波)에서 선별되어 일본의 하카타(博多)에 도착했고, 하카타에서 동전을 전문적으로 취급하는 사람들에 의해 일정한 구성비를 가진 동전 꾸러미로 만들어져 일본 각지로 운반되었을 가능성이 지적되고 있는 것이다(梅原郁, 2009: 42~50). 다만 중국에서 출토된 송전 중 항주(杭州)의 사례는 동전의 구성비가 일본에서 대량으로 출토된 동전과 비슷한 양상을 보였다는 언급도 있어(梅原郁, 2009: 52), 일본에 들어온 동전이 영파에서 별도로 선별되었다기 보다는 영파를 비롯한 그 주변지역에서는 다른 지역과는 다른 구성비를 가진 동전이 유통되었고 그것이 일본에도 영향을 미쳤다고도 볼 수 있다.

어쨌든 이렇게 조성된 동전은 일본 전지역에서 균일한 구성을 보였고 이것이 동전의 신뢰도에 상당한 기여를 했다는 점은 분명하다. 동전으로 거래하는 사람들은 동전의 균일성을 믿을 수 있었고 이것이 교환을 원활하게 하는 데 기여했던 것이다. 이처럼 동전이 가진 균일성은 동전을 신뢰하는 데 영향을 미쳤고 그것이 중국은 물론 일본에서도 유통되는데 중요한 요소로 작용했다는 점을 알 수 있다.

5. 동전 주조와 군사 재정

현재 우리가 사용하고 있는 화폐는 그 액면 가치와 소재 가치가 분리되어 있는 경우가 대부분이다. 국가가 발행하는 화폐는 그 소재 가치 때문이 아니라 발행 주체가 가지고 있는 신용에 의존하여 유통되기 때문에, 소재 가치가 거의 없는 종이라도 액면 가치대로 수용되는 것이다. 이러한 관점은 전근대에 국가가 발행했던 동전을 분석하는 데도 적용되는 경우가 많다. 즉 동전의 가치를 결정하는 것은 국가라는 것이다.

그러나 앞에서 살펴본 대로 동전은 소재 가치와 액면 가치가 분리되어 있다는 측면에서는 명목화폐이지만, 동전이 명목화폐가 된 배경은 국가가 동전에 일정한 가치를 부여했기 때문은 아니었다. 일단 소재 가치와 액면 가치를 일치시키면서 일정한 품위와 중량을 가진 동전이 사회적 신뢰를 획득했고 이후에는 이미 사회적 신뢰를 획득한 동전과 균일한 동전을 주조하는 방식이 정착되면서 동전 한 개를 일전이나 일문으로 받아들이는 사회적 관행이 정착된 것이다. 2장에서 설명한 것처럼 그러한 관행이 정착되기 전에는 동전 역시 중량을 달아 부족분은 동전을 추가하는 방식으로 거래하고 있었다. 따라서 소재 가치와 액면 가치를 일치시켜 사회적 신뢰를 획득하고 그러한 신뢰 관계를 장기간에 걸쳐 유지하면서 동전은 일일이 무게를 달고 품위를 확인하지 않고 거래하는 계수화폐가 된 셈이다.

그렇다면 국가재정을 운영하는 데 중점을 두고 도입된 화폐라고 하더라도 국가가 정한 가격대로 유통되지는 않는다는 점을 알 수 있다. 그것이 본래부터 가지고 있던 소재 가치이든 재정 규모에 뒷받침된 발행량이든 간에 사회적 신뢰도를 획득해야 액면가대로 유통되었다.

따라서 재정적 이익을 얻기 위한 화폐주조는 장기간 지속되지 못하고 중단되는 결과를 가져왔다. 오히려 재정적 손실을 감당하더라도 전국적으로 통일된 화폐를 공급해야 할 필요성이 화폐주조를 지속시키는 힘이었던 셈이다. 그렇다면 그러한 절박한 필요성은 어디에서 오는 것일까?

막스 베버는 영주가 가신에게 증여의 형태로 주는 급여나 용병지휘관이 용병에게 주는 지불금과 같은 용도로 지불수단으로서의 화폐가 필요하였고, 페르시아제국이나 카르타고의 도시국가에서 보이듯이 일반적으로 화폐주조는 군사상의 지불수단으로 사용하기 위해 시작되었다고 지적하였다(マックス・ウェーバー, 1954: 70). 이러한 막스 베버의 주장은 중국에서 주조된 동전의 의미를 판단하는 데도 중요한 시사점을 준다.

한대에 주조할수록 손해를 보는 동전이 주조되어 유통된 배경에는 흉노와의 전쟁이 있었다고 한다. 즉 전국에서 징수된 세금을 변경의 군사비로 효율적으로 이동시키기 위해서는, 동전에 기반한 전국적인 규모의 물류를 편성해야 할 필요성이 있었던 것이다(宮澤知之, 2007: 78). 따라서 조정이 재정적 손실을 감수하면서 화폐를 발행한 결정적인 요인은 전쟁이었던 셈이다. 평화가 지속되거나 조정이 재정적인 손실을 감당하기 어려운 상황에 직면하면 동전의 주조는 축소·정지되거나 품위를 떨어뜨린 동전을 발행하는 경향이 발생했다.

중국 역사상 가장 많은 동전주조량을 자랑하는 북송대 역시 군사재정과 주조화폐와의 상관관계가 분명히 확인되는 시기이다. 북송기의 재정은 변경에 있는 군대를 위해 물류를 편성한다는 기본 원칙하에 운용되면서 현물에 기반한 물류에서 화폐에 기반한 물류로 서서히 전환되었는데 이는 변경에서 화폐로 구입하는 군사물자를 확대하는 방식으로 이루어졌다(宮澤知之, 1998: 33~60). 이러한 전환은 1048년부터 시작되었고 이러한 추세가 결정적이 된 것은 1069년에 왕안석(王安石)이 신법(新法)을 시행하면서 부터였다. 기존 체제에 대해 다양한 개혁을 추진한 왕안석의 이상은 국가가 화폐를 매개로 농민을 직접 지배하는 것이었다. 또한 화폐를 매개로 하여 경제관청이 계획적이며 직접적으로 물자를 이동시켜 전국적인 물류를 편성하는 데도 중점이 두어졌다.

물론 전근대사회의 재정은 기본적으로 군사재정이기 때문에(宮澤知之, 1998: 44), 단순히 군사재정을 편성하는 데 동전과 같은 매개체가 필요하다고 주장한다면 여기에는 얼마든지 반증의 사례가 존재할 수 있다. 따라서 해당 국가가 군대의 유지나 동원을 어떤 방식으로 조직하는가하는 문제가 더욱 중요하다. 즉 농민과 병사를 일치시킬 것인가 분리시킬 것인가, 분리시킨다면 변경을 중심으로 자급자족이 가능한 기마부대를 배치할 것인가[17] 아니면 국가가 유지비를 지급하는 상비군을 주둔시킬 것인가, 수도에서 변경까지의 보급로는 어떻게 편성할 것인가 등에 따라 이동시켜야 하는 재화의 규모나 이동범위가 달라지게 마련이다. 북송을 예로 들자면 변경에 주둔한 100만명의 상비군을 유지하기 위해 수도를 중심으로 전국적인 물류를 편성한 데 반해, 남송의 경우에는 군사재정에 필요한 물류의 이동범위를 4개의 지역으로 분할하여 전국적으로 물류를 편성할 필요성을 감소시켰다(長

---

17 예를 들어 당은 주요한 군사력을 농민에서 징발한 보병들이 아니라 유목민이 거주하였던 기미주(羈縻州)를 통해 확보하였다. 기미주는 당 조정이 직접 통치하는 것이 아니라 이민족의 집단에 자치를 인정하고 해당 집단의 리더에게 편의상 관리 권한을 부여하는 간접적인 이민족 자치주를 의미한다. 이들 리더들은 전쟁이 발생하면 자신의 부족민을 이끌고 참전했는데, 당이 대외적으로 우위를 점할 수 있었던 요인에는 이러한 유목 기마병을 동원할 수 있는 측면이 크게 작용하였다(石見清裕, 2010: 31~34).

井千秋, 1992; 宮澤知之, 1998: 45).

따라서 전국적으로 통일된 물류를 편성할 필요성이 사라지면서 재정적으로 부담이 되는 동전의 주조는 감소하거나 정지되었다. 남송대에 지폐가 도입된 배경에는 이러한 물류편성의 변경을 고려할 필요가 있다. 지불수단으로 주조된 화폐는 시장의 필요를 충족시키기 위해서가 아니라 주조권자의 필요를 충족시키기 위해 발행되는 것이다. 따라서 절박한 필요성도 없는데 재정적인 손실이 발생하는 화폐주조를 지속하는 편이 오히려 비합리적이라고 할 수 있다.

물론 동전의 이러한 성격은 일상적인 교환수단으로 기능하게 되면 변화하게 된다. 동전의 가치는 유통되는 지역 내부의 합의에 의해 결정되게 되고, 동전유통을 주도한 것도 민간에서 주조한 동전으로 국가가 발행한 동전은 부수적인 존재에 지나지 않게 되는 것이다(足立啓二, 2012: 436~437·453·467). 따라서 본고에서 언급한 동전의 특징은 동전이 주로 지불수단으로 기능하는 동안에 확인되는 것으로 화폐로서의 동전의 성격이 달라지면 그 특징도 당연히 변화하게 된다.

| 참고문헌 |

『續日本紀』,『續資治通鑑長編』,『宋史』,『岭外代答』,『龍川略志』

김도연, 2018,『고려 시대 화폐유통 연구』, 고려대학교 박사학위논문.

문화재청·국립해양유물전시관편, 2006,『新安船』본문편, 문화재청·국립해양유물전시관.

칼 폴라니 저, 1983,『人間의 經濟 I』, 박현수 역, 풀빛.

宮澤知之, 1998,『宋代中国の国家と経済』, 創文社.

_____, 2007,『中国銅銭の世界—銭貨から経済史へ—』, 仏教大学通信教育部.

東野治之, 1997,『貨幣の日本史』, 朝日新聞社.

マックス·ウェーバー(Max Weber)著, 1954,『一般社会経済史要論』下卷, 黒正巌·青山
    秀夫訳, 岩波書店.

三宅俊彦, 2005,『中国の埋められた銭貨』, 同成社.

鈴木公雄, 1999,『出土銭貨の研究』, 東京大学出版会.

足立啓二, 2012,『明清中国の経済構造』, 汲古書院.

黒田明伸, 2014,『貨幣システムの世界史 増補新版』, 岩波書店.

Von Glahn, Richard. 1996. *Fountain Of Fortune: Money And Monetary Policy In China,
    1000–1700*. University of California Press.

고은미, 2018,「전근대 동아시아의 무역과 화폐」,『역사와 현실』110, 한국역사연구회.

李景植, 1987,「16世紀 場市의 成立과 그 基盤」,『韓國史研究』57, 한국사연구회.

李正守, 2002,「中世 日本에서의 高麗銅錢 流通−日本의 出土備蓄錢을 중심으로−」,『한
    국중세사연구』12, 한국중세사학회.

위은숙, 2001,「원간섭기 寶鈔의 유통과 그 의미」, 韓國中世史學會편,『韓國中世社會의
    諸問題』, 韓國中世史學會.

蔡雄錫, 1997,「高麗後期 流通經濟의 조건과 양상」, 金容燮教授停年紀念 韓國史學論叢
    刊行委員會편,『韓國 古代·中世의 支配體制와 農民』, 知識産業社.

宮崎市定, 1963,「宋代官制序説」, 佐伯富,『宋史職官志索引』, 東洋史研究會.

梅原郁, 1960,「宋代商税制度補説」,『東洋史研究』18−4, 東洋史研究会.

_____2009,「日本と中国の出土銭―北宋銭を中心として―」,『東方学』118, 東方学会.

石見清裕, 2010,「中国隋唐史研究とユーラシア史」, 工藤元男・李成市編,『アジア学のすすめ 第3巻 アジア歴史・思想論』, 弘文堂.

栄原永遠男, 2002,「貨幣の発生」, 桜井英治・中西聡編,『新体系日本史 12 流通経済史』, 山川出版社.

長井千秋, 1992,「淮東総領所の財政運営」,『史学雑誌』101-7, 史学会.

足立啓二, 1992,「東アジアにおける銭貨の流通」, 荒野泰典他編,『アジアのなかの日本史 Ⅲ 海上の道』, 東京大学出版会.

3장

호적과 족보의 자료적 특성,
지역공동체 연구의
새로운 지평*

손병규

1. 17C~20C 초 단성지역(丹城地域) 합천이씨(陜川李氏)들을 추적하며

호적과 족보는 삶과 죽음에 대한 기록이라 할 수 있다. 식민지시기 직전까지의 호적은 정부의 행·재정적 필요에 따라 정기적으로 지역단위 호구조사를 실시한 결과물이다. 식민지시기의 호적은 '호주(戶主)'와 구성원의 제적(除籍), 입적(入籍) 사항이 있을 때마다 수시로 그것을 기록하였다. 어느 시대든 호적은 국가와 조사 당사자의 필요성에 의거하여 선별된 가족과 구성원들의 조사 당시 생존 상황을 기록하고자 했다. 족보는 후손들이 특정 선조로부터 이어지는 혈연 및 혼인 관계의 정통성을 확인한 기록이다. 족보를 편찬하는 당사자들의 의도에 따라 혼인과 혈연으로 연결되는 가족들과 그 선조들이 선별적으로 등재되었다. 족보 작성 당시에 생존했던 몇몇 후손들 이외에는 모두 죽은 자들이 등재된 셈이다.

호적은 행정구획에 따라 조사 당시의 거처를 확인할 수 있고 족보는 통혼권 내의 혼인네트워크에 근거하여 부계 계보상의 신분적 정통성을 확인할 수 있다. 여기서는 일정 성씨 가족이 집중적으로 거주하

---

* 이 글은 『대동문화연구』102집(성균관대 대동문화연구원, 2018)에 게재한 「戶籍과 族譜의 자료적 특성과 연구방법—17C~20C 초 丹城地域 培養洞 陜川李氏들을 추적하며」를 이 책의 편집에 맞추어 약간 변형한 것이다.

는 소위 '집성촌(集姓村)', 즉 '동성촌락(同姓村落)'의 실상을 분석하기로 한다. 동성촌락은 지역공동체와 혈연공동체의 서로 다른 속성을 겸하고 있으며, 호적과 족보의 자료적 특성을 대비적으로 드러낼 수 있는 연구소재의 하나로 여겨지기 때문이다.[1]

다만 이러한 분석에 전제가 되어야 하는 것은 첫째로 호적상의 '면리(面里)'가 중앙정부의 집권적인 통치체계 형성의 결과물일 뿐만이 아니라 지역주민의 사회권력 관계를 염두에 둔 행정구획이라는 점이다.[2] 따라서 행정면리와 '마을(=촌락)'이라는, 혹은 핵심 촌락과 주변 촌락을 포함하는, 향촌사회의 '지역공동체'를 구분하고 그들의 관계에 관심을 가질 필요가 있다.[3] 여기서는 그러한 분석의 출발점을 식민지 초기 토지조사사업을 통해서 작성된 토지대장과 지적도로부터 추적하고자 한다.[4] 그것과 관련하여 호적상 호구등재의 특징이 재론될 수 있을 것이다.

둘째로 족보가 부계혈연조직의 근거로만 이해되어왔지만, 실제로는 족보편찬 당시의 신분적 배타성에 제약되고 때로는 제한적으로 개방되는 친족네트워크 자료라는 점이다(한상우, 2015; 손병규, 2010,

---

1 호적에 근거하고 족보등의 기타 자료를 이용하여 '동성촌락'을 검토한 연구는 다수 제시된 바 있다. 정진영(2000, 2007, 2010), 金俊亨(2001), 권내현(2004, 2006), 김건태(2006, 2014), 김경란(2016, 2017) 다만 '행정리'와 '촌락'의 관계를 분명히 구분하여 논의될 필요가 있으며, '촌락'의 개념과 지리적 범위는 다양할 수 있다는 점을 염두에 두어야 한다.

2 면리제와 사족의 향촌지배의 관계에 대해서는 정진영(1993, 1994) 참조.

3 향촌사회의 지배구조에 대한 최근의 새로운 인식은 정진영(2013, 2015)에서 제기되었다.

4 「경상남도 산청군 단성면 사월리 토지대장」, 경상남도 산청군청 소장; 「慶尙南道丹城郡縣內面沙月里原圖」, 臨時土地調査局, 1914~16년 제작, 국가기록원(http://theme.archives.go.kr).

2016). 여기서는 족보의 자료적 특성과 함께, 이러한 친족네트워크 가운데 신분적 혹은 부계혈연적 유대관계를 강화하고자 한 현실적인 이유가 지역공동체를 드나드는 거주이동의 빈번한 현실에 있음에 주목하고자 한다(손병규, 2015).

경상도 단성지역의 배양리(培養里)는 합천이씨(陝川李氏) 세거지의 하나다.[5] 그 선조들은 일찍부터 『단성향안(丹城鄕案)』에 입록되어 있으며, 향원수로 따져도 성씨순으로 높은 위치에 있었다(崔虎, 1988; 윤인숙, 2014). 1640년대에 편찬된 단성 사찬읍지 『운창지(雲牕誌)』에는 합천이씨 이운호(李云晧)가 단성 '도산(都山)'의 '소이곡(所耳谷)'에 살았다고 기록되어있다(한상우, 2017). 또한 이운호의 5세손 이계통(李季通)은 목화재배를 처음으로 시도했다는 남평문씨 문익점(文益漸)의 증손 문승로(文承魯)의 딸과 혼인하였는데, 이후 이 남평문씨 아들들(承文, 胤文)이 가족을 이끌고 단성 원당면(元堂面) 배양리(培養里)에 들어와 증조부인 문익점의 제사를 받들어 외손봉사(外孫奉祀)를 하게 되었다고 한다. 단성현(丹城縣) 시기의 합천이씨들은 원당면의 배양(18세기 말 이전은 '사산(蛇山)') 이외에도 내원당(內院堂), 묵곡(默谷), 오동면(梧桐面)의 청현 등지에 살고 있었다. 1910년대에 '배양동(培養洞)'은 '사월동(沙月洞)'과 함께 '사월리(沙月里)'라는 이름으로 통합되어버렸지만, 배양동에는 여전히 합천이씨 후손들의 일부가 대거 거주하고 있었다. 분석대상이 되는 주된 자료는 『경상도단성현호적대장(慶尙道丹城縣戶籍大

---

5 20세기 초에 일인학자 젠쇼 에이스케[善生永助]가 조사한 '同族部落'은 단지 하나의 성씨만이 주민의 높은 비율을 차지하는 마을을 말하는 것은 아니었다(善生永助, 1933). 비율이 낮을 수도 있고 여러 성씨가 잡거할 수도 있지만, 지역마다 손에 꼽히는 '유명 성씨'의 '世居地'를 지칭하는 것으로 보인다. '유명 성씨'라는 것은 인구수만이 아니라 그 지역에서 세력화하여 역대 사회권력을 장악해온 가계로 이해된다. 이에 대해서는 권내현(2010) 참조.

帳)』과 단성지역 배양동의 광무호적(光武戶籍), 그리고 여러 종류의 단성지역『합천이씨족보(陜川李氏族譜)』이다.[6]

2. 20세기 초 '培養洞'에 대한 인식의 변화

호적과 족보를 가지고 배양동 합천이씨가를 추적함에 있어, 먼저 20세기 초의 배양동 주민 상황을 살펴보고자 한다. 식민지 시대의 본적지주의 호적이 만들어지기 전까지 조선왕조와 대한제국의 호적에는 현존하지만 기재되지 않은 호구들이 많고 족보도 편집의도에 따라 배제되는 인물이 많기 때문이다. 그러한 호구 결락은 자료의 불완정성을 말하는 것이 아니라 작성 당시의 필요와 의도를 드러내는 것으로 이해된다. 20세기 초의 자료로부터 호적과 족보에서 기재되거나 배제된 자들 각각의 경향성을 읽어내고자 하는 것이다. 이를 위해서는 우선 식민지 초기 면리 행정체계의 변화가 조선인 주민의 촌락과 생활에 끼친 영향을 생각하지 않을 수 없다.

1913~14년 단성지역에 토지조사와 더불어 행정 '면리' 폐합에 관한 논의가 진행되고 있었다. 경상남도에는 행정구획 변경을 위한 조사와 중간적인 결과물로 1912년 6월에 이미 '지방행정구역명칭일람

---

6   『慶尙道丹城縣戶籍大帳』전산데이터, 성균관대 대동문화연구원(http://daedong. skku.ac.kr/). 「光武戶籍(慶尙道 丹城郡 南面 元堂里 培養洞 戶籍)」, 『慶尙道丹城縣社會資料集(2)』, 대동문화연구원, 2003. 『陜川李氏族譜』, 英廟辛巳(1761년) 족보, 성균관대 존경각 소장. 『陜川李氏族譜』, 培山書院 1926년 간행, 전 5책. 『陜川李氏族譜』, 典書公寜全派 丙寅족보, 전 12책. 『陜川李氏族譜』 전 4책, 모두 국립중앙도서관 소장.

(地方行政區域名稱一覽)'이 총독부로부터 제시되었으며,[7] 이후 '부군(府郡)' 단위의 '폐합(廢合)'이 '면' 단위의 폐합과 동시에 추진되었다.[8] '단성군(丹城郡)'의 경우는 '삼가군(三嘉郡)' 일부 '면'과 더불어 '산청군(山淸郡)'에 '산성군(山城郡)'의 이름으로 병합되는 안이 제기되거나,[9] 이 예정안에 대해 '삼가'는 제외하는 수정안이 나오기도 했다.[10] 나아가 '면' 행정단위 자체의 폐합도 진행되었는데, 단성지역 배양동이 있는 '원당면'에 대해서도 단성군 '현내면(縣內面)'과 병합하거나,[11] 여기에 산청군의 몇 개의 면을 더해 '단성면(丹城面)'으로 하는 안도 제시되고 있었다.[12]

부군폐합의 과정에서 행정면 폐합은 자연지리적 면적 및 환경과 호구의 밀도가 그 이유인 것으로 이해되고 있었다. 경상남도에서 조선총독부로 전달되는 보고서에는, 가령 단성지역의 "북동면(北洞面)은 호수, 면적이 모두 표준에 달하지 않지만 해당 면은 산간에 끼어 있어서 교통이 불편하기 때문에 다른 곳과 병합할 수 없다"[13]는 식의 견해가 제기되고 있다. "원래 경상남도에서는 지난 1908(융희(隆熙) 2)년 중에 소군(小郡) 폐합을 행하였기 때문에 각 군의 면적이 협소하고 호

---

7 [지방구역 명칭에 관한 건(경상남도장관→내무부장관 : 1912.12.27.)] , 국가기록원(http://theme.archives.go.kr 이하 동일).

8 [면의 구역변경에 관한 건(내무부장관→경상남도장관 : 1913.1.27.)], 국가기록원.

9 [부군폐합에 관한 건(경상남도장관→내무부장관 : 1913.7.17.)], 국가기록원.

10 [부군폐합에 관한 건(경상남도장관→정무총감 : 1913.8.17)], 국가기록원.

11 [면의 폐합에 관한 건(경상남도장관→조선총독 : 1913.8.25)], 국가기록원.

12 [면·동·리 명칭과 경계에 관한 건(○○○→임시토지조사국장 : 1914.2.17.)](경상남도 단성), 국가기록원. "二. 縣內面과 元堂面을 합하여 '縣內面'으로 칭한다는데, 면 폐합안에서는 그 두 면에 山淸郡의 金萬面, 柏谷面, 巴只面, 沙月面을 합해 '丹城面'으로 한다고 되어있다."

13 [단성군면의 폐합에 관한 건(경상남도장관 : 1914.2.20)], 국가기록원.

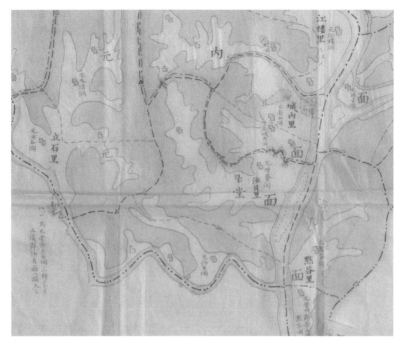

〈그림1〉「慶尙南道丹城郡面洞彊界略圖」 일부

구수가 적은 곳은 많지 않았"[14]지만, 그 산하의 면단위의 균형이 필요
했다.[15] 즉, 행정면 폐합에는 이미 대한제국기에 이루어진 '군' 단위의
'균형'을 재조정해야 할 어떠한 의도가 존재했던 것이다.

　그것은 지리와 호구수의 균형을 이유로 하는 폐합은 면단위에서 그
치지 않고 산하의 동리 단위에서 동시에 이루어져야 한다는 것이었

14　[부군폐합에 관한 건(경상남도장관→정무총감 : 1913.8.17)], 국가기록원.

15　윤해동은 군행정 재조정이 면리의 통폐합과 함께 추진되면서 '비교적 균일한 구역의
　　확정'이 이루어졌다고 본다. 단지 폐합의 이유가 면규모 – 호구수–의 '면별 균형'을 조
　　정하는 데에 있을 뿐만 아니라 토지조사사업 시행을 위한 면경계의 구분 확정, 기존
　　군이 가지고 있던 '지역적 통합성을 해체'하고 군행정을 재조정하기 위한 의도에 있음
　　을 지적했다(윤해동, 2006: 103~117, 118~135).

다. 당시 실시되고 있던 토지조사사업의 실무적 차원에서도 '면·동·리'의 경계를 변동시킬 것이 요구되고 있었다.[16] 그 결과물의 하나로, 1914년 1월에 '임시토지조사국(臨時土地調査局)'에서 작성한 「경상남도 단성군면동강계약도(慶尙南道丹城郡面洞疆界略圖)」를 보면 '단성군 현내면 사월리'는 이전의 '원당면'에 속해있던 '배양동'과 '사월동'을 합해서 '사월리'로 통합하여 '현내면'으로 편입시켰음을 알 수 있다.[17] 기존의 세분화되어 있던 '동'이 더 큰 규모의 '리'로 폐합되는 경향을 볼 수 있다.

또한 이 과정에서 '동'의 일부지역이 인접한 다른 '리'로 편입되기도 했다. 가령 '현내면 (縣內面) 강루동(江樓洞)'의 일부가 강의 지류를 경계로 분리되어 '성내리(城內里)'로 편입되었다. 자연지리적인 구획을 근거로 경계가 정해진 듯하다. '동'의 일부지역이 군 경계를 넘어서서 폐합되는 경우도 있었다. 단성군 원당면 '입석동(立石洞)'의 일부지역은 '산청군(山淸郡) 사월면(沙月面)'에 편입되었다. 한편 '진주군(晉州郡) 오산면(吾山面)'에 속하던 '묵곡동(墨谷洞)'은 단성지역의 '묵곡동'과 함께 '원당면 묵곡리'로 합해졌다. 이름을 동일하게 하면서도 분리 시행되던 두 지역의 행정 사무가 하나로 통합되었던 것이다.

'사월리'로 폐합되기 이전의 배양동과 사월동은 '망해산(望海山)'에 연결되는 산맥을 경계로 나뉘어져 있었다. 각 동은 계곡으로부터 산

---

16 "토지조사 때에 면·동·리 강계 조사를 함에 있어서, 본국 출장원이 해당 부군청의 정리안에 따라 실지를 답사하고 또한 해당 군청과 협정한 후 면·동·리 명칭조사표와 면·동 강계 약도를 제작하고, 이달 국에 제출하는 것으로 되어있는데 이 제출에 관한 별지 경상남도 단성군 면·동 명칭조사표와 강계 약도 각 일부를 참고를 위하여 송부하였다." [면·동·리 명칭과 구획에 관한 건(임시토지조사국장→내무부장관 : 1914.2.6.)] 토조제332호, 국가기록원.

17 「慶尙南道丹城郡面洞疆界略圖」, 臨時土地調査局, 1914, 국가기록원.

맥 사이로 흐르는 하천에 면해서 농지들이 펼쳐져 일련의 평야를 이루고 있다. 배양동은 산맥으로 둘러싸고 남동쪽으로 평야가 터져있으며, 사월동은 위로는 산맥이 아래로는 강의 지류가 경계를 이룬다. 그런데 사월동의 북쪽 농지들 일부가 산맥을 넘어 배양동에 속한 것으로 경계선을 그리고 있음이 눈에 띤다. 후술하듯이 토지조사의 결과로 제출된 '지적도(地籍圖)'와 '토지대장'에서 그 지역의 농지 소유자를 살펴보면 그 가운데 배양동에 거주하는 것으로 보이는 자들이 어렵지 않게 발견된다.[18]

그와 동시에 지적도는 새로이 편성된 '리'를 단위로 토지조사가 이루어졌음을 알려준다. 「경상남도단성군현내면사월리원도(慶尙南道丹城郡縣內面沙月里原圖)」는 1914년 10월에 토지측량이 완료되고 1916년 5월에 변동된 사항을 수정한 1/1,200 축척의 지적도이다.(「慶尙南道丹城郡縣內面沙月里原圖」) 여기에는 재차 행정구역이 변동되면서 「경상남도산청군단성면사월리원도(慶尙南道山淸郡丹城面沙月里原圖)」로 수정된 사항이 '임시토지조사국' 명의로 최종 확인되고 있다. 단성군을 산청군에 편입시키는 것이 확정되면서 구 단성군 관할지역이 네 개의 면으로 재편됨에 따라 위의 원당면과 현내면을 합한 '현내면'은 '단성면'으로 변경되어 산청군에 편입되었던 것이다.

그런데 이 지적도는 이전의 배양동과 사월동의 구분과 상관없이 폐합된 사월리 전체를 바둑판 모양으로 46개의 구역으로 나누고 동북쪽 끝(제1호)부터 서남쪽 끝(제46호)까지 위아래로 차례로 구역 번호를 일률적으로 부과했다. 각 구역마다 토지 필지별로 일련의 '지번(地番)'을

---

18 「慶尙南道丹城郡縣內面沙月里原圖」(臨時土地調査局, 1914~16년 제작, 국가기록원) 46枚內 제27호, 전답 17필지 가운데 8필지(본촌인 5필지, 신기인 3필지)가 확인된다. 제28호에는 전답 29필지 가운데 4필지밖에 확인되지 않는다.

<그림2>「朝鮮五萬分一地形圖」단성군 사월리

부과하는데, 다음번 구역으로 넘어가서는 그 번호를 이어갔다. 동리의 폐합은 토지조사사업의 실무상 편의를 위해 지역범위의 '균형'을 취한 조치라고도 할 수 있다. 더구나 이러한 '면·동·리'의 폐합 과정을 통해 '동' 단위로 각각의 통합성을 가지던 주민들은 거주나 토지소유의 측면에서 지리적으로 분리되거나 통합되는 경험을 겪었던 것으로 여겨진다.

폐합되기 직전의 '원당면 배양동'에는 배양동 본촌 이외에도 여러 개의 마을이 존재한 것으로 보인다. 1914~1916년에 제작된「경상남도단성군현내면사월리원도(慶尚南道丹城郡縣內面沙月里原圖)」에 지목이 '대(垈)'로 기재된 필지가 모여 있는 지역의 촌락 이름을 1918년 제작된「조선오만분일지형도(朝鮮五萬分一地形圖)」의 구촌명에서 확인할 수 있다.[19] 우선 배양동 동쪽 지역에 53개의 대지로 연이어 있는 곳이 '培養洞[배양동]' 본촌이다. 그 아래쪽으로 뜰을 건너 20필지의 대지가 모여 있는 곳은 지형도에 '沙月里新基[사월리새터]'라 기재되어 있다.

---

19 「朝鮮五萬分一地形圖(丹城)」, 朝鮮土地調査局測量, 小林又七朝鮮地圖部(京城) 1918년 제작.

〈표1〉 1910년대 배양동 각 촌락의 대지 소유자 성씨별 분포(단위; 필지)

성씨	배양동 내의 촌락명							계
	본촌	신기	자포	내원동	시목정	원당	외	
陜川 李	36	15			1		1	53
?李	5		6	2	1	1		15
黃	3							3
朴	3							3
鄭	1	1						2
林	1	1						2
申	1							1
沈	1			2				3
嚴	1							1
尹	1							1
權		1		5	19	1	1	27
金		1						1
張		1		1	1			3
吳				1				1
崔				1	1			2
姜						1		1
孫						1	1	2
朱						1		1
향교					1			1
계	53	20	6	12	24	5	3	123

출전; 「慶尙南道丹城郡縣內面沙月里原圖」, 臨時土地調査局, 1914~6년 제작.
비고: '합천이'는 합천이씨 족보에 등재되었거나 일족의 항렬을 사용하는 자이다. '?李'는 본관이 불분명한 이씨이다.
'동명(同名)'인 3사례가 보이는데 '이인(異人)'인지 불확실하지만 모두 통계에 넣었다.

새롭게 형성된 마을인데 사월리로 폐합된 이후에 촌명이 주어진 듯하
다. 그곳으로부터 서쪽으로 6개 필지의 대지가 모인 곳은 '紫圃[자벌]'

이다. 다시 서북쪽으로 12개 대지가 모여 있는 곳이 '內元洞[내원동]'이라 기재되어 있다. 서쪽으로 더 가서 배양동의 끝부분에 24개 대지가 모여 있는데, 이곳은 '柿木亭[감나무정]'이라 되어 있다. 이외에도 배양동 본촌의 서북쪽 가까이에 5개의 대지가 모여 있는데 마을 이름은 명명되어 있지 않다—현재 '원당'이라 칭한다—. 또한 촌락에서 동 떨어져 홀로 존재하는 대지가 서너 필지 흩어져 있다. 1910년대 '원당면 배양동' 지역에는 총 120여개의 대지가 크고 작은 대여섯 개의 마을로 구성되어 있었다.

1910년대 배양동 각 촌락 대지 소유자의 성씨별 분포(〈표1〉)를 보면, 우선 본촌과 신기에 합천이씨 일족이 집중적으로 대지를 소유하고 있다.(『慶尙南道丹城郡縣內面沙月里原圖』) 자포에는 이씨들만으로 대지 소유자가 구성되어 있는데, 본촌의 합천이씨와는 계보를 달리한다. 내원당과 시목정에는 안동권씨들이 대거 대지를 소유한다. 기타의 성씨를 갖는 대지 소유자들은 각 마을에 분산적으로 한 두 명 존재할 뿐이다.

대한제국기의 단성군에 위의 자료로부터 10년경 이전의 대지(垈地) 관련 자료로 1904년 10월에 작성된 「경상남도단성군가호안(慶尙南道丹城郡家戶案)」이 남아있다.(『慶尙南道丹城郡家戶案』, 『慶尙道丹城縣社會資料集(2)』, 2003) 이 자료는 단성군 전체 면리를 망라하여 면리별로 대지의 지번에 따라 대지의 소유주인 '대주(垈主)'와 가옥의 소유주인 '가주(家主)'를 기록하고 가주에 따라 가옥의 형태와 칸수를 적은 것이다. '원당면 배양동'의 '가호(家戶)'는 모두 대주와 가주가 동일한 한 사람만 기재되어 있다. 또한 리마다 '이상(已上)'조를 두어 호총(戶總)과 초가(草家)·와가(瓦家) 칸수의 통계가 기재되어 있다. 배양동의 경우, '거민공십구호(居民共十九戶)'에 초가 63간(間)으로 집계되어 있다. 필지수로만 따져도 1910년대 중반의 「경상남도단성군현내면사월리원도(慶尙南道

丹城郡縣內面沙月里原圖)」에 기재된 배양동 지역의 120여 개 대지에 비해 턱없이 부족하다. 배양동 본촌의 53개 대지에 한정해도 그러하다.

이 19호는 '수자(水字) 제삼십칠(第三十七)'을 시작으로 '일자(釼字) 제육십구(第六十九)'까지 대한제국기 양안상(量案上)의 지번 순서대로 대지가 기록되어있다. 수자(水字) 지번을 갖는 대지는 모두 14필지로 대주의 이름이 1910년대 지적도의 대지 소유자 이름과 일치하거나 양자가 부자/형제 관계인 경우는 9개 필지로 모두 배양동 '본촌'에 존재한다. 5필지의 소유주는 이름으로부터는 관계를 확인할 수 없으나 인접한 지번이므로 이들도 모두 본촌에 존재하는 것으로 판단된다. 일자(釼字) 지번을 갖는 대지는 모두 5개인데 그 가운데 2개의 필지에서 1910년대 지적도에 '사월리신기'의 대지 소유자와 이름이 일치한다. 나머지 3개 필지도 '신기'에 존재했을 것으로 보인다. 대한제국기의 양안에 실명 대신에 '호명(戶名)'을 쓰는 경우가 많은데,(김건태, 2013) 대주의 이름으로 지적도의 재지 소유자와 부합하지 않는 사례들도 이러한 경우가 많지 않을까 한다. 배양동의 '가호안' 파악은 배양동 가운데에서도 '본촌'과 그곳을 연원으로 형성된 것으로 보이는 '신기'를 대상으로 하며, 그것도 극히 일부의 대지에 한정되었음을 알 수 있다.

'가호안'에서 지번이 연이어 있는 한 사례를 보면 수자 63, 64, 65, 66번으로 네 필지이며, 차례로 '이병관(李炳觀)', '황하원(黃河源)', '이홍주(李弘柱)', '이도영(李道英)'이 대주 및 가주로 기재되어 있다. 양전(量田) 순서에 따라 지번을 부과할 때, 대지(垈地)를 연이어 조사한 결과라 할 수 있다. 이 지번과 주인들은 1910년대 중반의 '지적도'(제9호)에 순서대로 509대(垈) 이병관(510대 이병문(李炳文)), 499대 황식(黃式)(500대 황석(黃奭), 498대 황필(黃畢)), 508대 이홍주(李弘柱)로 확인되며, 나머지 한 필지는 미상이다. 미상인 필지를 제외하고 세 필지는 순서가 뒤바뀌었지만 붙어있는 땅들이 확인된다. 510대는 509대에서 분할된 대지로 이병문은 후술하는 배양동 '광무호적(光武戶籍)'이 병관의 호에 동생으로 등재되어 있다. 마찬가지로 499대에서 500대와 498대가 분할된 듯한데, 각 필지의 소유자 황식, 횡석, 황필은 배양동 '광무호적' 황하원의 호에 그의 자식들로 등재되어 있다. 분가(分家), 상속(相續)하면서 필지를 나누었던 것으로 짐작된다. 그러나 이렇게 필지가 세분화되어 지적도에 필지가 증가했다 하더라도 1910년대에는 흔하지 않은 사례들이다.

단성의 '가호안'은 원당면의 '내원동'의 대주 및 가주를 '16호' 기재하고 있다. 1910년대의 배양동은 대한제국기에 별도의 동리로 존재하던 내원동을 편입시킨 것인가 추측케 한다. 그러나 가호안에 기재된 대주의 이름과 일치하는 자는 1910년대 '지적도' 상의 '내원동' 12필지 가운데에서만이 아니라 배양동 전체 대지 소유자 가운데 한 사람도 찾을 수 없다. '지적도' 12필지 가운데 5필지의 대주가 안동권씨인데 '가호안'에는 단지 1명만 존재하고 대신에 '지적도'에는 나타나지 않는 '柳'씨가 7명이나 등재되어 있다. 조선왕조 구호적에 1864년 원당면 '내원'에는 24호가 등재되었는데, 그 가운데 안동권씨가 주호(主戶)인 것은 10호에 이른다. 반대로 류씨가 주호인 호는 하나도 없다. 19세기 후반을 통해 '내원동'에 주민이 대거 이주했을 가능성은 없어보인다. 오히려 19세기 중엽 호적의 많은 가족이 1910년대의 대지 소유자와 계통적으로 이어져 있다. 이전에 '내원동'으로 포괄되던 지역 가운데 다른 일부지역의 대지들이 1904년도 '가호안'의 '내원동'으로 파악되고 이미 이때부터 이전에 '내원동'으로 불리던 지역은 그로부터 배제되었다고 할 수 있다.

대한제국기의 '가호안'에서 파악된 '내원동'의 대주 및 가주는 어디에서 파악된 것인지 알 수가 없다. 이 시기에 '가호'에 근거한 중앙정부의 호세 징수 정책에 대항하여 '가호안'의 파악이 소홀했을 가능성도 배제할 수 없다. 분명한 사실은 1910년대의 '배양동' 내에 존재하는 '내원동'이나 '시목정'의 대지 소유자들이 이미 대한제국기에 더 이상 당시의 '내원동' 지역을 대표하지 못했다는 것이다.

3. 대한제국기의 '가호(家戶)' 파악방법

1914~16년의 「경상남도단성군현내면사월리원도(慶尙南道丹城郡縣內面沙月里原圖)」에 부여된 대지마다의 지번은 명치호적(明治戶籍)에 준하여 1909년부터 작성하기 시작한 식민지 조선의 '민적(民籍)'에 호적상의 '통호(統戶)' 주소에 대신하여 각 호의 고유 '주소'로 기재되기 시작했다(손병규, 2006a). 그 지번은 도시화나 대규모의 농지정리를 겪지 않는 한, 최근까지의 주소 번지수로도 사용되어왔다. 호구조사가 실시될 때마다 바뀌는 조선시대 호적의 '통호' 주소는 대지 지번의 고정화와는 전혀 다른 개념에 근거하고 있다. 그러나 1910년대 토지대장상의 대지 지번으로부터 조선시대 호 파악의 의미를 추적하기에 앞서 토지대장상의 지번과 당시의 식민지호적인 '민적'—1923년 '호적령'이 반포되기 이전의—에 등재되는 호의 관계를 전제해둘 필요가 있다. 그것은 토지대장상의 한 지번에 두 개 이상의 호가 서는 경우가 드물지 않기 때문이다.

단성면 사월리의 식민지시대 민적을 얻기 어려우므로 단성지역 신등면 제적부를 확인해보면 신등면 가술리 131번지에서 대정 6년(1917) 2월에 제적된 권재준호와 같은 해 12월에 제적된 강학문의 호를 발견할 수 있다.[20] 10개월 사이에 두 호가 연이어 제적된 것이라 볼 수 없는 이유는 앞의 호는 '131-5'번지로 되어있기 때문이다. 1917년 이전에 이미 131호가 최소 다섯 개 이상의 필지로 나뉘어졌음을 의미한다. 한 필지의 소유관계만이 아니라 한 필지에 세워진 여러 호의 지번을 현실화한 것이니 나뉘어진 필지 내에도 몇 호가 성립할지 알 수 없는 노릇이다.

제주 하모리 민적은 몇 차례 일시에 호적을 재작성함으로써 이전까지의 호적이 통호, 지번 순서 그대로 장부가 남아있다.[21] 여기서 대한제국기에 통호 주소가 같으면서 별도의 호를 형성하고 있는 경우가 드물게 나타난다. 하모리 2통 10호는 1908년에 전호주 '사망'으로 현 호주가 세워졌다고 되어있으니 1909년에 민적을 만들기 시작할 때 작성된 것이다. 그런데 같은 주소로 1910년에 '임시분가(臨時分家)'라는 이유로 성씨를 달리하는 다른 호주가 분립 등재되어 있다. 인척관계인 듯한데 같은 주소로 분립된 이유는 알 수 없다. 또한 같은 통호 주소에 '부적(附籍)'으로 다른 가족이 등재된 경우도 존재하는데, 이것은 동거하는 예속적 가족을 합법적으로 등재하는 경우이다. 하지만 이와 같이 다른 가족이 통호 주소를 같이 하는 경우는 극히 예외적이다.

1910년대에 통호 주소에 지번을 병기하거나 지번만을 남기는 시기의 민적에는 하모리에 300 가까운 대지 지번을 발견할 수 있다. 그 가운데 151번지, 915번지, 951번지, 964번지 등등에 두 명 이상의 호주가 보이는데 부의 사망으로 장남이 호를 계승하거나 형의 사망으로

---

20 「산청군 신등면 제적부」, 경상남도 산청군 신등면사무소. 손병규, 2008: 173~200 참조.
21 「제주 대정현 모슬포리 민적부」, 제주도 서귀포시 대정읍 하모리. 손병규, 2006a: 1~39.

아우가 호를 계승하는 등의 경우이다. 261번지, 896번지의 두 호주는 형제 가족이 '분가'한 경우이다. 이렇게 시기를 달리하면서 같은 가족이 호를 계승하거나 분가하는 경우는 드물지 않다. 그런데 153, 228, 896, 913, 983, 987, 1027, 1035, 1036, 1037, 1039, 1045, 1048, 1052, 1054, 1079, 1114번지 등등의 30여 지번의 경우는 한 지번에 서로 다른 두세 개의 가족이 각각 호를 세우고 있다. 특히 1054번지에는 각각 다른 성씨의 4개의 가족과 부적 1가족, 본적을 달리하는 1인호 2호가 포함되어 총 7개의 호가 존재한다. 복수의 호를 세운 이러한 지번은 전체 10% 정도이다.

이러한 문제를 염두에 두고 대한제국기의 1905년 8월에 작성된 「단성군원당면가사표(丹城郡元堂面家舍表)」를 살펴보자.[22] 대한제국기의 '가호'는 대지와 다르게 파악되고 있었다. '가호안단'이 그 지역 모든 대지의 가호를 파악한 것도 아닌 것과 마찬가지로 「단성군원당면가사표」에 파악된 '가사(家舍)'도 고정된 대지의 위치와는 별도의 통호 주소가 부여되었다. 현존 '가사표'는 '원당면'이라 표제되어 있지만, 원당면의 제1리인 배양동에 한정되어 있다. 여기에는 호마다 통호 주소가 기재되어 있는데, 한 통에 10호의 통번을 기재하여 1통1호로부터 4통10호까지 모두 40호가 등재되었다. 가옥의 통호 번지수에 따라 가옥의 형태 및 칸수, 가옥의 '시가(時價)'를 기재한 것으로, 가사의 '본주(本主)'는 원칙적으로는 호주이자 가옥의 소유주, '가주(家主)'를 말한다.

그런데 1910년대의 '지적도' 상 대지 소유자가 해당 토지에 호를 세운 가주인 경우에 한정해서 이 가사표의 가주명과 지적도 상의 대주

---

22 「丹城郡元堂面家舍表」, 『慶尙道丹城縣社會資料集(2)』, 대동문화연구원, 2003; 손병규, 2005: 197~238.

를 대비해보면, 일단 가사표 상의 '통호' 주소 부여에 일관성이 없음을 금방 발견하게 된다. 광무시기 호구는 일호일구도 누락됨이 없이 가좌순대로 모두 파악할 것을 원칙으로 내세웠다. 이 '가사표'를 그러한 의미로 '신식 가좌성책(家座成冊)'이라 평가하기도 한다(김준형, 2003). 그러나 지적도 상에는 통호의 순서가 인접 대지를 지나쳐 여기저기로 넘나들고 결국 '가사표'에 호를 등재하지 못하는 대지도 허다히 발견된다.

1통 1호에서 3통 5호까지 25호의 가사표 가주명 가운데 지적도 상 배양동 본촌의 대주명과 일치하거나 부자간 계승한 것으로 판단되는 것이 18호이다. 나머지 15호 가주 가운데 대주와 일치하거나 계승관계에 있는 것은 6호에 지나지 않지만 그 가운데 5호의 가주는 '신기'의 대주이며, 1호의 가주는 신기와 가까이에 홀로 떨어져 있는 대지의 소유주이다. 3통 5호까지의 35호 가운데 7호와 나머지 15호 가운데 9호는 '가사표'의 가주와 '지적도'의 대지 소유주 사이에 상관관계를 찾을 수 없다. 앞에서 보았듯이 이들 호는 다른 대주의 지번 위에 세워진 호들일 가능성이 높다. 그러나 양 자료 사이의 10년 동안 대지 분할이 몇몇 존재함을 감안하더라도 본촌 53개의 대지에 세워진 호 가운데 25호가 '가사'로 확인될 뿐이며, '신기' 20개의 대지에 15호의 '가사'밖에 파악되지 못한 점은 지적되어야 한다. 여전히 많은 가호가 '가사표' 파악으로부터 누락되었던 것이다. 더구나 배양동 본촌과 신기를 제외한 다른 마을들은 이 '가사표'의 파악 대상에서 제외된 것으로 보인다.

'慶尙道 丹城郡 南面 元堂里 培養洞'을 주소로 작성된 배양동의 대한제국기 「광무호적(光武戶籍)」 단편이 남아있다.(「光武戶籍(慶尙道 丹城郡 南面 元堂里 培養洞 戶籍)」, 2003) 1904년 2월자 30호와 1905년 2월

자 28호가 그것으로, '호구조사세칙(戶口調査細則)'에서 발포된 '신호적(新戶籍)' 양식에 따라 한 호에 한 장으로 작성되었다. 이 광무호적에는 호적표마다 "慶尙南道 丹城郡"이 최상단에 기재되고 하단에 "南面 元堂里 培養洞 第○統 第○戶"의 번지수가 기재되는 호번 양식을 가지고 있다. '南面 元堂里'라는 행정구역은 당시의 '원당면' 범주로 여겨지는데, 17세기 호적에 '방위면'과 8개 '리명(里名)'을 조합하여 8개의 '면명(面名)'을 설정하던 당시의 방식으로 표기된 점이 눈에 띈다. 그런데 이 광무호적에는 통호 번지수를 기재하지 않고 비어있다. 또한 호적 작성 당시의 모든 호적표가 남아있는지도 알 수 없다. 각각 1904년과 1905년에 작성되어 중복되지 않는 호까지 합하면 37호의 서로 다른 호를 확인할 수 있지만, 이 수치는 위의 '가사표' 40호에도 미치지 못한다.

대한제국기의 광무호적은 중앙으로 보고되는 전국적인 호수가 이전 19세기에 훨씬 못미치는 수준을 나타낸다. 이 사실로부터 생각하면 대한제국기에 파악되어 중앙에 보고되는 배양동의 가호수는 자료에 나타나는 정도의 수치에 머물렀을 것으로 여겨진다. 다만 이 광무호적도 '가사표'와 마찬가지로 대지가 놓인 순서대로 가옥의 주소가 부여되지 않았으며, 일부의 가호만이 선별적으로 호적표로 작성되었을 것이라는 점은 충분히 추측할 수 있다. 대한제국기의 호는 현존하는 가족의 일부만을, 조사시마다 반복해서 주소를 달리 부여하는 방식으로 파악되었다. 그것은 조선왕조 구호적의 파악방법과 기본적으로 동일하다고 할 수 있다.

그러면 대한제국기에 현존했던 가족들 가운데 국가의 장부로 파악된 가호는 어떠한 가족인가? 1904년 「경상남도단성군가호안(慶尙南道丹城郡家戶案)」(2003)의 '대주'와 1905년 「단성군원당면가사표(丹城郡

元堂面家舍表)」의 가사 '본주', 그리고 「광무호적(배양동)」의 호주의 성향을, 1910년대의 토지조사사업 당시의 '지적도'상 대지 소유자로 확인되는 자들에 한정해서, 그들의 대지 소유면적과 대비함으로써 살펴보도록 한다.[23]

〈표2〉1910년대 배양동 각 촌락의 성씨별 평균대지면적(단위; 평)

성씨	배양동 내의 촌락명							계
	본촌	신기	자포	내원동	시목정	원당	외	
陜川 李	144	110			92*		82*	132(53)
?李	72		160	159	155*	197*		133(15)
황	154							154(3)
박	57							57(3)
정	62*	58*						60(2)
임	122*	228*						175(2)
신	65*							65*
심	57*			80				72(2)
엄	138*							138*
윤	89*							89*
권		44*		203	108	38*	70*	119(27)
김		82*						82*
장		43*		174*	121*			113(3)
오				118*				118*
최				67*	117*			92(2)
강						297*		297*
손						98*	138*	118(2)
주						47*		47*
향교					94*			94*
계	127	105	160	154	110	135	97	124(123)

비고; 위의 〈표1〉과 같음. ( )안은 필지수다. *표는 1인이므로 평균이라 할 수 없다.

---

23 「경상남도 산청군 단성면 사월리 토지대장」, 경상남도 산청군청 소장.

자료	성씨	촌명			계(坪)
		본촌	신기	외	
가호안	합천이	263(5)	122*		240(6)
	이?	93*			93*
	황	359*			359*
	임	122*			122*
	신	65*			65*
	김		82*		82*
	계	217(9)	102(2)		196(11)
가사표	합천이	221(12)	102(3)		197(15)
	이?	93*			93*
	황	359*			359*
	박	48*			48*
	임	122*	228*		175(2)
	엄	138*			138*
	윤	89*			89*
	김		82*		82*
	손			138*	138*
	계	195(18)	123(5)	138*	177(24)
광무호적	합천이	195(14)	86(4)		171(18)
	이?	93*			93*
	황	359*			359*
	박	48*			48*
	엄	138*			138*
	김		82*		82*
	장		43*		43*
	계	187(18)	78(6)		160(25)

비고: ( )안의 수는 가주=대주의 수이며, *표는 그것이 1인인 경우다. 분호한 경우는 면적이 큰 쪽을 택했다.

〈표2〉는 1910년대 사월리 배양동 지역 토지대장의 대주들이 소유하는 대지 면적의 촌락별, 성씨별 평균치를 제시한 것이다. 이 가운데 '가호안'에 등재된 대주들의 대지 면적은 어떠한 상대적 위상을 보이는가? '가호안'은 단성군 전 면리에 대해 파악되고 중앙정부에 보고되는 장부로 작성된 듯하다. 호세를 전제로 하기 때문에 단성군 전체의 부담을 최소화하기 위해 보고되는 가호수를 낮은 수준으로 억제했던 것으로 여겨진다.

1904년 「경상남도단성군가호안(慶尙南道丹城郡家戶案)」의 배양동 19개의 대지 가운데 대주가 1910년대 '토지대장'의 대지 소유자와 일치하는 11개의 필지(본촌 9필지, 신기 2필지)를 발견할 수 있으며, 1910년도 평균대지 면적은 196평이다. 이것은 1910년대 '토지대장' 배양동 지역 123필지의 대지, 평균면적 124평에 비해 높은 수치이다. 낮은 가호수로 중앙에 보고되는 만큼, 대지면적이 비교적 넓은 가호들이 선별된 듯하다. 특히 본촌의 9필지는 평균대지면적 217평으로, 1910년대 본촌 전체 53필지의 평균대지면적 127평에 비해 월등히 넓은 면적을 보인다. 배양동의 '가호안'에 가호가 등재되는 데에 본촌의 넓은 대지면적을 가진 대주들이 기여한 바가 크다고 할 수 있다. 합천이씨들 가운데에서도 대지 규모가 큰 자들의 대지가 '가호안'에 등재되었다.

'가사표'나 '광무호적'의 호주와 1910년대 '토지대장'의 대지 소유자가 일치하는 경우의 평균대지면적은 '가호안'의 그것에 비해 좁아지는 경향이 있지만, 배양동 지역 전체 평균대지면적 124평에 비해 여전히 높은 수치를 보인다. '가호안'에서와 마찬가지로 본촌의 평균대지면적도 상대적으로 높은 수준을 유지하고, 그 가운데 합천이씨의 기여도도 눈에 띤다고 할 수 있다.

한편, 1910년대 '토지대장'에 합천이씨인지 불분명한 '자포'의 6필지 소유자 이씨들도 평균대지면적 160평으로, 본촌 합천이씨들의 평균대지면적 144평에 비해 넓은 대지 면적을 소유한다. '내원동'의 안동권씨들도 상당히 큰 규모의 대지를 소유한다—내원동 주민들에 대해 별도로 호적이 작성되었을지도 모르지만—. 그러나 이들은 '가호안', '가사표' 등의 공문서에 등장하지 않는다.

배양동의 대한제국기 가호파악은 지역단위로 일정 호수를 파악하는 데에 그쳐서 통호 주소가 호구조사 때마다 변동하던 종래의 호구파악 방법이 답습되고 있었다. 그리고 배양동의 경우, 그 지역 주민 가운데에서도 오랫동안 그 지역의 유력 성씨로 존재하던 마을이 가호파악의 집중적 대상이 되었다. 이전의 행정구역은 자연지리적인 경계보다는 거주하는 주민 사이의 유대관계에 기초하여 구분되었다. 주민 사이의 유대관계가 자연지리적인 장애를 넘어서서 이루어졌으며, 그러한 범위에서 행정구역이 정해지고 호구가 파악되었던 것이다. 이것은 또한 국가의 호구정책에 대한 주민의 대응에 기반한다.

이러한 가호 파악방법은 지번을 주소로 하여 고정시키는 식민지기 호적 파악방법과 전혀 다른 인식에 의거한다. 1914년의 「경상남도단성군면동강계약도(慶尙南道丹城郡面洞疆界略圖)」는 군면리통폐합 정책으로 면리 행정구역을 산이나 강과 같은 자연지리적인 경계로 구분하여 재조정한 결과를 보여준다.(「慶尙南道丹城郡面洞疆界略圖」, 1914) 그러한 행정구역 폐합에 기초하여 식민지당국은 지번으로 주소를 대신함으로써 1923년에 '호적법'이 공표되기까지 실재하는 거의 대부분의 호구를 파악해간 것으로 보인다. 종전과 달리 이러한 일률적 호구파악을 실현한 것은 호구정책에 대한 지역 주민의 주도적 대응을 차단함으로써 가능했던 것이다.

4. 호적과 족보 기록의 크로스체킹; 이주와 신분

　조선왕조 호적은 지역 주민의 존재형태에 따른 행정구역의 설정
과 호구정책의 실현 양상을 보여주는 역동적인 자료이다. '역동적'이
라 함은 주민의 존재형태에서 지속적 거주의 안정화가 추구되는 한편
에, 빈번한 거주이동이 그에 동반됨으로써 호구정책에의 대응방법이
수시로 재조정되어야 함을 말한다. 여기에 더해 신분제의 불안정성과
그에 대한 대응도 지속적으로 취해졌다. 단성지역 배양리의 합천이씨
들은 거주이동과 신분적 유동성에 직면하여 어떠한 대응방안을 취하
면서 해당지역의 주도적 가문으로 유지될 수 있었는가?

　단성지역에 가장 오래된 호적장부는 산청군의 속현으로, 산청 산하
의 6개 리—17세기 말에 8개 면에 해당—로 존재하던 1606년도의 호
적이다.[24] 이 가운데 합천이씨 남성들은 '원당리'에 14명으로 가장 많
이 기재되어 있고, 그 외에도 '원현리(元縣里)'에 3명, '북동리(北洞里)'에
4명, '도생리(都生里)'에 1명이 기재되어 있다. 4개 '리'에 총 22명의 합
천이씨 남성을 발견할 수 있다. 원당리의 14명은 승문의 후손들과 도
남의 후손들이다. 승문은 입향조인 이운호의 첫째 자식인 사방의 후손
으로 배양리에 처음 들어왔다. 도남은 이운호의 막내 사민의 후손으로
17세기 말 호적에 내원당, 구산에 거주했다. 원당리에는 승문의 후손
만이 아니라 가까운 곳에 먼 친척들이 함께 등재되어 있었음이 주목된
다. 18세기에 그들의 후손 일부가 배양리로 들어오기 때문이다.

　'원당리'에 기재된 승문의 후손들과 도남의 후손들은 대부분 유학

---

24 이하 『慶尙道丹城縣戶籍大帳』 전산데이터, 성균관대 대동문화연구원. 『陝川李氏族
　　譜』, 培山書院 1926년 간행, 전 5책에 의거함.

<도식1> 단성지역 합천이씨 1606년과 1678년 호적의 가계별 거주지 및 직역 기재 대조표

	계보와 거주 里名(1606)-〈1678〉	직역(1606)-〈1678〉
1 승문	-원-광곤-용(×)-정남-흔〈내원당〉	(×)-〈선무랑상의원별좌〉
	-언장-연〈사산-함양〉	-〈학생×〉
	-잠-광우-유(원당리)-정시/정한〈사산〉	(계공랑군자감별좌)-〈유학〉
	-광효-침(원당리)-정빈〈사산〉	(계공랑제용감직장)-〈학생〉
	-광임(원당리)-헌-정실-희/한〈묵곡〉	(유학)-〈선무랑상의원별좌〉
	-숙-광옥(원당리)-상-일생-선령/경래〈사산〉	(찰방)-〈어영보/경포보〉
2 문-응수(원현리)-명상-득현-성일〈현내읍내〉	(수군)-〈어영군〉
	-명수(원현리)-선남-득화/절〈읍내〉	(수문장)-〈봉수군가리/군기시노〉
	-후남-득립/운립/홍절〈읍내〉	-〈가선대부/어영군/보인〉
	-삼남-운〈현내마흘〉	-〈기보〉
3 도남	-광전-천경-호(원당리)-시정-사신〈구산〉	(계공랑군자감별좌)-〈유학〉
	-사눌/사주〈도산원산〉	-〈군수/선무랑상의원주부〉
	-영(원당리)-시욱/시번/시필/시형〈내원당〉	(유학)-〈학생/유학〉
	-시화〈내원당〉-사명/사경/사순	-〈학생〉
	-대진〈구산〉	-〈경별대〉
	-시준〈구산〉	-〈서얼〉
	-광조-명생(원당리)-후/선호〈내원당〉	(훈련봉사)-〈유학/사노〉
	-대생(원당리)-용섭/위영/태영/의영〈법물평지〉	(통덕랑)-〈정로위/훈련별대/기병〉
	-용은-국영/종석〈법물가교〉	-〈무학/보보〉
	-기-양필-성망/흥망〈사월〉	-〈무학/경별대〉
	-종경(원당리)-×	(별시위)
	-희득(원당리)-×	(별시위)
종남	-광희-경운/경림/경심/경진〈북동리〉-×	(유학/원종공신유학)-1717청현
3' 괄	-진남-응희(도생리)-×	(원종공신부장)

비고; ( )는 1606년도『산음장적』, 〈 〉는 1678년도『경상도단성현호적대장』 거주 리명과 직역명.
1은 '사방-권로-양근-동재-계통-승문', 2는 '사훤-원귀-만손-정-문', 3은 '사민-중로-백손-적-도남/종남의 3'는 '사민-중로-백손-괄'로부터 이어지는 계보다. ×는 호적에 기재되지 않았음을 말한다.

(幼學)이나 품직자와 같은 소위 '양반'이라 할 수 있는 자들이다. 단지 도남의 후손 가운데 일부는 '별시위'라는 군관직을 가지고 있는데, 그 후손들은 17세기 말의 호적(1678년도)에 등장하지 않는다. 그 외에 도남의 아우인 종남의 후손들이 '북동리'에 기재되고 도남의 삼촌인 괄의 후손들이 '도생리'에 기재되어 있는데, 모두 유학이나 원종공신 등

〈도식2〉 승문-잠 후손들의 호적상 이주현황 및 최후등재와 광무양안 및 지적도의 등재 호수

	계보(호적기재사항: 연도〈거주지〉직역)	이주	최후등재	비고	光武戶籍/坐主
광우-우 -정시-춘	-동우(1717〈사산〉故) -석춘-진무-기한		1864〈배양〉		2/3
	-기억	1789〈북동면〉	1825〈배양〉	이후족보기재	
	-한무		1825〈배양〉	이후족보기재	
	-석후-덕무		1864〈배양〉	出系 및 立后	0/1
	-세무		1828〈배양〉	이후족보기재	
	-영무	1780〈오동면〉	1864〈배양〉		1/2
	-석현-필무-기엽	1780〈오동면〉	1864〈오동면〉	出系 및 立后	1/1
	-석태	1780〈북동면〉 -1783〈배양〉	1864〈내원당〉	立后	1/1
	-석표		1864〈배양〉	出系 및 立后	3/5
-후	-동식			無後	
	-동필(1717〈사산〉유학) -석기-이무		1828〈배양〉	立后	
	-흥무		1864〈배양〉	出系 및 立后	
-정석-경	-동직(1678〈사산〉유학) -석록-향목	1729〈목곡〉	1861/4〈오동/ 도산면〉		2/2
	-석창-한인	1825〈목곡〉	1864〈오동면〉		
	-한렬	1825〈목곡〉	1864〈목곡〉		0/1
	-석찬-한근	1783〈목곡〉	1864〈오동면/목곡〉		
	-한극			족보기재, 立后	
	-한억	1825〈오동면〉	1864〈생비량면〉		
-면	-동설(1717〈사산〉유학)	1729〈목곡〉	1762〈목곡〉	出系	

계보(호적기재사항, 연도〈거주지〉지역)	이주	최후등재	비고	光武戶籍/戶主
-황				
-동빈(1720〈사산〉)	1729〈묵곡〉 -1759〈오동면〉	1825〈오동면〉	立后	
-민				
-동적(1717〈사산〉유학)				
-석지	1729〈묵곡〉	1828〈묵곡〉	족보계보단절	
-석삼	1762〈묵곡〉	1828〈묵곡〉	이후족보기재, 出系 및 立后	
-석리	1780〈북동면〉	1828〈묵곡〉	이후족보기재	
-동영(1678〈묵곡〉)			계보단절	
-정한-준				
-동언(1717〈사산〉유학)				
-석종-한집		1864〈배양〉	족보기재	4/5
-한주				
-한복				
-석형	1789〈북동면〉	1828〈배양〉	이후족보기재	3/3
-석림	1789〈북동면〉	1864〈현내면〉		
-동일(1729〈사산〉유학)				
-석정-한두	1825〈오동면〉	1828〈배양〉	이후족보기재	
-한권				
-한붕				
-석회		1864〈배양〉	이후족보기재	
-석진-한목		1828〈배양〉	이후족보기재	
-한점				
-황빈		1789〈배양〉	이후족보기재	0/1
-동원(1717〈사산〉유학)				
-석양/석원/석보	1780〈범물0면〉	1864〈중촌〉	계보단절	
-석조		1825〈범물0면〉		
-석평-한문		1864〈배양〉		1/2
-한장		1864〈운봉〉		0/4
-수태	1780〈범물0면〉	1828〈배양〉	족보계보기재 *교정/군역 족보미등재	
-동신(1729〈사산〉유학)				
-석관		1828〈배양〉	이후족보기재	

계보(호적기재사항; 연도〈거주지〉지역)	이주	최후등재	비고	光武戸籍/坐主
-정범-현				
-독리(1717〈사산〉유학) -식린-한식-희간		1828〈배양〉	이후족보기재	1/1
-한식-성간		1864〈구산〉	족보기재	1/3
-식범				1/0
-식영		1864〈배양〉		0/4
-독험(1717〈사산〉유학) -식권		1720〈사산〉	無後	
-식경		1864〈배양〉		0/3
		1762〈사산〉	嗣孫(식권)	
광흥-첨 -정반-간				
-독무(1678〈사산〉?)			호적족보 단절	
-진 -독형(1678〈사산〉엄유) -식린	1861〈신등면〉〈배양〉	1864〈법물야면/묵곡〉		
-식귀	1825〈내원당〉	1867〈생비량면〉		1/0
-식롱	1825〈법물야면〉	1861〈법물야면〉		0/1
-독익(1717〈사산〉유학) -식죵	1717〈사산〉	1825〈법물야면/신등면〉	이후족보기재	1/0
광임-현 -정실-희				
-독즙(1678〈묵곡〉유학) -혼	-1729〈묵곡〉 -1750〈사산〉	1828〈묵곡〉	이후족보기재	1/0
-간 -독백(1717〈사산〉유학) -혜	1750〈묵곡상〉	1861〈오동면〉		
-변(운원)	1750〈묵곡상〉	1762〈묵곡상〉	계보단절	
-묵 -독주(1717〈사산〉故) -재(생부 동백)	1750〈묵곡상〉	1783〈묵곡〉	이후족보기재	1/0

출전: 18~19세기 『경상도단성현호적대장』, 『陜川李氏族譜』, 培山書院 건물, 전 5책, 「光武戸籍(慶尙道 丹城郡 南面 元堂里 培養洞 戸籍)」
비고: 연도는 호적작성시년, 〈 〉는 호적상 거주지로 면명 이외에는 모두 원당면 산하 행정리명이다. '비고'는 계보 및 직역의 변동사항과 1860년대 이전에 호적에서 계보가 단절된 경우의 그 이후의 족보 등재여부이다.
光武戸籍/坐主의 수치는 1907/8년 광무호적에 등재된 호수와 1910년대 지적도상의 대지소유주수를 나타내었다.
*교생/校生과 保의 분관/양군관 등을 기재하다가 후대에 모두 '유학'을 칭했다.

을 직역으로 기재하는 자들이다. 그런데 이운호의 둘째 아들인 사원의 후손들은 '원현리'에 등재되어 있다. 이들은 수군(水軍), 수문장(守門將) 등의 직역을 가지며 단성이 산청으로부터 독립된 지방관청을 가질 때의 읍치 지역에 모여 있다.

단성지역의 합천이씨 몇몇 후손들은 이후 17세기를 거쳐 행정 리나 면을 넘어서서 이동하기도 한다. 승문의 후손들은 주로 사산(18세기말에 리명이 '배양'으로)에 거주하나 인접한 내원당이나 묵곡으로 이동한 자들도 있다. 반대로 주목할 만한 점은 사산에 머무르는 후손으로 어영보, 정병 등의 군역자들이 존재한다는 것이다. 동일 선조의 후손으로 서로 다른 계층이 하나의 행정리에 등재되는 것을 볼 수 있다.

1606년에 같은 원당리에 있던 도남의 후손들도 내원당이나 구산에 거주하는 것으로 기재되었는데, 일부는 면을 넘어 도산면이나 법물야면으로 이동하고 있다. 특히 법물야면이나 사월리로 이동한 가계는 무학, 기병, 경별대 등의 군역직역을 기재하고 있다. 신분이 이동의 이유인지도 모른다. 어느 한 가계는 형제들 사이에서 '유학'등의 직역자는 '내원당'에, '경별대', '서얼'과 같은 직역을 기재하는 자들은 '구산'에 각각 나뉘어져 기재되어 있다. 반면에 '구산'에는 유학등을 기재하는 도남 후손 가계가 이미 존재하고 있었다. 또한 한 가계는 내원당에 '유학'과 '사노(私奴)'가 함께 기재되어 있다. '사노'는 서얼의 후손일 가능성이 높다. 신분이 다른 친족들이 한 행정리에 등재되는 또 다른 사례이다.

17세기에 원현리−현내면에 거주하던 합천이씨 일파는 읍내리와 마흘리 등지에 등재되어 있지만 현내면을 벗어나지 않는다. 이들 후손은 이후 단성현의 주된 향리가계로 안착하여 관속을 배출하는데 역시 읍치지역을 크게 벗어나 거주하지 않는다. 외촌의 합천이씨들이 면리를 벗어나 빈번하게 이래이거하는 것과는 다른 양상이다.

17세기 초에 존재하다가 17세기 말의 단성호적에 등장하지 않는 가계들은 대부분 이후에 편찬된 족보에는 대를 잇고 있다. 단지 단성 지역을 벗어나서 다른 군현으로 이주했거나 설사 이주하지 않았더라도 후손의 세력이 약화되었음을 말한다. 18세기에 들어와서도 단성 지역 내의 이동과 함께 단성을 벗어나는 이동도 빈번했다. 내원당에 있던 승문-원의 일부 후손들은 1717년의 호적에 모두 사산으로 이주해있었는데, 1720년도 호적에는 또 다시 그 형제들 일부가 함양으로 이거했음을 기록하고 있다('移去咸陽').

  이제 18~19세기를 거쳐 사산-배양리를 중심으로 하는 지역의 주민들이 이래이거하는 상황을 직역기재와 함께 살펴보기로 한다. 호적대장에서 17세기 말에 원당면 사산-배양에 거주하던 합천이씨들은 승문의 아들들인 원, 잠, 숙의 후손들이었다. 19세기 원당면 최후의 호적대장은 1861년과 1864년의 것인데, 이때까지 등재되고 또 1900년대의 배양 광무호적에 이르기까지 등재된 가계는 잠의 후손들이다. 그런데 잠의 후손들 모두가 18~19세기를 통해 지속적으로 사산-배양에 등재된 것은 아니다. 많은 후손들이 다른 면리로 이주했으며, 그 가운데 이주했다가 다시 돌아오는 경우도 있었다.

  잠-광우-유는 정시, 정석, 정한, 정범이라는 아들들이 있었는데, 우선 정시의 후손들은 대체로 사산-배양에 지속적으로 등재되었으나 일부는 18세기 말에 북동면, 오동면으로 이주했다. 대부분 다시 배양으로 돌아왔으나 다시 내원당에 등재된 자도 있다. 19세기 초까지 호적에 등재되다가 이후 계보가 끊어진 자들은 광무호적과 지적도에 나타나지 않으나 족보에는 그 후손이 계보를 잇고 있다. 이후 다른 지역으로 이주한 것으로 여겨진다. 1864년 호적에 오동면과 원당면 내원당에 등재되어 있었는데 배양의 광무호적에 등재된 호주들이 있다.

그 사이에 다시 배양으로 돌아온 것인지도 모른다. 반대로 1864년에 배양에 등재되었는데 이후의 배양리 광무호적에 등재되지 않고 지적도의 대지 소유주로도 나타나지 않은 가계가 있다. 그 사이에 다른 지역으로 이동했는지 광무호적에 기재되지 않았을 뿐인지 알 수 없다. 또한 출계와 입후로도 호적상 거주 이동이 빈번했던 것으로 보인다.

정석의 후손들은 가까운 원당면 묵곡리로 18세기 초부터 19세기 초에 걸쳐 대거 이주를 했다. 19세기 중엽에 다시 오동면이나 도산면, 생비량면 등으로 옮기기도 했다. 정석-경의 후손 두 가족은 사산에 등재되었다가 1729년 호적에 묵곡으로 이거했는데, 19세기 초 호적에 묵곡에 1호를 남기고 오동면으로 5호가 다시 이거했다. 1864년까지 배양에 거주하는 것으로 등재된 자는 보이지 않는다. 그런데 이 가운데 정석의 장손가 두 호는 배양의 광무호적에 등재되어 있다(李炳佑, 李炳斗). 이들만은 오래된 선조의 세거지로 귀소한 듯하다.

정한의 후손들은 정시의 후손들과 같이 대체로 배양에 지속적으로 등재되었으나, 몇 가계는 18세기 말에 북동면과 법물야면으로 이거했다. 법물야면으로 이거한 한 두 가계는 19세기에도 법물야면에 등재되어 있는데, 그 중 한 가계는 이후 계보가 단절되었고 한 가계는 18세기부터 교생, 어영군, 양군관 등을 직역명으로 기재하다가 후대에 모두 '업유'를 칭했다. 정한의 후손은 역시 19세기에 배양에 등재되면서도 배양리 광무호적에 나타나지 않는 호들이 적지 않다. 정범의 후손들은 한 가계를 제외하고 계보가 단절되었다. 손자가 조부 사후에 계보를 잇기도 했는데, 3명은 1910년대 배양의 지적도에 대지소유자로 나타난다.

잠-광효-침-정빈의 후손들은 사산-배양에 세거하며 18세기 말까지 8호가 존재했는데, 19세기 초에 내원당(2호), 법물면(4호), 생비량면

(1호), 신등면(1호)으로 흩어지고 배양에는 3호만이 남게 된다. 그러나 남은 이들도 19세기 중엽에 배양에 1호를 제외하고 신등면, 법물야면, 묵곡 등지로 흩어진다. 정빈의 후손들은 이렇게 흩어지면서 전반적으로 단성호적에서 사라지는 경향이 있다. 단지 호적에 등재되지 않던 1호와 생비량면으로 이거했던 1호가 배양 광무호적에 다시 등장한다.

잠-광임-헌-정실의 후손들은 17세기 말에 묵곡에 있다가 18세기 초에 다시 사산으로 이래했다(3호). 정실의 장증손인 덕징(德徵)이 묵곡에 잠시 등재되었지만 1750년 호적에 다시 사산으로 이래해 있다. 그러나 1750년 호적에 이 호만 남기고 나머지 5호는 다시 묵곡으로 이거했으며, 18세기 말에는 남은 1호도 묵곡으로 이거했다. 이들은 사산에 등재되어 있지만 경제적 기반을 묵곡에 두고 있는 듯하다.[25] 19세기에는 덕징의 손자 1호만 묵곡에 남고 다른 1호는 생비량면으로 이거하고 나머지 가족들은 단성호적에서 사라진다. 이들 후손은 배양리 광무호적에도 지적도의 대지소유자로도 나타나지 않는다.

승원의 자식으로 잠의 다른 형제들인 원과 숙의 후손들 19세기까지 배양에 등재되어 있으나 광무호적에는 아무도 나타나지 않는다. 원의 후손 동욱의 가계들은 사산에서 18세기 말에 내원당, 묵곡으로 흩어졌다가 이후로 사라지거나 19세기 중엽에 다시 배양으로 옮겨온다. 이들을 비롯하여 타리로 옮긴 자들은 머지않아 단성호적에서 사라지는 경향이 있다.

숙의 후손으로 사산에 거주하면서 17세기 말에 어영보, 경포보를 직역으로 갖던 자들도 19세기까지 배양에 거주하는 것으로 등재되어

---

25 정진영은 대구부호적대장에서 면리를 넘어서는 동일인물의 이래이거 상황을 밝힌 바 있다(정진영, 2010: 227~268). 농업경영과 관련하여 주 거주지로부터 호적상으로만 이래이거한 것으로 판단되었다.

〈도식3〉 승원-원/숙 후손들이 호적상 이주현황과 최후등재 기록

계보(호적기재사항; 연도〈거주지〉지역)		호적상 이주	최후등재	비고
승문-원-광근 **-용-정남-훈**				
-동양(1678〈사산〉면강)	-훈-의후		1732〈사산〉	
	-계/엄		1720〈사산〉	移去咸陽
-동창(1678〈내원당〉)	-광규	1717〈사산〉	1780〈복동면〉	
	-태규	1732〈사산〉	1750〈사산〉	出系
-동옥(1717〈사산〉故)	-무-의수		1864〈배양〉	
	-의문	1780〈내원당〉	1864〈배양〉	
	-의섬	1783〈목곡〉	1789〈목곡〉	無子
	-만규		1750〈사산〉	無子
	-덕하	?	1831〈생비량〉	
-동렬(1717〈사산〉유하)			1732〈사산〉	무학, 족보〈함양〉
-동성(1717〈사산〉유하)	-태규		1750〈사산〉	立后
승문-수-광옥 **-상-계룡-경래**				
-동인(1717〈사산〉경포보)			1789〈배양〉	유학, 이후족보기재
-동래(1729〈사산〉병인)		1750〈현내면〉	1828〈배양〉	유학, 계보단절.出主1
-경세 (1717〈사산〉기보)		1780〈내원당〉	1825〈배양〉	유학, 계보단절
도남-광조-명생 **-선호-선복-사룡**				
-동이(1717〈사산〉사노)			1780〈배양〉	솔노, 移去晉州/逃
-우룡 (1717〈사산〉사노솔오)			1750〈사산〉	사노솔오, 이후부등재
-이복 (1717〈사산〉사노)		1729〈목곡〉	1750〈현내면〉	故

비고: 〈도식2〉와 같다.

있다. 그러나 어영보이던 자의 가족은 호적에서 사라지고 경포보이던 자의 아들은 1717년과 1720년 호적에 아버지의 직역을 이어받아 경포보로 등재되고 둘째 아들은 기보를 직역으로 했다. 그런데 경포보는 나이 60이 되던 1729년 호적에 '업무'로 직역명을 변경하고 기보는 1732년에 55세로 '업무'를, 1750년에는 '유학'을 직역으로 획득했다. 18세기 말 이후로는 이 두 사람의 자식과 손자들이 젊은 나이에도 모두 '유학'을 기재하고 있다. 신분적으로 출신을 달리하는 자들도 '유학'을 사용하면서 사산에 거주할 수 있었던 듯하나, 19세기 중엽에는 그 후손들이 단성호적에서 자취를 감춘다.

도남의 후손으로 1678년의 내원당에 '유학'을 기재하는 형제들과 함께 등재되었던 '허통교생'도 18세기 초에 자신의 가족들과 함께 사월로 옮겨가면서 '유학'을 기재했다. 그의 막내아들은 이후에도 내원동에 계속 거주하다가 1750년에 하동으로 가고 손자는 사월로 합류했다. 이 자에게는 한동안 직역이 부여되지 않았다. 마찬가지로 도남의 후손으로 17세기 말에 '서얼'을 직역명으로 기재하던 시준과 그의 자식들은 구산에 등재되어 있었는데, 이후 그들의 후손들이 19세기 초까지 호적에 등재되지 않다가, 현내면과 오동면에 각각 '유학'을 직역명으로 기재하며 19세기 중엽의 호적에 재등장한다. 서파가 세거지에 장기적으로 거주하기는 어려웠던 것으로 이해된다.

도남의 후손으로 내원당에서 형제들과 함께 거주하던 '사노'의 자식들은 18세기에 모두 사산으로 옮겨와 등재되어 있다. 이들은 내원당에 있던 승문의 후손 '흔'의 노로 존재했었는데, 18세기에 '흔'의 자식들이 사산으로 이거하면서 이들을 따라갔던 것으로 보인다. 또 이 사노의 손자인 '동이'는 '흔'의 손자인 '효'의 노가 되었는데, 18세기 중엽 호적에 그의 가족들과 함께 '하묵곡'으로 이거했다―'묵곡'에는 유학등의 직역을 기재하는 자들이 존재했다—. 이효의 후손이 18세기 중엽에 단성호적에서 사라져 함양으로 이거한 것—족보에는 함양파로 분류된다—과 관련이 있는 듯하다.

한편, 사산으로 옮겨온 사노 가운데 '이덕징(李德徵; 德茂, 大茂로 개명된다. 위의 정실-희의 후손이다)'의 노는 1729년 호적에 묵곡으로 이거한 상전을 따라 또 다시 묵곡으로 이거했다. 그런데 18세기 중엽에 상전이 다시 사산으로 이거하면서—18세기 말에 '이덕징'의 후손들은 다시 묵곡에 자리 잡는다—, 이 사노들은 호적에서 사라진다. 합천이씨 사노들은 혈연적으로는 친척이라 하더라도 18세기 전반까지 상전과 노비의 관계에 따라 이래이거했으나, 18세기 중엽에는 그 관계와 거주가 동시에 분리되는 경향이 보인다.

18~19세기를 통하여 행정리를 단위로 하는 호적 등재는 신분적인 배타성이 강해져가는 경향을 보인다.[26] 합천이씨의 부계가 여러 계파로 분화되고 또한 여러 지파들이 타지역으로 이래이거함으로써 어느한 계파에 편향성을 보이면서도 각 계파의 몇몇 가족들만 세거지에 남게 되었다. 세대가 내려가면서 이들 가족 사이에는 부계의 계보적관계가 멀어지는 반면, 타지로 떠난 친족들과의 유대관계가 재고되어간 이유이기도 하다.

단성지역 합천이씨들의 신분적 변동과 그에 대한 족적인 통폐합 방법은 여러 종류의 족보와 호적상의 직역 기재를 대조함으로써 확인된바 있다.[27] 18세기 중엽에 족보에 등재된 자들을 호적에서 찾아보면

---

26 신분적인 차별로 인하여 分洞하거나 거주를 이동하는 사례는 여러 논문에서 제시되었다. 정진영(1993: 31~56); 김건태, (2009: 7~36).

27 손병규(2004, 2006b) 이들 합천이씨의 족보(대동보)는 1761년 英廟辛巳 족보(『陝川李氏族譜』, 성균관대 존경각 소장)를 초간으로 이후 19세기에 몇 차례 중간을 거쳐

'유학(幼學)'이라는 직역명을 쓰는 자가 가장 많고 기타 품관자, '업유', '무과출신', '서자'가 몇 명 존재한다. 그 직계 적손들도 이후의 호적에서 모두 '유학'을 직역명으로 기재한다. 그런데 18세기 중엽의 족보에 등재되지 않은 단성지역 합천이씨들은 군역자와 사노에 이르는 거의 모든 직역을 망라하는데, 18세기 초부터 '유학'을 쓰는 자들이 많이 발견된다는 점이 눈에 띤다. 18세기 중엽의 족보부터 참가하지 않은 '양반'이 있을 수도 있지만, 호적상의 직역명이 '양반'을 구별하는 기준이 되지 못하는 상황을 말하기도 한다. 18세기 중엽의 족보 편찬 당시부터 단성지역 합천이씨 가운데 '진짜 양반'을 가르는 시도가 진행된 것이다.

'양반'으로의 사회적 위상은 호적의 직역기재가 아니라 양반의 적자녀임을 나타내는 족보가 그것을 증명할 수 있었다. 이것은 현실적인 사회적 위상의 유동성과 가족의 분화에 따른 경제적 위상의 하향 평준화에 기인한다. 장자우대의 상속방법은 사회적 위상을 동등하게 한다는 인식을 전제로 하는 형제들 사이에서의 합의에 기반을 둔다. 동시에 가계가 분화되어가면서 개별 가족의 경제적 위상과 사회적 위상의 괴리는 커져갈 것이다.

식민지기에 들어와서 1926년에 편찬된 단성지역의 여러 족보—파보(派譜)—가 있는데,[28] 그 가운데 전서공수전파(典書公守全派) 병인(丙寅) 족보의 「범례(凡例)」에는 "1893년의 대동보가 '분합무상(分合無常)'

1893년의 辛卯 족보가 간행되기에 이르렀다. 1761년 족보는 '양반'으로 인식되는 인물들을 배타적으로 등재한 듯한데, 1893년 족보는 모든 합천이씨 가계들에게 연락하여 족보편찬 참여를 개방하였다.

28 『陜川李氏族譜』(典書公守全派 丙寅족보, 전 12책), 『陜川李氏族譜』(전 4책), 『陜川李氏族譜』(培山書院 간행, 전 5책), 모두 국립중앙도서관 소장. 손병규(2006b) 참조.

하고 '상약부동(詳略不同)'하다"는 이유를 들어 그들만의 족보를 별도로 편찬했음을 밝히고 있다. 그런데 각 족보에 등재된 인물들의 혈연적 연원과 신분적 구성에 약간의 차이를 발견하게 된다. 하나의 족보는 파조로부터 한 계파의 적자녀 후손들만을 좁은 범위에서 등재하여 '양반'의 정통성을 분명히 하고자 하는 족보이다. 다른 족보 하나는 한 계파를 기준으로 하면서도 다른 계파의 일부 지파들을 함께 등재한다. 또 다른 마지막 족보 하나도 모든 계파의 일부 지파들을 망라적으로 모아서 등재한다. 뒤의 두 족보에서 하나의 계파에 속하는 각 지파들의 후손들은 서로 중복되지 않는다. 계파를 달리하는 가계들이 하나의 족보에 함께 등재되었다. 그리고 마지막 족보에는 서파가 대거 등재되어 있다. 족보를 통한 단성지역 합천이씨들의 통폐합 방법이 다양했으며, 이제 그것은 합천이씨 가족들 사이의 유대관계의 차이에 기인함을 짐작케 한다.

5. 동성촌락(同姓村落)과 동족집단(同族集團)의 구상

조선왕조의 호적은 지역마다의 관례적인 호구총수에 기초하여 등재 호구가 조정되었다. 고정적이고 안정적인 호역, 호세를 징수하려는 목적에 의거하여 호구등재를 둘러싼 주민들 내부의 조율이 존재했을 것으로 여겨진다. 대한제국의 호적—광무호적—은 거주이동의 현실을 면리 행정구역단위로 '가좌(家座)'에 따라 철저히 기재하도록 강요되었다. 중앙정부가 호구를 파악하여 일률적으로 호세를 징수하려는 의도를 강하게 드러내었다. 지금까지 호구총수는 지방관청의 호역 동원과 징수에 활용되어왔는데, 이 재원들을 중앙정부가 집권적으로

운영하고자 한 것이다. 그러나 지역사회 내부의 독자적 배분의 관행에 위협이 되었으므로 주민들은 여전히 관행에 의거하여 호구를 보고했다. 식민지 당국의 호구조사는 재정징수와 관계없이 시행된다고는 하나 조선인민에게는 지역사회의 관행적 운영을 근본적으로 차단하는 조치로 받아들여졌다.

17세기 호적에는 따로 거주하는 역리와 역보가 정군과 보인의 국역징수관계에 의거하여 하나의 호에 같이 등재되기도 한다. 따로 거주하는 상전과 노비가 하나의 호에 같이 등재되거나 한사람이 두 호에 동시에 등재되기도 하고 실재 거주지와 호가 등재된 행정면리를 달리하는 경우도 발견된다. 군현을 넘어서는 호 전체의 전거(轉居)는 '이래이거(移來移去)'조에 별도로 기재되지만, 호의 구성원 개개인이나 가족이 전거할 때는 '별호거(別戶去)', '입별호(立別戶)', '(상전(上典))호거(戶去)', '거(진주(晉州))' 등으로 기록된다. 말하자면 인구이동은 호와의 관계를 기재함으로써 제시된다고 할 수 있다.

1910년대에 자연지리적인 구획을 재설정하기 전까지는 군현과 산하행정구역 면리도 호와 호, 가족과 가족의 유대관계로부터 설정되었다. 주민 사이의 사회적 결합이 자연지리적 경계를 넘어서는 거주를 용납하는 근거로 작용하고 있었다. 행정단위의 호구총수(戶口總數)와 역부담이 그러한 결합 범위에서 부과되므로 호구조사 식년마다 호적 등재 여부 자체가 지역 주민의 합의에 의거했다. 따라서 '가좌'에 따라 통호 주소를 설정할 수도 없었던 것이다.

한국의 족보도 부계혈연 관계를 근거로 가족의 유대를 강화하고 자연지리적 거주를 달리하는 후손들이 함께 등재된다는 의미에서 호적의 지리 감각과 다르지 않다. 또한 이것은 본관(本貫)과 거주를 동일하게 하는 중국의 종족(宗族) 개념에 의거한 족보 등재와 다른 점이다.

단지 어떠한 유대관계인가에 따라 여러 가지 계파 통합 방법에 의한 여러 가지 파보가 편찬된다. 동성동본 성씨의 여러 분파를 광범위하게 등재하는 족보를 대동보라 하지만 모든 가계의 후손들을 등재하는 것은 아니었다. 여러 가계 가운데 일부는 배제되고 일부는 등재된다는 점은 대동보와 파보에 동일하게 발견할 수 있는 현상이다. 어떠한 족보든 친족들의 빈번한 이주가 신분적 연원과 동질성을 증명하고자 하는 의도를 강화하고 족보편찬에 이르는 계기가 되었다.

세거지로부터 거주를 이전하는 이유는 여러 가지겠지만, 지역공동체 내부의 부계친족 사이의 신분적 갈등과 혼인이 주된 원인이다. 동일한 부계 자식이면서도 서자나 서파는 신분적 차별의 분명한 기준이 되었다. 혼인으로 인한 이주는 부계 여성이 대부분이지만, 남성의 이주도 혼인에서 기인하는 경우가 많다. 본적지에서 독립된 가족의 경제생활을 영위하기 어려운 상황에 처하거나 좀 더 유리한 조건의 거주지가 생겼을 때에 그러할 것이다. 어떤 경우든 부계 자녀의 사회적 위상이 출신지 친족의 신분과 동일함을 증명할 필요가 있었다. 족보로 신분적 정통성을 증명하여 동일 계층내의 통혼권을 유지하는 것은 차세대의 사회적 위상과 직결되는 문제다.

20세기 초에 편찬된 족보에 등재되는 인물을 부계 남성과 그 배우자 여성, 부계 여성—남편의 이름으로 등재된다—으로 나누어 시기별로 집계해서 그 비율을 비교해보면, 흥미로운 사실을 발견하게 된다.[29] 부계 남성의 비율은 전시기를 통해 일정하지만, 배우자 여성은 19세기 전반까지 증가하다가 19세기 후반에 감소하는 반면, 부계

---

29 Son, Byung-giu(2010: 9~31)(『한국 역사인구학연구의 가능성』, 성균관대학교출판부, 2017에 번역 수록)

여성은 19세기 전반까지 감소하다가 19세기 후반에 다시 반등한다. 19세기 전반까지의 변화경향은 족보의 계보기록이 각 부계 남성 가계로 분담되면서 이전의 부계 여성 계보가 제한되는 대신에 부계 남성의 배우자를 기재하여 각 족보 사이의 혼인네트워크를 분명히 하는 현상이 지속적으로 영향을 끼친 것으로 이해할 수 있다. 그런데 19세기 후반 이후의 반대 경향를 어떻게 이해할 것인가? 배우자 여성의 감소는 남성재혼율의 감소와 관련이 있겠다. 부계 여성, 혹은 그 혼처 기록의 증가는 딸을 많이 낳은 것이 아니라 부계 여성의 혼인으로 인한 이주에도 신분 증명의 필요성이 증가했음을 의미한다. 동족결합의 필요성도 이 시기에 더욱 강화된 것으로 추정된다.

반대로 족보를 통한 선별적 유대관계—신분적 연원과 차별이 주된 요인—는 지역공동체의 족적 결합 양상과도 관련되어 있다. 배양동의 합천이씨는 이승문(李承文)이 외가에 들어와 살기 시작한 시점을 세거지의 연원으로 삼지만, 집성촌으로 성장한 것은 18세기에 들어와서로 보인다. 1678년 호적에 사산(蛇山)(배암산=배양)리 21호 가운데 합천이씨는 4호에 지나지 않았으나, 1717년 호적에는 29호 가운데 17호로 60%에 육박한다. 그러나 이후 하락하여 50% 전후에 그친다. 노비호의 상전을 감안하고 합천이씨의 계보적 내용을 추적해야 하지만, 20세기 초의 배양동 합천이씨호의 비율에 비해 낮은 셈이다.

1910년대 배양동의 대지 소유자에 한해서 보더라도 20세기까지 그러한 현상은 심화되었음을 알 수 있다. 합천이씨로 배양동에 주소를 갖는 배양동 본촌과 신기의 대지 소유자는 50명 정도로 파악된다. 계보적으로 확인해보면 족보에서 이름이 확인되는 자 가운데 40명 정도가 승문-잠-광우-유의 자손들이다. 그러나 이들의 방계 선조들도 많은 수가 18~19세기를 통해 배양동을 떠났다는 사실을 상기해야 한다. 광우 이외에 잠의 다른 자식으로 이어지는 자손들과 승문의 다른 자식들로부터 이어지는 자손들은 사라지거나 몇 명 나타나지 않는다.

배양동의 합천이씨호 비율의 증감보다 관심이 가는 것은 집성촌 형성과정에서의 내부구조와 그 변화, 주도 세력들의 친족 내적, 외적 역할과 지역공동체적 유대관계이다. 계파가 분화하면서 핵심적인 가계를 제외하고 많은 가족들이 단성내 타면리나 단성을 넘어서는 지역으로 이주할 수밖에 없었던 것으로 보인다. 집성촌은 동족이 모여서 형성되기보다는 분화되고 남은 가계를 중심으로 혈연적으로 먼 친족들이 포용되는 개방적 친족인식으로 형성되는 측면을 놓쳐서는 안된다.

1926년에 배양동 배산서원(培山書院)에서 간행된 족보는 이승문(李承文)의 후손들을 망라하고 있다. 세거지를 떠나간 많은 후손들이 그곳으로부터의 부계적 연역을 확인하고자 하는 요구에 응해서 이 족보가 편찬되었던 것으로 보인다. 더하여 이 족보의 독특한 점은 서파를 대량으로 등재한다는 점이다. 18세기 중엽의 합천이씨 족보가 '양반'의 정통성을 고집하는 배타성을 보였다면, 20세기 초의 족보는 신분적 제한으로부터 탈피하여 매우 개방적이라 할 수 있다. 물론 이 시기에 편찬된 다른 한 족보는 이에 반발하여 18세기 중엽의 족보와 같이 혼인관계의 정통성을 확인함으로써 '양반'으로서의 사회적 위상을 고수하고자 하였다. 그러나 배산서원 간행 합천이씨 족보는 한편으로 모친의 신분에 의거하여 자식들의 신분이 결정되는 전통적 신분 인식으로부터 벗어나서 적서의 구별 없이 부계 후손으로 결집하는, 중국식의 '부계혈연집단의 결집'을 지향하는 것으로도 이해된다.

| 참고문헌 |

『慶尙道丹城縣戶籍大帳』, 성균관대 대동문화연구원 호적전산데이터(http://daedong. skku.ac.kr/).

『陜川李氏族譜』(1761년 간), (1893년의 辛卯족보, 전 18책) 성균관대 존경각 소장.

『陜川李氏族譜』(1926년, 典書公守全派 丙寅족보, 전 12책), (1926년, 전 4책), (1926년, 培山書院 간행, 전 5책), 국립도서관 소장.

「丹城郡元堂面家舍表」, 「慶尙南道丹城郡家戶案單」, 「慶尙南道丹城郡戶籍表」(「光武戶籍 (慶尙道 丹城郡 南面 元堂里 培養洞 戶籍)」), 『慶尙道丹城縣社會資料集』권2, 성균관 대학교 대동문화연구원, 2003년 영인.

「慶尙南道丹城郡縣內面沙月里原圖」(1914~1916), 「慶尙南道丹城郡面洞疆界略圖」 (1914), 臨時土地調査局, 국가기록원(http://theme.archives.go.kr).

「지방구역 명칭에 관한 건(경상남도장관→)내무부장관 : 1912.12.27.)」등, 국가기록원.

「경상남도 산청군 단성면 사월리 토지대장」, 경상남도 산청군청 소장.

「朝鮮五萬分一地形圖(丹城)」, 朝鮮土地調査局測量, 小林又七朝鮮地圖部(京城) 1918년.

「산청군 신등면 제적부」, 경상남도 산청군 신등면사무소.

「제주 대정현 모슬포리 민적부」, 제주도 서귀포시 대정읍 하모리.

계명대학교 한국학연구원 편, 2013, 『한국족보의 특성과 동아시아에서의 위상』, 계명대학 교출판부.

김경호/손병규 편저, 2013, 『전근대 동아시아 역사상의 士』, 성균관대학교출판부.

단성호적연구팀, 2004, 『단성 호적대장 연구』, 성균관대학교 대동문화연구원.

윤해동, 2006, 『지배와 자치, 식민지기 촌락의 삼국면구조』, 역사비평사.

손병규, 2007, 『호적, 1606~1923 호구기록으로 본 조선의 문화사』, 휴머니스트.

손병규외 편저, 2020, 『조선왕조의 호적; 새로운 연구방법론을 위하여』, 성균관대학교출 판부.

손병규외 편저, 2016, 『한국 역사인구학연구의 가능성』, 성균관대학교출판부.

善生永助, 1933, 『朝鮮の聚落(後篇)』, 조선총독부.

권내현, 2010, 「조선후기 평민 동성촌락의 성장」, 『민족문화연구』 52, 고려대학교 민족문화연구원.

_____, 2006, 「조선후기 동성촌락 구성원의 통혼 양상 – 단성현 신등면 안동권씨 사례 –」, 『韓國史硏究』 132, 韓國史硏究會.

_____, 2004, 「조선후기 호적과 족보를 통한 동성촌락의 복원」, 『大東文化硏究』 47, 성균관대 대동문화연구원.

김건태, 2014, 「조선후기 호구정책과 문중형성의 관계–제주도 대정현 하모리 사례」, 『韓國文化』 67, 규장각한국학연구소.

_____, 2013, 「광무양전의 토지파악 방식과 그 의미」, 『大東文化硏究』 84, 성균관대 대동문화연구원.

_____, 2006, 「독립·사회운동이 傳統 동성촌락에 미친 영향–1910년대 경상도 안동 천전리 사례–」, 『大東文化硏究』 54, 성균관대 대동문화연구원.

김경란, 2017, 「조선후기 평민 同姓마을의 형성과 특징– 大丘府 解北村 廣里의 丹陽 禹氏 사례」, 『사학연구』 128, 한국사학회.

_____, 2016, 「조선후기 대구부 同姓마을의 형성시기에 대한 검토–『경상도대구부호적대장』을 중심으로–」, 『사학연구』 123, 한국사학회.

김준형, 2003, 「解題」, 『慶尙道丹城縣社會資料集(1)』, 성균관대 대동문화연구원.

_____, 2001, 「조선 후기 丹城縣 法物面 지역 村落의 변화」, 『한국사론』 32, 국사편찬위원회.

정진영, 2015, 「사족과 농민: 대립과 갈등, 그리고 상호의존적 호혜관계」, 『조선시대사학보』 73, 조선시대사학회.

_____, 2013, 「조선시대 향촌 제 조직과 규약의 '契約'적 성격」, 『고문서연구』 42, 한국고문서학회.

_____, 2010, 「대구지역 한 양반가의 호적자료 검토 –戶의 移居와 혈연결합을 중심으로」, 『史學硏究』 98, 한국사학회.

_____, 2007, 「역사인구학 자료로서의 호적대장 이용을 위한 기초 연구–『대구부호적대장』과 촌락문서의 비교 검토」, 『大東文化硏究』 59, 성균관대 대동문화연구원.

_____, 2000, 「18세기 호적대장 '戶口'기록의 검토 –『族譜』·『洞案』類와의 비교」, 『韓國中世史論叢 –李樹健敎授停年紀念–』, 論叢刊行委員會.

_____, 1993, 「조선후기 村落의 구조와 '分洞'」, 『국사관논총』 47, 국사편찬위원회, 1993, 31~56면;

손병규, 2016, 「산 자와 죽은 자의 기재–戶籍과 族譜에 대한 역사인구학의 관점–」, 『조선시대사학보』 79, 조선시대사학회.

_____, 2015, 「20세기 초 한국의 族譜 편찬과 '同族集團' 구상」, 『대동문화연구』 91, 성균관대 대동문화연구원.

_____, 2010, 「13~16세기 호적과 족보의 계보형태와 그 특성」, 『大東文化硏究』 71, 성균

관대 대동문화연구원.

_____, 2006a, 「한말·일제초 제주 하모리의 호구파악 −光武戶籍과 民籍簿 비교 분석−」, 『大東文化硏究』54, 성균관대 대동문화연구원.

_____, 2006b, 「족보의 인구기재 범위 −1926년경에 작성된 합천이씨의 세 파보를 중심으로」, 『古文書硏究』28, 한국고문서학회.

_____, 2004, 「인구사적 측면에서 본 호적과 족보의 자료적 성격 −17~19세기 경상도 단성현의 호적대장과 합천이씨가의 족보」, 『大東文化硏究』46, 성균관대 대동문화연구원.

윤인숙, 2014, 「17세기 丹城縣 엘리트의 조직 형성과 인적네트워크 : 丹城鄕案을 중심으로」, 『大東文化硏究』87, 대동문화연구원.

崔虎, 1988, 「丹城鄕案에 대한 一考察」, 『又仁金龍德博士停年紀念 史學論叢』, 우인김용덕박사정년기념사학논총간행위원회.

한상우, 2017, 「호적으로 본 단성 합천이씨들의 공존과 배제 양상」, 『역사와 현실』105, 한국역사연구회.

_____, 2015, 「朝鮮後期 兩班層의 親族 네트워크」, 성균관대 동아시아학과 박사논문.

Son, Byung−giu. 2010. "The Effects of Man's Remarriage and Adoption on Family Succession in the 17th to the 19th Century Rural Korea". Sungkyun Journal of East Asian Studies 10(1).

4장

남·북의 '민족' 구상과
아리랑 표상체계[*]

정우택

1. 백두산의 아리랑

2018년 9월 18일부터 2박 3일간의 일정으로 평양을 방문한 문재인 대통령은 방북 마지막 날인 20일 김정은 국무위원장과 함께 백두산에 올랐다. 예정에 없던 갑작스러운 일정으로서, 남북 정상이 백두산에서 손을 맞잡고 천지(天地)를 배경으로 포즈를 취한 장면은 세계적인 뉴스가 되어 터전되었다. 문재인 대통령은, 한라산 백록담 물과 합치겠다며 백두산 천지의 물을 페트병에 담았다. 백두산은 '민족'의 기원으로서 남북 한반도가 '하나의 민족'이라는 강렬한 메시지를 발화하는 행위였다. 백두산 천지에 동행한 한국의 가수 알리가 〈진도아리랑〉을 불렀던 것도 하나의 사건이었다. 본고는 '백두산—천지'의 장소성과 '아리랑'을 텍스트로 삼아 남북의 문화적 표상의 차이와 의미, '민족' 상상의 차이 등에 대해 살펴보고자 한다.

아리랑은 남북이 공유하는 노래이며 '하나의 민족'을 상상하게 만드는 기호이다. 그런데 70년이 넘는 분단 동안, 남과 북은 아리랑을 전유하고 재창조하는 방법에서 차이가 생겨났다. 화합·동질성·평화의 상징이며 민족을 매개하는 표상기호로서 '아리랑'이지만, 남과 북

---

* 이 논문은 『민족문학사연구』 제70호(민족문학사학회, 2019.8)에 게재된 논문을 수정 보완한 것이다.

은 같으면서도 차이나는 아리랑을 생성해 왔다. 만약, 민족 표상으로서 아리랑의 상징성, 정서구조의 차이가 있다면, 남북이 상상하는 '민족'도 차이가 있는 것이 아닌가. 그리고 분단되고 이질적인 '민족'의 상상과 복원이라는 것이 어떻게 가능할 것인가 하는 문제의식에서 이 논문은 출발한다. 아리랑은 남북 사이에 나타난 감각과 코드의 차이를 확인하고 상호이해를 넓혀 나갈 현장일 것이다. 본고에서는 이를 살펴보기 위해, 남쪽에서 2018년 개최한 '평창동계올림픽 개회식 공연 〈아리랑: 시간의 강〉'과 북쪽의 '집단체조 및 예술공연 〈아리랑〉'을 비교하면서 논의를 진행시켜 보았다.

2. 평창동계올림픽 개회식 공연 〈아리랑: 시간의 강〉

2018년 2월 평창동계올림픽은 남북이 함께 한 평화올림픽이라는 의미를 갖고 있다.[1] 2월 9일 개회식 공연의 주제는 아리랑이었다. 특히 아리랑의 본향인 정선[2]이 올림픽 개최지이기도 하여 〈정선아리랑〉이 공연의 주인공이 되었다.

정선아리랑 기능보유자 김남기 선생이 부르는 〈정선아리랑〉을 기조로 하여 공연이 진행되었다. 〈정선아리랑〉이 불리는 동안 〈아리랑: 시간의 강〉이란 제목 하에 다섯 아이들이 비바람 불고 천둥과 번개

---

1   2018년 2월 9일~25일 제23회 평창동계올림픽은 남북 공동 입장, 남북단일팀 구성 등으로 화합과 평화의 올림픽이 되었다. 이어서 2018년 4월 27일 남북정상회담이 성사되고, 이어 2018년 6월 12일 북미정상회담이 개최되었다.

2   아리랑이 정선아라리에서 시작되었다는 기원설은 이보형 등 대부분의 연구자들이 합의하고 있는 바이다(이보형, 1997).

치는 거친 강물을 뗏목을 타고 흘러간다.(〈영상1〉 참고) 〈아리랑과 시련의 역사〉라는 부제목처럼, 이 공연에서 아리랑은 시련을 이겨내며 부르는 노래로 규정되었으며, 한민족의 고난의 근현대사라는 역사의 강물과 결부시켜 해석되었다.

> 눈이 올라나 비가 올라나 억수장마 질라나
> 만수산 검은 구름이 막 몰려 온다
> 아리랑 아리랑 아라리요
> 아리랑 고개고개로 나를 넘겨 주게[3]

공연에서 불린 〈정선아리랑〉에서 "눈", "비", "억수장마", "검은 구름"은 "막 몰려오는" 민족 수난의 서사를 환기했다. 그 수난 속에서 "아리랑 고개고개로" 넘어가는 장면은, 아나운서의 설명처럼 "시련과 고난의 현대를 살아온 한국인의 인내와 끈기"를 나타냈다. 〈정선아리랑〉에 대해서도 "뗏목을 타고 서울로 오가던 사람들이 거친 물살을 이겨내며 부르던 노래가 바로 아리랑이다."라고 소개하였다. 이 공연은 〈정선아리랑〉의 주제와 기본 정서를 "거친 물살을 이겨내며 부르던", 고난 극복에 주목하였다. 〈아리랑과 시련의 역사〉에서, 아리랑은 민족의 시련과 고난 그리고 이를 이겨내려는 인내와 끈기의 상징으로 표상되었다.

마침내 〈아리랑과 시련의 역사〉가 끝나고 〈희망의 반딧불이〉가 펼쳐졌다. 이것은 '아리랑 고개'로 상징되는 '한민족의 시련과 고난'의

---

3 https://www.youtube.com/watch?v=SIy7odd4BvM. 2018년 2월 9일 SBS 평창동계올림픽 개회식 실황중계(배성재, 박선영 아나운서). 이하 개회식 공연은 위 영상에 의함.

〈영상1〉〈아리랑: 시간의 강〉

〈영상2〉〈희망의 반딧불이〉

장이 끝나고, 반딧불이가 은하수처럼 날아올라 하늘을 화려하게 수놓은 것으로 표현했다. 반딧불이는 희망과 꿈을 상징한다.(〈영상2〉 참고) 뗏목을 타고 흘러가던 다섯 아이들은 불빛이 가득한 도시로 향하면서 불꽃놀이가 펼쳐진다.

공연은 시련과 고난 속에서 경제발전과 민주화를 이루어냈던 대한 민국을 표현하는 〈모두를 위한 미래〉의 장으로 넘어간다.

평창 동계올림픽 개회식 공연 〈아리랑: 시간의 강〉에서 〈아리랑〉은 민족의 시련과 고난을 극복하는 노래로 불려졌다. 그런데 평화와 번영, 희망과 꿈이 실현된 자리에서도 〈아리랑〉은 여전히 고난에 찼던 과거를 회상하는 노래, 시련을 인내하는 노래로 남아 있을 것인가. 〈아리랑〉이 민족의 시련과 고난을 표상하고, 고난의 인내와 극복을 향한 갈망이라는 정서 구조를 갖게 된 것은 1920년대부터이다.

3. 고난 극복의 민족서사와 〈아리랑〉[4]

『한국연극운동사』는 박승희의 연극 〈아리랑 고개〉(1929)를 설명하면서, 1920년대 당시 '아리랑'고개가 "삼천리 굽이굽이 눈물의 고개", "2천만 가슴마다 사무친 고개"로 표상되었다고 전한다.

> "아리랑 아리랑 아라리오 아리랑 고개로 넘어간다. 아리랑 고개
> 는 웬 고개이기에 굽이야 굽이야 설움이러냐. 아리랑 고개는 어디에
> 있기에 볼 수도 잡을 수도 없느냐. 그렇다. 아리랑 고개는 삼천리 굽
> 이굽이 눈물의 고개는 아리랑 고개 2천만 가슴마다 사무친 고개다."
> 이렇게 시작되는 연구생 심영(沈影)의 서시는 처음부터 관객을
> 흥분시켰고, 매일 폭발적인 열광 속에 막이 내리곤 했다."(밑줄-인용
> 자)(유민영, 2001: 233)

---

4 이는 정우택(2007)에서 자세하게 다루었다.

이 설명에서 주목할 부분은 '나'의 고난이 '우리 모두'의 고난과 동일시되는 점이다. 굽이굽이 설움과 눈물은 아리랑 고개와 결부되었다. 그리고 '아리랑 고개'를 "삼천리 굽이굽이", "2천만 가슴"과 동일시하는 감각을 통해 개인으로서 '나'는 '삼천리'와 '2천만'의 일원이라는 공동체 소속감이 생성되었다. 아리랑에서 민족은 이런 방식으로 실감되고 표상되었다. 즉, '3천리 강산'이라는 조국 개념과 '이천만'이라는 동족 개념이 '아리랑고개'에 수렴되었던 것이다. 개인의 슬픔과 고난이 민족의 수난과 동일시되면서 아리랑은 나의 노래이면서 우리 모두의 노래, 민족의 노래가 되었다.

유흥의 노래였던 통속민요 아리랑이 민족을 표상하는 노래로 질적 변환을 하게 된 것은, 나운규의 영화 〈아리랑〉, 그리고 영화의 주제가 〈본조아리랑〉과 깊은 관련이 있다. 영화의 주제가 〈아리랑〉은 '본조아리랑'이라고도 한다. 나운규의 영화 〈아리랑〉(1926)의 주제가로 편곡된 〈본조아리랑〉은 다음과 같다.

1. 나를 버리고 가는 님은 / 십리도 못 가서 발병 나네.
2. 청천 하늘엔 별도 많고 / 우리네 살림살이 말도 많다.
3. 풍년이 온다네 풍년이 온다네 / 이 강산 삼천리에 풍년이 온다네
4. 산천초목은 젊어만 가고 / 인간에 청춘은 늙어만 가네.
(후렴) 아리랑 아리랑 아라리요 / 아리랑 고개로 넘어간다.
(문일, 1930: 29~30;『아단문고 미공개 자료 총서 2013-01』, 2013: 47~48)

〈본조아리랑〉이 '민족'의 정서체계, 심상구조가 된 데는 두 가지의 구조적 동기가 작용하였다. 첫째, 생이별의 발생이라는 시대적 현실

과 둘째, '고개 넘어간다'는 후렴의 시간의식이 그것이다.

1) 생이별의 발생: "나를 버리고 가시는 님은/ 십리도 못 가서 발병난다"

나운규의 영화 〈아리랑〉과 주제가 〈본조아리랑〉이 대중의 호응을 받을 수 있었던 것은 시대의 코드와 잘 맞았기 때문이다. 근대 초기에 사람들의 가장 절박한 상황은 생이별과 이산이었다. 식민지 근대화가 진행되면서 많은 사람들이 고향을 떠나 도시로, 해외로 떠돌아야 했다. 보내는 사람, 떠나는 사람이 뒤엉켜 눈물의 도가니였다. 영화 〈아리랑〉과 주제가가 이 비극을 대변했다. 1920년대 중반, 대량적인 토지방출(土地放出) 사태에 직면하여 중국 동북지역으로 이주한 조선인은 매년 30만 명이 넘었다.[5] 영화 〈아리랑〉을 이끌어가는 갈등의 원인도 여기에 있었다. 영화 〈아리랑〉의 광고 문구도 이산과 생이별을 주제로 잡았다.

> "……보내며 아리랑 써나며 아리랑…… 문전의 옥답은 다 어듸 가고
> 동냥의 쪽박이 웬일인가… 보라! 이 눈물의 하소연! 一大 農村悲詩!"
> ―영화 〈아리랑〉 광고문(『조선일보』 1926.10.1.)

주인공 영진이 아리랑 고개 넘어 떠나가는 영화의 클라이맥스 장면에서 동네사람들이 눈물을 흘리며 "나를 버리고 가는 님은 / 십리도 못 가서 발병 난다 // 아리랑 아리랑 아라리요 / 아리랑 고개로 넘어

---

[5] 현규환(1967: 161). 1926년 35만 6천여 명.

간다"를 부를 때, 영화를 보는 관객도 함께 눈물을 흘리고 아리랑을 합창하며 동질감을 형성했던 것이다. 아리랑은 삶의 지평에서 빚어지는 절박한 생이별을 반영했다. 조선 전체가 이별과 눈물과 아리랑으로 공통감각을 생성해갔다.

2) 후렴의 변화: "아리랑 아리랑 아라리요/ 아리랑 고개로 넘어간다"

1920년대 이전까지 아리랑의 후렴은 '아리랑 아리랑 아라리오/ 아리랑 띄어라 노다가세', 또는 '아리랑 얼싸 배 띄어라' 등과 같이 흥을 고조시키는 추임새 기능을 해왔다. 그러다가 1920년대 〈본조아리랑〉에 와서 "아리랑 아리랑 아라리요/ 아리랑 고개로 넘어간다"라는 비장한 후렴이 처음 만들어졌다. 의지적 기획 공간의 설정이라는 획기적 질적 전환점이 되었다.

김산의 『아리랑』은, 아리랑 고개를 민족 수난의 서사와 해방의 전진기지로 표상하고 열망하는 기획을 잘 보여준다. 아리랑고개는 현재의 고난과 시련을 감당하며 미래로 향하는 열망과 의지의 공간으로 설정되었다.

> "아리랑 아리랑 아라리요/ 아리랑 고개를 넘어간다
> 아리랑 고개는 열두 구비/ 마지막 고개를 넘어간다.
>
> 내 짧은 인생살이 가운데 나는 한국이 '아리랑고개'를 몇 개나 올라가는 것을 보았는데 그때마다 꼭대기에 기다리고 있는 것은 오로지 죽음뿐이었다. (…중략…) 그러나 죽음은 패배하지 않는다. 수많은 죽음 가운데 승리가 태어날 수 있다. (…중략…) 1910년 조국이 식민지로 전락하는 것을 보았고, 해마다 백만 명 이상이 압록강을

건너 만주로, 시베리아로, 중국으로 유랑하는 것을 보았다. 1919년 3·1민족운동……1923년의 관동대지진 때 학살……한국은 이미 열두 고개 이상의 아리랑고개를 고통스럽게 넘어왔다. (…중략…) 나는 곧바로 내 조국을 위한 활동을 재개하여 조국의 전진을 도와야 한다. 지금 우리는 '마지막 아리랑 고개를 넘어'가고 있다."(김산·님 웨일즈, 2016: 5, 60~64 재구성)

이제 〈본조아리랑〉의 후렴은 "아리랑 고개를 넘어가"는 현재의 시간 속에 '고개 너머'라는 미래의 시간을 선취함으로써 고난과 모순에 찬 '지금 여기'를 견디고 변혁할 수 있는 상상과 의지를 배치하는 구조를 만들어냈다.

잡가 아리랑과 〈본조아리랑〉의 차이는 이러한 시간의식에서 확연하게 나타난다. "아리랑 아리랑 아라리오/ 아리랑 띄어라 노다가세"(잡가 아리랑)의 의식(또는 미의식)이 '지금 여기'의 흥에 집중하는 것과 달리, "아리랑 아리랑 아라리요/ 아리랑 고개로 넘어간다"(〈본조아리랑〉)는 미래의 어느 지점인 '거기'에 중심이 있다. 미래를 위해 현재를 끊임없이 유보하는 것, 그것은 근대의 시간이다. 이마무라 히토시는 "미래를 선취하면서 현재에 미래를 도래시킴으로써, 좁은 의미에서의 기획이나 계획을 세우고, 현재의 상태를 변혁, 극복하는 행동의 형식"을 '의지'라고 명명하며, 이는 근대에서만 나타나는 정신적 태도라고 설파했다.(이마무라 히토시, 1999: 76) 그런 의미에서 〈본조아리랑〉은 근대의 노래인 것이다. 〈본조아리랑〉의 후렴에서 '아리랑 고개'는 "넘어간다"는 의지적 표현과 함께, 현재를 뛰어넘어 미래를 도래시키는 근대적인 시간의식에 의해 구성되었다.

나운규는 자신의 영화 〈아리랑〉의 기획의도를 다음과 같이 설명했다.

이 한 편(영화 〈아리랑〉-인용자)에는 자랑할 만한 우리의 조선 정
서를 가득 담아 놓는 동시에 '동무들아, 결코 결코 실망하지 말자'
하는 것을 암시로라도 표현하려 애썼고, 또 한 가지는 '우리의 고유
한 기상은 남성적이었다' 민족성이라 할까 할 그 집단의 정신은 의
협하였고 용맹하였던 것이니 나는 그 패기를 영화 위에 살리려 하
였던 것이외다. '아리랑 고개' 그는 우리의 희망의 고개라, 넘자, 넘
자, 그 고개 어서 넘자 하는 일관한 정신을 거기 담자, 한 것이나 얼
마나 표현되었는지 저는 부끄러울 뿐이외다.(나운규, 「'아리랑'과 사
회와 나」, 『삼천리』, 1930.7: 53)

나운규는 당시 조선의 민족 정서를 퇴폐와 타율, 애상 등으로 규정
하는 논의에 대항하여 '의협하고 용맹한 정신', 의지 등을 제시했다.
나운규는 '아리랑 고개'를 '희망의 고개'라고 부르며 '그 고개 어서 넘
자'라는 의지적 열망을 추동하였다. 아리랑 고개는 '나의 고난'을 '우
리의 열망'으로 대체하는 민족 표상공간이 되었다.

영화 〈아리랑〉과 〈본조아리랑〉을 계기로 이러한 정서체계와 심상
구조가 형성되었고, 아리랑은 수난의 민족서사의 표상이자 상징이 되
었다.

4. 대집단체조와 예술공연 〈아리랑〉

1) '태양 민족'의 창조 신화

북한은 1990년대의 '고난의 행군'을 마무리하고 새롭게 '강성대국'
건설로 나아가고자 하는 전환기에 '대집단체조와 예술공연 〈아리랑〉'

을 창작하여 공연했다. 그것은 평양의 '5월1일경기장'(15만 명 수용 규모)에서 약 7만 명의 공연자들이 1시간 30분 넘게 실연하는 대규모 공연이다. "2002년 초연 이래 2012년 9월 29일이 435회 공연이었고, 10년 동안 1,300여만 명의 인민군들, 각 계층 근로자들, 청소년학생들과 18만 4천여 명의 해외동포들, 남조선인민들, 외국인들이 공연을 관람하였다."(리수정·차수, 2012.10.9., 「평양의 《아리랑》은 태양민족의 정신과 위력을 떨친다—김일성상계관작품 대집단체조와 예술공연 《아리랑》의 10년사를 더듬어」(사설), 『로동신문』; 평양)

2002년부터 공연의 구성과 내용은 큰 변화 없이 지속되었다. 다만, 2012년에 〈5장 친선아리랑〉이 첨가되었다.

〈표1〉 '대집단체조와 예술공연 〈아리랑〉'의 변화 양상[6]

김정일 초연기	김정일 발전기	김정은 인수기	
2002	2005	2012	2013
환영장 서장 아리랑	환영장 서장 아리랑	환영장 서장 아리랑	환영장 서장 아리랑
1장 아리랑민족	1장 아리랑민족	1장 아리랑민족	1장 아리랑민족
2장 선군아리랑	2장 선군아리랑	2장 선군아리랑	2장 선군아리랑
3장 아리랑 무지개	3장 행복의 아리랑	3장 행복의 아리랑	3장 낙원의 아리랑
4장 통일아리랑	4장 통일아리랑	4장 통일아리랑	4장 통일아리랑
		5장 친선아리랑	5장 친선아리랑
종장 강성부흥아리랑	종장 강성부흥아리랑	종장 강성부흥아리랑	종장 영원한 승리의 아리랑

'대집단체조와 예술공연 〈아리랑〉'을 만든 이유는 북한이 대내외적

6　권갑하(2015: 21)를 참조하여 재구성.

으로 체제 위기를 해결하고 체제를 과시하기 위한 목적이었다.

　"대내외적으로 직면한 체제의 위기를 해결하고, 체제 과시를 위한 상징적 코드로서 아리랑이 선택된 것이다. 북한은 1994년 김일성 주석의 사망 이후 '김일성민족문학', '태양민족문학', '단군문학' 등 민족의 상징적 코드를 정치와 결합하여 왔다. 2000년 이후 북한의 창작 아리랑은 민족제일주의의 연장선에서 새로운 코드로서 〈아리랑〉을 선택한 것이다. …(중략)… 대내외적 위기상황에서 '아리랑' 코드를 통해 북한 체제의 위기를 민족문제로 전환하는 것이다. 동시에 아리랑 종자를 '강성부흥'에 맞춤으로써 선군시대의 희망메시지를 각인시키고 있다."(전영선, 2011: 68~69)

　'대집단체조와 예술공연 〈아리랑〉' 총연출자인 김수조는 "아리랑민족이 걸어 온 100년 민족사의 희로애락의 국면들을 예술적인 화폭으로서, 조직성과 규율성으로 일관된 집단체조로서 보여주자고 시도했"(박영정, 2007: 76에서 재인용)다고 밝혔다.

　공연 각 장의 내용과 의미를 구체적으로 살펴보자.[7] 〈서장—아리랑〉은 '쿵'하고 하늘 끝에서 울리는 것 같은 종소리와 함께 어둠 속에서 막이 열리고 비장하고 서정적인 〈본조아리랑〉 멜로디와 함께 시작된다. 아리랑 멜로디를 바탕으로 소프라노의 '아~' 하는 구음이 애를 끓듯이 이어지고 배경대[8]에선 어두운 하늘을 배경으로 평양 대동문이

7　아래 인용하는 영상과 스토리는 '〈김일성상〉 계관작품 대집단체조와 예술공연 〈아리랑〉'(2005.8.15. 5.1경기장 공연작)을 텍스트로 한다.

8　'대집단체조와 예술공연'은 체조대, 배경대, 음악이라는 3대 요소에 전문예술인의 무용 등이 추가된다. 체조대는 운동장에서 전문예술인들과 함께 체조, 무용을 펼치는 장

〈영상3〉 서장-아리랑(남녀의 이별을 아리랑 모티브로 삼았다.)

형상화된다.

이어서 여성(석련희)이 독창으로 애절하게 아리랑을 부른다.

"아리랑 아리랑 아라리요 아리랑 고개로 넘어간다.
나를 버리고 가시는 님은 십리도 못 가서 발병난다"

배경대에는 조국강산을 배경으로 이별하는 남녀의 동양화적 풍경이 펼쳐진다.

이 풍경에는 조국 강산의 어둡고 아득한 길을 배경으로 남녀의 이별이 그려지고 있다. 이러한 아리랑의 서정적 정서를 아리랑 종자로 삼아 이후 아리랑세계를 펼쳐가게 된다.

"저기 저 산이 백두산이라지 / 달 뜨고 별 뜨고 해도 뜬다"

라는 여성의 아리랑 독창이 이어지면서 배경대도 백두산을 배경으로

이고, 배경대는 정면 스탠드에서 2만여 명이 카드섹션을 벌어지는 장이다.

해가 뜨는 모습을 형상화하고 어둠에서 밝은 빛이 찬란하게 5.1경기
장을 밝힌다.

〈영상4〉 "저기 저 산이 백두산이라지 / 달 뜨고 별 뜨고 해도 뜬다"

　여성의 독창을 이어받아, 운동장에 모인 출연진 전체가 "저기 저
산이 백두산이라지/ 달 뜨고 별 뜨고 해도 뜬다"는 아리랑을 장엄하
게 제창함으로써 큰 울림이 경기장을 가득 채운다. 배경대에서는 백
두산을 배경으로 황금빛살과 함께 해가 떠오르고, 무대 전체가 찬란
한 주황색의 빛을 받으며 무용수들이 황금빛 부채와 관을 쓰고 백두
산에서 춤을 추며 쏟아져 나오는 장면을 연출한다.

〈영상5〉 백두산엔 해가 뜨고 무희들은 백두산에서 쏟아져 나온다.

〈영상6〉 백두산으로부터 '아리랑민족'이 탄생한다.

배경대와 무대(체조대)가 하나가 되는 입체적 장면 연출은 천지창조를 표현하는 듯하다. 이런 입체적 초점화는 모든 인민과 만물 세상이 백두산으로부터 비롯되고 창조되고, 온 세상으로 확산된다는 이미지를 구현하고 있다. 이 장면에서 아리랑 멜로디와 박자는 신나고 경쾌하게 변한다. 본조아리랑의 멜로디가 점점 빠르고 경쾌한 템포로 바뀌며 춤의 율동도 활기차고 경쾌해진다.

배경대 백두산에는 태양이 더욱 솟고 '아리랑'이라는 제목이 수놓아지고 대단위 군중의 아리랑 합창이 경기장 전체에 울려 퍼진다.

　　　"아리랑 아리랑 태양의 민족
　　　장군님 모시고 만복을 누리세"

수 만 명 출연진이 합창한 아리랑은 5.1운동장을 가득 채우고 관객들을 압도하며 클라이맥스로 끌어올린다. "아리랑 아리랑 태양의 민족"이란 백두산에서 탄생한 새로운 민족을 뜻한다. '태양의 민족'으로서 '아리랑 민족'과 함께 새로운 세상과 역사가 창조되었다는 것이다.

2) '아리랑민족'과 백두산-〈제1장 아리랑민족〉을 중심으로

'대집단체조와 예술공연 〈아리랑〉'의 서장이 '태양 민족'의 창조 신화를 형상화한 것이라면, 〈제1장 아리랑민족〉은 조선민주주의인민공화국의 건국서사라고 할 수 있다.

〈제1장 아리랑민족〉은 북한의 조선예술영화촬영소에서 1992년부터 제작한 다부작 예술영화 〈민족과 운명〉의 서장을 이어받았다고 할수 있다. 〈민족과 운명〉은 100부작을 목표로 2006년까지 70부작이만들어진 것으로 알려졌다. 〈민족과 운명〉 모든 각 편의 프롤로그는〈본조아리랑〉이 관현악으로 흐른다. 어둠 속에서 가족들이 헤어지고, 갈대숲이 바람에 파도처럼 흔들리다가 샛별과 함께 동이 트고 백두산의 정경이 펼쳐지는 장면인데 '대집단체조와 예술공연 〈아리랑〉' 제1장과 유사한 구조를 갖고 있다(박영정, 2007: 75).

〈제1장 아리랑민족〉이 시작하면, 대중가요 〈눈물 젖은 두만강〉이'목 메이게' 울려 퍼지고, 배경대는 먹구름과 어둠 속에서 바람에 흔들리는 갈대를 형상화한다.

체조대에서는 흰 옷을 입은 무희들이 이리저리 몸부림치며 갈등하

〈영상7〉 혼란 속에서 방황하는 민족

〈영상8〉 유랑하는 인민의 비참과 몸부림

는 율동을 한다. 혼란과 불안·공포 속에 유랑하는 '민족 전체'를 추상
화한 것이다. 뒤이어 남부여대하고 아이들을 업고 손잡고 유랑하는
인민들이 등장한다.

이 장면은, 두만강을 넘어 유랑하는 민족의 비극을 표현하고 있다.
어둡고 푸른 빛을 바탕으로 이별과 이산, 유랑의 삶 속에서 울부짖는
인민들의 몸부림이 춤으로 펼쳐진다.

이어서 인민들의 유랑을 비통하게 지켜보는 학생복 차림의 청년들
이 등장한다. 이들은 다음 '2경 조선의 별'에서 타도제국주의동맹 깃
발을 든 학생들로 다시 출현한다. 배경대에서는 비바람 속에서 갈대

〈영상9〉〈제1장 아리랑민족 2경 조선의 별〉

가 한정 없이 흔들리다가 천둥과 벼락이 친다. 이 질곡의 역사를 끝장
내듯이 천둥 벼락 소리와 함께 사슬을 끊어내는 장면이 연출된다.

천지개벽하는 듯한 벼락소리와 함께 장면이 바뀌고 음악도 맑게 굴
러가는 경쾌한 실로폰 소리를 배경으로 배경대에는 '2경 조선의 별'
글자가 떠오른다.

눈 덮인 백두산 침엽수 밀영지 위의 많은 별들 속에 유난히 반짝이
는 큰 별이 떠서 세상을 비춘다. 길을 잃고 헤매는 인민들에게 방향을
일러주는 별, 구원과 희망의 표징처럼 빛을 발한다. 1920년대 후반
김혁이 작사 작곡하였다는 혁명송가 〈조선의 별〉은 김일성의 활약을
찬양한 노래이기도 하다. 배경음악은 영롱한 멜로디로 반주된다. 이
멜로디는 "저기 저 산이 백두산이라지 / 달 뜨고 별 뜨고 해도 뜬다"
라는 아리랑을 연상시킨다.

이어서 체조대 민중들 한 가운에서 공산주의 청년 학생들의 힘차
고 절도 있는 군무가 펼쳐진다. '타도제국주의동맹' 깃발이 나부낀다.
김일성 영도 아래 조직된 공산주의 청년 동맹이 탄생한 것이다. 타도
제국주의 동맹의 군무의 배경음악은 〈조선의 별〉 장군님의 노래이다.
백두산 별을 중심으로 한 방사선적인 일사분란한 배치는 새로운 조선

〈영상10〉 타도제국주의동맹원들의 군무

의 기원이 어디에 있는지를 밝히는 것이다.

이제 〈아리랑민족−조선의 별〉이라는 제목의 의미가 분명해졌다. 〈서장−아리랑〉에서는 시련과 고난, 피눈물의 아리랑 고개를 힘겹게 넘어온 조선민족의 서사를 표상한 '아리랑'을 민족의 상징으로 삼아 '아리랑민족'으로 명명했다. 〈1장 아리랑민족〉은 '아리랑민족'과 함께 하며 그 전진을 영도한 백두산 부대의 주체인 '김일성 장군'='조선의 별'의 영도 하에 '아리랑민족'은 '김일성민족'으로 재탄생하고, 주체조선을 건설해 왔다. 그 탄생지는 백두산 밀영지(密營地)였다. '아리랑'은 주체사상의 정서적 기원으로 부상하고 '고난의 행군' 시대를 넘어온 북한에서 대중선전교화의 미디어가 되었다.

〈영상11〉 조선의 별과 아리랑민족

다시 '조선의 별'이 하늘로 솟아오르다가 봉화대에 이르러 횃불로 타오르며 절정을 이룬다. 이어 세상은 붉은 깃발로 휘날린다.

배경대를 "동지애의 첫걸음 백두산에서"라는 표어와 함께 눈 덮인 백두산 밀영지를 붉은 깃발로 물들이는 것은, 사상적으로 조직화되고 전열을 갖추었음을 표현하고 있다. 정영화는 "망국의 슬픔 속에 몸부

〈영상12〉 동지애의 첫걸음 백두산에서

림치던 그날의 비분에 잠기게도 하고 〈동지애의 노래〉와 더불어 한별을 따라 신심에 넘쳐 싸워가던 항일의 폭풍 속에 …(중략)… 이끌고 가는 것이야말로 대집단체조와 예술공연 〈아리랑〉만이 가질 수 있는 무궁무진한 감화력과 견인력이다.”(정영화, 2002.7.25, 「새로운 창조-집단체조와 예술공연의 완벽한 결합-〈김일성상〉계관작품 대집단체조와 예술공연 〈아리랑〉의 창조성과에 대하여(2)」, 『로동신문』; 박영정, 2007: 204)라고 설명했다.

이렇게 형상화된 국가 건설과정은, ‘아리랑민족’이 ‘아리랑 고개를 넘어가는’ 과정이기도 했다. 인민공화국기가 펄럭이며 국가 건설을 선포하고 〈빛나는 조국〉이라는 노래가 울려 퍼진다. 노래는 “영원토록 만만세”로 끝나며 배경대에는 인공기에 이어 국장(國章)[9]을 표현하고 〈1장 아리랑민족〉 막을 닫는다. 조선민주주의인민공화국 건국 및 ‘아리랑민족’ 서사의 원형은 이렇게 만들어졌다.

이어지는 〈2장 선군아리랑〉은 김정일 시대의 ‘선군정치’를 형상화

---

9 1948년 제정된 북의 국장(國章)은 백두산 밀영을 배경으로 오각별이 빛나고, 아래는 수력발전소와 풍성한 벼이삭을 바탕으로 하고 있다. 조선민주주의인민공화국의 상징으로서 ‘만년설 백두산과 빛나는 별’이 상위에 배치되어 있는 것이다.

하고 있다. 선군정치시대 김정일 국방위원장이 '아리랑민족'의 이념
을 유훈 삼아 계승한다는 것을 표현하기 위해 만들어진 장이다.

5. 남·북의 아리랑 표상과 그 간격

1) 북의 건국 서사, '대집단체조와 예술공연 〈아리랑〉'

'대집단체조와 예술공연 〈아리랑〉' 무대의 전면에는 만년설 백두산
영봉—천지가 자리잡고 있다. 분단된 조국 통일 과업의 핵심에는 백
두산의 혁명적 영도력이 자리한다는 암시를 무대 배치를 통해 연출하
고 있다. 〈제2장 선군아리랑〉은 김정일의 선군정치를 표상한 부분이
다. 〈제3장〉 1경의 '흰 눈 덮인 고향집'은 김정일의 '백두밀영 고향집'
을 형상화한 것으로 2009년도 공연에 처음으로 등장했다.[10]

이 공연에서 백두산은 북한 정권의 태생지이고 건국 서사의 배경이
자 성지로 신성화되었다. 북의 인민배우 리경숙이 부른 아리랑의 곡
조는 본조아리랑인데, 가사는 일반적인 아리랑 가사와 차이가 난다.

> 아리랑 아리랑 아라리요 아리랑 고개로 넘어간다
>
> 나를 버리고 가시는 님은 십리도 못 가서 발병난다 (후렴)
>
> 청천하늘엔 별도 많고 우리네 가슴엔 꿈도 많다 (후렴)
>
> 저기 저 산이 백두산이라지 동지섣달에도 꽃만 핀다
>
> 저기 저 산이 백두산이라지 동지섣달에도 꽃만 핀다

---

10 권갑하(2015: 26). 김정일이 2011년 12월 사망하게 되자 '흰 눈 덮인 고향집'은 2012
년 '그리움은 끝이 없네'로 재설정되었다. 2013년판에는 2장 2경에 '그리움은 끝이 없
네'로 배치되었다.

〈영상13〉〈제2장〉1경 '흰 눈 덮인 고향집'(2011)과 〈제2장〉 2경 '그리움은 끝이 없네'(2013)

리경숙, 「아리랑」[11]

"우리 가슴엔 꿈도 많다"라는 낙관적인 가사와 함께 "저기 저 산이

---

11 https://www.youtube.com/watch?v=uIXIY8dIsMg, 주체100년 조선민주주의인민공화국

백두산이라지 동지섣달에도 꽃만 핀다"를 두 번 반복하는 것으로 끝을 맺는다. '백두산엔 동지섣달에도 꽃만 핀다'는 비유는 자연현상과 리얼리티를 초과하는 신비의 세계이다. '동지섣달' 같은 고난의 시절에도 뜨거운 의지와 희망이 움트는 전초기지로서 장소성을 은유하는 것이기도 하다. 즉 수난의 민족사를 강성부흥의 세상으로 발전시킨 원동력은 백두산으로부터 기원한다는 메시지를 발신하는 것이다.

〈제2장〉1경 '흰눈 덮인 고향집'과 〈제2장〉2경 '그리움은 끝이 없네'는 백두산 밀영지 김정일 탄생지를 배경대로 삼아, 체조대에는 붉은 꽃(김정일화)이 피어나는 것을 형상화했다. 북의 인민은 '아리랑민족'이자 '태양민족'으로서 수난의 민족사를 극복하고 '강성대국'을 건설하였으며, '아리랑민족'의 의지와 동력이 한겨울의 백두산에서 꽃을 피우는 기적을 일으켰다는 전언을 표현한 것이다.

"대외적으로 위기상황에서 '아리랑' 코드를 통해 북한 체제의 위기를 민족문제로 전환하는"(전영선, 2011: 69) 방식을 구현한 모습이라고 할 수 있다. 김정일의 사망으로 북한 체제가 위기 국면에 접어들자, 김정일을 백두산 밀영지에서 부활시키고 있는 것이다.

> "이 민요(아리랑-인용자)는 새로운 생활적내용을 가사에 담아가
> 지고 시대와 함께 끊임없이 변화 발전하여왔다. 그러한 실례로서는
> 〈피바다〉식 혁명가극 〈밀림아 이야기하라〉중의 〈아리랑〉을 들 수
> 있다."(「아리랑」, 『백과전서(6)』, 과학백과사전출판사; 평양, 1984)

백두산 혁명 근거지의 예술 속에서 북한의 정통성을 찾고 있으며, 아리랑 역시 혁명가극 중의 아리랑에서 그 종자를 찾고 있다. "아리랑 아리랑 아라리요 아리랑 고개로 넘어간다/ 저기 저 산이 백두산이

라지/ 해 뜨고 달 뜨고 별도 뜨네"라는 본조아리랑 곡조의 아리랑이 혁명가극 〈피바다〉의 제2장과 〈밀림아 이야기하라〉에 실제로 나온다.[12] "백두산위인들께서 대집단체조와 예술공연 《아리랑》에 주신 값 높은 평가는 전체 일군들과 창작가들, 출연자들에게 있어서 무한한 힘과 창조적 열정의 원천이 되었다."(「평양의 《아리랑》은 태양민족의 정신과 위력을 떨친다-김일성상계관작품 대집단체조와 예술공연 《아리랑》의 10년사를 더듬어」(사설), 2012.10.9, 『로동신문』)라고 밝혔다.

이런 전통 속에서 2007년에는 〈간삼봉에 울린 아리랑〉이 만들어졌다.

> "보천보에 홰불올린 혁명군은 기세높아
>
> 간삼봉의 싸움터엔 노래소리 드높았네
>
> 빨찌산녀장군이 선창떼신 아리랑
>
> 봉이마다 룽선마다 뇌성타고 울렸네
>
> (후렴) 아리랑 스리랑 간삼봉에 불비와서 아라리가 났네"(윤수동,
>
> 2011.9: 175)

"백두의 녀장군이신 김정숙 동지를 비롯한 항일혁명투사들이 민족의 넋이 깃들어있는 〈아리랑〉을 높이 부르면서 왜놈들을 쓸어눕히"(윤수동, 2011.9: 176)었다는 에피소드를 〈간삼봉에 울린 아리랑〉으로 재창조했다. 김정일 후계체제 확립 이후 백두산 3대 장군-김일성,

---

12 "저기 저 산이 백두산이라지 달 뜨고 별 뜨고 해도 뜬다"는 "양성창법에 의해 불려지는데 곡조는 '본조아리랑'이지만 노랫말은 이 가극(가극 〈피바다〉 제2장-인용자)에서 처음 보여지는 것이다. 매우 주목되는 사실인데, 왜냐하면 비로소 이 작품에서 북한이 아리랑의 대표성을 공식화했다."(김연갑, 2002: 194)

김정일, 김정숙-으로 불린 김정숙은 '주체형의 혁명투사'로 기려졌다.(박영자, 2016: 263) "어머님 부르신 그날의 아리랑은 오늘 선군으로 존엄떨치는 아리랑민족의 새 력사를 노래하며" "〈간삼봉에 울린 아리랑〉은 백두산장군들의 총대 력사는 곧 아리랑민족의 재생의 력사이며 승리의 력사라는 것을 철학적으로 깊이 있게 형상하고 있다."(김광문, 「〈영원한 승리의 아리랑〉 가요 〈간삼봉에 울린 아리랑〉을 놓고」, 『조선예술』 2007년 6호)라고 설명했다.

인민을 민족으로 포섭하고, 민족의 형성과 기원에 백두산 항일무장투쟁의 역사적 정통성을 배치하고 그 영도력의 핵심에 김일성-김정일을 둠으로써 '김일성민족' '태양민족'이 되었다. 인민과 민족을 김일성 등 '백두산장군'들과 연계하는 매개로서 '아리랑'의 심성구조를 두어 '아리랑민족'이 생겨나게 되었다. '대집단체조와 예술공연 〈아리랑〉'은 북한의 새로운 건국서사이자 건국신화인 것이다. 백두산은 조선민주주의인민공화국의 건국의 성지이다.

2) '백두산'의 장소성과 〈진도아리랑〉의 이질성

다시 2018년 9월 20일, 백두산 천지에서 남북 정상이 모였을 때 동행한 한국 가수 알리가 〈진도아리랑〉을 불렀던 이야기로 돌아가 보자. 알리가 〈진도아리랑〉을 부르며 춤을 출 때, 남쪽의 인사들이 〈진도아리랑〉의 후렴을 함께 부르며 흥을 돋우었던 것과 달리 북쪽 인사들은 예의를 차렸지만 얼마간 당혹스런 표정으로 이 광경을 지켜보는 장면이 보도되었다.

북쪽 인사는 노랑머리를 한 남쪽 가수가 독특한 창법으로 아리랑을 부르며 춤을 추는 모습을 기이하게 쳐다보는 것 같았다. 백두산 천지에서 펼쳐진 이 퍼포먼스를 북쪽에서는 그로테스크한 장면으로 받

〈영상14〉 백두산에서 가수 알리의 〈진도아리랑〉(2019.9.20.)

아들였던 것 같다. 당시 그 현장에 있었던 도종환 전 문체부 장관에게
알리가 〈진도아리랑〉을 부르게 된 경위와 분위기에 대해 물어보았다.

> "당시 그 자리에서 즉흥적으로 벌어진 이벤트였습니다. 따로 제
> 안했던 사람은 없습니다."[13]
> 〈진도 아리랑〉은 "가수 알리 본인이 선곡한 것"이고[14]
> "저는 노래를 함께 따라 부를 만큼 그 자리가 흥겨웠습니다."
> 김정은 위원장과 이설주는 "별다른 반응은 없었습니다."

---

13 다른 증언(의전팀)에 의하면 갑자기 벌어진 즉흥적 이벤트였지만, 유홍준 교수가 아리
랑을 불러보라고 제안했다고 한다. 알리는 경사스런 자리이기 때문에 자기에게 익숙
하고 흥겨운 〈진도아리랑〉을 선곡해서 평소에 하는 방식으로 춤도 곁들였던 것 같다.

14 가수 알리는 어려서부터 판소리를 배우며 가수가 되었기 때문에 판소리 창법의 진도
아리랑은 그의 특기이자 익숙한 노래였다.

북의 백두산 성지와 〈진도아리랑〉의 성격 간에는 문화적 역사적 상징의 차이가 존재한다.

〈진도아리랑〉은 잡가 계통의 기교화된 유흥민요로서, 주로 전문소리꾼이 춤추며 흥을 고조시키는 기능을 했다.

> 아리 아리랑 쓰리 쓰리랑 아라리가 났네 / 아리랑 응응응응 아라리가 났네
> 문경 새재는 웬 고갠가 구부야 구부구부가 눈물이 난다
> 아리 아리랑 쓰리 쓰리랑 아라리가 났네 / 아리랑 응응응응 아라리가 났네
> 만경창파에 둥둥둥둥둥 어기여차 어야디여라 노를 저어라
> 아리 아리랑 쓰리 쓰리랑 아라리가 났네 / 아리랑 응응응 아라리가 났네[15]

〈진도아리랑〉은 20세기 초 잡가 〈경기자진아리랑〉에서 파생된 〈남도아리랑〉을 육자배기토리화 하고 더불어 〈밀양아리랑〉과 〈산아지타령〉의 영향을 받은 신민요라고 할 수 있다. 이러한 적층성으로 인해 〈진도아리랑〉은 변화무쌍하고 음악적으로 더욱 세련되고, 화려한 곡으로 불리게 되었다. 전라도 육자배기 토리, 판소리 창법으로 꺾고 지르는 〈진도아리랑〉은 세련되고 화려한 기교를 바탕으로 한다.(김혜정, 2004)

알리가 백두산에서 부른 〈진도아리랑〉 창법을 북한에서는 '쐑소리'

---

15 알리가 백두산에서 부른 〈진도아리랑〉. https://www.youtube.com/watch?v=4U6l19WU05w

라고 한다. 북한에서는 '쐑소리'에 대한 정의를 "전날에 판소리를 할 때에 인위적으로 내는 거칠고 탁한 소리. 자연스럽지 못하며 오늘 우리 인민의 감정에 맞지 않는다."[16]라고 부정적으로 정의하고 있다. 즉, '쐑소리'는 반인민적이어서 개량과 '교화'의 대상이었다.

"그들은 쐑소리가 우리 민족의 고유한 노래음조라고 하면서 민요를 부르는데서 녀자들이 쐑소리를 내야 잘하는것으로 보며 그것을 조장하고있습니다. 그러다보니 민족예술부문에 새로운 일군들이 진출하지 못하고 쐑소리를 내는 사람들만 모이게 되였으며 따라서 우리의 민족예술이 발전하지 못하고있습니다. 쐑소리는 우리 민족의 고유한 노래음조가 아니라 지난날 광대들의 노래음조입니다. 이에 대하여서는 력사가들도 다 인정하고있습니다. 그런데 쐑소리가 어떻게 우리 민족음악의 고유한 노래음조로 될수 있겠습니까. 만일 쐑소리가 옛날부터 내려오는 민족음악의 고유한 노래음조라고 하더라도 오늘 그것을 그대로 본따야 한다고 주장할 필요는 없습니다. 옛날에 량반들이 갓쓰고 당나귀를 타고 다니면서 즐기던 쐑소리를 아무리 좋다고 선전하여도 오늘 양복을 입고 다니는 우리 청년들은 그것을 좋아하지 않을것입니다. 쐑소리를 좋다고 주장하는것은 옛날의것을 아무런 고려도 없이 덮어놓고 되살리려는 복고주의적경향입니다."(『김일성 저작집 9 (1954.7-1955. 12)』, 조선로동당출판사,

---

16 쐑소리[-쏘-] [명] ① 전날에. 판소리를 할때에 인위적으로 내는 거칠고 탁한 소리. 자연스럽지 못하며 오늘 우리 인민의 감정에 맞지 않는다. ② 목이 쉰것과 같이 거세게 나는 소리. | 원래 목청이 쐑소리인데다가 요즘은 대렬을 수습하느라고 더욱 목이 갈려 결이 날 때면 말마디마저 분명치 않곤 하였다.(『조선말대사전(증보판) 4』, 사회과학출판사(평양: 2017)

1980: 63)

위의 내용은 김일성이 '쌕소리'를 반인민적이며 복고주의적이라고 비판하며 개량할 것을 지도한 것이다. 하여 북한에서는 아리랑을 새롭게 다듬었다. 북한에서 〈아리랑〉의 미학 및 창작 방향에 대해 "새로 형상한 〈아리랑〉들은 지난날에 형상한 〈아리랑〉들처럼 어둡고 탁한 소리가 아니라 모두 맑고 고운 소리로 형상되였으며 굴곡이 심한 롱성[17]을 피하고 까다로운 굴림들을 유연하게 펴줌으로써 아름답고 우아한 조선민요의 고유한 특성을 잘 살려주고있다."(윤수동, 2011: 163)라고 규정하였다.

북한의 아리랑 연구자는 〈진도아리랑〉의 특성을 "정서적 색깔은 어둡"고 "코소리를 넣어 특색있게 한 것이다. (중략) 또한 음역이 매우 넓고(14도) 선율 진행에서 굴곡이 심하"(윤수동, 2011: 66~68)다고 소개했다. 따라서 〈진도아리랑〉류는 북한에서 배제의 대상이 된 창법이자 노래였을 것이다. 2018년 9월 20일 백두산 천지에서 알리에 의해 불려졌던 〈진도아리랑〉에 대해 남한과 북한 측의 반응 차이가 나타난 이유가 여기에 있을 것이다.

두 번째 이유는 백두산에 대한 남한과 북한의 상징적 의미 차이다. 북에서 백두산은 특별하고 신성한 곳이다.[18] 백두산은 '태양민족'의

---

17 "롱성(弄聲) [명]《음악》민족성악에 고유한 창법기교의 하나. 소리의 높이와 크기를 주기적으로 변화시켜 목소리를 떨게 한다. 깊은 롱성, 얕은 롱성을 비롯하여 여러가지 형태들이 있다."(『조선말대사전(증보판) 1』, 사회과학출판사, 평양: 2017)

18 2018년 9월 20일 백두산에서 리설주는 문재인 대통령 내외에게 백두산을 설명할 때 "백두산에 전설이 많습니다. 룡이 살다가 올라갔다는 말도 있고, 하늘의 선녀가, 아흔아홉 명의 선녀가 올라갔다는, 물이 너무 맑아서 목욕하고 올라갔다는 전설도 있고 한데, 오늘 두 분이 오셔 가지고 또 위대한 전설이 하나 더 생겼습니다." 라며, 백두산의 신성성을 강조했다. 김정은 위원장도 "백두산 천지에 새 역사의 붓을 담가

발상지, '백두산위인'들의 혁명적 근거지, '아리랑민족'의 기원적 성지이다. "장소의 정체성은 개인이나 혹은 집단의 삶에 대한 열망이나 필요에 의해 그리고 장소를 반복해서 경험하며 얻어지는 일종의 리듬을 극적으로 표현하는 방식을 통해 성취된다."(이-푸 투안, 2007: 286) 장소는 주체를 상정하고 있는 개념으로서 감각적이고 인지적인 경험을 통해 견고해지고 확장된다. 북한의 입장에서는 견고한 정체성을 가지고 있는 백두산의 신성한 장소성에서, 자신들의 미학과 질적으로 다른 '아리랑'이 다른 선율과 창법과 춤을 곁들여 이루어진 퍼포먼스가 당혹감을 주었을 수 있다.

남북이 공통적으로 평화를 추진하면서도 이처럼 역사적 서사와 표상, 문화적 코드와 맥락에서 이해가 다른 부분이 존재하는 것이다. 그리고 표상과 문화적 코드 맥락이 상충할 때 낯섦과 당혹감이 나타난다. 이런 차이와 갈등을 통해 상호 간의 견고한 이념이 균열하고 해체되기도 하고, 재구성되어 가며 이해의 폭과 깊이를 확장하게 될 것이다.

서, 백두산의 천지물이 마르지 않기를, 이 천지 물에 붓을 담가서, 앞으로 북·남 간의 새로운 역사를 우리가 계속 써나가야 한다고 생각합니다."라고 덧붙였다. 이와 달리 문재인 대통령은 "이제 첫걸음이 시작됐으니, 이 걸음이 되풀이되면 또 더 많은 사람이 오게 되고 이제 우리 남쪽 일반 국민들도 백두산으로 관광을 올 수 있는 시대가 곧 올 것으로 믿습니다"라고 하여 백두산-천지를 남북한 화합과 교류의 장소이자 '관광' '경제'의 차원에서 접근하는 차이도 감지할 수 있다.(https://www.youtube.com/watch?v=4U6l19WU05w)

6. 남·북 아리랑 표상과 상상된 '민족'의 차이를 넘어

북한의 『로동신문』은 아리랑을 한민족의 상징이자 표상이자 남북 동질성의 매개로 의미 부여하였다.

"우리 민족은 기쁠 때에도 〈아리랑〉을 불렀고 슬플 때에도 〈아리랑〉을 불렀다. 오늘도 이 노래는 북과 남 할 것 없이 전 민족의 사랑을 받고 있으며 조선사람이 사는 곳이라면 어디에서나 민요 〈아리랑〉의 노래가 울리고 있다. 하기에 〈아리랑〉은 곧 조선의 대표적인 민요로 되고 있으며 우리 겨레의 대명사처럼 불리워 오는 것이다."(박영민, 2002.7.29., 「짙은 민족적 향취로 7천만의 사랑을 받는 대걸작-〈김일성상〉 계관작품 대집단체조와 예술공연 〈아리랑〉의 창조성과에 대하여(3)」, 『로동신문』; 박영정, 2007: 206)

동계올림픽에서 남과 북은 아리랑을 공통의 국가(國歌)로 삼아 동질성을 세계만방에 발신했다. 남에서도 아리랑은 한민족의 표상이자 남북 동질성 나아가 평화통일의 매체로 인식하고 있다. 『로동신문』은 '대집단체조와 예술공연 〈아리랑〉'의 코드와 서사를 '7천만 겨레'의 것으로 여기고 있다.[19] "북한에서는 〈아리랑〉 공연의 외부 관람객의 대부분을 남한 국민들이 채워줄 것으로 상정하고 있었다."(박영정, 2007:

---

[19] "〈김일성상〉 계관작품 대집단체조와 예술공연 〈아리랑〉을 본 조선사람이라면 북과 남, 해외 그 어디에서 살든 사상과 정견, 신앙의 차이를 초월하여 이 작품을 두고 7천만 우리 겨레의 자랑이라고 찬탄을 아끼지 않고 있다. (중략) 작품의 전반에 걸쳐 우리 민족의 고유한 감정과 정서, 우리 겨레의 지향과 의지가 충만되여 있다."(박영민, 2002. 7. 29; 박영정, 2007: 205)

135)고 한다. 또한 남한 국민과 함께 한민족 재외동포를 예상 관객으로 설정했다. 실제로 2005년 8,000여 명의 남한 관객이 평양을 방문하여 위 공연을 관람하였다.

아리랑이 "사상과 정견, 신앙의 차이를 초월하여""7천만 우리 겨레"의 노래이자 정서구조로 정전화되었던 것은 1920년대 〈본조아리랑〉을 통해서였다. 〈본조아리랑〉은 1920년대 후반, 전국적으로 지역과 신분, 세대와 남녀의 차별 같은 정치 사회 문화 지리적 차이를 넘어서 전파·확산되었다.(정우택, 2007: 296) 〈본조아리랑〉이 '삼천리 강산'에 퍼지고 해외로까지 전파되었으며, 이에 자극받아 많은 아리랑 버전이 생겨났다.

> 아리랑은 노래, 영화, 연극, 무용, 땐쓰곡, 무엇에든지 그 세력을 펴게 되었다. 노래는 김연실 양이 조선서 먼저 불렀다. 영화는 나운규 씨가 주연 제작한 것이다. 연극은 박승희 씨가 저작 연출하였다. 무용은 배구자 여사가 안무 발표하였다. 땐쓰곡은 시에론 레코-드에서 편곡 취입하였다. 신아리랑은 필자가 작사 이애리스 양이 불렀다.(이서구, 「조선의 유행가」, 『삼천리』, 1932.1.1: 85)

각 지역의 이름을 붙인 다양한 아리랑이 만들어지고 새롭게 창작된 아리랑이 선보이기도 했다. 〈본조아리랑〉이 대중들 속에서 아리랑 노래의 정전으로 급속히 자리 잡게 되면서, 아리랑을 재발견, 재해석, 재생산하려는 시도들이 확산되었다.[20]

---

20 정우택(2007: 311). 아리랑 노래의 기원이라고 하는 정선아라리도 1960년대 국책 사업과 연동되면서 원형과 기원, 정서구조를 재창조하는 양상이 나타났다(정우택, 2015).

한편, 북한에서는 고난의 민족서사를 바탕으로 정전화된 〈본조아리랑〉의 정서구조를 "민족의 자주적인 운명 개척을 위한 력사라는 조선현대사의 본질"과 결합시켜 새로운 〈아리랑〉을 재창조하였다.

"민족의 장구한 한 세기 력사가 증명한 진리가 깃들여 있으며 슬픔의 노래를 행복의 노래로 바꾸어 부르게 된 인민의 극적인 체험이 깔려 있는 민요 〈아리랑〉, 여기에는 민족의 운명을 논할 수 있는 력사적, 철학적 기초가 있으며 훌륭한 예술적 화폭을 펼칠 수 있는 형상의 바탕이 있다. 이러한 민요를 형상의 핵으로 쥐였기에 〈아리랑〉의 력사는 곧 민족의 자주적인 운명 개척을 위한 력사라는 조선현대사의 본질을 반영한 걸작의 종자가 밝혀질 수 있었으며 완전히 새로운 대집단체조와 예술공연이 태여날 수 있었다."(리경섭, 2002.7.22., 「한 편의 민요로 민족의 어제와 오늘, 래일을 펼쳐보인 대서사시적 화폭-〈김일성상〉 계관작품 대집단체조와 예술공연 〈아리랑〉의 창조성과에 대하여(1)」, 『로동신문』; 박영정, 2007: 194)

조선민주주의인민공화국의 "장구한 한 세기 력사"의 "종자"를 민요 〈아리랑〉에서 찾아 스스로를 '아리랑민족'으로 호명하고, 나아가 '대집단체조와 예술공연 〈아리랑〉'을 펼쳐 보인 것이다. 이처럼 '아리랑의 역사를 민족의 운명과 동일시하는 것'은 남(2018년 동계올림픽 개회식 공연의 사례처럼)과 북이 같으면서도 그 구체적인 표상과 의미에 있어서는 서로 다르다. 또한 아리랑의 역사와 정서구조는 공유하지만 이질적인 부분이 많다는 점도 확인하였다. "민족의 운명"에서 서사의 장소성과 주체도 많이 달랐다.

이처럼 남과 북은 아리랑의 미학과 코드를 서로 다르게 전유하여

왔지만, 또 한편에서는 아리랑을 '민족의 노래'라고 칭하였다. 이러한 아리랑 표상과 의미 차이는 남북이 서로 다른 체제 아래서 다른 형태의 민족을 상상하며 구성해 왔던 것과 관련되어 있다. 따라서 이제는 남북 간의 원초적 동질성의 코드이자 미디어라고 상상했던 아리랑 안에 이질적인 깊은 강이 흐르고 있다는 것을 인정할 필요가 있다. 때로 아리랑은 남북 동질성의 과잉된 기표로 표상되기도 하고, 이질성을 의도적으로 배제시켜 온 측면도 있다. 지난 역사 동안 남북이 서로 다른 '아리랑', 서로 다른 '민족'을 상상해 왔다는 사실을 인정해야할 것이다. 이런 이질성에 대한 인정, 차이에 대한 이해를 통해서 '진정한' 평화와 교류, '통일'의 기초를 닦을 수 있을 것이다. 오늘날 아리랑은 전 세계에 수 백 종류, 수만 개의 노래가 산포되어 있다.(정우택·한진일, 2017) 온갖 아리랑이 경합하는 페스티벌이 분단의 경계선에서 축제처럼 펼쳐지기를 기대한다.

| 참고문헌 |

『조선일보』, 『삼천리』, 『로동신문』, 『조선예술』

〈김일성상〉 계관작품 대집단체조와 예술공연 〈아리랑〉(2005.8.15. 5.1경기장 공연작)
『김일성 저작집 9(1954.7 – 1955. 12)』, 1980, 조선로동당출판사; 평양.
『백과전서(6)』, 1984, 과학백과사전출판사; 평양.
『조선말대사전(증보판)』, 2017, 사회과학출판사; 평양.

김경일 외, 2016, 『한국현대 생활문화사−1970년대』, 창비.
김연갑, 2002, 『북한아리랑 연구』, 청송.
님 웨일즈·김산, 2016, 『아리랑』(개정3판 23쇄), 송영인 옮김, 동녘.
문일 편, 1930, 『아리랑』(영화소설)(재판), 박문서관.
박영정, 2007, 『21세기 북한 공연예술 대집단체조와 예술공연 〈아리랑〉』, 월인.
유민영, 2001, 『한국연극운동사』, 태학사.
윤수동, 2011, 『조선민요 아리랑』, 문학예술출판사; 평양.
이마무라 히토시(今村仁司), 1999, 『근대성의 구조』, 이수정 역, 민음사.
이−푸 투안, 2007, 『공간과 장소』, 심승희 역, 대윤.
현규환, 1967, 『한국유이민사』, 어문각.

권갑하, 2015, 「북한의 '대집단체조와 예술공연 〈아리랑〉' 변화 양상 연구」, 『문화예술콘텐츠』 15, 한국문화콘텐츠학회.
김혜정, 2004, 「진도아리랑 형성의 음악적 배경」, 『한국음악연구』 35, 한국국악학회.
이보형, 1997, 「아리랑소리의 근원과 그 변천에 관한 음악적 연구」, 『한국민요학』 제5집, 한국민요학회.
전영선, 2011, 「북한 '아리랑'의 현대적 변용 양상과 의미」, 『현대북한연구』 14−1, 북한대학원대학교.
정우택, 2015, 「정선아리랑의 원형과 기원의 창조」, 『국제어문』 65집, 국제어문학회.

_____, 2007, 「아리랑 노래의 정전화 과정 연구」, 『대동문화연구』57, 성균관대학교 대동문화연구원.

정우택·한진일, 2017, 「아리랑 아카이브와 자원화」, 『반교어문연구』 47집, 반교어문학회.

https://www.youtube.com/watch?v=SIy7odd4BvM.
https://www.youtube.com/watch?v=uIXIY8dIsMg
https://www.youtube.com/watch?v=4U6l19WU05w

| 권장도서 |

김시업, 2003, 『정선의 아라리』, 성균관대학교 대동문화연구원.

김시업 외, 2009, 『근대의 노래와 아리랑』, 소명출판.

윤수동, 2011, 『조선민요 아리랑』, 평양, 문학예술출판사.

5장

남·북한의 고전문학사 인식과 '겨레 문학사'*

진재교

1. 분단 체제에서의 문학사 인식

> 적을 가진다는 것은 우리의 정체성을 규정하기 위해서뿐만 아니라, 우리의 가치체계를 측정하고 그 가치를 드러내기 위해 그것에 맞서는 장애물을 제공한다는 측면에서도 의미가 있다. 따라서 적이 없다면 (적을 의도적으로) 만들어 낼 필요가 있는 것이다.(움베르토 에코, 2014: 13)

움베르토 에코(U. Eco)가 적의 필요성을 언급한 대목이다. 적이 우리의 정체성을 규정하고, 우리의 가치체계에 맞서는 장애물을 제공한다는 측면에서 이해되어야 한다는 에코의 주장은 '한반도(조선반도)'로 환원하면 역설적이게 참일 수 있다. 한반도에서 북한은 외형상 적일 수 있지만, 안으로 보면 체제가 다른 곳에 존재하는 친구이다. 식민지에 이어 생성된 분단과 냉전체제를 고려하면 이러한 적과 친구의 관계를 이해할 만하다. 이는 한반도에서 분단 이후 분단을 고착화하려는 세력이 남북의 정체성을 확인하려는 욕망과 이념을 뒤섞어 가상

---

* 이 논문은 『한국한문학연구』(제 76집, 2019년)에 게재된 것인데, 이 책의 취지에 맞게 제목을 바꾸고 수정·보완하였다.

의 장애물을 설정하여 서로를 적으로 상정한 결과이기도 하다.

움베르토 에코(U. Eco)의 언급이 아니더라도 분단체제 이후 우리는 많은 상황에서 한반도를 둘러싸고 적지 않은 적을 만들었다. 문제는 우리가 적을 어떻게 이해하고 관계를 맺을 것인가 하는 점이 중요하다. 적의 존재를 인정하고 그들을 이해하고 그들의 처지에서도 생각하는 시각을 지닐 때 비로소 적이라는 상상의 장애물은 그 효력을 정지한다. 이제 우리는 '사람을 통제하기 위해 적을 만들고 거기에 두려움과 증오의 색깔을 덧칠한' 제도적 장치나 규율과 검열을 넘어서기 위해서라도 에코의 사유를 넘어서고 적에서 친구로 나아가는 노력이 필요하다.

분단 이후 '한반도(조선반도)'는 단절된 채 두 체제의 공존 속에서 대립하며 적이 아니면서 적으로 살아왔다. 최근 '한반도(조선반도)'는 분단체제에서 평화체제로의 이행의 실마리를 보여주고 있다. 최근 한반도(조선반도)에서 일어나고 있는 평화체제로의 행보는 과거로 되돌아가기 힘든 모습을 보여주고 있다. 지난 70여 년간 '한반도(조선반도)'는 분단체제로 인하여 절연하면서 각기 타자로 지낸 상황을 발본적(拔本的)으로 해체하는 지난한 과정을 밟아왔다. 고전문학연구자들도 이러한 평화체제의 행보에 어떻게 하면 적절하게 대응할 수 있을까? 최소한 연구자로서도 평화체제의 행보에 호응할 수 있어야 하지 않을까?

이를테면 분단체제 이전 '한반도(조선반도)'가 역사적 경험이 같으니, 고전문학사를 두고 공동의 장을 마련하는 것도 하나의 대안이다. 실상 그마저도 현실적으로는 녹록하지 않다. 분단체제의 시간은 식민지 기간보다 두 배나 지났다. 그동안 멀어진 기간만큼 두 체제의 거리는 함께 하기를 바라는 것도 사뭇 힘들다. 함께 하기란 희망 사항일 뿐이며, 이 시점에서 함께 하는 것도 현실적이지도 않다. 어쩌면 함께 하기 위한 장을 마련하는 것이 더 소중할 수도 있다.

한반도와 조선반도의 함의가 다르듯이 'History of Korean Literature' 역시 '한국 문학사'이며, 또한 '조선 문학사'다. 하나인 것처럼 보이지만 실은 둘이다. 우리가 문학사를 두고 '한국'과 '조선' 중 하나를 택하는 순간, 다른 하나를 배제하게 된다. 분단이 가져다준 70년여 년의 시간은 같은 공간에서 발생한 전근대의 시각 역시 다를 수밖에 없기 때문이다.

고전 문학사(한문학 포함) 인식도 마찬가지다. 정치적, 이념적 영향을 덜 받는 근·현대 문학사와 달리 고전문학 연구에서 남북한이 공동으로 연구하는 것이 상대적으로 쉬울 듯하지만, 현실은 전혀 그렇지 않다. 남북의 고전 문학사를 살펴보면 그 사실을 금방 알 수 있다. 특히 근·현대 문학사와 고전문학사의 목차를 비교해 보면 서술 방식과 시각 등에서 상이(相異)한 정도가 매우 크다. 그렇다면 남북한의 연구자가 고전문학사를 어떻게 바라보고 공동의 관심사를 불러일으킬 것인가? 여기서 그것을 위한 몇 가지 방향을 제시하고자 한다.[1]

---

1 한반도에서의 통일은 한꺼번에 올 수 있는 것도 금방 오지도 않는다. 또한, 우리가 추구하는 통일이 어떠한 통일인가도 사실 불분명하다. '통일'을 위해 남·북한은 물론 북·미 간의 상호 불신의 벽을 허물고 상호 소통하며 군사적 긴장 완화와 경제적 소통 등 가로 놓여 있는 문제를 풀어야 한다. 또한, '한반도(조선반도)' 주변국의 상호 이익에 부합하는 상황을 끌어내야 하는 등 숱한 난제와 단계가 존재한다. 이러한 어려운 과정을 풀고, 통일로 나아가기 갈에는 숱한 인내와 노력은 물론 시간이 필요하다. 이 점에서 통일을 위해서는 당연히 단계론적 접근과 인식이 필요하다. '한반도(조선반도)'에서 일어나는 분단체제의 종식과 '평화체제'로의 모색은 냉전의 종식과 문명사적 전환의 계기가 될 것이다. 지금의 평화체제는 남북이 이전과 같은 적대적 대립 관계로 되돌아갈 수 없는 만큼, 남북한은 이미 평화체제의 강을 건넌 것으로 보인다. 이를 고려하면 먼 훗날의 가능성을 제시하기보다 실현의 실마리를 보여주는 '평화체제'가 유효한 개념일 수 있다. 즉 실사구시의 시각으로 고전문학사를 인식하는 것이 더욱 필요하다. 따라서 여기서는 평화체제의 상황전개를 염두에 두고 남북한이 (고전) 문학사의 인식을 공유할 수 있는 방향에서 서술하고자 한다.

2. 겨레의 문학사, 두 개의 고전문학사

남북의 문학사는 '한국 고전문학사/조선 고전문학사'로 나뉜다. 남한의 문학사는 '한국'을, 북한은 '조선'을 접두어로 붙인다. 그 접두어는 각각의 국가를 의미하지만, 내함(內含)하는 지향은 각기 다르다. 문학사의 안을 들여다보면 같은 역사의 시공간에서 산생한 작가의 작품이라는 점에서는 공분모를 지니지만, 이것이 절대적이지는 않다. 분단체제라는 현실과 세계사의 상황을 고려하면, '한국/조선'의 차이만큼 '한국 고전문학사/조선 고전문학사' 역시 차이가 난다. 사실 그 차이는 두 체제 안에서 다른 역사적 토대에서 나온 결과물이다. 이를 고려하면 남북한의 문학사는 하나가 아닌 둘인 셈이다.

그간 한반도(조선반도)의 분단체제에서 살았던 우리는 하나의 겨레에서 두 개의 (고전) 문학사를 형성하였다는 인식을 분명히 할 필요가 있다. 현 단계에서 남·북한은 각기 타자임을 서로가 겸허하게 받아들이고 이를 분명히 인식하는 것이야말로 분단체제에서 평화체제로 나아가 서로 화해하고 화합하는 첫걸음이다. 이러한 인식은 하나의 (고전) 문학사를 향한 공동의 지반이다.

북한 문학사를 처음 인식하고 그 연구 성과의 본격적인 검토는 1987년 민주 항쟁의 성과에서 비롯되었다. 1987년 항쟁의 결과로 한국 정부는 북한에서 간행된 일부 서적과 북한에서 활동한 문학가들의 작품을 해금하였고, 이를 이어 학계는 북한의 문학을 본격적으로 주목하였다. 연구자들은 한동안 이름조차 올리지 못하고 금단(禁斷)에 갇혀버린 작가와 작품 연구, 그리고 북한의 문학사 저술을 확인하면서 신선한 충격과 함께 그 거리를 확인하였다. 이와 함께 남한의 서술과 어긋나는 간극을 메우고자 하는 책임감을 동시에 가진 바 있었다.

분단체제 이후 간행된 북한 문학사를 종합적으로 검토한 『북한의 우리 문학사 인식』(창작과 비평사, 1991)은 그러한 인식의 결과물이다.

이 연구는 민족 문학사를 통해 화해와 화합을 추구하고, 한편으로는 새로운 민족 문학사를 건설해야 한다는 열정과 당위성을 보여주었다. 하지만 그 열정과 당위성도 오래가지 못했다. 현존 사회주의 체제 몰락 이후, 체제의 위기의식을 느낀 북한이 핵 개발을 지속하면서 생성된 한반도(조선반도)의 긴장 관계라는 외부환경이 가로막았기 때문이다. 게다가 1980년대 후반 이후 나온 북한의 문학사가 전 시기와 비교해 새로운 연구방법과 시각을 보여주지 못한 결과, 연구자들도 북한 문학사의 서술과 분석에 더는 매료를 느끼지 못하였고, 그러한 환경이 연구의 지속성을 감소시켰다. 이러한 상황이 이어지면서 연구자들은 북한의 고전 문학 연구와 고전문학사를 연구에 시선을 두지 않았고, 급기야 북한 문학사를 인식하고 연구하려는 열기마저 거두어버렸다.

그러는 가운데서도 북한의 고전문학 분야의 연구와[2] 연구 동향, 개별 장르 연구의 성과[3]를 비롯하여 북한의 한자 문화와 한문 교육 등을 검토한 연구는 간헐적으로 있었다.[4] 그러다가 북한에서 문학사(『조선문학사』 16권)를 새로 간행한 즈음에 민족문학사연구소에서는 기왕에 간행한 『북한의 우리 문학사 인식』을 토대로 북한의 『조선문학사』를

---

2 북한의 한문학 연구 동향은 강혜선(2005; 2013) 참조.

3 북한 고전문학의 연구 동향이나 개별 장르의 연구는 김종군(2010)과 정운채 외(2012) 등을 꼽을 수 있다. 분야별 연구로는, 임완혁(2000)과 허휘훈(2005) 등을 참조.

4 공교육에서의 북한의 한문교육과 사회에서의 한자 문화는 진재교(2000; 2002; 2016; 2018) 참조.

재검토하고 그 성과를 『북한의 우리문학사 재인식』(소명출판, 2014)[5]으로 간행하여 북한의 고전문학사를 재조명한 바 있다. 하지만 이 연구를 통해 우리는 기왕의 문학사 서술과 별로 달라지지 않았다는 점을 확인한 데다,[6] 남북한이 공동으로 고전 문학사의 상을 구상하려는 노력이나 문학사를 기반으로 공감대를 형성하기가 쉽지 않다는 사실만을 확인하고 말았다. 이것이 분단체제 이후 남북한 고전문학연구자늘이 마주한 연구의 자화상이다.

현재 '한반도(조선반도)'의 정세는 이전과 전혀 다른 방향으로 진행되고 있다. 남·북한과 북·미는 그간의 불신을 넘어 평화체제 정착을 위한 노력을 하고 있다. 이는 더디지만 한 걸음씩 내디디고 있는 형국이다. 고전문학연구자도 이러한 '한반도(조선반도)'의 새로운 흐름에 동참하기 위하여 북한의 고전문학 연구를 다시 호출하고 이를 상호 공유의 학문 장에서 넓혀가는 작업을 시도할 필요가 있다. 우선 북한의 문학사를 재인식하고자 하는 노력과 이를 기반으로 연구자 상호 간의 공유 의식을 확장해 나가는 것이 기초작업일 것이다.

이를 위해 북한에서 간행된 기왕의 문학사를 두루 살펴보는 것이 필요하다. 그간 북한에서 간행한 문학사의 저술과 그 흐름을 정리하면 다음과 같다.[7] 아래는 기존의 북한의 문학사 연구의 성과를 바탕으로 재정리한 것이다.[8]

---

5 이 저서에는 모두 16편의 논문을 수록하고 있는데, 이 중 고전문학사 부분은 모두 6편을 수록하고 있다.

6 『북한의 우리 문학사 재인식』의 총론에 해당하는 김현양, 김준형, 김성수의 언급 등에서 확인할 수 있다.

7 북한 문학사의 소개와 그간의 성과는 채미화의 논문을 참고하여 필자가 보완하였다. 분단체제 이후 북한의 문학사 흐름을 정리한 논문은 채미화(2005) 참조.

8 제시한 문학사는 필자가 본 것도 있고 그렇지 못한 것도 있다. 특히 (1), (2), (7)의 경

1) 리응수, 1947, 『조선문학사』 상, 김일성종합대학. 윤세평, 1947, 『조선문학사』 하, 김일성종합대학.

2) 리응수, 1956, 『조선문학사』 1(1~14세기), 교육도서출판사. 윤세평, 1955, 『조선문학사』 2(15세기~19세기), 교육도서출판사. 안함광, 1956, 『조선문학사』 3(1900~1945), 교육도서출판사.

3) 과학원 언어문학연구소 문학연구실, 1959, 『조선문학통사』 상·하, 과학원출판사.

4) 한룡옥, 1962, 『조선문학사』 1(1~14세기), 교육도서출판사. 김하명, 1962, 『조선문학사』 2(15세기~19세기), 교육도서출판사. 미상, 1962, 『조선문학사』 3(20세기), 교육도서출판사.

5) 신구현 외, 1960년대, 『조선문학사』 1~10.

6) 사회과학원 문학연구소, 1977, 『조선문학사』(고대·중세편) 과학백과사전출판사. 박종원·류만·최탁호, 1980, 『조선문학사』(19세기말~1925) 과학백과사전출판사. 김하명·류만·최탁호·김영필, 1981, 『조선문학사』(1926~1945) 과학백과사전출판사. 사회과학원 문학연구소, 1978, 『조선문학사』(1945~1958) 과학백과사전출판사. 사회과학원 문학연구소, 1977, 『조선문학사』(1959~1975) 과학백과사전출판사.

7) 김춘택, 1982, 『조선문학사』1·2 김일성종합대학출판사. 리동원, 1982, 『조선문학사』3 김일성종합대학출판사. 김려숙·변귀용·박용학, 1983, 『조선문학사』 4 김일성종합대학출판사. 박용학·김려숙·신경균, 1982, 『조선문학사』 5 김일성종합대학출판사.

우 현재 구하기가 어려워 보지 못하였다.

8) 정홍교·박종원·류만, 1986, 『조선문학개관』1·2, 사회과학출판사.

9) 김일성종합대학 조선문학사 강좌, 1990, 『조선문학사』(1~5).

10) 정홍교·김하명·류만 外, 1991~2012, 『조선문학사』1~16, 사
회과학출판사·과학백과사전종합출판사.

1)은 북한이 처음으로 문학사를 집필한 것이다. '상'은 고대부터 고려까지, '하'는 조선의 문학을 서술하였다. 이것은 근·현대 부분이 없는 고전문학사 서술이다. 2)는 대학용 조선 문학 강의를 위한 교재다. 3)은 본격적인 문학사를 위하여 집체적으로 집필한 것이고, 친일문학을 배제하는 원칙과 함께 프로문학 이외의 사조는 서술하지 않았다. 4)는 대학용 교과서로 집필되었다. 5)는 그간의 문학 연구 성과를 집대성한 것인데, 예전과 비교하면 분량이 방대하고 해당 분야의 연구자도 다수 참여한 특징을 보여주고 있다.

6)은 주체사상을 본격적으로 문학사와 결합한 저술이다. 특히 항일혁명투쟁 시기의 문학을 한 책으로 하였다. 이 시기부터 『문학예술사전』(과학백과사전출판사, 1972)과, 『주체사상에 기초한 문예 이론』(사회과학출판사, 1978)을 비롯하여 『주체의 문예리론 연구』(한중모·정성무(1983) 참조) 등과 같은 국가의 공식 문예 정책의 저술로부터 직접적인 영향을 받는 것으로 보인다. 이들 문예 정책의 저술에서 제시한 내용은 개인적인 견해가 아니라 당의 공식적 견해를 대변하고 있다. 문학사 서술에서도 당의 문예 정책의 이론적 논거를 제공하고 있는 이 저술을 참고하여 저술하고 있는바, 이들 저술은 문학사를 비롯하여 문학 연구의 지침서 역할을 하고 있다.

7)은 김일성종합대학의 교수와 학자들이 공동 집필하여 어문학부 교재로 사용한 것이다. 8)은 집체 집필이 아니라는 점에서 시대 구분

과 구체적 내용의 서술은 다른 문학사와 다르며, 기왕의 문학사 서술과 달리 유연한 면모를 보여준다. 9)는 학생과 일반인을 대상으로 수준과 눈높이에 맞게 문학사를 축약해서 서술한 것이다. 10)은 모두 16권인데, 70년대 이후 문학사 연구 성과를 집대성하고 있다. 1권부터 7권까지가 고전문학사다. 구성 방식과 시대 구분 등은 기존의 방식을 따르고 있으나, 기존 문학사에 들어가지 않은 작품을 대거 보완하여 기술하고 있다.

위에서 보듯이 북한의 문학사 서술은 방향이 뚜렷하고 문학사의 지형도 비교적 단일하다. 선정 작가와 작품은 물론 시대 구분과 서술의 방법은 이전 문학사와 비교해 보더라도 크게 달라지지 않았다. 서술의 방향은 당이 제시한 주체사상과 주체적 문예 사상을 토대로 주체의 방법론에 기대어 과학적인 문학사 서술을 강조하고 있다. 구체적인 서술에서는 주체성의 원칙, 당성, 노동 계급성의 원칙과 역사주의적 원칙에 따라 사회주의적 사실주의 문학을 그려내는 한편, 민족 문학의 본질적 특성을 밝히는데 주안점을 두고 있다.[9] 이러한 기본 원칙은 노동계급 미학의 전형화 원리와 깊은 관련을 지닌다.[10]

북한은 1990년대 초 사회주의진영의 몰락에 따라 1980년대 주체문예 이론 체계에서 강화한 '수령에의 충실성' 원칙을 제기하고, 이를

---

9 이러한 서술 방향은 『조선문학사』에서 문학사 서술의 원칙으로 밝히고 있다. 『조선문학사』(1991), 1~3면 '머리말' 참조. 북한 문학사의 거시적 흐름은 '(창작)방법−문예사조−미학'의 패러다임으로 정리할 수 있다. 이를 한마디로 정리하면 사회주의적 사실주의 문학에서 주체 사실주의 문학으로 변모했다고 할 수 있다. 이 문제는 김성수 (2019,54) 참조.

10 1990년대에 북한의 문학사를 종합적으로 검토한 결과 이미 북한의 문학사 지형도가 단선적이며, 당에서 제시한 몇 가지 원칙에 따라 서술하고 있음을 확인한 바 있다. 이때 연구 대상으로 삼은 문학사는 (3), (6)의 일부, (7)의 김춘택, (8) 등이다. 이는 민족문학사연구소(1991)의 『북한의 우리 문학사 인식』, 창작과 비평사 참조.

문학사 서술에서도 반영한 바 있다. 북한은 이를 기반으로 '주체 사실주의'를 문학사 서술에서도 강조하는데, 이는『주체 문학론』(1992)에서 새로운 창작방법으로 제시한 주체 미학을 공식적으로 수용한 결과로 보인다. 2019년까지 북한의 문예사조는 장르와 분야에 상관없이 문학사 서술에서도 '주체 미학'과 '주체 사실주의 창작방법'을 전범으로 채용하여 전일적으로 관철한 바 있다.(김성수, 2019: 55) 북한의 고전분학사를 보면 국가기관에서 간행한 관여한 문학사의 서술은 대체로 서로 비슷한 데 반해, 대학에서 간행한 문학사는 다소 다른 모습을 보여준다. 국가기관의 경우, 당의 문예 정책에 얽매여 서술과정에서 경직성을 드러내지만, 김일성종합대학의 문학사는 상대적으로 유연하게 서술한 것에서 알 수 있다.

사실 주체 미학은 고전 문학사 서술에서 동일하게 보인다. 북한은 1980년대 이후의 문학사에서는 주체 미학을 기준으로 작품과 작가를 선정하여 이입(移入)한 바 있는데, 이 부분이 남한의 문학사 서술의 방향과는 본질에서 다른 지점이다. 이는 분단체제에서 남북이 상이(相異)한 역사의식과 문예 이론과 서술 태도를 보여준 결과로 이해할 수 있다. 게다가 북한은 국가에서 간행한 공식적인 문학사에서 같은 저자가 바뀌지 않고 등장한다. 이를테면 초기에 고전 문학사 서술을 담당한 인물을 들자면 리응수, 윤세평, 안함광 등이고, 이후에는 한룡옥, 김하명, 박종원, 정홍교 등이 등장한다. 이들은 수십 년간이나 문학사 저술에 참여하여 고전 문학 부분을 집필하고 있다. 이는 남한이 많은 연구자가 다양한 시각으로 문학사를 서술하는 양상과 사뭇 다른 모습이다.

특히 남·북의 고전문학사에서 같은 작가와 작품을 거론하더라도 그 방법과 그것을 두고 의미를 부여하는 것은 같지 않다. (고전) 문학사의 시기 구분 역시 마찬가지다. 북한은 주체사상이나 정치 변수에 문학을 종속하는 경우가 많아 남한과 공통분모를 형성하기는 현실적으로 매우 힘들다. (고전) 문학사에 등장하는 작가의 선별 문제와 작품을 바라보는 비중, 장르의 개념과 용어 문제 등도 남북한은 상당히 비대칭적이다. 문학사를 서술하는 방식 역시 상이함은 물론이다. 앞서 언급한 바 있듯이, 북한의 (고전) 문학사 서술은 '주체 미학'과 '주체 사실주의 창작방법'에 종속되는 데다, 특정한 작가와 작품에 과도하게 비중을 두어 서술하는 경우가 많다. 이에 반해 남한에서 주목하거나 비중을 두고 다룬 작가와 작품을 오히려 중시하지 않거나, 아예 거론조차 하지 않는 경우도 있다. 이 역시 남·북한의 문학사 서술에서 볼 수 있는 다른 양상이다. 무엇보다 북한의 고전문학사가 근·현대 문학사에 과도한 비중을 두는 것도 남·북한 문학사가 보여주는 다름이다. '한시/한자시', '한문 서사 양식/패설(소설)', '현실주의/사실주의' 등과 같이 같은 대상을 두고 서로 다른 양식 개념으로 지칭하는 것 역시 남·북한의 고전문학 연구 시각과 문학사가 어긋나는 지점이다.

요컨대 남·북한은 지난 70여 년 동안 각자의 체제에 매몰되어 문학사의 영토에서조차 서로 타자로 인식하고 배제하거나, 서로 다른 방향에서 개념을 정립하고 횡단해 온 결과, 상호 간의 거리는 더욱 멀어지고 말았다. 남·북한은 분단체제 이후 상당 기간 미국과 서구이론에 치중하고, 한편에서는 소련과 동구 이론을 비롯한 북한식 주체이론을 토대로 학술 개념을 변용하여 학술 장에서 새로운 의미화를 생성하거나, 작가와 작품을 분석하는 틀로 활용한 바 있다. 여기에 그치지 않고 서로의 학술 장에서 이러한 틀을 확대·재생산하는 방식으로 연구하고, 각각의 문학사를 기술한 것도 사실이다. 그 과정에서 애초 공유했던 같은 개념조차 다른 의미로 변화시켜 사용함으로써 같은 시기에 같은 작품을 서술한 문학사의 거리를 좁히기는커녕 더욱

거리를 두고 말았다.(이지순, 2019: 93)

이 점에서 보자면 분단체제에서의 남북의 (고전) 문학사는 하나의 문학 현상을 두고 달리 서술한 두 개의 문학사에 가깝다. 이 시점에서 하나의 (고전) 문학사를 위하여 이러한 차이를 정확히 인식하는 것이 남·북한 연구자들이 고전문학을 함께 연구하는 기초가 된다. 이를테면 남북한이 생산한 고전문학사의 차이점을 인식하고, 그 차이에 공감하며 겸허하게 받아들이는 것부터 시작해야 한다는 것을 의미한다. 그다음 행보는 두 개의 (고전) 문학사를 하나로 할 경우, 거기에 적합한 (고전) 문학사를 어떻게 이름 붙일 것인가 하는 데 두어야 한다. 여기서 이를 위해 여기서는 하나의 대안으로 '겨레 (고전) 문학사'라는 개념을 제시하면서 서술하고자 한다.

3. 하나의 고전문학사를 위한 인식, '겨레 문학사'

'겨레 (고전) 문학사'에서 '겨레'라는 접두어 대신에 'Korea', '한반도(조선반도)', '한국(조선)', '민족', '우리' 등도 두루 고려해 볼 수 있다. 하지만 이러한 개념의 언표(言表)는 지나치게 이념적이거나 그 본래의 순수성과 의미를 잃어버리게 한다. 예컨대 'Korea'는 남북한과 '한반도(조선반도)'을 아우르는 개념이지만, 대외적으로 분단 상황을 호출하는 의미를 상징적으로 보여주고 있는 데다, '문학사(文學史)'에 'Korea'라는 영어식 접두어를 붙이는 것은 썩 어울리지 않는다. '한반도'는 상대 개념인데, 이미 북한이 '조선반도'를 사용하고 있다. 또한, 지나치게 지리적 함의를 표출하고 있는 영역 개념이라는 점과 함께 과거 한반도의 역사에서 지리적으로 한반도 너머에 존재한 다양한 국가를 포섭하지는 못하기 때문에 적절하지 않다. '한국(조선)'도 마찬가지다. 이는 각기 발화자의 자기중심적인 입장에서 타자를 배제하는 문제점을 보여준다.(김성수, 2018: 19~22) 그렇다면 '우리'는 어떨까?[11] '우리'라는 의미는 지나치게 관념적이며, 타자를 배제하는 일국적 의미를 함의하고 있다는 점에서 부적절하기는 마찬가지다.

이 외에도 분단체제의 문제를 극복하는 대안으로 '민족' 개념을 상정할 수도 있다. 사실 민족개념은 남북한의 정체성을 형성하는 중요한 지표임은 부정할 수 없다. 혁명 또는 주체의 의미로 '민족'을 연결한 북한은 적지 않은 기간 동안 개념의 투쟁을 거친 남한의 민족 개념과도 뚜렷하게 구별된다. 북한은 1967년 유일사상체계를 확립한 이후 민족개념의 전유와 변용을 통하여 국가가 공식적으로 독점하였다면, 남한은 민족주의라는 이념을 두고 분단 극복을 지향하는 진보세력과 좌파가 전유하는 경향을 보여주었다. 그 결과 국가와 시민사회가 민족개념을 생산하는 두 주체로 등장하여 경쟁하는 구도를 형성하고 말았다.

이뿐만 아니라 남북한은 민족개념을 두고 한편에서는 적대적으로 공존할 때도 있지만, 때로 북한의 국가와 남한의 시민사회가 생산한 민족개념과 연대하여 적극적으로 공유하기도 하였다.(구갑우, 2014: 24) 이처럼 남북한이 민족을 활용하고 인식하는 데 차이가 크다는 것도 그렇지만, 애초 '민족'은 다양한 함의를 지닌 개념이라는 사실을 유의할 필요가 있다. 근대 국민국가 이후 다양한 시선으로 민족의 의미를 배타적으로 인식하고 활용하거나, 국수적 시각으로 사용하기도 하고,

---

11 이는 조동일 교수(2004)의 『한국문학통사 1』(제4판)의 1장 '문학사 이해의 새로운 관점'에서 남북한의 문학사를 고려하여 '우리 문학사'를 제기한 바 있다.

혹은 이념 태로 활용한 사례마저 있었다. 따라서 현 단계에서 '민족' 개념을 호출하여 고전문학을 포함하는 것은 적절하지 않다.

이러한 점을 고려하여 여기서는 '겨레[12] 문학사'라는 개념을 제기한다. 이 개념이 현 상황에서 (고전) 문학사를 인식하는데 유효한 대안의 하나다. 그렇지만 '겨레 (고전) 문학사'는 종국에는 하나의 문학사로 통합될 때까지 활용할 수 있는 임시 개념에 지나지 않는다는 점을 분명히 하고 논지를 전개할 필요가 있다. 만약 평화체제에서 나아가 이후 한반도에서 두 체제가 새로운 통합을 위한 모델을 합의한다면, '겨레 문학사'는 당연히 폐기되어야 할 개념이기 때문이다. 그런 점에서 '겨레 (고전) 문학사'는 한시적으로 사용하는 시한부 개념이자, 하나의 (고전) 문학사를 위한 중간단계의 개념인 것이다.

앞서 강조한 바 있듯이 분단 해체를 위한 한문학 연구자의 첫 행보는 '겨레 (고전) 문학사'의 가능성과 향후 하나의 문학사를 위한 가교(架橋)라는 인식이 유효하다. 이를 위해 북한의 최근 문학사를 객관적으로 바라볼 필요가 있다. 최근 북한이 문학사를 집대성하여 간행한 『조선문학사』(16권)를 우선 검토하는 것이 우선적일 것이다. 현 단계에서 북한 문학사의 서술과 그 의미를 파악하는 것은 상호 차이점을 공감하기 위한 기초이기 때문이다. 이러한 문학사의 인식이야말로 향후 문학사 서술의 구체적인 안을 마련할 수 있는 토대를 제공함은 물론이다.

---

12 이미 2004년 12월 금강산에서 '겨레말 큰 사전 남북공동편찬 사업 합의서'를 체결하였고 2005년 2월에 '겨레말 큰 사전 남북공동편찬 위원회'를 구성한 바 있다. 더욱이 『겨레말 큰 사전』은 남북의 언어를 통일시키는 사전이 아니라 결집하는 사전이라는 점을 고려하면, '겨레'의 개념 사용은 사전의 선례에 비추어 남북이 상호 합의할 수 있는 개념일 수 있다.

북한은 1991년부터 2012년까지 현재 모두 16권으로 『조선문학사』를 간행하였다. 그간 『조선문학사』의 문학사 서술과 그 특징을 비롯하여 그 의미를 밝힌 논문은 적지 않다.(안영훈(2004); 김준형(2010, 2011); 김현양(2010); 장경남(2010); 김형태(2012)) 등의 논문은 분단체제 이후 북한 문학사를 종합적으로 검토한 민족문학사연구소의 『북한의 우리 문학사 인식』과 『북한의 우리 문학사 재인식』(2014)의 성과를 잇거나 혹은 개별 차원에서 분석한 것이다.[13] 반면에 이 글은 북한의 문학사를 구체적으로 분석하는 것이 아니다. 따라서 논지 전개의 효율성을 위해 16권 중 고전문학사 관련 부분 7권의 목차를 제시하고 개략적 특징을 언급하는 데 그치고자 한다.

〈표1〉『조선문학사』 중 고전 문학사 관련 부분

서명	저자	서지사항	목차
조선문학사 1 (원시~9세기)	정홍교	사회과학 출판사 (1991)	머리말 제1장 조선문학의 시초 　제1절 우리 나라 원시사회와 문학예술의 시원 　제2절 원시가요와 신화 제2장 고대문학 　제1절 노예소유자국가의 출현과 고대문화의 발전 　　1. 고대국가의 출현과 노예소유자사회의 형성 　　2. 고대문화와 문학발전의 일반적 경향 　제2절 설화의 발전과 고대 건국신화 　제3절 서정 가요의 발생과 고대가요 〈공후의 노래〉

---

13 1987년 민주 항쟁의 승리 이후 그 성과물의 하나로 북한의 작품과 북한의 연구서들이 대부분 해금됨으로써 학계에서 합법적으로 북한의 문학과 문학 성과를 본격적으로 확인할 수 있었다. 이 책에서 1990년 이전에 북한에서 나온 문학사와 그 성과 대부분을 대상에 두고 검토한 바 있다.

서명	저자	서지사항	목차
조선문학사 1 (원시~9세기)	정홍교	사회과학 출판사 (1991)	제3장 삼국 시기 문학 　제1절 봉건국가의 성립과 중세 문학의 발생 　제2절 문화와 예술, 문학발전의 일반적 경향 　　1. 문화와 예술 　　2. 문학발전의 일반적경향 　제3절 구전설화의 활발한 창작 　　1. 건국설화와 대표적인 설화유산 　　2. 애국적주제의 실화와 대표직인 직품들 　　3. 인정세태와 미풍량속을 보여주는 설화의 　　　대표적인 작품들 　　4. 환상과 의인화의 수법에 기초한 설화, 　　　동화와 우화 　제4절 국어 가요의 발전과 달거리체 형식의 출현 　　1.국어가요의 발전 　　2.달거리형식의 출현 　제5절 서사문학의 새로운 발전 　　1. 년대기편찬과 서사적산문의 발전 　　2. 한자시가의 유산 　　3. 향가의 발생과 초기향가의 특성 제4장 발해 및 후기 신라 시기 문학 　제1절 발해 및 후기 신라의 성립과 봉건 관계의 발전 　제2절 문화와 예술, 문학발전의 새로운 경향 　　1. 문화와 예술의 새로운 발전 　　2. 문학발전의 새로운 경향 　제3절 향가의 서사화와 향가집 〈삼대목〉의 편찬 　제4절 한자시문학의 발전과 창작 경향 　　1. 한자시문학에 구현된 애국적감정과 발해의 　　　시가유산 　　2. 한자시문학에 구현된 현실비판의 기백과 　　　후기신라의 시가유산 　　3. 최치원과 그의 시문학 　제5절 설화의 다양한 발전, 예술적 산문체형식의 　　출현 　　1. 설화문학의 창작경향과 대표적인 　　　설화작품들 　　2. 예술적산문형식의 출현과 산문문학의 　　　새로운 발전
조선문학사 2 (고려시기: 10~14세기)	정홍교	과학백과 사전종합 출판사 (1994)	제1장 고려 시기 문학발전의 사회·역사적 및 문화적 배경 　제1절 국토통일의 실현, 문화와 예술의 새로운 발전 　제2절 문학발전의 단계와 창작경향

서명	저자	서지사항	목차
조선문학사 2 (고려시기: 10~14세기)	정홍교	과학백과 사전 종합 출판사 (1994)	제2장 고려 시기 인민창작과 그 유산 　제1절 민요와 참요 　제2절 설화유산과 대표적 작품들 　제3절 민간극의 새로운 발전 제3장 고려 시기 향가의 쇠퇴와 시조의 발생 　제1절 향가유산과 〈균여전〉 　제2절 시조의 출현, 그 개념과 발생년대 　제3절 시조의 형태적특성과 대표적인 시조작품들 제4장 고려 국어 가요와 경기체가요 　제1절 고려국어가요의 개념과 발생년대 　제2절 고려국어가요의 창작과정과 형태적 특성 　제3절 고려국어가요의 주제사상적 류형과 특성 　제4절 고려국어가요의 대표적 작품들 　제5절 경기체가요의 형태적특성과 계승관계 　제6절 〈한림별곡〉의 창작과정과 경기체가요의 　　　　서사화과정 제5장 고려 시기 한자시문학의 획기적 발전 　제1절 고려전반기(10세기-13세기 전반기) 　　　　한자시문학의 창작 경향과 정지상의 시문학 　제2절 고려중엽(12세기후반기-13세기) 한자시문학 　　　　창작경향 과 대표적 시인들 　제3절 고려말기(14세기) 한자시문학의 창작경향과 　　　　대표적시인들 　제4절 리제현의 창작과 애국적감정의 진실한 반영 제6장 리규보와 사실주의적 경향의 시문학 　제1절 리규보의 생애와 창작활동 　제2절 미학적 견해 　제3절 다양한 주제의 대표적작품들 제7장 문화유산의 수집과 정리, 산문문학의 다양한 발전 　제1절 문화유산의 수집, 편찬사업의 강화, 다양한 　　　　형태의 작품집들의 편찬 　제2절 전기문학 및 풍자산문의 새로운 발전 　제3절 수이전체산문의 활발한 창작과 패설문학의 　　　　출현 　제4절 의인전기체산문의 출현 제2장 인민창작의 자취 　1. 인민가요　　2.설화　　3.속담과 인민극 제3장 국문 시가의 획기적 발전 　1. 국문시가발전의 사회문화적 요인 　2. 현실미화의 송가체시가 　3. 리조초기의 정치사변을 반영한 시조 　4. 정극인의 〈상춘곡〉과 〈가사〉형태의 발생

서명	저자	서지사항	목차
조선문학사 2 (고려시기: 10~14세기)	정홍교	과학백과 사전 종합 출판사 (1994)	5. 15세기 후반기~16세기 국문시가의 사조들 제4장 한자시의 활발한 창작과 사회 비판적 경향의 강화 　1. 유학교육의 보급과 한자시의 발전 　2. 사회적모순의 격화와 도학자들의 한자시 　3. 현실비판의 사실주의적 시풍의 한자시 제5장 패설의 성행과 그 분화발전 　1. 패설문학의 활발한 창작 　2. 서거정의 〈동인시화〉 　3. 성현의 〈용재총화〉 　4. 어숙권의 〈패관잡기〉 제6장 김시습의 창작과 단편소설집 〈금오신화〉 　1. 류다른 생애와 현실 속에서의 창작 　2. 김시습의 선진적 세계관과 미학적 견해 　3. 김시습의 시문학과 현실반영의 진실성 　4. 단편소설집 〈금오신화〉 제7장 림제의 창작과 우화소설의 발전 　1. 림제의 작가적면모와 창작세계 　2. 림제의 시문학 　3. 림제의 우화소설 제8장 정철의 창작과 가사발전의 새 경지 　1. 부침잦은 정계상황과 창작 　2. 〈송강가사〉의 가사작품 　3. 송강의 시조 　4. 송강의 한자시 제9장 임진 조국 전쟁에서의 거족적 투쟁을 반영한 　　참전자들의 애국적문학
조선문학사 4 (17세기)	김하명	사회과학 출판사 (1992)	제1장 사회문화적 환경과 문학개관 　1. 임진조국전쟁후 사회경제적변동과 실학사상의 　　발생, 예술분야에서의 사실주의적창작기풍 　2. 문학평론과 문학발전의 새 경향 제2장 시문학 　1. 국문시가 　　(1) 은일시가 　　(2) 반침략애국투쟁주제의 시 　　(3) 평민시인들의 진출과 사설시조 　2. 한자시 　　(1) 반침략애국투쟁주제의 시 　　(2) 봉건사회현실에 대한 비판 　　(3) 평민시단의 형성 제3장 박인로의 창작과 〈로계가사〉 　1. 생애와 창작활동

서명	저자	서지사항	목차

조선문학사 4 (17세기)	김하명	사회과학 출판사 (1992)	2. 가사
			3. 시조와 한자시
			제4장 권필의 창작과 현실비판의 시
			  1. 생애와 창작활동
			  2. 한자시 3. 소설 〈주생전〉
			제5장 윤선도의 창작과 《어부사시사》
			  1. 생애와 창작활동 2. 시조
			  3. 가사 〈어부사시사〉
			제6장 소설 문학
			  1. 17세기 소설문학의 발전과 그 갈래들
			  2. 반침략애국투쟁주제의 소설
			    1) 임진조국전쟁을 반영한 〈임진록〉,
			      〈몽유달천록〉
			    2) 녀진족의 침입을 반대하는 인민들의
			      투쟁을 반영한 애국문학과 〈박씨부인전〉,
			      〈임경업잔〉
			  3. 사회비판과 개혁지향을 반영한 소설 〈전우치전〉,
			    〈림꺽정전〉
			  4. 애정륜리주제의 소설 〈운영전〉, 〈영영전〉,
			    〈류록전〉
			  5. 가정륜리주제의 장편소설 〈창선감의록〉
			  6. 국문표기의 단편소설과 〈어우야담〉,
			    〈요로원야화기〉
			제7장 허균의 소설창작과 〈홍길동전〉
			  1. 허균의 창작할동
			  2. 시문집 〈성소부부고〉에 실려있는 단편소설
			  3.〈홍길동전〉
			제8장 김만중과 국문 장편 소설
			  1. 김만중의 생애와 창작활동
			  2. 김만중의 미학적 견해
			  3. 〈사씨남정기〉
			  4. 〈구운몽〉

조선문학사 5 (18세기)	김하명	과학백과 사전종합 출판사 (1994)	제1장 18세기 문학의 사회문화적 환경
			  1. 사회정치정세와 봉건왕조의 복고적 문화정책,
			    선진적인 실학사상의 새로운 발전
			  2. 사실주의문학예술의 개화발전
			제2장 평민들의 창작적 진출과 국문 시가의 새로운 발전
			  1. 평민시인들의 진출과 시조
			  2. 가사
			제3장 평민 시인들의 한자시문학
			  1. 평민시인들의 창작적 진출과 〈소대풍요〉의 간행

서명	저자	서지사항	목차
조선문학사 5 (18세기)	김하명	과학백과 사전종합 출판사 (1994)	2. 〈풍요속선〉과 리언진 제4장 소설의 다양한 발전 　1. 소설의 보급과 여러 종류들 　2. 장편소설의 발전과 〈옥루몽〉, 〈옥린몽〉 　3. 부녀자들의 산문문학 제5장 구전설화에 토대한 국문소설 　1. 〈장화홍련전〉과 〈콩쥐팥쥐〉 　2. 〈심청전〉 　3. 〈흥보전〉 제6장 봉건사회의 악덕을 풍자한 우화소설 제7장 〈춘향전〉 　1. 〈춘향전〉의 창작경위와 이본들 　2. 〈춘향전〉의 주제 　3. 주인공들의 형상과 사상예술적 특징 제8장 실학파문학 　1. 실학자들의 문학과 문예관 　2. 성호 이익(1681~1763) 　3. 혜환 이용휴 　4. 〈사가시인〉 　5. 실학의 영향을 받은 문인들-신유한, 신광수, 홍양호 제9장 연암 박지원 　1. 연암의 생애와 창작활동 　2. 연암의 미학적견해 　3. 제1기의 창작, 〈방격각외전〉 　4. 제2기의 창작 〈열하일기〉 　5. 제3기의 창작 　6.연암의 시작품들
조선문학사 6 (19세기)	정홍교	사회과학 출판사 (1999)	제1장 19세기 초중엽의 사회문화적환경과 문학예술개관 　제1절 사회정치정세의 특징 　제2절 문학예술발전의 새로운 경향과 특성 제2장 국문 시가의 발전 　제1절 시조가창의 성행과 가집의 편찬간행 　제2절 가사의 새로운 발전 제3장 19세기 소설 문학에서의 근대적성격의 강화와 제한성 　제1절 이 시기 소설의 일반적 특성 　제2절 〈배비장전〉과 〈리춘풍전〉 　제3절 〈채봉감별곡〉 제4장 한자시문학의 발전 　제1절 이 시기 한자시 발전의 갈래들

서명	저자	서지사항	목차
조선문학사 6 (19세기)	정홍교	사회과학 출판사 (1999)	제2절 후기실학자 신위와 김정희의 시 제3절 〈풍요삼선〉과 장지완, 리상적 제5장 담정 김려의 문학 류배생활과 문학창작의 새 세계 　제1절 생애와 창작활동 　제2절 심각한 생활체험과 서정시 　제3절 〈방주의 노래〉 　제4절 〈강담일기〉와 〈우해이어보〉 　제5절 〈단량패사〉 제6장 다산 정약용의 창작과 사실주의시문학발전의 새 경지 　제1절 생애와 창작활동 　제2절 다산의 세계관과 미학적 견해 　제3절 다산의 시창작 제7장 추재 조수삼의 창작과 기행시초 〈북행백절〉 　제1절 생애와 창작활동 　제2절 서정시의 다양한 주제와 기행시초 〈북행백절〉 　제3절 추재의 산문 제8장 김삿갓의 풍자와 문학 세계 제9장 극문학 　제1절 판소리의 혁신자 신재효 　제2절 배뱅이굿 　제3절 가면극 　제4절 꼭두각시극
조선문학사 7 (19세기 후반기- 20세기 초)	류만 외	과학백과 사전종합 출판사 (2000)	**제1편. 19세기 후반기-20세기 초 문학** 제1장 이 시기 문학발전의 사회력사적 환경과 일반적 정형 　제1절 문학발전의 사회력사적환경 　제2절 문학발전의 일반적정형과 새로운 특징 　제1절 인민들의 반봉건투쟁과 반일의병투쟁을 반영한 시가문학 　　1. 갑오농민전쟁을 비롯한 농민들의 투쟁을 반영한 구전가요와 반일의병가요 　　2. 반일의병장들과 애국적 시인들의 한자시문학 　제2절 새로운 시대상의 반영과 가사 시조의 창작 　제3절 애국문화계몽에 대한 지향과 창가 　제4절 새로운 시대사조의 도입과 신채시 제3장 소설 문학 　제1절 반봉건문명개화의 리념과 신소설 　제2절 다양한 류형의 소설문학

서명	저자	서지사항	목차
조선문학사 7 (19세기 후반기- 20세기 초)	류만 외	과학백과 사전 종합 출판사 (2000)	**제2편. 1910년대-1926년 문학(1)**[14] 제1장 문학발전의 사회력사적 환경과 일반적 정형 제2장 일제 식민지 통치하의 사회현실을 비판하고 애국독립에 대한 지향을 반영한 문학 제3장 무산대중의 요구와 리익을 반영한 초기프로레타리아문학 **제3편. 1910년대-1926년 문학(2)** (불요불굴의 혁명투사 김형직선생님과 강반석녀사의 혁명시가) 제1장 불요불굴의 혁명투사 김형직선생님의 혁명적 문예활동과 친필업적 제2장 불요불굴의 혁명투사 김형직선생님께서 창작하신 혁명시가 제3장 불요불굴의 혁명투사 강반석녀사의 혁명시가 제4장 항일혁명시가의 터전으로서의 혁명시가의 력사적 지위

각 권의 목차와 세부 항목을 통해 북한 문학사의 서술 방식과 그 흐름을 어느 정도 알 수 있다. 위에서 보듯이 북한의 경우 남한의 (고전) 문학사 서술과 전혀 다르다. 우선 『조선문학사 1』에서 한반도의 고대 국가를 두고 '노예소유자국가'라 규정한 것[15]에서 알 수 있다. 남한이 역사의 시기를 구분하는 것과 확연한 차이를 보여준다. 원시 공동체 사회가 해체되고 노예제 생산 양식에 기초하여 이루어진 국가를 상정하고 '노예소유자국가'를 거론하는 것은 남한의 역사학계와 다른 논리이자 역사단계 인식이다. 게다가 북한은 삼국 시기를 '봉건국가의 성

---

14 제2편. 1910년대-1926년 문학(1)과 제3편 1910년대-1926년 문학(2)는 장 이하의 목차는 고전문학에 속하지 않기 때문에 모두 제시하지 않았다.

15 『조선문학사 1』에서 "기원전 10세기를 전후한 시기에 조선반도의 서북부와 료동반도, 료하류역의 넓은 지역을 차지하고 살아오던 예, 맥을 비롯한 여러종족집단들에 의하여 고조선국가가 성립된 것으로 보고 있다."라 서술하고 있다. 이는 정홍교(1991: 32) 참조.

립과 중세 문학의 발생'으로 규정하고 있다.[16] 『조선전사』에서 확인할 수 있듯이, 이러한 시기 구분은 북한의 역사 연구의 성과를 그대로 반영하여 서술한 결과로 보인다. 이처럼 시대사를 읽는 시각이나 시기 구분이 우리와 다르다는 대표적 사례가 시대구분과 그 시각이다.

더욱이 『조선문학사 7』에서는 19세기 후반기에서 20세기 초인 1926년을 하나의 시기로 구분하여 한 권으로 묶고 있다. 이 역시 의외의 시기 구분이다. 1926년을 현대의 기점으로 잡은 것은 '타도 제국주의동맹'을 당 창건의 효시로 잡은 것에서 출발한다. 이는 곧 북한의 김일성 주석이 1926년 만주에서 '타도 제국주의동맹'을 결성했다는 역사적 사실을 내세워 시기 구분의 결절점으로 삼은 것인데, 남한에서는 이 자체를 전혀 주목하지 않고 있다. 여기서도 남·북한이 시대를 바라보는 시각과 인식 상의 차이를 확인할 수 있다. 역사연구는 시기 구분으로 귀결된다는 말이 시사(示唆)하는 바, 시기 구분은 역사 서술에서 중요한 위치를 차지한다. 이처럼 문학사에서 북한은 남한과 사뭇 다르게 시대를 구분하고 있음을 확인할 수 있다. 이는 북한은 북한의 정체성과 연관 지어 이해할 수 있는 대목이다.

북한은 1960년대 후반 권력투쟁을 일 단락한 이후 수령제를 확립한 바 있다. 1970년대 이후의 역사연구는 이러한 북한의 정치적 흐름과 궤를 같이한다. 이전과 달리 새로운 방향으로 역사를 재서술하는 데 이를 잘 보여주는 것이 바로 『조선전사』다. 이처럼 『조선전사』는 주체사상의 체계화와 함께 주체 사관으로 역사를 재정리한 결과물인 것이다. 북한은 『조선전사』의 시대 구분과 역사 인식의 성과를 『조선문

---

16 『조선문학사 2』에서 "삼국시기는 첫 봉건국가인 고구려가 건립된 때로부터 고구려, 백제, 신라가 병존되어온 7세기 60년대까지를 포괄한다."라 하고 있다. 이는 정홍교 (1991: 74) 참조.

학사』에 이월하고 있다. 이것은 역사 연구의 성과를 문학사 기술에 직접 대응하는 방식이다. 역사와 문학의 학문 단위의 연구 성과를 공유한다는 점은 이해할 수 있지만, 지나치게 역사연구에 문학 연구가 종속되어 있다는 점에서 문제다. 이는 독자적인 학문 단위를 토대로 각 영역의 연구 성과를 상호 교류하는 남한의 학문생태계와 사뭇 다른 양상이거니와, 한편으로는 남북한 문학사 서술의 상이함이기도 하다.

한편『조선문학사』에서는 '한자시문학', '국어가요', '서사적 산문', '예술적 산문형식', '수이전체 산문'[17], '의인전기체 산문',[18] '송가체시가'[19] 등의 개념을 제시하고 있다. 이러한 개념과 성격은 무엇을 의미하는지 이해할 수 있으나, 남한의 문학사에서 사용하는 개념과도 상당히 다르다. 특히 수이전체 산문을 패설 문학의 출현과 함께 거론한 것은 흥미로운 발상이지만, 남한에서 지괴나 전기소설로 언급하던 것을 북한이 수이전체 산문으로 서술하는 것은 생경하며 실제 갈래의 성격과 잘 맞지 않는 개념이다.『어우야담』과『요로원야화기』를 단편소설로 보는 것도 남다른 시각이지만,『어우야담』을 두고 17세기 패설 발전의 면모를 보여주는 대표적인 패설집으로 규정한 것은 의외

---

17 『조선문학사 2』에서 "수이전체 산문 형식은 원래 후기신라말기에 출현하였다. 그 당시에는 발생초기에 있었던 만큼 아직 넓은 범위에서 창작되고 보급되지 못하였다. … 전기문학을 비롯한 다른 산문형식의 발생과 발전에도 영향을 미치었다."라 하고 있다. 이는『조선문학사 2』과학백과사전종합출판사, 1994, 285면 참조. 남한에서 지괴소설로 보는「首揷石枏」이나「志鬼」를 비롯하여 전기소설로 보는「虎原」과「雙女墳」 등을 수이전체 산문으로 보고 있다.

18 「孔方傳」과「麴醇傳」,「淸江使者玄夫傳」과「麴先生傳」 등을 의인전기체 산문이라 규정하고 "의인전기체 산문은 고려중엽부터 창조의 역사가 개척된 새로운 예술적 산문형식이다. … 전기, 우화의 예술적 수법과 서술 방식을 받아들이고 그것을 새롭게 발전시켜 출현한 특색있는 예술적 산문형식이다."라 서술하고 있다. 이는『조선문학사 2』 (1994: 299~300) 참조.

19 조선 초에 나온 樂章을 '송가체시가'로 부르고 있다.

다.[20] 『금오신화』를 단편 소설집으로 규정한 것이나, 『주생전』과 『운영전』을 소설로 파악한 것도 독특하다. 또한, 이러한 작품을 뭉뚱그려 '소설'로 묶어 놓은 것은 서사체를 지나치게 단선적으로 본 결과다. 이는 조선조 후기의 사회변동과 관련한 서사의 역동성을 고려하지 않았음을 의미한다. 남한에서 '전기소설'이나 '필기와 야담', '한문 서사' 등의 관점에서 보는 것을 감안하면, 이 역시 남한의 서술과 어긋나는 양상이다. 게다가 자하(紫霞) 신위(申緯, 1769~1847)를 '후기실학자'로 파악한 것[21]도 남한의 연구 성과에 기대면 수용하기 힘들다.

게다가 특정 시기와 작품의 문학을 서술하면서 '선진적 세계관', '사회 비판적 경향', '사실주의적 경향', '사회 비판적 경향', '현실비판', '현실비판의 사실주의적 시풍', '봉건사회 현실' 등을 제시하며 문학의 동향을 분석하거나, '반침략 애국 투쟁', '애국적 감정', '애국 문학'의 틀로 작품을 파악한 것도 남한의 연구와 다른 모습이다. 문학사를 이러한 경향으로 설명하는 것은 이전 시기 북한 문학사에서 익히 보던

20 『조선문학사』에서 "우리나라 소설문학발전에서 거대한 의의를 가지는 김시습의 『금오신화』는 한문표기의 단편소설이었으며 이는 패설작품에 토대하여 발전한 것이었다. 그런데 17세기 초 류몽인(1558~1628)의 『어우야담』에는 패설단계의 작품들과 함께 단편소설로 볼수 있는 작품들이 들어있으며 국문본과 한문본이 따로 있다."라 언급하고 있다. 이는 『조선문학사 4』(1992), 242면 참조. 일반적으로 남한에서는 『금오신화』는 나말여초의 전기소설 전통을 잇는 전기소설의 백미로 거론하고 있으며, 『어우야담』을 두고서도 필기와 야담의 성격을 두루 지니고 있어 야담으로 넘어가는 가교역할을 하는 필기집으로 규정하는 경우가 많다. 반면에 북한에서는 17세기 대표적인 패설집으로 보고 있어 서로 다른 시각을 보여준다. 이는 전기소설과 패설 양식을 바라보는 차이에서 온 것임은 물론이다.

21 『조선문학사』에서 "신위는 실사구시의 학풍을 계승하였으나 19세기의 극단적인 반동 정치하에서 제약을 받지 않을 수 없었으며 (······) 그는 학문연구에서나 시문의 제재 및 사상적 경향에 있어서 연암과 다산을 계승하였으나 사상 및 예술성에서 그에 미치지 못하였다."라 서술하고 있다. 이는 『조선문학사 6』(1999), 54면 참조. 신위를 실학파로 규정한 것도 의외지만, 학문연구나 시문의 제재와 사상 경향에서 연암과 다산을 계승하였다는 언급도 남한에서의 연구와는 전혀 다른 서술이다.

바다. 다만 1990년대 초 사회주의진영의 몰락으로 사회주의적 사실주의를 표방하지 않고 '주체 사실주의' 창작방법을 제시하여 이에 따른 분석 틀로 작가와 작품을 대하고 있는 것이 이전과 다른 모습이다.[22]

이러한 점을 보았을 때, 최근에 문학사를 집대성한 『조선문학사』는 기존의 서술 방향을 계승하면서도 '민족적인 가치'를 절대화·중심화하는 시각과 지향을 더욱 확대하고 있음을 알 수 있다. 북한이 최근 '문학사'에서 이처럼 '민족성'을 더욱 강조하는 방향으로 나감으로써 '문학사' 서술에서 남과 북의 인식은 그 차이가 더 멀어진 느낌을 지울 수 없다(김현양, 2010). 이러한 거리는 시간이 지나면 좁혀지기보다 오히려 더 멀어질 가능성이 많다.

그럼에도 불구하고, 현 단계에서 우리는 지금 확인한 남·북한 간의 문학사 서술에서 보는 거리를 있는 그대로 받아들여야 한다. 문학사의 공감대 형성을 위해 일방의 관점을 견지하며 상대의 연구 성과를 비난하거나, '민족적 가치'를 내세워 고전 작품의 분석과 작가의 성격을 논란해서는 안 된다. 현재의 거리를 정확하게 인식하는 것이 '겨레 (고전) 문학사'를 위한 첫걸음이기 때문이다. 여기에 현재를 정확히 인식하는 것과 함께 '겨레 (고전) 문학사'를 위한 시각과 방향도 분단과 이념, 정치적 장을 뛰어넘는 유연함도 필요하다. 그래야 오랜 적대적

---

22 이러한 주체 사실주의는 1980년대 주체 문예 이론 체계에서 이미 강화되었던 개인 숭배적 수령 담론인 '수령에의 충실성' 원칙을 강화한 것인데, 『주체 문학론』(1992)에서 공식적으로 제창하였다. 현실 사회주의의 몰락에 따라 현실적 근거를 잃은 '사회주의적 사실주의'를 극복한 새로운 창작방법인데, 주체 미학과 주체 사실주의 창작방법으로 표출되었다. 2019년 현재까지 북한 문예사조는 장르와 분야에 상관없이 '인민성, 로동계급성, 당성' 원칙에 '수령에의 충실성'(지도자에 대한 충성)이라는 윤리 범주를 미학 요소로 결합시킨 '주체미학, 주체사실주의 창작방법'이 예술작품의 창작과 유통 전 과정에 전일적으로 관철되는 유일 전범으로 군림하고 있다. 이 문제는 김성수 (2019: 55) 참조.

체제가 낳은 배타적 인식과 배제(排除)의 사유 틀에서 벗어날 수 있기 때문이다. 적대적 체제 속에서 배제되고 유폐된 작가와 작품을 상호의 문학사에서 교합(交合)하는 데는 일정한 시간과 노력이 필요한 것이 사실이다. 일정한 시간 동안 남북의 고전 연구자가 직접 만나 교류하고 소통하는 것이 거리를 좁히는 토대가 됨은 물론이다.

그러면 남북의 고전 연구자가 '겨레 문학사'의 공감대를 위해 그 거리와 골을 어떻게 좁히고 무엇으로 메울 것인가? 이를 위해 우리는 무엇을 해야 하는가? 우선 남북한이 고전문학의 공감대를 형성하기 위해서는 정치적 부담을 주지 않는 것부터 시작해야 한다. 이른 시일 안에 공통 의견을 내기 힘든 시기 구분이나 연구방법론 등은 뒤로 미루고, 특정 시기의 작품이나 작가, 문학사의 이슈를 중심으로 서로 공감할 수 있는 주제를 찾아야 한다. 많은 시간을 소요하거나 거시적 주제로 공감대를 형성하는 것은 현 단계에서 쉽지 않기 때문이다. 남북한에서 겨레의 "역사"를 두고 인식하는 자체가 정치적인 함의가 서로 다르고 접근 방식도 같지 않다는 점을 생각한다면, 초기 단계에서는 상호 공유하기 쉬운 주제부터 시작해야 한다. 요컨대 겨레의 고전문학은 두 개일 수가 없다는 공동 인식을 토대로 가장 기초적인 작업부터 시작하는 것이 현실적인 방안으로 생각된다.

먼저 아주 낮은 단계의 방안으로 '겨레 (고전) 문학사'를 위한 관련 자료나 연구서의 교환을 비롯하여 한문 고전 번역서의 상호 교환과 공동 연구와 공동 번역하는 것도 의미가 있다. 이러한 교환으로 인식의 공감을 넓힌다면, 이어서 정치적 의미가 약한 주제나 시기를 택해 공동연구와 학술발표의 개최도 가능할 수 있다. 이 경우, 정치적 의미가 뚜렷한 '역사 인식'과 '역사 해석'으로 연결되는 주제로 논쟁하거나 판이한 인식의 차이를 드러낸 주제는 피해야 한다. 이러한 주제는 학술 교류과정에서 난항을 겪거나, 도리어 부작용을 초래할 개연성이 많기 때문이다. 다음 단계로 상호 공감하는 분위기가 성숙하면 한 걸음 더 나아가는 단계로 옮아가면 된다. 이를테면 주제별로 공동연구나 번역서의 간행, 『연암 박지원』과 같은 단일 작가를 비롯하여 고전문학사에서 논쟁거리가 될 만한 사안을 쟁점별로 정리하여 공동으로 간행하는 것도 유효한 방안의 하나일 것이다.

무엇보다 이러한 초보 단계나마 실현하기 위해서는 남북 연구자 모임을 지속해야 한다. 구체적으로 '겨레 (고전) 문학사' 연구자 대회·나 '겨레 (고전) 문학사' 연구자 협의회의 결성을 기반으로 첫 단계를 시작하는 것이 하나의 대안일 수 있다. 이 협의회 안에서 무엇을 할 것인가를 상호 논의하고 할 방안을 찾는 것도 유효한 방법이 아닐까 한다.

4. 겨레 문학사를 위한 장

지금 단계에서 남북한의 고전문학사(한문학 포함) 연구자들은 한반도(조선반도)가 평화체제로의 이행에 부응하는 인식과 자세의 전환이 필요하다. 이를 위해 남북한 연구자들은 한반도(조선반도)의 분단체제로 인한 문학사 서술의 상호 다름은 분명하게 인식하고, 이를 기반으로 분단체제 '겨레 (고전) 문학사'의 공동연구에 적극적으로 동참하는 자세를 가져야 한다. 고전문학의 연구 성과를 정리하기 위해서는 남북한이 상호 공감할 수 있는 문학사의 이름을 확장해야 할 터, 이를 위해 여기서 '겨레 (고전) 문학사'가 유효한 개념으로 제시하였다. 무엇보다 연구자들은 '겨레 (고전) 문학사'의 상(像)을 정립하기 위해 남북을 아우르는 시각을 가져야 한다. 이는 한반도(조선반도)를 횡단할 수 있

는 동아시아적 인식은 물론 세계사적 맥락과 접속할 수 있는 사유의
전환을 필요로 한다. 이를 기반으로 남북한의 고전문학연구자가 만나
소통하며, 겨레의 고전문학을 통섭하는 분석의 틀을 공유함으로써 상
호 인식의 거리도 좁혀야 한다. 이것이 우리 고전문학(한문학) 연구자
가 새롭게 펼쳐지는 한반도(조선반도)의 평화체제에 답할 수 있는 역할
이자 연구의 방향일 것이다.

　'겨레 (고전) 문학사'의 공동연구를 위해 연구자 간의 상호 소통 위에
단계론적 방법이 필요하다. 이를테면, 먼저 한반도에서 서술된 문학
사의 성과를 있는 그대로 인식하는 단계, 작가나 작품을 공동 연구하
는 단계, 그리고 문학사를 함께 공유하고 집필하는 단계를 설정할 수
있을 것이다. 이의 실현을 위해서는 정기적인 인적 교류는 필수적이
다. 남북 공동으로 '겨레 (고전) 문학사' 연구자 대회나 '겨레(고전) 문학
사' 연구자 협의회를 결성하는 것도 인적 교류의 가교가 될수 있을 것
이다. 이러한 모임에는 남한의 고전문학 관련 학회가 연합하는 형태
로 참여하는 것이 정치적인 문제로부터 다소 벗어나고 논의도 자유로
울 것이다. 이 경우 한국한문학회를 비롯하여 고전문학회, 한국시가
학회, 한국고소설학회, 한국구비문학회 등이 참여할 수 있다. 여기에
국가기관의 참여는 필수적이다. 초기 남북한 연구자 간의 만남과 소
통의 장을 마련하는 것은 국가 차원의 주선이 필요하지만, 연구를 위
한 방대한 고전 자료의 상호 교환은 국가기관의 지원이 있어야 가능
하기 때문이다. 특히 '한국고전번역원'이나 김일성종합대학 내 '민족
고전연구소'가 간행한 국고 문헌의 번역과 문집 등 한문 고전 번역서
를 상호 교환함으로써 상호 연구를 위한 분위기 조성과 토대 마련은
기초작업으로써 충분한 의미가 있다. 더욱이 두 기관의 교류와 한문
고전 번역서의 교환은 문학사 서술과 공동 인식을 위한 기초자료라는

점에서 향후 문학사 인식과 서술에도 기여할 수 있을 것이다.

'겨레 (고전) 문학사'를 위한 인식과 공감대 확산을 위한 몇 가지 제안은 개인적 차원에서 제시한 것에 지나지 않는다. 실행을 위한 구체적인 세부 방안과 시기, 남북 고전문학연구자들의 만남 등은 학회나 개인적 차원이 아니라, 통일부와 같은 정부 기관이나 민족화해협력범국민협의회(민화협)과 같은 통로를 통해 제시하는 것도 실현 가능성을 높일 수 있을 것이다.

| 참고문헌 |

김종군 외, 2012, 『고전문학을 바라보는 북한의 시각, 고전 산문 2』, 박이정.

민족문학사연구소, 1991, 『북한의 우리 문학사 인식』, 창작과 비평사.

_____, 2014, 『북한의 우리 문학사 재인식』, 소명출판.

움베르토 에코 저, 2014, 『적을 만들다』, 김희정 역, 열린 책들.

정운채 외, 2012, 『고전문학을 바라보는 북한의 시각, 고전 산문 1』, 박이정.

정홍교·김하명·류만 외, 1991~2012, 『조선문학사』 1~16, 사회과학출판사·과학백과사 전종합출판사.

조동일, 2004, 『한국문학통사 1』(제4판), 지식산업사.

한중모·정성무, 1983, 『주체의 문예리론 연구』, 사회과학출판사.

강혜선, 2013, 「북한의 최근 한문학 연구 동향」, 『돈암어문학』 26, 돈암어문학회, 73~97 면.

_____, 2005, 「남북한 한문학 연구의 비교 시론 – 북한의 최근 한문학 연구를 중심으로」, 『한국문학논총』 39, 한국문학회, 5~28면.

구갑우·이하나·홍지석, 2018, 「한반도 민족개념의 분단사」, 『한(조선)반도 개념의 분단 사: 문화예술 편 1』(서울) 평론아카데미.

김성수, 2019, 「미디어로 다시 보는 북한 문학예술사의 전통과 변화 전망」, 『한반도 평화 체제 전망과 북한 문화예술 연구의 과제』 학술회의 발표논문집.

_____, 2018, 「'(민족)문학' 개념의 남북 분단사」, 김성수·이지순·천현식·박계리, 『한(조 선)반도 개념의 분단사: 문화예술 편 2』, 사회평론아카데미.

김종군, 2010, 「북한의 고전문학 자료 현황과 연구 동향」, 『온지논총』 25, 온지학회, 225~259면.

김준형, 2011, 「북한의 고전문학사 기술 양상과 특징 – 1990년대 이후를 중심으로」, 『우 리어문연구』 40, 우리어문학회, 7~43면.

_____, 2010, 「북한의 고려 시대 문학사 기술, 그 특징과 한계」, 『민족문학사연구』 42, 민 족문학사학회, 99~126면.

김현양, 2010, 「북한의 '우리문학사' 서술의 향방: 근대문학 이전의 문학사 서술을 대상으 로」, 『민족문학사연구』 42, 민족문학사학회, 53~73면.

김형태, 2012, 「북한 문학사의 조선 후기 서술 향방과 변화」, 『민족문학사연구』 49, 민족문학사학회·민족문학사연구소, 375~413면.

안영훈, 2004, 「북한문학사의 고전문학 서술 양상」, 『한국문학논총』 38, 한국문학회, 299~315면.

이지순, 2019, 「한반도/조선반도 문화예술 개념의 분단사의 문화 정치학」, 『한반도 평화체제 전망과 북한 문화예술 연구의 과제』 학술회의 발표논문집.

임완혁, 2000, 「역옹패설류 양식에 대한 북한에서의 연구 동향」, 『대동한문학』 12, 대동한문학회, 45~78면.

장경남, 2010, 「북한의 조선 전기 문학사 서술의 실상과 의의」, 『민족문학사연구』 42, 민족문학사학회, 127~163면.

진재교, 2018, 「북한의 한문 교과서 연구 – 김정은 시대의 현행 교과서를 중심으로」, 『대동한문학』 55, 대동한문학회, 197~240면.

_____, 2016, 「북한의 한문교육과 그 추이」, 『한문교육연구』 47, 한국한문교육학회, 289~325면.

_____, 2002, 「북한의 한자 문화와 그 사회·문화적 의미」, 『아세아연구』 45-4, 고려대학교 아세아문제연구소, 61~88면.

_____, 2000, 「북한의 어문정책과 한문교육」, 『한문교육연구』 14, 한국한문교육학회, 27~58면.

허휘훈, 2005, 「북한에서의 허균과 그 문학 연구」, 『한문학보』 12, 우리한문학회, 95~109면.

6장

한중일 3국 협력 제도화 전망과 과제

장무휘

1. 한중일협력의 제도화

1999년 이후 23년째 기복을 거듭해 온 한중일 3국 협력체제가 최근 뚜렷한 회복 조짐을 보이고 있다. 2020년 초 코로나바이러스가 예상치 않게 전세계로 확산하면서, 한중일 3국은 코로나 19 대응 보건 협력을 강화하고, 위기를 함께 극복하는 모습을 보여줌으로써 3국 협력의 강도와 지속성을 재차 확인시켜 주었다(楊伯江, 2020: 15~21). 일방주의가 팽배하고, 글로벌 통상 마찰 및 한국과 일본의 정치적 충돌이 고조된 국제적 배경 속에서, 한중일 3국 협력외교는 그 전략적 가치가 두드러지고 있다. 이러한 가운데, 제8차 한중일 정상회의가 2019년 12월 중국 청두(成都)에서 개최되었다. 회의는 3국 협력의 과거 20년간 성과를 되돌아보며, 3국 협력의 새로운 미래 발전 방향을 설정하였다. 가장 주목해야 할 회의 성과는 3국이 기존 협력체제를 지속해서 강화해 나갈 것을 분명히 했으며, 특히 한중일 자유무역협정(FTA) 협상을 가속하겠다는 의지를 피력했다는 점이다. 이어 중국 측에서 제안한 '한중일+X' 협력 계획이 있다. 즉 향후 한중일 협력은 3국간만이 아닌 3국 이외의 다른 나라들과 '역외 협력'을 발전시켜 산업구조와 공급망 구축을 합리적으로 추진하고 상업적 악성 경쟁을 피함으로써, 3국 지역 발전 전략의 이익 조율과 정책 소통을 실현한다는 것이다. 한편 3국 협력의 전면적 회복 징조는 각 세부 분야에서도 나타나고 있다. 예를 들어 2019년 하반기부터 3국 정상회담을 계기로 3국은 관광·문화·경제무역·보건·과학·기술·재해관리·교육·핵안전·지식재산권·환경 등 여러 분야에서 장관급회의가 개최했다. 집중적인 교류와 협의는 3국의 협력이 몇 년간 저조 끝에 다시 본궤도로 복귀했음을 보여준다.

본 연구는 아래 네 부분으로 구성되어 있다. 첫째, 정치외교, 경제무역, 인문사회, 민생교류 등 구체적인 협력 분야 및 3국 협력사무국(TCS) 설립 등 각종 제도화, 메커니즘화 과정을 포함한 3국 협력의 성과와 진전을 살펴보고자 한다. 둘째, 현 단계에서 3국 협력이 직면한 일련의 어려움과 도전 요인을 분석한다. 3국 협력은 여전히 양자관계에 의존하고 있다. '일영구영(一榮俱榮), 일손구손(一損俱損)', 즉 어느 하나가 잘되면 모두가 잘되고, 어느 하나가 망하면 모두가 망한다는 뜻인 이 글귀는 3국 간 '양자-삼자'관계를 잘 보여주고 있다. 한중일 3국 협력체제는 양자관계의 연속이며, 아직 성숙하고 안정적인 다자 체제로 발전하지 못하였다. 셋째, 향후 3국 협력의 발전 방향과 비전을 모색해 본다. 끝으로 현 동북아 정세를 토대로 3국 협력을 위한 몇 가지 정책제안을 해보고자 한다.

2. 한중일 협력: 부침 속 발전한 20년

1) 지역협력의 제도화 과정

아시아 일체화와 동아시아 지역협력에 관한 연구는 수도 없이 많았다. 특히 지역주의(regionalism)에 대한 이론적 실증적 연구는 동아시아 지역 국제관계의 주요 연구 방향 중 하나가 되어가고 있으며, 동아시아 지역주의 연구가 활발히 진행되고 있지만, 동북아지역의 다자협력 관련 연구는 여전히 지지부진한 상황이다. 국제관계 신기능주의(Neo-functionalism) 이론은 협력의 폭과 깊이, 기제화 과정(institution-building) 및 분쟁 해결 메커니즘 등을 중심으로 특정 지역의 지역협력 일체화 연구를 강조한다. 동북아지역 협력은 그 어떤 측면에서 든 일체화 진도가 많이 정체된 상황이다. 그 폭과 깊이 면에서, 동북아지역의 협력은 비정치 안전 분야에 한정되어 있으며, 한중일 3국의 경제무역 교역은 활발하지만, 아직 자유무역협정이 체결되지 않은 상황이다. 또한, 일부 학자들은 동북아지역에는 '기구의 부재(organizational gap)' 즉 오랜 기간 성숙한 국제기구 부족 및 국가 간 소통과 조율이 원활하지 못해 역내 충돌과 분쟁 위험성이 높아졌다고 하였다.(Kent Calder and Min Ye(2010); Michael Schulz, Frederik Soderbaum, and Joakim Ojendal(2001))

주목되는 것은 최근 들어 점차 메커니즘화되고 있는 한중일 3국 협력이 전통적인 동북아지역의 문제점 '기구의 부재(organizational gap)'를 메우고 있다는 점이다. 특히 '6자회담'이 무력화되면서 한중일 3자 협력의 틀은 동북아지역의 사실상 유일한 다자협력체제로 자리 잡았다. 좁은 의미의 '한중일 협력'은 3국 중앙정부 간의 협력을 뜻한다. 대중들의 보편적 인식과 달리 정부 차원의 3국 협력은 시기상 비교적 늦게 시작되었다. 유럽연합 통합 과정과는 비교할 수 없으며, 아세안 일체화 과정보다도 더 뒤처진 지역협력 모델 탐색의 초기 단계이다. 진정한 의미의 '한중일 협력'은 1999년부터 시작되었다. 필리핀에서 열린 제3차 아세안10+3 정상회의를 계기로 오부치 게이조(小渕恵三) 일본 총리가 3국 협력을 제안하면서 주룽지(朱镕基) 중국 총리와 김대

중 한국 대통령이 함께한 비공식 조찬회가 역사상 첫 번째 한중일 정상회담이 되었다. 한중일 3국 협력체제 출범 초기에 한국과 일본은 비교적 적극적인 태도를 보였다. 양국은 한중일 3자 플랫폼을 통해 1997년 아시아 금융위기 이후의 세계 금융 경제 협력 문제를 다루고자 하였다. 또한 '6자회담' 기제가 있기 전부터 한중일 협력 채널을 통해 중국과 북핵 문제에 대한 소통과 조율이 강화되기를 기대하였다. 반면 중국은 조심스러운 입장을 내세웠다. 1990년대 말 중국은 다자주의와 지역협력주의를 충분히 중시하지 않았다. 한중일 협력체제 출범 초기에 중국은 이 메커니즘을 통해 세계무역기구(WTO) 가입 신청 시 한국과 일본의 지지를 얻고자 했다. 이후 10여 년간 한중일 정상회의가 정례화 되었으며, 아세안10+3 정상회의 등 다자외교의 장을 활용해 꾸준히 개최되었다. 특히 3국은 2003년 인도네시아 발리에서 열린 아세안10+3 정상회의 기간 중 제5차 한중일 정상회의를 진행하였고, 한중일 협력에 있어 역사적인 문건 '3국 협력 증진에 관한 공동선언'이 채택되었다(中国外交部, 2010: 3).

이후 2007년 노무현 대통령이 3국 정상회의의 정례화·메커니즘화, 아세안10+3와 별도 진행을 제안해 후쿠다 야스오(福田康夫) 당시 일본 총리와 원자바오(温家宝) 중국 총리의 호응을 얻었다. 2008년 말 일본 후쿠오카에서 처음 열린 3국 정상회의는 3국 협력체제 구축이 새로운 단계로 접어들었음을 상징적으로 보여준다. 이번 회의는 글로벌 서브프라임 모기지(세계 비우량 주택담보대출) 사태가 터지며 미국·유럽에서 시작된 금융위기가 아시아 지역으로 파급되어, 한·중·일 3국 무역 수출입 및 산업 사슬에 큰 타격을 입었던 그 당시 개최되었다. 경제위기 리스크를 회피하고 미국 시장에 대한 의존도를 줄이기 위해 동아시아 지역의 자유무역협정(Free Trade Agreement - FTA) 구축 계획은 점차 의사일정에 올라왔다. 회의 성과로서 '3국 동반자 관계 공동성명' 채택은 물론 '3국 공동행동계획'을 통해 한중일 협력의 세부적인 방향을 설정했다(中国外交部, 2010: 20~23).

과거 한중일 정상회의를 돌이켜보면 지도자의 정치적 의지는 3국 협력의 구체적 실천을 추동할 수 있었다. 예를 들어 2010년 한국이 주최한 3국 정상회의는 '한중일 협력비전 2020'을 통과해 3국 협력 로드맵을 그렸고, 2011년 정상회의는 3국 협력사무국을 설립하며, 3국 협력체제 구축을 추진하였다. 한중일 협력사무국은 현재 3국 간 유일한 국제기구로서, 서울에 위치하고 있다. 3국의 동등한 참여를 바탕으로 사무국의 운영예산은 각국에서 균등하게 부담하고 있다. 주요기능으로는 3국의 기존 협력체제에 대한 행정적 지원과 3국 협력 관련 싱크탱크 연구 수행이 있으며, 최근 발표된 '3국 협력 여론 조사(Trilateral Cooperation Public Survey)', '3국 통계 자료(Trilateral Statistics)', '3국 경제 데이터 보고서(Trilateral Economic Report)' 등의 연구 성과가 있다.(Muhui Zhang, 2018b: 249~278) 이후 2012년 정상회의에서는 한중일 FTA 협상 개시 등이 발표되었다. 현재까지 한중일 FTA 협상은 16차례 진행되었다. 역내포괄적경제 동반자협정(Regional Comprehensive Economic Partnership - RCEP)이 인도의 탈퇴로 교착상태에 빠진 가운데 한중일 FTA의 파급효과는 더욱 높아지고 있다.

2015년 한중일 3국 협력사무국 신봉길 전사무총장은 『한중일 협력의 진화』란 책을 편찬했고, 3국 협력의 제도화 과정을 1. 1999년 아세안+3 계기 첫 3국 정상모임, 2. 2008년 한중일 별도 정상회의 시작, 3. 2011년 3국 협력사무국의 출범 3단계로 분류 서술했다(신봉길, 2015). 3국 협력의 메커니즘화 과정은 최근 몇 년 동안 부침을 겪는 모습을 보였다. 예를 들어 2005~2006년 및 2012년~2015년간 한중일 정상회의도 양국의 불안한 관계로 인해 부득이하게 연기된 적도 있었다. 최근 중일관계, 한중관계가 회복되면서, 한중일 3국의 협력도 점차 새로운 상승 주기에 접어들고 있다. 2019년 말 3국 정상회의는 '한중일 향후 10년 협력 비전'을 채택하며, 3국 협력의 미래방향을 설정하였다. 그 중, 두 가지 하이라이트를 꼽을 수 있는데, 첫 번째는 거시적 차원의 '한중일+X' 이니셔티브이다. 3국의 협력이 더 이상 3국으로 국한되지 않고 점차 동북아지역 외 '제4국'으로 확장되고 있다는 의미를 지니고 있다. 특히, 3국은 동남아지역에서 비즈니스, 무역, 투자, 인프라 구축 분야에서 치열한 경쟁을 벌이고 있다. 3국 협력의 미래 방향 중 하나는 역외 지역에서의 이익 조율과 협력 중심적 상생이다. 다른 하나는 '한중일 협력기금' 설립을 가속하기 위해 3국 정부 간 협력을 민간자본과 프로젝트에 연계할 계획이다. 현재 3국 정부 각 부처 주도로 운영되고 있는 3국 협력의 여러 항목은 재원 투입에 있어 3분의1씩 균등하게 분담하는 원칙이 시행되고 있다. 평등을 준수한 원칙이지만, 한중일 협력의 제도적 설계에서는 아쉬운 점이 된다. 즉 협력의 효과가 3국이 원하는 최대공약수에 그치는 한계를 나타낸다. 앞으로 한중일 협력기금 설립은 이런 규제를 깨트리고, 3국 정부가 씨드 펀드를 일정 비율로 투입한 뒤, 좀 더 유연한 방식을 채택해 3국의 민간 기부를 받아 기금 규모를 확충해 나갈 수 있도록 운영될 전망이다. 이 기금은 3국 협력 관련 경영 창업 학술연구 지원 등 사업에 사용될 예정이며, 3국 협력에 재정지원과 창의력을 불어 넣어줄 것이다.

2) 실무적 협력 성과

넓은 의미로서의 외교는 '국교'와 '민교'라는 범주가 포함되어야 한다. 양자를 겸비하는 것이 가장 이상적인 상태이다. 한중일 협력을 '국교'와 '민교' 각기 다른 차원에서 바라본다면 그 결론도 다를 수 있음을 알 수 있다. 3국 간 높은 경제의존도, 잦은 민간교류, 깊은 문화교류는 전례가 없다 해도 과언이 아니다. 2014년 통계 데이터에 의하면 3국 간 연간 상호 방문자 수는 2000만 명을 넘었으며, 2015년 제7차 관광장관회의에서는 2020년 3국 상호 방문자 수 3000만 명을 달성한다는 목표를 세웠다.[1] 3국 간 왕성하게 이루어지고 있는 민간교류는 한중일 3국 협력의 하의상달적 원동력을 보여주고 있다. 다른 국가의 '외교관 대 외교관'식 전통외교 방식과 비교하면, 3국의 협력은 가장 활발한 대중 참여도와 체감도를 자랑하고 있다. 오랫동안 한중일 협력에 대한 인식은 3국 협력이 '정냉경열(政冷经热)'에 그치고 있다는 오해가 있었다. 실질적으로 3국 관계는 지금까지 정치와 경제라는 두 가지 범주를 훨씬 뛰어넘어 발전해 왔다. 현재 한중일 협력의 제도적 설계는 전반적으로 '피라미드'형이다. 정상회의는 피라미드의 꼭대기로서 매년 정례적으로 개최되고 있다. 그 아래 20여 개의 장관급 회의가 있으며, 구체적인 실무차원(working level)에서는 100여 개의 구체적인 협력 프로그램이 있다.

〈표1〉 한중일 협력 장관급 협의체

명칭	설립연도	명칭	설립연도
외교장관회의	2007	재무장관회의	2000
환경장관회의	1999	과학기술장관회의	2007

---

1 「제7차 한중일 관광장관 공동성명」, 한중일 협력사무국(Trilateral Cooperation Secretariat), www.tcs-asia.org/en/data/documents.php?s_topics=&s_gubun=&s_year=&s_txt=tourism (검색일 : 2020.5.7)

명칭	설립연도	명칭	설립연도
재난관리기관장회의	2009	정보통신장관회의	2002
통상장관회의	2004	보건장관회의	2007
교통물류장관회의	2006	농업장관회의	2012
관세청장회의	2007	수자원장관회의	2012
중앙은행 총재회의	2009	문화장관회의	2007
교육장관회의	2016	관광장관회의	2006
스포츠장관회의	2016	원자력안전고위규제자회의	2008
지진협력청장회의	2004	특허청장 회담	2001

자료: 한중일 협력사무국, https://www.tcs-asia.org/en/cooperation/summary.php

오랫동안, 동아시아의 통합 모델은 유럽의 일체화가 주창해온 역사화해, 정치 주도 모델과 다른 길을 걸어왔다. 아래로부터의 상향, 유연성, 실용성 등을 강조하며, 동아시아 국가들은 민감한 정치·외교적 의제는 가급적 피하고, 경제무역이나 비전통안보 의제[2]부터 협력을 시작하며, 국가 간 신뢰 프로세스(confidence building process)를 점진적으로 추진해 나갔다. 한중일 협력에서도 이와 같은 특징을 찾아볼 수 있다. 3국의 많은 협력 영역 중, 비전통안보 분야 협력은 특히 많은 이목을 끌고 있다. 비전통안보 협력은 민감한 국가안보이슈를 피해가면서도 일반 국민의 생명안전과 복지와는 매우 직결되어있다. 환경보호 협력을 예로 들자면, 협력의 폭이나 깊이에 있어 3국 협력 중 가장 성공적인 사례라고 할 수 있다.

3국 환경장관회의(Tripartite Environmental Ministers Meeting–TEMM)

---

2   비전통안보 이슈로서 환경보호, 사이버안보, 원자력안전, 반테러, 자연재난 대응 등이 있다.

는 1999년부터 시작돼 같은 해 창설된 3국 정상회의보다 앞서 있다. 가장 귀한 점은 환경장관회의는 다른 외교, 경제무역, 재정 등의 협의체제가 항상 양자 충돌의 영향을 받아 불안정성을 띠는 것과 달리, 설립 후 국가 간 정치 및 외교적 갈등으로 중단된 적이 없었다는 것이다. 현재 동북아지역에는 일본이 주도하는 동아시아 산성강화물 모니터링 네트워크(Acid Deposition Monitoring Network in East Asia ‑ EANET), 유엔 아시아태평양경제사회위원회가 주도하는 동북아환경협력프로그램(Northeast Asian Sub‑regional Programme for Environmental Cooperation ‑ NEASPEC) 등 다양한 환경 관련 다자주의 체제가 존재한다. TEMM은 여러 지역협력체 중 가장 높은 의사결정 단계인 장관급이므로 정책 수립과 집행력 등에서 가장 효율적이라는 평가를 받고 있다.[3] 최근 몇 년 동안 3국은 황사, 산성비, 해양 오염, 화학품 오염 등의 문제 해결 방안을 찾기 위해 많은 공동 과학 연구를 진행해 왔다. 2013년 이후 대기 스모그와 PM2.5 오염문제는 한중일 3국이 함께 마주하게 된 난제가 되었다. 이런 배경 하에 3국은 2014년부터 매년 한중일 공기 오염 정책 대화를 정례화하고, 산하에 두 개의 전문가 연구팀을 구성해 대기오염원 및 확산경로 연구, 미세먼지예보 및 조기경보 기술 개발에 각각 착수하게 했다. 대기오염 분야에서 한국 국립환경과학원이 참여한 '동북아 장거리이동 대기오염물질' 연구는 2019년 3국의 전문가가 공동연구 결과를 발표하며, 3국 간 PM2.5

---

3   Jang Min Chu(2018). Resilience Evaluation of the TEMM Cooperation: DSS and Air Pollution. Institute of Developing Economies‑Japan External Trade Organization (IDE‑JETRO). www. ide.go.jp/English/Research/Project/2018/2017220009. html?media=pc (검색일 : 2020.5.7)

오염의 전파 경로 비율을 명확히 밝혔다.[4] 이와 같은 분야에서의 대화와 협력은 3국 다부처의 조율이 필요하고 정치적 합의가 어느 정도 이루어져야 하지만, 외교 방위 분야보다 민감도가 훨씬 낮아 'low politics' 범주에 속한다. 3국 협력의 성과가 집중적으로 이루어진 분야이기도 하다.

3. 3국 협력의 딜레마와 도전과제

한중일 협력 20년사를 돌아보면 많은 좌절과 어려움을 겪었다는 것을 알 수 있다. 3국 협력은 파상적인 기복 양상을 띠고 있으며, 여전히 '비정치' 분야나 앞서 서술한 비전통안보 위주 'low politics' 영역에 국한되어 있고, 외교 안보 분야에서는 전통 지정학적 영향으로 협력하기 어렵다. 이에 3국 협력은 앞으로도 두 가지 딜레마에 봉착할 것이다.

1) 양자 간 분쟁의 충격

3국 협력의 가장 '치명적인' 요인은 양자 관계의 불안정성이다. 이는 냉각이나 충돌로 인해 3국 협력이 마비되는 경우가 많기 때문이다. 3국 정상회의는 거의 매년 개최되었지만, 변수가 많이 존재한다. 3국 정상회의가 20년 동안 세 차례나 중단되었던 이유는 모두 양자

---

4   Secretariat of Working Group for LTP Secretariat(2019). Summary Report of the 4th stage (2013－2017) LTP project, joint research project for long－range transboundary air pollutants in Northeast Asia.보고서는 한국, 일본 주요 도시 대기오염원의 중국 기여율이 각 32.1%, 24.6%라고 공개했다.

간 분쟁의 여파로써, 3자 협력은 양자 관계 악화의 희생양이 되었다. 더욱이 정상회의 중단은 연쇄반응을 일으키면서 3국 간 장관급 회의마저 정치적 분위기에 휩쓸려 취소되는 등 구체적인 협력사업도 차질을 빚고 있다는 점이다. 예를 들어 2005~2006년 고이즈미 준이치로(小泉純一郎) 일본 총리의 야스쿠니신사 참배로 인해 3국 정상회의 개최에 대한 중국과 한국의 반발이 이어지면서 회의가 2년 넘게 중단되기도 했다. 중일관계와 한일관계는 고이즈미 총리가 물러난 뒤에야 서서히 회복되었다. 2012~2015년 3년 동안 3국 정상회의가 다시 중단된 이유는 거의 비슷하다. 일본 정부의 댜오위다오제도(일본명 센카쿠열도) 섬 매입 움직임으로 중일관계가 정체된 뒤 아베 총리 취임 이후 '위안부' 문제에 대한 보수적 발언으로 한일관계에 균열이 생긴 것이다. 중일과 한일관계의 급격한 대립으로 3국 정상회의와 외교장관 회의 등이 다시 중단되었다. 2016~2017년 한중 간 '사드(THAAD 고고도미사일방어체계)' 문제가 불거진 뒤 박근혜 대통령의 정치 스캔들로 한국 정치권이 겪은 혼란 또한 3국 정상회담이 예정대로 개최하는 데 최대 걸림돌로 작용했다.

주목해야 할 점은 3국 협력이 당면한 근본적인 어려움 중 하나는 3국 협력이 아직 성숙한 다자주의 체제로 성장하지 못했다는 점이다. 다자주의는 국제관계의 기본논리에 따라 양자주의에 비해 개별 국가의 비협조나 탈퇴가 다른 국가의 협력 의사에 영향을 미치지 않는다는 내부 구조의 안정성에 있다. 한마디로 이상적인 상태는 중국과 일본의 충돌은 양자 틀에서 해결하고, 한중일 3자 틀의 정상적 운영에는 지장을 주지 않는 것이다. 하지만 실제 상황은 다르다. 3국 정책결정자들은 양자관계가 3자 관계의 기반이자 중요한 구성 부분, 즉 3자 관계는 어떤 의미에서는 양자관계의 연속이라는 것이다. 한중일 3자

관계는 아직 양자관계의 굴레 속에서 벗어나 진정한 '다자화'를 이루지 못하였다. 세 쌍의 양자관계가 단순히 더해진 점이 한중일 3자 협력체제의 근본적인 취약성이라고 할 수 있다(Muhui Zhang, 2018a: 57~75).

2) 제도화의 과제

저자는 3국 협력의 메커니즘 구축 과정에서 이룬 성과에 대해서 긍정적으로 평가하지만, 3국 협력의 제도화 설계 자체에는 여전히 많은 폐해가 있다고 생각한다. 예컨대 3국 협력의 범위는 '3국'과 '협력' 이 두 가지 키워드로 엄격히 제한되어 있다. 양자 간 충돌이 배제된다 하더라도, '협력'과 관련 없는 의제들은 3국 간 모든 협력체에서 제외된다는 의미이다. 한중일 협력 범위에 대한 3국간의 이견으로 인해, 3국 협력의 최종 결과는 3국 이익의 '최대공약수'가 될 수밖에 없다. 일본은 중일, 한일 양자회담에서만 역사 문제를 논의한다는 태도를 고수하며, 관련 의제를 한중일 3각의 틀에 넣지 않으려 하는 것이 대표적이다. 이로 인해 3국 관계 발전을 오랫동안 제약해온 영토·역사 문제 등은 한중일 외교장관회담이나 정상회담 의제에 포함되지 않았다. 이는 사실상 현 단계의 3국 협력체제가 외부에서 기대하고 있는 역사적 화해 촉진 기능을 크게 갖추지 못하고 있음의 증거이기도 하다.

게다가 중국은 한중일 프레임 안에서 북한과 관련된 어떤 의제도 논의하기를 거부해왔다. 2010년 한중일 정상회의는 천안함 사건 직후 한국이 주최하였던 해였다. 회의 의장국으로서 한국이 기초한 공동성명에는 북한 규탄 등 관련 논술이 담겨있었으나 중국의 강한 반발로 인해 채택되지 못했다. 중국은 북한 문제가 '3국 협력' 범위에 속한 것이 아니니, 북핵 문제가 한중일 협력의 최우선 의제가 되는 것보다 기타 양자 간 틀에서 다뤄지길 원하는 견해다. 민감한 사안에 대한 이런 동결의 해결방식은 3국 협력의 기본 프레임이 여전히 대화 조정 위주며 분쟁 해결 같은 성숙한 메커니즘은 갖추지 못한 것으로 보여진다.

3국 협력의 조율기관인 한중일 협력사무국의 제도 설계와 기능 구축도 한층 강화되어야 한다. 어떤 부분에서는 3국 협력사무국 기능에 대한 정확한 정의도 여전히 확실치 않다. 국제기구 운영사례 상, 사무국은 실체가 있고 정식으로 서명된 국제조약 협정에 따라 설립된 국제기구를 위해 존재한다. 예를 들어, 아세안 사무국은 아세안을 위해, 상하이협력기구 사무국은 상하이협력기구를 위해 운영된다. 그러나 한중일 협력은 모호하고 포괄적인 개념일 뿐 실체화된 한중일 3국이 회원국인 지역 기구는 존재하지 않는다. 사무국은 3국 협력의 상설기구이긴 하나, 현 단계에선 3국의 외교부를 위해 일하며(사무국은 3국 외교부가 공동으로 출자하여 설립되었기 때문이다), 3국 기타 부처와의 상호 교류는 여전히 부족한 상황이다. 이러한 점은 사무국 내부 인원 구성에서도 나타난다. 고위직은 주로 3국 외교부에서 파견하기 때문에 과학기술·경제·환경보호 등 실무 분야의 전문 인력이 부족한 편이다. 그러므로 사무국 역시 역량 강화를 위해 전문 분야 인력을 더 많이 확보해야 한다.

4. 3국 협력의 가능성과 미래

1) 양자 간 마찰 및 분쟁 조율 메커니즘

현 단계에서 한중일 3자 체제가 동북아지역의 '다자주의' 조율기능을 백 퍼센트 발휘하지 못하고 있지만, 3국 협력체제는 역내 안정과 충돌 분쟁 예방에 있어 여전히 중요하다. 국제관계 이론상 다자주의와 양자주의 사이에는 일정한 상호작용 관계가 있다. 예를 들어, 미국이 나서 중간 조정자 역할을 하는 한미일 3자 체제는 한일관계를 안정시키는 데 도움이 된다는 연구가 다수 있다. 한일 분쟁으로 인해 양자 정상외교가 중단되었을 때, 한미일 3자 체제는 한일 정상외교 재개를 위한 외교적 조정과 전환 공간을 제공한다(Van Jackson, 2018: 127~151; Hyeran Jo and Jongryn Mo, 2010: 67~99). 한중일 3자 체제가 동북아지역 정세 안정에 이바지하는 점은 양자 관계를 재정립하는 데 의의가 있다는 것이다. 그런 면에서 한중일 정상회담은 양자관계의 '완충기' 역할을 할 수 있다.

중일관계의 경우 2011년부터 2018년까지 7년간 중국 지도부의 일본 방문이 중단되었던 적이 있다. 정상 간의 상호 방문은 중일관계가 정상화 되는 데 있어 상징적인 정치적 의미가 있다. 그러나 중일 간 긴장이 고조되고 있는 상황에서 양측 모두 관계 개선 의지를 갖고 있다 해도 관계 회복은 결코 쉽지 않은 일이다. 양국 내 민족주의 정서가 갈수록 격화되고 있어 양측 외교 정책 결정자들은 극심한 국내 여론의 압박을 받고 있다. 정상 상호 방문이나 양자회담 재개가 어려운 상황에서, 한중일 3자 정상회담 개최는 여론의 부담을 덜고 외교적 목표를 달성하는 데 효과적이다. 이는 3국 협력 관행상 3자 회동이 먼저이고, 양자회담이 나중에 열리는 경우가 많기 때문이다. 3자 외교를 계기로 양자 차원의 정상회담이 이뤄질 수 있다. 이런 패턴은 정상회담뿐 아니라 장관급 회담에도 적용된다.

실제로 2018년 5월 제7차 한중일 정상회의가 교묘한 외교적 계기를 제공했다. 회의 주최국인 일본은 제7차 3국 정상회의의 진정한 가치는 3국 협력 자체가 아닌 3자 체제를 통한 중일관계 개선이라 여겼다. 리커창(李克强) 총리가 일본에서 열린 제7차 3국 정상회의에 참석하였고 아베 총리와 양자회담을 한 사실이 그 방증이다. 이를 계기로 양자 관계는 크게 개선되었다. 그해 연말 아베 총리의 방중도 순조로이 이루어졌다. 이런 '한중일 모델'을 통해 한일관계의 재건 또한 기대해 볼 수 있게 되었다. 2019년 하반기 한일 양국이 무역분쟁에 휩싸이면서 한국은 일본과의 정보공유 협정을 중단할 뻔했었다. 2019년 하반기 3국 외교부장관회의와 3국 정상회의 의장국이었던 중국은 한일관계 완화의 계기를 어느 정도 마련했었다.

이에 따라 동북아지역 정세에서 한중일 정상회담이 가진 정치적 의미는 제3자 플랫폼 제공을 통해 '양자 갈등 화해'를 위한 외교적 전환의 여지와 장소를 제공하는 데 있으며, '양자 난국'을 '3자'로 풀어가는 패턴이 최근 들어 형성되고 있다. 따라서 한중일 협력 강화의 '3자성' 내지 '다자성'은 중일, 한일관계의 새 장을 열 수 있는 중요한 절차이자 수단이며, 3자 협력의 유연성 또한 양자관계에 완충 보완적 역할을 충분히 할 수 있다. 환경보호 지진재난대응 등 비전통안보 분야에서 '3자가 이끄는 양자' 모델은 확립된 지 오래다. 앞으로 정치외교등의 분야에서도 점진적으로 도입되어야 한다. 90년대 초중반 중일, 한일, 한중은 각각 양자 차원에서 환경장관 협의체를 만들었다. 한중일 환경장관회의 체제 출범 이후, 독자적인 양자협의가 3자 회동으로 통일된 것도 교역비용을 줄이고 정책 조율을 강화하는 데 도움이 되었다. 따라서 양자 관계가 어려워질수록 3자 체제는 더욱 소중해지고, 3자 대화 및 접촉 채널이 원활하게 유지되는 것이 한중일 3자 협력 제도화 구축의 합리적 발전 방향이라 생각된다.

2) 역외 조율 및 '제3자' 협력 모델 초탐

제8차 한중일 정상회의에서 언급된 '한중일+X' 제안은 가장 돋보이는 혁신이라 볼 수 있다. 역사적 배경에서 볼 때 1990년대 말 시작된 동아시아 통합 프로세스의 주도권은 아세안에 있었다. 아세안은 의제 설정을 주도해왔으며, 한중일 3국은 정치 경제 대국이지만 아세안이 정한 지역협력 원칙(ASEAN Way)을 준수하는데 입장을 같이했다. 아세안은 그동안 한중일 3국 협력 과정을 관망해 왔으며, 특히 3국 협력사무국 설립에도 어느 정도 경계심을 갖고 있다. 그 이유는 아세안이 오랫동안 한중일 3국 간(특히 중일 간) 경쟁 관계를 이용해, 자신의 이익 극대화를 추구해 왔기 때문이다. 아세안은 한중일 3국의 내부 협력 강화 및 통일된 입장이 이루어진다면, 동아시아 협력의 핵심적 지위 상실을 우려하고 있다. 이런 배경 속 '한중일+X' 컨셉 제기는 더 큰 영향력을 갖게 된다. 이 컨셉은 2018년 제7차 한중일 정상회의 이후 중국이 최초로 제안해 「공동선언문」에 담기기도 했다. 중국은 2019년 회의 의장국으로서 「한중일+X' 협력 컨셉 페이퍼」 및 「3국+X 협력사업 목록」등 문서를 만들어 발표했다. 조기성과로서 '한중일+몽골' 황사 예방 및 관리, 한중일과 몽골/필리핀/인도네시아 재해 위험경감을 위한 기술역량개발등이 있다.[5] '3+X'는 폐쇄적이고 배타적인 편협된 지역협력체제가 아닌 자발적 참여, 평등, 개방, 상생, 투명, 지속 가능한 원칙 위에 구축될 것임을 분명히 했으며, 동아시아 협력 프로세스에서 아세안의 리더 역할에도 도전할 뜻이 없다는 것을 표명했다. 3국은 '3+X'의 X가 역외 국가뿐 아니라 특정 지역이나 국

5　「Harvest Projects of Trilateral+X Cooperation」 한중일 협력사무국 , https://www.tcs-asia.org/en/data/documents.php?s_topics=&s_gubun=&s_year=&s_txt=tourism
(검색일 : 2020.5.6)

제기구 등이 될 수 있는 비교적 광범위한 개념이 될 것이라고 밝혔다. 현재로선 아세안 국가들이 '한중일+X'의 중점 대상 지역이 될 가능성이 크다. 중국의 일대일로 이니셔티브, 일본의 인도·태평양 전략, 한국의 신남방전략이 아세안을 지역발전전략의 핵심 대상국으로 꼽고 있기 때문이다. 하지만 잇단 이해충돌과 악성 경쟁으로 이어져 3국 간 이익 조율과 정책 소통 강화가 시급해졌다.

물론 '한중일+X'는 컨셉 단계에 아직 머물러 있으며, 내용면에서도 허구적인 부분이 많다. '한중일+X'는 2017년 이후 설립된 '한중일 제3자 협력'의 틀에 대한 경험을 살려 확장하자는 구상이다. 실제 실효성이 이뤄질지는 지속적으로 지켜봐야 한다. 현재 한일 양국 간 제3자 협력은 대기업들의 산업체인 구축에 집중된 지 여러 해이고, 중일 제3자 협력은 인프라 투자에 중점을 두고 진행할 예정이다. 한중 3자 협력 진전은 상대적으로 뒤쳐져 있는 상황이다. 3국 경제이익의 공통점과 상생점을 찾는 데는 여전히 많은 시간이 필요하다.

5. 전망과 정책건의

한중일 3국 협력을 분석해 보면, 미래 기회와 도전 요인이 양립해 있음을 알 수 있다. 전반적으로 현 단계에서 3국 협력의 제도적 설계는 유리천장이라는 한계로 인해, 한중일 협력이 동북아의 지정학적 구도를 단기간에 바꿀 수 있을 것이라는 기대는 비현실적이다. '실무적 협력'은 앞으로도 한중일 협력의 주제이다. 한편으로는 사회민생, 경제무역 그리고 민생안전이 걸린 비전통안보 분야에서 협력을 심화시키고, 다른 한편으로는 정치안보 분야에서 3국 메커니즘의 유연성을 활용해 전환 조율기능을 발휘하는 것이 한중일 협력의 바람직한 협력 방향이 될 것이다. 이 글은 3국 협력의 미래 발전을 위해 몇 가지 건의를 제기할 예정이다.

1) 한국의 '가교' 역할 강화

중일관계는 장기적으로 볼 때 여전히 3국 협력의 가장 불안정한 요소이다. 영토 분쟁, 역사 논쟁, 대국 경쟁 관계 외에도 양국은 동아시아 협력 이념에서도 근본적으로 다르다. 중국은 '동아시아 협력'을 우선적으로 '아세안10+3'이 주체가 되는 지리적 개념으로 인식하고 있는 반면, 일본은 다른 견해를 가지고 있다. 2000년대 이후 역대 일본 정부가 추진해온 동아시아 지역협력의 경우, 동아시아 협력이 보다 개방적인 정의와 민주 자유 등 보편적 가치로 구체적 협력 동의를 끌어내야 한다는 가치관을 강조하고 있다. 이런 이념 아래, 일본은 '아세안 10+6'(인도, 호주, 뉴질랜드 포함)을 기반으로 동아시아 공동체 설립을 제안했다. 한중일 협력에 있어, 1990년대 말 3국 협력체제의 시작 단계에서는 사실상 한일 양국에 의해 움직여 왔고, 중국은 비교적 수동적인 역할이었음을 볼 수 있다. 중국의 국력이 강해지면서 2010년 이후 중국과 일본의 역할이 바뀌었고, 일본은 소극적인 태도를 보이고 있다.

따라서 한국이 맡은 '가교' 역할은 3자 관계 안정에 더욱 중요하다. 실제로 한중일 협력체제에 대한 한국의 지적 공헌이 주목받고 있다. 3국 협력 역사 속, 수많은 중대한 제도적 성과는 한국의 제안과 비전에서 비롯됐다. 2008년 단독 3국 정상회의의 설립부터 2000년대 노무현 대통령의 한중일 FTA 초보적 발상, 3국 협력사무국 설립 등, 모두 한국의 제안과 노력으로 시작되었다. 중일 양국의 정치적 상호 신뢰도가 낮은 상황에서 한국의 행동과 정책제안이 중일 양국에 더 쉽게 받아들여질 수 있다는 점이 반영된 것이다. 한국이 맡은 '중견국 (middle power)' 역할은 중국과 일본보다 공신력이 더 높은 경우가 많기 때문이다.

〈표2〉 최근 3국 협력 중 한국 측 협력 제안

협력 제안	추진 상황	비고
3국 협력기금	준비 중	제7차 한중일 정상회의서 채택됨
한중일 북극협력대화	개최함	제6차 한중일 정상회의에서 언급, 2016년 제1차 개최
3국 원자력고위규제자협의회	개최함	새 멤버 추가, 러시아, 몽골은 관찰원으로 참가
3국 협력 비전 그룹	미지	아세안10+3 협력 동아시아 비전 그룹을 모티브로 제의
동북아개발은행	미지	제6차 한중일 정상회의에서 제의
3국 행정안전부장관급회의	미지	2015년 한국 행정안전부가 제의
3국 고용노동부장관급회의	미지	2013년 한국 고용노동부 제의

자료: 한중일 협력사무국 , https://www.tcs-asia.org/en/cooperation/summary.php.

'중견국'이론에 따르면 중견국가는 대국보다 다자주의, 지역주의, 국제협력에 있어 더 큰 열정과 의지를 보이는 경우가 많다. 이명박 정부 이래 한국은 동북아와 동아시아 나아가 전 세계적으로 '중견국' 이미지를 구축하고, 이를 통해 한국의 위상을 높이는데 힘써왔다. 한중일 3국 협력이라는 미니버전의 다자체제만 놓고 보면, 한국은 3국 협력의 구체적 프로세스에서 '현자(wiseman)' 역할을 담당하고 있다. 한국의 협력 이니셔티브는 제도화 구축, 싱크탱크 설립, 경제무역 협력, 비전통안보 등 많은 분야를 포괄한다. 따라서 장기적으로 한국은 동북아지역의 강대국인 중국과 일본에 비해 절대적 힘과 담론권에 못 미치지만, 3국 협력에서 핵심적인 위치를 차지하고 있다.

2) 중점 협력사업 추진

현 단계에서 3국 협력의 최우선 과제는 시범적인 중점 사업을 추진 하는 것이다. 그중에서도 한중일 FTA 협상이 첫손에 꼽힌다. 그러나 한중일 FTA 협상의 현 진전 상황은 낙관적이지 않다. 협상은 2013년 시작된 이후 16차례에 걸쳐 진행되었으나 아직은 지지부진한 상황이 다. 3국은 여전히 협상의 초기 단계인 FTA의 기본 틀(약관을 포함하는 범위 등)에 대한 합의점을 찾지 못하고 있다. 중국은 그동안 한중일 자 유무역협정에 적극적인 태도를 유지하며 사실상 FTA의 추진자 역할 을 해왔다.(江瑞平, 2014: 14~32) 하지만 중국은 낮은 수준 혹은 중간 단계이자 상품 위주의 자유무역협정을 선호하고 있어 한국과 일본의 기대치와는 다소 차이가 있다(Madhur Srinivasa, 2013: 375~392; Min-hua Chiang, 2013: 199~216). 게다가 장기적으로 한국과 일본의 산업 동질 화 현상이 심화될수록, 양국의 무역 구도는 상호보안성보다 경쟁성이 더 강하게 나타날 것이다. 그러므로 3국은 정상회담을 통해 강력한 정치적 의지를 대외적으로 전달하는 것이 더욱 필요하다. RCEP 협정 체결을 한발 앞서 추진해, 향후 한중일 자유무역협정 협상의 토대를 마련하는 것이 비교적 현실적인 방안이라 볼 수 있다. 한중일 FTA 협 상은 RCEP 합의를 기초로 관세인하, 시장 개방으로 이어져야 한다. 다음으로, 현재 한중일 정부 간 대화 협력체제가 민간 교류와 상대적 으로 동떨어져 있는 현실을 바꾸는 데에도 주력해야 한다. 정부 간 협 력체제는 기업 시민사회단체 등 민간 사회 참여도와 연결성이 부족하 다. 그러므로 3국 협력은 민간과 기업을 참여시켜, 정부와의 상호작용 선순환을 이루어가야 한다. 특히 3국 정부는 기본 자금을 투입하고 기업과 사회단체의 기부금을 흡수해 3국 협력의 연구와 사업 추진을 지원하는 '한중일 협력기금'을 조속히 조성해야 한다.

| 참고문헌 |

신봉길, 2015, 『한중일 협력의 진화 3국 협력사무국 설립과 협력의 제도화』, 서울 아연출판부.

杨伯江, 2020, 「中日韩合作战"疫"与东北亚区域治理」, 『世界经济与政治』第4期, 中国社会科学院世界经济与政治研究所, pp.15-21.

江瑞平, 2014, 「中日韩合作中的经济互利与政治互信问题」, 『日本学刊』第6期, 中国社会科学院日本研究所, pp. 14-32.

中国外交部, 2010, 『中日韩合作文件集1999-2009』, 世界知识出版社, pp.20-23.

Calder, Kent and Min Ye, 2010, *The Making of Northeast Asia*, Stanford: Stanford University Press

Schulz, Michael, Frederik Soderbaum, and Joakim Ojendal, 2001, *Regionalization in a Globalizing World: Perspectives on Form, Actors and Processes*, London: Zed Books.

Secretariat of Working Group for LTP Secretariat, 2019, Summary Report of the 4th stage (2013 - 2017) LTP project, joint research project for long - range transboundary air pollutants in Northeast Asia.

Chiang, Min-hua, 2013, The Potential of China—Japan—South Korea Free Trade Agreement, *East Asia*, 30 (3): pp. 199 - 216.

Chu, Jang Min, 2018, Resilience Evaluation of the TEMM Cooperation: DSS and Air Pollution. Institute of Developing Economies - Japan External Trade Organization (IDE—JETRO). www.ide.go.jp/English/Research/Project/2018/2017220009. html?media=pc (검색일 : 2020.5.7)

Jackson, Van, 2018, Buffers, not Bridges: Rethinking Multilateralism and the Resilience of Japan—South Korea friction, *International Studies Review*, 20 (1): pp. 127 - 151

Jo, Hyeran and Jongryn Mo, 2010, Does the United States Need a New East Asian Anchor? The Case for US—Japan—Korea trilateralism, *Asia Policy*, 9, pp. 67 - 99.

Srinivasa, Madhur, 2013, China—Japan—Korea FTA: A Dual Track Approach to Trilateral Agreement, *Journal of Economic Integration*, 28 (3): pp. 375 - 392

Zhang, Muhui, 2018a, Proceeding in Hardship: The Trilateralism - bilateralism Nexus and the Institutional Evolution of China - Japan - South Korea Trilateralism. *The*

Pacific Review, 31(1): 57−75.

_____, 2018b, Institutional Creation or Sovereign Extension? Roles and Functions of Nascent China‐Japan‐South Korea Trilateral Cooperation Secretariat, *International Relations of the Asia‐Pacific*, 18 (2): pp. 249‐278.

한중일 협력사무국(Trilateral Cooperation Secretariat), www.tcs−asia.org (검색일 : 2020.5.6)

7장

편견에 맞서다, 근대 일본 여성 운동가의 삶과 사상 *

박은영

1. 간노 스가?

1910년 5월 고토쿠 슈스이(幸德秋水)를 비롯한 일련의 사회주의자, 무정부주의자들이 메이지 천황 암살을 기도한 혐의로 검거되는 사건이 발생했다. 그들의 죄목은 형법 73조 "천황·삼후·황태자에 대하여 해를 가하거나 가하고자 하는 자는 사형에 처한다"[1]는 규정을 위반한 '대역죄(大逆罪)'로서, 이로부터 이 사건은 '대역사건'으로 알려져 있다. 이 사건으로 26명을 기소하여 다음 해 1911년 1월 18일에 24명이 대역죄로 사형 판결을 받았고, 나머지 2명은 각각 11년과 7년의 유기징역에 처해졌다. 그리고 이 중 12명은 천황의 특별사면 형태로 무기징역으로 감형되었으나, 나머지 12명은 판결 후 1주일도 지나지 않아 처형되었다. 간노 스가(管野スガ)는 바로 이 '대역사건'으로 처형당했던 12인 중에 유일한 여성으로, 당시 그녀의 나이는 만 29살에 불과했다.

주지하듯이 지금까지 대역사건에 대한 연구는 일일이 열거할 수 없을 만큼 수많은 연구 성과를 축적해왔다. 대체로 메이지 유신 이후 의

---

*   이 글은 『한림일본학』29(2016.12)에 실린 논문을 수정 보완한 것이다.

1   "天皇三后皇太子ニ対シ危害ヲ加ヘ又ハ加ヘントシタル者ハ死刑ニ処ス".

제 가족국가체제를 표방해온 천황제 이데올로기와의 충돌 사건으로 파악하고, 이 사건과 직간접적으로 관련된 인물들의 사상과 행적을 상세히 밝히는 것은 물론 이들에 대한 국가 권력의 탄압과 '날조'의 전모를 확인하는 등 다양한 영역에서 폭넓은 연구가 이루어져 왔다. 그런데 이와 같이 연구자들의 많은 관심을 받아온 이 대역사건의 당사자 중 한 사람인 간노에 대해서는 상대적으로 알려진 바가 적다는 점은 아이러니하다. 이것은 오랫동안 간노를 규정해 왔던 '요부', '음부'의 이미지에서 기인하는 것으로, 간노는 지금까지 이중의 의미에서 유감스러운 처지에 놓여 있었다.[2]

1970년대 이후 간노를 평민사의 '혁명가'로 규정하는 연구가 등장하고 그녀의 생애를 구체적으로 알 수 있게 되었는데(絲屋寿雄, 1970), 이 연구 역시 간노를 '요부'로서 다루고 분방한 남성 편력을 폭로했던 아라하타 간손(荒畑寒村)의 『간손자전(寒村自伝)』에 의거하는 부분이 많다는 점에서 일정한 한계를 노정했다. 이후 기존의 간노에 대한 부정적 표상을 정면에서 비판하고, 간노를 대역사건의 전체 흐름 속에서 재평가하려는 시도, 곧 일종의 '명예 회복'이라는 의식을 가지고 여성 신문기자, 사회주의자, 혁명가로서의 모습을 살펴보려는 연구들이 등장했다.[3] 그러나 이들 역시 '명예 회복'이라는 연구의 목적이 명시된

---

2 일반적으로 간노의 '요부' 표상은 그녀의 두 번째 남편이었던 아라하타 간손의 『간손 자전』(1947)에 기인하는 바가 크다. 아라하타가 실제로 간노의 생활 전부를 알고 있었는지의 문제는 차치하고라도, 그가 간노의 생애 전체를 '방종 음란한 생활'로 결론짓는 것에는 문제 제기가 필요하다. 물론 사실관계로서 간노가 복수의 결혼과 이혼을 경험했고, 고토쿠 슈스이의 연인이었다는 점(대역사건 전에 이미 절연상태였으나) 등 당시로서는 평범하지 않은 그녀의 이력에서 비롯된 편견이 이후로도 지속되었을 가능성도 간과할 수 없을 것이다.

3 田中伸尚, 2011; 鈴木裕子, 2010; 村田裕和, 2009; 清水卯之助, 2002; 大谷渡, 1989; 吉田悦志, 1988; 吉田悦志, 1987; 大谷渡, 1981. 마지막으로 2016년 출판된 『管野須賀子と

이상 기존 간노상에 대한 반대적 표상, 결국 어느 한쪽으로의 표상의 연속이었다고 볼 수 있다.

이상의 선행 연구를 바탕으로, 세키구치 스미코의 최근 연구들은 (関口すみ子, 2014a; 2014b; 2014c; 2013a ; 2013b), '요부'와 '혁명가'라는 간노를 둘러싼 두 가지 표상의 각각의 문제점을 환기하고, 그녀의 목소리를 왜곡하고 주변화해온 언설구조의 생성과 재생산 프로세스에 관해 밝히고 있다는 점에서 흥미롭다. 우선 세키구치는 지금까지도 따라다니는 간노의 '요부'라는 딱지가 아라하타의 『간손자전』에 의해 일반에 유포되었다고 알려져 있으나, 실은 그 이전 1909년, 1911년의 사회주의자 동료들의 글에서 그 연원을 찾을 수 있으며, 간노에게 경의와 신뢰의 대상이었던 사회주의 운동의 선배, 동료들이 적극적으로 관여하고 있었다는 것을 폭로하고, '내부의 적'에 의해 '성적존재로 폄하된' 폭력성을 지적한다. 동시에 '혁명가'라는 이미지 역시 '요부' 혹은 '악녀'의 이미지가 있기 때문에 더욱 극적인 부인 혁명가가 되는 논리를 함축하며, 결국 남자를 파멸로 이끄는 '혁명부인'에 다름 아니었다는 점을 지적하고, 간노가 이 두 가지 표상의 구조적 폭력에 왜곡, 은폐되었을 가능성을 인식할 필요가 있다고 주장한다. 이와 같은 세키구치의 연구는 지금까지 간노를 둘러싼 두 표상의 기원을 추적하여, 기존의 간노 연구에 있어서 반복되어 왔던 어떠한 이념적 모델, 곧 어느 쪽으로든 편향된 자세에서 간노를 평가하고 재단하려는 자세에 문제를 제기했다는 측면에서 의미가 있다. 그러나 오히려 '표상' 규명에만 집중한 나머지, 간노 스가라는 인물 자체에 대한 평가는 오히려 명

大逆事件─自由・平等・平和を求めた人びと』(管野須賀子研究会, せせらぎ出版) 역시 간노의 '명예회복'을 위한다는 목적을 명확히 밝히고 있다.

확하게 드러나 있지 않은 것으로 보인다.

　본고는 선행연구들에서 어쩌면 간과하고 있는 간노 스가라는 인물 자체에 대한 이해를 심화하는데 그 목적이 있다. 무엇보다 본고에서 주목하고 싶은 것은 간노가 사상의 중층성이라는 측면에서 매우 흥미로운 인물이라는 점이다. 간노는 기독교 세례를 받았고, 사회주의자들과 깊이 교류했으며, 나중에는 무정부주의자라고 스스로 공언하기도 했다. 이 때문에 기존 연구는 간노 자신이 쓴 글에 대한 엄밀한 검토도 없이 기독교에서 사회주의사상으로, 그리고 다시 무정부주의자가 되어 대역사건에 이르렀다는 스테레오타입적 도식 속에서 간노의 사상을 분절적, 단절적으로 파악하거나, 간노의 명예 회복에만 주된 관심을 두고 이 문제 자체를 그다지 중요하지 않게 다루는 경향을 보였다. 그러나 사상은 이른바 '하이브리드(hybrid)'하며 시대의 과도적, 변혁적 지점에서는 더욱 그러하다. 따라서 본고의 초점은 기존의 연구들이 수행해온 방식, 즉 간노를 둘러싼 '표상'에서 호출된 간노상에 거리를 두고, 간노의 사상과 행동을 시간적 흐름(chronological)에 따라 살펴본 후에 필자 나름의 간노에 대한 평가를 내리는데 있다. 구체적으로 간노가 어떠한 과정을 거쳐 한 사람의 여성 '운동가'로 조형되어 가는지를 확인하고자 한다.

2.『오사카조보』시대

1) 신문기자가 되다

　간노 스가(管野スガ)는 1881년 6월 7일 오사카시 기타구 기누가사초(絹笠町)에서 태어났다. 간노의 아버지 간노 요시히데(管野義秀, 1849-

1905)는 교토쇼시다이(京都所司代)의 무사였는데 유신후 1872년 사법성이 세워지자 교토부의 재판관을 거쳐 변호사가 되었다. 1년여 만에 변호사를 그만둔 요시히데는 광산업에 뛰어들었고, 간노가 태어났을 무렵에는 사업에 성공하여 어느 정도 유복한 생활을 영위할 수 있었다.[4] 그러나 사업이 실패를 거듭하면서 급속하게 생활이 빈곤해졌고, 1892년 간노의 어머니가 세상을 떠났을 무렵에는 어린 동생들을 돌보기 위해 소학교를 중퇴할 수밖에 없는 처지에 이르는 등 곤궁한 생활의 연속이었다.[5] 간노는 이 시기를 회상하며 다음과 같이 적었다.

사회라는 학교에 입학하여 실제로 훈련한 것과 같은 마음이므로, 스스로 도리어 만족스럽게 생각합니다. … 아버지의 실패가, 일가의 불행이, 나에게 있어서, 장래의 나에게 있어서 과연 다행일까 불행일까. … 내가 이 곤란을 이겨내고 행복을 이룰까, 이 곤란에 져서 결국 불행에 빠질까의 시금석입니다.(「おもかげ」, 『全集』2卷: 295~296)

이상의 인용을 통해, 당시의 불행한 경험을 한탄하기 보다는 오히려 역경을 적극적으로 헤쳐 나가고자 했던 간노의 강인한 성격을 확인할 수 있다. 이후 간노는 1898년 자활을 위해 상경하여 간호부회(看護婦会)에 들어가 견습 수업을 받는 한편 이듬해에는 도쿄에서 잡화

---

4 간노는 『오사카조보(大阪朝報)』 기자 시대에 연재했던 「오모카게(おもかげ)」에서, 자신은 이른바 "아버지의 전성시대"에 태어났다고 적고 있었다. 管野須賀子, 1984, 『管野須賀子全集』2卷, 弘隆社, p.296(이하에서는 저자명은 생략하고, 『全集』으로 표기함)

5 한편 1896-7년 사이에 오빠와 할머니가 잇달아 사망했는데, 당시 15세의 간노는 이들의 간호까지 떠맡고 있었다.

상을 경영하던 27세의 고미야 후쿠타로(小宮福太郎)와 결혼하였으나, 1901년 겨울 아버지가 뇌졸중으로 쓰러지자 아버지의 병간호를 계기로 재차 오사카에 돌아와 생활하게 된다. 오사카에 돌아온 간노는 병든 아버지의 간호와 여동생을 부양해야만 했는데, 당시 남동생의 스승이자 간사이(関西) 문단의 실력자였던 우타가와 분카이(宇田川文海)를 통해 오사카경제사의 사장 나가에 다메마사(永江為政)를 소개받게 되었고, 1902년 7월 일간신문 『오사카조보(大阪朝報)』의 기자로 채용되게 된다. 간노는 다음과 같이 채용에 대한 포부를 밝히고 있었다.

　　저는 불행 중에 성장했으므로 조직적인 교육을 받았던 경험은 대단히 적습니다. 무엇보다 여전히 어리기 때문에 세상의 경험도 부족하고 아무짝에도 쓸모없는 인간입니다. 그러나 남자가 하는 만큼의 일이 여자도 안 될 리가 없다는 신념만은 가지고 있었습니다. 어째서인지 일본의 부인은 수백년 이래의 습관인지 모르겠으나, 여자는 남자가 하는 일은 할 수 없다며 스스로 비굴함에 빠져 있습니다. 하지만 굳이 여자라서 이기 보다는 인간이기 때문에 할 수 있다는 정신 하나만은 결코 남자에 뒤진다고 생각하지 않습니다. 아무쪼록 남자가 하는 일을 하여 얼마라도 세상을 위해 열심히 일하고 싶다는 희망을 가지고, 동시에 가급적 신문기자가 되어 그 희망을 이루고 싶다고 항상 생각하고 있었습니다. 지금까지 좋은 기회가 없었고 또한 여러 사정 때문에 허무한 날을 보내고 있었는데, 이번에 선생이 오사카조보라는 신문을 발행한다는 일을 듣고, … 평생의 희망을 이루고 더불어 여자라도 남자가 하는 일이 되지 않을 리가 없다는 신념을 관철하고 싶다는 생각을 가지고 이렇게 글을 적어 저의 무례한 희망과 신념 두 가지를 선생에게 말씀드리게 되었습니다.(「書

簡」,『全集』3卷: 139~140)

　당초 나가에는 여성 기자 채용에 부정적이었지만, 이상과 같은 편지에 감명을 받아 채용을 결정했다. 나가에는 삿포로농학교 재학 중에 사토 쇼스케(佐藤昌介), 니토베 이나조(新渡戸稲造) 등과 교류했고, 오사카 덴만(天滿)교회에서 세례를 받았던 기독교인이었는데(日本キリスト教歷史大事典編集委員会, 1988: 974), 간노 역시 입사 다음해인 1903년 11월 같은 덴만교회에서 세례를 받았던 것에서 알 수 있듯이 나가에가 간노에게 준 영향은 컸을 것으로 짐작된다.

　한편 당시 등장하기 시작했던 여성 신문기자는 여학교 혹은 사범학교를 졸업한 교사 경험자가 많았는데, 기자라는 직업상 글을 쓸 수 있는 능력을 요구했던 것은 물론이나 더불어 나이가 젊고, 용모가 아름답고 품위가 있는 세련된 여성이어야 했다는 점에서 당시 여성기자는 신문사에 있어 '액세서리'적 존재에 지나지 않았다(江刺昭子, 1997: 18). 이런 상황 속에서 간노가 입사 6개월여 만에『오사카조보』3면의 기사주임으로 발탁되었던 것은 대단히 이례적인 일이었다. 이는 필시 나가에가 간노에게 걸었던 기대를 반영하는 조치였을 것이다. 이에 대해 간노는 "본년 본일부터 더욱 뜻을 세워 신(神)으로부터 받은 이 신문기자로서의 천직에 몸을 헌신하여, … 힘써 일하고, 또한 배워서 반드시 한 사람의 몫(어렵다면 최소한 반사람 몫)을 다하는 신문기자가 되어야겠다고 마음속으로 맹세하고 신에게 기도하자 일종의 환희가 가슴에 넘쳤다"(「元旦の所感」,『全集』1卷: 236) 라고 적고 있다. 사실 이 무렵 간노는 아버지의 병간호 외에도 자신도 지병에 시달리는 등의 어려움을 겪으며 기자 생활에 대해 몇 번이고 좌절하고 있었는데, 나가에의 간노에 대한 기대는 그녀에게 신문기자로서의 사명감의 고취는 물론 '신으로부터 받은 천직'으로서 자신의 일을 재차 인식하게 되는 계기가 되었다.

그렇다면 신문기자로서 간노가 작성했던 기사는 어떤 내용이었을까. 앞서 언급한 채용에 대한 포부를 밝혔던 글에서도 짐작할 수 있듯이, 여성으로서의 삶의 방식, 자존 자립문제 등 이른바 '부인문제'에 초점이 놓였다고 할 수 있다. 다음은 채용 직후 기자로서 평생의 소감을 적은 기사이다.

> 어떻게 해서 이 부도덕한 사회를 바르게 하고 가련한 부녀를 구할 것인가. … 아아. 생각하면 생각할수록 가련하고 슬퍼해야 하는 것은 우리나라의 부녀이다. … (그녀들은-인용자) 시비를 논하지 않고 선악을 고르지 않는다. 오로지 남자의 명에만 따르려는 봉건시대의 폐풍을 바로잡고, 이 금수와도 같은 노예의 처지를 벗어나는 방법을 강구함으로써 자유를 존중하고 독립을 중시하는 구미의 부인에 부끄럽지 않도록 공부해야 한다는 점을 여러 사람들에게 말씀드리며 저 또한 스스로도 그렇게 하려고 한다.(「黃色眼鏡(二)」, 『全集』 1卷: 9)

간노는 기존의 사회를 부도덕한 사회로 전제하고 그러한 사회 속에 만연한 남존여비의 풍조를 비판한다. 그러면서 동시에 여성들 스스로의 삶의 방식에도 문제를 제기한다. 왜냐하면 간노에게 일본 여성의 삶은 "독립자존이라는 생각이 부족하여 많은 여성이 건전한 뇌와 몸을 가지고 있음에도 불구하고, 개중에는 상당한 교육을 받고 있음에도 정신도 신체도 모두 움직이지 않고 의식주 모두 부모와 남편의 보살핌을 받으며 평온하게 살고"(「美術館に就て」, 『全集』1卷: 262) 있는 것으

로 여겨졌기 때문이다. 흥미로운 것은 이와 같이 온순하고 내성적인 일본 여성을 적극적인 여성으로 만들기 위해 간노가 소개한 방법이다. 간노는 여자 교육에 열성적이던 시미즈다니(清水谷)고등여학교를 방문한 뒤, 특히 그 학교의 체육에 중점을 둔 교육 방침에 크게 동감하며, "구습에서는 그저 정숙하고 조용하며 여성스러움을 칭찬하고, 조금이라도 활발하면 여자답지 않다거나 왈가닥이라고 크게 비난을 했는데 결코 그렇지 않다. 건전한 일본, 부국강병의 일본을 보고자 하면 우선 제일 먼저 건전한 여자를 많이 만들지 않으면 안된다"(「清水谷高等女学校」, 『全集』1卷: 72) 라는 교장의 의견에 찬성을 표하고 있었다. 요컨대 간노가 말하는 부인문제란 일상생활, 특히 가정에서의 여성의 삶의 양태를 자각하고 자립심을 가지도록 의식의 변화를 요구하는 것이었고, 이를 위해 기존의 정적인 모습을 버리고 건강하고 활동적인 여성이 될 것을 요구했으며, 이것이 궁극적으로 국가에 공헌할 수 있는 길이라고 생각했던 것이다.

2) 예기 비판

한편 간노는 1903년 3월 오사카에서 개최되었던 제5회 내국권업박람회의 담당기자로 선발되면서 '추업부(醜業婦)' 문제에 관심을 집중하게 된다. 간노는 격렬한 어조로 추업부와 그 존재를 인정하는 사회를 비판한다. 그런데 여기서 간노가 말하는 추업부란 이른바 매음부만이 아니었다. 곧 "그 이름은 예기(芸妓)나 예만으로 객을 위로하는 사람이 아니라는 것은 삼척동자도 알고 있다. 공공연하게 몸을 파는 것을 업으로 하는 창기와 다를 바 없는 일을 하고 있다. 일종의 추업부라는 것은 예자 자신도 알고 있다. … (이들은−인용자) 사회에 해를 주는 자이다. 인류에 독을 흘리는 자이다"(「大阪滑稽づくし」, 『全集』1卷:

252) 라고 예기를 추업부로 단언하고 있다. 이처럼 간노가 본격적으로 예기를 비판하게 된 이유는 박람회가 여흥으로 마련한 예기에 의한 무도회인 '나니와오도리(浪花踊り)'의 개최 때문이었다.

당초 간노는 이 박람회를 '신성한 박람회'로 표현하고 있었다. 그 이유는 "황송하옵게도 폐하가 임행(臨幸)하셔서 박람회의 개장식을 거행하는" 장소로서, "폐하가 임행하시는 장소는 신전신궁"과 동일한 곳에 다름 아니기 때문이었다(「博覧会小言―式場とは何ぞや」, 『全集』1卷: 274). 다시 말해 천황의 존재로 인해 박람회장 자체가 신성한 장소가 되었으므로, '청정'함을 귀하게 여기고 '부정'함을 피하지 않으면 안된다는 결론에 이른다. 그리고 이러한 간노에게 박람회에서 '부정'한 것으로 여겨졌던 것이 바로 이들 예기들의 공연이었다. 물론 간노 역시 박람회의 번창을 더하기 위한 방법으로 적당한 여흥을 인정하나, 추업부들에 의한 노래와 춤은 신성한 박람회를 더럽히고 궁극적으로 도시 전체를 불명예스럽게 하는 사회의 독이 될 뿐이었다(「博覧会小言―余興とは何ぞや」, 『全集』1卷: 276). 그런데 여기서 주목할 만한 것은 훗날 천황 암살 계획이라는 이른바 '대역죄'로 사형을 선고받는 간노의 천황에 대한 이해이다. 주지하듯이 1889년 대일본제국헌법을 통해 법적으로 보장된 천황제 시스템은 천황의 권위 아래 모든 것을 복속시켰고, 이른바 '만세일계'에 기초한 천황의 신성성과 불가침성을 정면에 내걸었다. 더욱이 1890년 반포된 교육칙어는 도덕교육의 근본규범으로서 교육전반에 시행되어, 천황에 대한 국민적 충성과 효를 강조하는 천황 가부장제적 가족국가체제를 목표로 했다. 물론 천황제 가족국가의 환상은 대역사건에서 여실하게 드러나게 되지만, 천황제 국가에 교화된 민중의 한 사람이었던 간노 역시 이와 같은 시대적 제약과 한계를 벗어나기는 쉽지 않았을 것이다. 무엇보다 부인문제에

강한 관심을 가졌던 간노에게 천황과 황후를 일부일처제의 이상적 부부로 파악하고, 나아가 황후를 일본 여성의 진보를 상징하는 존재로 간주하고 교풍활동을 펼치고 있던 교풍회의 논리도 영향을 주었을 것으로 짐작된다.[6]

다시 간노의 박람회와 예기 비판문제로 돌아와 보자. 이렇게 해서 간노는 '예기의 무도 여흥'을 중지시키기 위한 대대적인 선전과 호소 활동을 해나가게 되는데, 이 과정에서 간노가 박람회장에 설교장을 마련해 전도할 계획을 표방했던 기독교계에 대해 언급한 다음의 글도 흥미롭다.

> 박람회는 그 이름처럼 우리나라 산업의 발달을 꾀하기 위해 열리는 것이므로, 이를 보러 오는 사람은 지식을 얻기 위해서이든 이익을 얻기 위해서이든, 그렇지 않으면 이것을 놀거리 정도로 생각하고 오락을 얻으려는 사람들뿐이다. 이에 대해 천국이 가까웠으니 회개하라고 외치고 참회를 강요해봤자, 신앙을 권해봤자, 술꾼에게 떡을 먹으라고 말하는 것과 마찬가지로 누구도 여기에 얼굴을 향하지 않는다. 목사 전도사 여러분은 천국은 알지 모르나 세상일에는 어두우니, … 진심으로 딱하기 이를 데 없다.(「博覽会小言-博覽会と基督教`きたりみよ」,『全集』1卷: 283)

---

6 일본기독교부인교풍회의 초대 회장으로 이후의 교풍회 활동에 있어서 절대적인 영향력을 지녔던 야지마 가지코(矢島楫子)는 메이지유신 이래의 사회의 진보, 자유와 평등은 천황과 황후의 덕에 의해 개량된 것이라고 말하며, 천황과 황후의 인의를 몸에 익혀 아직 남아있는 세상의 악폐를 제거하고 죄악에 미혹하는 동포 자매를 인도하는 것이 교풍회의 책임이라고 강조하였다. 따라서 교풍활동은 천황과 황후, 곧 황실에 대해 그 은혜를 갚는 것으로 위치 지워져 있었다(日本キリスト教婦人矯風会編, 1986: 52~53).

간노는 수많은 목사와 전도사들이 모여 박람회장에 구경거리 같은 작은 집을 만들어 '와서 보라'는 간판이나 내걸고, 이상한 악기를 울려서 지나가는 사람들을 붙들며, 나팔을 불고 오르간 소리를 울려 왕래하는 사람들을 잡아 끌어 진리를 권하고 정의를 강권하는 것을 "투기적 전도"(「博覧会小言－投機的伝道」, 『全集』1巻: 284), "경솔한 거동"(「博覧会小言－投機的伝道」, 『全集』1巻: 285)으로 비판했다. 그리고 오히려 기독교가 담당해야 하는 일은 평온하게 진리를 말하고 정의를 외치는 것으로, 곧 추업부의 무대를 반대하는 문제를 비롯해 이러한 일을 기획한 박람회 사무국의 추함을 비판하고 충고하여 반성하게 하는데 있었다. 그러면서 동시에 간노는 "일본인은 진리에 대한 애심(愛心), 신에 대한 경심(敬心)이 부족하므로, … 다만 인간의 힘만을 알고 신의 힘을 알지 못한다. … 실로 문명의 진보, 진정한 지식의 발달은 국민 전체가 진리를 사랑하고 신을 사랑하는 마음에서 생기는 것"(「博覧会小言－真率と熱心」, 『全集』1巻: 287)임을 알도록 하는 것이 중요하다고 덧붙이고 있었는데, 이를 통해서 당시 간노의 기독교에 대한 자세를 엿볼 수 있다. 그리고 비슷한 시기 전국기독신도대회에 참가했던 간노는 강연을 듣고 다음과 같은 소감을 밝히기도 했다.

아무리 좋은 한 사람이 있더라도 그 사람의 교를 받들고 그 사람의 품성에 동화하려는 인간이 많지 않다면 아무 일도 일어나지 않는다. 자기 자신의 본위를 납에서 동, 동에서 은, 은에서 금으로 나아가게 해서 완성된 금 본위, 즉 결함 없는 도덕의 본위까지 나아가지 않으면 안된다. 그렇다면 어떤 사람을 본위로 할까. 어떤 사람 정도가 진정한 금 본위일까. 그것은 말할 것도 없이 예수 그리스도 그 사람입니다. 어쨌든 스스로 도덕을 향상시켜 금 본위인 예수 그리스도에 동화되지

않으면 안된다 운운.(「醜業婦舞踏禁止運動に就て」, 『全集』1卷: 402)

강연의 내용을 이상과 같이 정리한 간노는 '대단히 흥미 있고 유익
한' 연설로 평가하고, 이러한 도덕 본위의 사람이 될 것을 촉구하는
한편 박람회장에서의 추업부의 공연이야말로 부도덕의 극치, 부도덕
한 추태에 다름 아니므로 금지운동에 매진할 것을 재차 요청했던 것
이다. 이때는 간노가 아직 공식적으로 세례를 받기 전으로 '신앙'의
문제는 차치하고라도 도덕적 사상으로서의 기독교에 대한 일정한 공
감과 기대를 가지고 있었음을 알 수 있다. 그리고 이와 같이 박람회장
에서의 예기들의 무용회 폐지를 주장하는 운동으로 촉발된 간노의 격
렬한 예기 비판은 이후 '폐창운동'으로 확대되어 나갔다.[7]

간노에게 경제적 자립을 제공했던 『오사카조보』가 1903년 4월 말
경영난으로 폐간되면서 약 10개월여에 걸친 그녀의 『오사카조보』 신
문기자 생활도 끝나게 된다. 그러나 이 기간 간노의 자유로운 문필 경
험과 활동은 그녀의 사상을 심화시켰고, 이후의 행보에 있어서도 중
요한 전제가 되었다고 말할 수 있을 것이다.

3. 일본기독교부인교풍회 활동

1) 교풍회 입회

간노는 1903년 5월에 오사카부인교풍회에 입회했다. 간노가 입회

---

7 세키구치는 이러한 간노의 활동은 일본 근대에 여성의 이름으로 제창되었던 공창제
  및 그 공적 존재(public presence)에 대한 반대운동으로서 높이 평가할 것을 주장한다
  (関口すみ子, 2014a: 58).

하기 전월 4월 고베교회에서 열렸던 전국대회에는 일본기독교부인교풍회가 세력 확장을 위해 세계본부에 요청했던 스마트(Kara G. Smart)가 강사로서 출석하고 있다. 스마트는 금주금연을 강조했을 뿐만 아니라 일본의 공창제도를 격렬하게 비난하고, temperance의 어의는 단지 금주금연에 대한 절제에 머무는 것이 아니라 세상의 모든 죄악을 제거해야 한다는 넓은 의미의 것이라고 말하며 당면한 국가 사회의 모든 부정과 불의를 없앨 것을 강조했다(日本キリスト教婦人矯風会編, 1986: 204~205). 간노가 이 대회에 출석했는지의 여부는 알 수 없으나, 앞서 언급한 3월 오사카에서 개최되었던 제5회 내국권업박람회에 교풍회 역시 교풍주의의 선전을 목적으로 금주휴게소를 설치했던 상황을 염두에 둘 때(日本キリスト教婦人矯風会編, 1986: 1023), 박람회의 담당기자였던 간노가 교풍회의 여러 정보를 쉽게 얻을 수 있었을 것이라고 추측할 수 있다. 무엇보다 일부일처제, 금주금연운동, 폐창운동을 펼치고 있던 교풍회가 간노에게 흥미 있는 단체였음에는 틀림없을 것이다.

간노가 입회했던 구체적인 경위에 대해서는 알 수 없으나, 입회하기 얼마 전 오사카부인교풍회의 회장 하야시 우타코(林歌子)의 연설에 대해 "여성으로서는 대단히 드물게 능변이고, 논지 역시 부인을 위해 크게 유익"(「日曜の半日」, 『全集』1卷: 356)했다는 감상을 기사로 남기고 있었던 점도 교풍회에 대한 호감의 표현으로 입회 동기의 하나로서 생각해 볼 수 있을 것이다. 그러나 무엇보다 간노가 교풍회에 대한 결정적 관심을 갖게 되었던 계기는 전술했던 '예기 비판'에 대한 교풍회와의 교감이었다고 생각한다. 간노는 이미 여러 차례 기사를 통해 찬동자를 찾고 있었음에도 기독교계를 포함하여 그다지 반향이 크지 않았던 것에 낙담하고 있었다. 그런데 간노의 4월 8일자 기사를 보면

"흔희작약(欣喜雀躍)하여 미칠 것 같이 기쁜 만족"(「醜業婦の舞踏禁止の
運動」, 『全集』1卷: 377)이라는 표현에서 드러나듯 환희로 넘친다. 내용은
지난 4월 4일 도사보리(土佐堀)청년회관에서 열렸던 오사카부인교풍
회의 연설회에 관한 것으로, 간노는 이 날의 연사였던 시마다 사부로
(島田三郞)의 유곽이전론과 안도 다로(安藤太郞)의 금주에 관한 연설을
듣고 큰 감명을 받은 것으로 보인다. 더욱이 간노는 연설이 끝난 후
시마다에게 '예기의 무도 여흥'에 관한 문제를 질문하고 찬동과 동정
을 얻자 "백만 명의 내편을 얻을 것보다 기쁘다"(「醜業婦の舞踏禁止の運
動」, 『全集』1卷: 378)고 말하며 눈물을 흘리기도 했다. 그리고 시마다는
일정이 바쁜 자신을 대신하여 사회주의대회 참가를 위해 오사카와 와
있던 도쿄매일신문기자 기노시타 나오에(木下尚江)를 만날 것을 권하
였다. 기노시타 역시 추업부 비판 문제에 큰 동감을 표하자, 간노는
"백만 명의 병사보다 뛰어난 한 사람의 장수"를 얻었다고 말하며, 두
사람의 유력한 동조자를 얻은 기쁨을 "전적으로 신의 섭리"로서 깊이
감사한다고 적고 있었다.(「醜業婦の舞踏禁止の運動」, 『全集』1卷: 379) 기노
시타는 4월 6일 밤의 나카노지마(中の嶋)공회당에서 열렸던 사회주의
연설회에서 예기의 무도 문제를 주제로 연설한 후, 도쿄매일신문지상
에도 게재하였다.[8]

더욱이 14일부터 3일간 열렸던 전국기독신도대회에서 오사카부인
교풍회의 중심인물이던 오사다 마사코(長田正子)의 남편으로 일본전
도회사 사장이며 덴만교회 목사인 오사다 도키유키(長田時行)의 추업

---

8 간노는 이에 대해 『기독교세계』에 「기독교세계 애독자 제군에게 고함」이라는 글을 기
고하여 기노시타의 연설을 소개하고 "일대불경, 일대추태, 일대치욕"인 추업부의 무
도를 금지하는 뜻에 동참하기를 기독교선교사, 목사, 전도사, 신도들에게 호소하고
있다.(「基督教世界愛読者諸君に告く」, 『全集』1卷: 395~396)

부 무도 금지 운동에 대한 호소 연설을 들은 간노는, "우리나라 수만의 기독교 신도는 남김없이 이 추업부 무도 금지를 찬성하는 자로 보아도 지장 없다. … 무슨 일에든 진격으로 열심히 하는 우리 경애하는 기독교신도, 목사 여러분의 금지 대운동이야말로, 물론 신의 힘이 더해진다면 기대컨대 그 효과를 거둘 것이다"(「醜業婦舞踏禁止の一大福音」, 『全集』1卷: 400) 라고 쓰면서 그때까지 종교가들이 자고 있다고 절규했던 점을 후회한다고 말했던 것이다. 간노는 훗날 이 오사다 도키유키로부터 세례를 받게 된다. 이와 같이 간노는 오사카부인교풍회 연설회를 계기로 재차 본인의 주장을 환기, 동시에 동조자들과의 교류를 깊이 할 수 있었고, 이로부터 기독교계에 대한 호의와 교풍회의 입회를 결심하게 되었을 것이라고 짐작할 수 있다.

이처럼 간노의 교풍회 입회는 『오사카조보』의 폐간과도 맞물리면서 그녀의 교풍회에서의 적극적인 활동으로 이어질 수 있었다. 입회 2개월여 후인 7월에는 오사카부인교풍회의 발기인이자 당시 일본기독교부인교풍회의 회장이었던 우시오다 지세코(潮田千勢子)의 급서 후 오사카교회당에서 열렸던 추도회에서 추도문을 낭독하였다. 또한 11월 일본기독교부인교풍회의 대연설회에서 사회를 역임하기도 했고, 12월에는 오사카부인교풍회 연회 석상에서 신설된 문서과 과장에 뽑혔고, 다음해 1904년 1월 오사카부인교풍회 신년회에서 공식적으로 소개되고 있었다(『婦人新報』第81号: 1904.1.). 당시 다른 부서의 사정을 살펴보면, 전도과 과장으로 오사카부인교풍회 설립 때의 회장이었던 미야카와 쓰기코(宮川次子), 풍속과 과장으로 오사다 마사코 등의 면면에서 알 수 있듯이 불과 입회 반년정도의 간노가 과장에 뽑혔던 것은 매우 이례적인 일이었다. 이를 통해 오사카부인교풍회가 간노의 그간의 신문기자로서의 경험을 비롯해 입회 이후의 활동을 높이 평가

하였고, 동시에 향후 활동에 대해 거는 기대 또한 적지 않았다는 것을 알 수 있다. 실제로 7월 도쿄에서 열렸던 제12회 일본기독교부인교풍회대회에 간노는 오사카지부의 대표로서 회장 하야시와 함께 출석하였고, 이 대회 중에 열렸던 임원 선거에서 간토렛트 쓰네코(ガントレット恒子), 하니 모토코(羽仁もと子) 등과 함께 시사문제위원에 선발되었다.(日本キリスト教婦人矯風会編, 1986: 216) 이 무렵 간노에 대한 평가는 오사카부인교풍회라는 지부만이 아니라 일본기독교부인교풍회에까지 확대되었다고도 볼 수 있을 것이다.

2) 러일전쟁과 교풍회

러일전쟁 발발과 함께 교풍회의 활동은 국가의 전쟁에 협력하는 형태로 정비된다. 이미 청일전쟁 때 적극적으로 유족위문활동을 펼친 바 있는 교풍회는 이번에도 전쟁의 정당성을 표명하며 군인에게 복음을 전하고 금주주의를 확산하는 한편, 병사들을 위문하는 것을 주된 활동으로 한 위문대활동을 벌였다.(日本キリスト教婦人矯風会編, 1986: 220~222) 간노가 속해있던 오사카부인교풍회 역시 활발하게 군인유족위안여행, 육해군 병원 및 각지의 포로수용소 방문 등의 적극적 위문활동을 벌이고 있었다.(日本キリスト教婦人矯風会編, 1986: 224) 주지하듯이 당시 기독교계는 국가정책의 정당성 선전과 국권적 내셔널리즘을 고취하는 형태로 전쟁에 적극적으로 협력하였다. 대체적인 여론은 동양평화를 위해 러시아의 세력 확장을 저지해야 하므로 의용봉공의 정신으로 국난을 극복해야 한다고 외치며 전선에 위문사절단을 파견하는 한편, 1904년 5월에는 여러 종파 관계자들이 중심이 되어 '일본종교인대회'를 개최하여 러일전쟁은 종교나 인종간의 전쟁이 아닌 평화와 문명을 위한 전쟁이라고 선언하기도 했다.(土肥昭夫, 1980:

212~213) 다음의 글을 통해 이 무렵 간노의 러일전쟁에 대한 인식을 알 수 있다.

지금 일본은 불행하게도 러시아와 포화가 서로 끊이지 않게 되었습니다. … 자국의 안녕을 보호함과 동시에 길게는 동양의 평화를 극복하는 대사명을 신으로부터 받은 것입니다. 실로 우리들 일본 국민된 자는 남녀노소, 불구자, 폐질환자라도 비상한 용기를 가지고 이에 임할 결심을 하고, 또한 신명을 던져 중임을 맡은 군인은 물론 인부군마(人夫軍馬)에 이르기까지 큰 동정을 갖지 않으면 안됩니다.(「戦争と婦人」, 『全集』2卷: 5)

이처럼 교풍회를 비롯한 기독교계의 전쟁 긍정과 협력적 자세는 간노에게도 그대로 이어져 있었고, 간노가 전쟁을 '신으로부터 받은 사명'으로 파악했던 것은 자연스러운 일이었다. 그러면서 간노는 이러한 국민적 분발의 기회를 맞이하여 여성의 활동은 특히 어떠해야 하는지에 대해서 다음과 같이 역설했다.

우리들 부인된 자는 도대체 어떠한 생각을 가지고 어떠한 행동을 하며 어떠한 방면을 향해 넘쳐흐르는 애국의 정열과 용기를 내뿜으려는 것입니까. … 우리들은 어떠한 이는 일가의 주부이고, 어머니로서 아주 자유로운 행동을 하기는 어렵습니다. 가정의 책임 있는 부인은 이러한 때 어떠한 방면을 향해 국가를 위해 진력할 길을 취하겠습니까. … 여러분은 이때에 국가에 진력하는 방법으로서, 공공연하게 부끄럽지 않은 대정신을 가지고 남편 혹은 자식 등의 불품행을 간언하고 당당하게 반대하시라. 그리고 그 품행을 삼가게 하

여 거기에 써야하는 금액을 군비로서 국가에 헌납하시라. … 이것이 동기가 되어 남자의 품행을 고칠 수 있게 된다면 자연스럽게 여자의 지위도 높아지고, 마침내는 부끄러운 추업부도 그 자취를 감추게 되어 실로 깨끗하고 사랑과 용기로 흘러넘치는 건전한 국가를 만들 수 있게 됨이 꼭 공상은 아니라고 생각합니다.(「戰争と婦人」,『全集』 2卷: 5~8)

이 글을 통해 간노의 독특한 발상을 확인할 수 있다. 즉 일본의 여성은 국가의 전쟁이라는 때를 맞아 애국심을 발휘할 기회를 잡았는데, 구체적인 방법으로는 남편이나 자식들의 불품행을 훈계하여 바르게 하고 그간 불품행에 사용되었던 돈을 군비로 헌납하여 국가에 헌신할 수 있게 된다는 것이다. 간노에게 이것은 '사회 개량의 제일보'이자 궁극적으로 여성의 지위를 향상시킬 수 있는 길로서, 전시하의 애국심 발휘가 여성의 지위 향상으로 이어진다는 개성 넘치는 논법이다.

이후에도 간노는 1905년 오사카부인교풍회가 오사카기독교도보국의회와 공동주최한 전사자기념추도회에서 오사카부인교풍회 회원 총대표로서 조사를 낭독했고, 그 조사는『기독교세계』(제1119호)에 게재되었다.(「弔辞」,『全集』2卷: 33~34) 더불어 오사카부인교풍회 문서과 과장에도 삼선되는 등 간노가 러일전쟁 이후에도 여전히 교풍회에서 중요한 위치에 있었다는 점을 미루어 짐작할 수 있다.

4. 사회주의의 영향

1) 사회주의와의 조우

앞서 언급한 것처럼 1904년 도쿄에서 열렸던 제12회 일본기독교부인교풍회대회에 오사카 대표로 참석했던 간노는 평민사를 방문하여 사카이 도시히코(堺利彦)와 처음으로 만났고, 같은 해 10월에는 오사카평민신문독서회의 결성을 『평민신문』 지상에서 호소하였다. 그리고 1905년 1월에는 오사카동지회를 설립하는 등 모리치카 운페이(森近運平)의 『오사카평민신문』(1907년 6월 창간)에 앞서 오사카에서의 평민신문의 거점 만들기에 중심적 역할을 수행하고 있었다.(村田裕和, 2009: 36) 이와 같이 평민사와 교류를 심화해 가는 가운데, 간노는 사카이의 소개로 와카야마에 근거를 둔 『무로신보(牟婁新報)』의 사외기자가 되었다.[9] 그런데 이 『무로신보』는 1905년 10월 평민사 해산 후 일본 사회주의 운동사의 한 장을 담당했다고 여겨질 정도로 사회주의 선전기관지의 역할을 수행했다.(糸屋寿雄, 1970: 50~51) 이러한 정황을 염두에 두고 기존의 연구는 러일전쟁이 평민사의 사카이, 고토쿠에게 큰 전환점이 되었듯이 간노에게도 사상적 전기가 되었다고 파악하고 이후 사회주의 사상으로의 이른바 전격적인 '전환'으로 보려는 경향이 강하다. 물론 사회주의자들과의 활발한 교류를 통해 사상의 부분적 전환 혹은 확대는 분명히 존재했을 것이나, 과연 이 무렵 앞 시기와 단절적

---

9 사카이는 『무로신보』의 사장 모리 사이안(毛利柴庵)으로부터 부인기자 소개를 의뢰받고 간노를 추천했다. 이 당시 사카이와는 두 번 만났고, 모리와는 한 번도 만난 적이 없는 사이였다.(糸屋寿雄, 1970: 52) 아울러 이 무렵 교토로 거처를 옮긴 간노는 시조(四条)교회로 전입했는데, 이 교회 마키노 도라지(牧野虎次) 목사의 소개로 도시샤(同志社)교회 골든 여사의 집에 살게 된다. 간노는 1906년 2월 와카야마로 단신 부임하기 전까지 교토에서 와카야마로 기사를 송부하고 있었다.(『全集』3卷, 年譜)

인 극적 '전환'이 일어나고 있었는지에 대해서는 좀 더 상세한 검토를 요한다. 전술했듯이 간노는 러일전쟁에 적극적으로 협력하려는 자세를 보이고 있었고, 이후에도 전쟁 협력에 대한 공식적인 후회 발언은 특별히 남기고 있지 않다. 그런데 러일전쟁 후 11월『무로신보』에 기고한 간노의 글을 보면 사회주의라는 표현이 보인다.

전후의 경영 문제는 정치, 경제, 공업, 교육 등 그 종류가 아주 다양하겠지만, 우리들 부인들에 대해 말하면 부인 자신의 자각이야말로 가장 필요한 급무라고 생각한다. … 적어도 다소의 교육을 받고, 다소의 사회적 지식을 가진 부인이라면 반드시 자기의 위치를 되돌아보고 절치 분개해야 한다. 그렇지만 부인 자매들이여, 남자조차 여전히 사회의 불평등한 계급제도에 구속되어 그저 빵의 노예가 되어 있는 오늘날 어떻게 하면 우리들이 일약하여 자유의 신천지에서 춤출 수 있겠는가. … 우리들의 이상은 사민평등의 사회주의이다.(「筆の雫」, 『全集』2卷: 39~40)

그러나 간노는 계급제도를 하루아침에 무너뜨릴 수 없다고 전제한다. 그러면서 오히려 급격하게 일을 하려고 하면 실패할 가능성이 많기 때문에 우선은 '자각'을 하고 스스로를 수양하여 품성을 높이며, 이를 통해 서서히 이상을 현실로 실행하는 방법을 취해야 한다고 주장하고 있었다. 아직까지는 직접 혁명적인 행동은 지양하고 있었던 것으로, 여전히 교풍회의 다양한 집회에 출석하고 있던 간노가 자신이 만나는 기독교 부인들에게 "사회의 선도자로서 기독신자라면 적어도 항상 생각하는 것을 말할 수 있는 정도의 수양을 바란다"(「関西婦人大祈祷会」, 『全集』2卷: 37)라고 촉구했던 그러한 '자각'과 '수양'의 연장선상에서 기대를 품었던 것이다.

1906년 2월 간노는 배를 타고 기슈 다나베(紀州田辺)로 향했다. 그때까지는 이른바 '사외기자' 혹은 '부재기자'로서 교토에서 기사를 송부하고 있었는데, 『무로신보』의 사장 모리 사이안(毛利柴庵)이 투옥되면서 공석을 메우기 위해 비로소 공식적인 입사가 이루어지게 되었던 것이다.[10]

간노의 「견문감록(見聞感録)」이란 글을 보면, 그녀가 다나베로 향하던 배에서 우연히 그 지방 명문가 아가씨를 만나 무로신보사의 아라하타 간손이 기독교도라는 말을 전해 듣고 같은 신자로서 기뻤다는 이야기(「見聞感録(二)」, 『全集』2卷: 54)는 물론, 배를 타고 가는 도중에 겪었던 인상적인 체험에 대한 다음과 같은 소감을 확인할 수 있다.

아, 이 어떤 자들인가. 독자여, 저는 다코(タコ)라는 것을 처음으로 알게 되었다. 가엽구나, 저들 부녀, 독자여. 바닷바람에 시달려 검은 얼굴에, 두꺼운 화장을 한 천하고 요염한 그 모습을 눈앞에서 보고, 그 목소리를 직접 접한 저의 마음속을 헤아려 보았다. 저들도 인간이고 우리들의 동포이다. 성스러운 부인의 정조를, 바람을 피해 잠시 정박한 뱃사람에게 약간의 돈으로 팔지 않을 수 없는 비참하기 짝이 없는 경우이다. 아, 이것은 과연 누구의 죄인가. 무한한 생각을 하다가 머지않아 공상은 여기에서 저기로 번져서 저 사회제도에 대한 불만, 결국 '아, 사회주의구나'를 반복할 때 '커피라도 드시겠습니까'라는 사무장의 목소리에 생각은 사라질 듯 하면서도 꼬리

---

10 간노는 이 무로신보사에서 아라하타 간손(荒畑寒村)과 만나게 되었던 것으로, 이후 서로 영향을 주고받는 가운데 인생의 한 전기를 맞게 된다.(糸屋寿雄, 1970: 55)

를 물고 이어진다.(「見聞感録(三)」, 『全集』2卷: 54~55)

간노는 도중에 잠시 정박했던 항에서 '다코'라고 불리던 이른바 '창부'가 탑승한 것에 대한 경험을 기술했던 것인데, 주목할 만한 것은 여기에 간노의 이전과 같은 추업부에 대한 멸시가 전혀 보이지 않는다는 점이다. 간노는 빈곤한 생활 때문에 낮에는 바다에서 노동하고, 밤에는 검게 그을린 얼굴에 두꺼운 화장을 하고 몸을 팔지 않으면 안 되는 여성들의 모습에 공감하고 가슴을 아파했다. 즉 간노는 지금까지 개인의 문제로 파악하던 추업부 문제를 매춘하지 않으면 생활할 수 없는 여성이라는 사회의 문제로서 파악했던 것이다. 그리고 이와 같은 간노의 관점은 이후의 기사에서 명료하게 드러나고 있다.

> 약자의 적은 누구인가!!! 빈민 부녀의 피로 배부르려는 악마의
> 거두는 어떤 놈인가!!! 아, 추한(醜漢) XXX. 치창을 허가하다니. 야,
> 야. 사회의 적, 불구대천의 여자의 원수. 백작 XXXX, 지사 XXXX.
> 현의 부녀자가 짜내는 비분(悲憤)의 눈물에 빠뜨려도 여전히 성에
> 차지 않는 저 XX. 아, 그렇지만 이제 와서 무엇을 말할 것인지, 단지
> 무언의 눈물만 흐를 뿐.(「無言の淚」, 『全集』2卷: 68)

이상은 1906년 2월 와카야마에 '치창(置娼)'이 허가되자마자 발표한 격렬한 항의 기사이다. 간노는 이어서 공창 허가는 "우리들 부인은 모욕당한 것입니다. 더할 나위 없는 모욕을 당한 것입니다. 인권을 유린당한 것입니다. 공공연하게 노예가 된 것입니다"(「県下の女子に檄す—咄、置娼」, 『全集』2卷: 69) 라고 말하며, '창부'라는 개인의 문제를 넘어 '가여워해야할 빈약한 인간의 자녀'인 여성의 문제로 인식하고 있

다. 그리고 이와 같은 '대죄악'이 일어나는 원인은 "부인을 인간으로 인정하지 않고, 단지 일종의 장난감 보듯 하는 인간이 이 사회에 있기 때문"(「県下の女子に檄す—咄、置娼」, 『全集』2卷: 70)으로, 전승의 영광과 문명의 진보를 외치는 일본이 공공연하게 매음을 장려하는 것이야말로 모순적인 행동이라고 국가와 사회를 비판했던 것이다. 수년전 추업부 비판의 논조와 비교할 때 확실한 차이가 느껴지며, 간노 스스로도 이때를 "조금 사상의 변화가 있는 요즘"(「田辺婦人矯風会例会」, 『全集』2卷: 91)이라고 표현하고 있었던 것에서도 알 수 있듯이 사회주의와의 접촉이 그녀에게 영향을 주었던 것은 분명하다.

2) 사회주의와 기독교

이와 같이 러일전쟁을 전후로 사회주의를 통해 사회제도와 국가의 부조리함을 문제로서 인식하게 된 간노가 이로써 사상의 '전환'을 이루었다는 것이 기존의 연구였다.[11] 그런데 이러한 도식은 '전환' 전의 사상을 크게 의식하는 것에서 출발하는 것으로, 곧 기독교도로서의 간노를 어떻게 평가할 것인가의 문제와도 깊은 관계가 있다. 다음에서 『무로신보』 입사 후 작성된 몇몇 글을 살펴보자.

간노는 1906년 3월 「다나베부인교풍회예회」라는 제목의 글을 게재했다.

이제 와서 새롭게 적을 것까지도 없지만, 금주 금연을 토대로 해

---

11 기독교사의 서술도 비슷한데, 일본의 저명한 『일본기독교역사대사전』에 의하면 간노는 1903년 11월 덴만교회에서 세례를 받았고, 1904년 평민사를 방문하며 사회주의 운동에 들어가 1905년 4월 폐교했다고 기술되어 있다.(日本キリスト教歷史大事典編集委員会, 1988: 350)

서 일어난 교풍회이므로 거의 기독교도 부인의 회합이다. … 고향 멀리 이 벽지에 같은 종교를 받드는 자매와 친근하게 만나는 기쁨은 좀처럼 글로 표현하기 어려운 것이다. 미미하기는 하나 우리 다나베부인교풍회는 자애로운 어머니와 같이 심지어 도(道)를 위해 교(敎)를 위해 헌신하는 리비트 양을 회장으로 모시고, 온후독실하여 군자와 같은 이토(伊藤) 목사의 후원을 우러러 정말이지 행복하다. 원컨대 일치하여 도(道)를 위해, 주의(主義)를 위해 힘쓰라. 늘 일치 결합이 견고하면 때와 장소에 따라 반드시 유익한 활동을 이룰 수 있다. 이렇게 해서 수확하는 가을은 반드시 이 세상에 올 것이다.(「田辺婦人矯風会例会」, 『全集』2卷: 90~91)

이와 같이 간노는 다나베로 넘어와서도 교풍회 활동은 물론 교회 활동을 지속하고 있었고, 그 속에서 타향 생활이라는 외로움과 고단함을 위로받고 있었던 것으로 보인다. 물론 간노 스스로 말하듯이 '조금 사상의 변화가 있는 요즘' 교풍회의 활동이 성에 차지 않는 면도 적지 않다고 하면서도, 현금의 사회에서 부인들의 활동으로서는 아름다운 사업이라고 칭찬하며 일치 결합하여 활동에 힘쓸 것을 권고하고 있었던 것이다. 그리고 이후 다나베를 그리워하며 쓴 기사를 보아도 무로신보사의 여러 관계자 외에도 다나베교회 이토 목사와 다나베교풍회의 리비트의 이름이 빠지지 않고 기록되어 있었던 것에서도 간노의 다나베 시대를 엿볼 수 있다.(「田辺！田辺！」, 『全集』2卷: 157)

또한 간노가 자신에게는 네 명의 어머니, 곧 "하나는 육의 어머니, 하나는 의붓어머니, 하나는 정(情)의 어머니, 하나는 영(靈)의 어머니"(「四人の母上」, 『全集』2卷: 100)가 있다고 말하며 각각을 소개한 글도 주목할 만하다. 이 중에서 '영의 어머니'는 오사카에 있다고 하며 "요즘 세상에 보기 드문 여장부로서 조금 엄격하기 때문에 어떤 사람들은 무서워서 가까이하지 못하지만, 명석한 두뇌와 불타오르는 신앙과 유창한 언변은 만날 때마다 게으른 마음을 일소시키는 느낌"(「四人の母上」, 『全集』2巻: 101)이 드는 '신이 맺어주신 어머니'라고 적었다. 즉 간노에게 '영의 어머니'란 이른바 신앙상의 조언자를 의미하는 것으로, 구체적인 실명이 기록되어 있지는 않으나 앞서 언급한 오사카부인교풍회의 하야시 우타코를 생각해 볼 수 있을 것 같다. 간노는 이 '영의 어머니'에게 때때로 혼나기도 하고, 또한 칭찬 받기도 하는 상황을 기뻐하였고, 자신의 어떤 이야기라도 나눌 수 있는 스승이라고 경애의 마음을 표현했다. 이와 같은 기독교도로서의 지속적 교류 역시 당시 간노에게 분명히 존재했던 한 측면으로서 인식할 필요가 있을 것이다. 그러나 다른 한편으로 같은 시기 간노는 사회의 여러 비참한 상황에 대해 "눈을 뜨라 사람들이여, 세상의 화의 근원을 절멸하는 것은 사회주의이다"(「三十一文字の音楽会見聞記」, 『全集』2巻: 106) 라고 사회주의자로서의 책임을 강조하고 있었는데, 이를 통해 그녀가 신앙과 행위를 이원적으로 파악하고 있었을 가능성도 추측해 볼 수 있다.

또한 간노는 무로신보사와 다나베를 떠나기 직전 이토 목사의 어린 자녀와 리비트의 정원에서 보냈던 반나절의 감상을 적은 글에서, "사해동포 모두 형제이다. 다른 사람과 나를 구별하는 것은 필경 이기주의적이지 않고 무엇이겠는가. 나는 사회 속의 나로서, 사회는 나의 사회가 아닌가. … 아, 사회, 사해동포의 사회, 평등의 사회, 나는 사회의 내가 아닌가, 인류는 나의 동포가 아닌가"(「子なり親なり」, 『全集』2巻: 153) 라고 말하고 있었는데, 이를 통해 간노가 기독교에 접하고 난 후 지속적으로 주장했던 '평등, 박애'의 정신과 결합된 사회주의 사상의 일면을 읽어낼 수 있다.[12]

간노는 다나베를 떠나 교토로 돌아갔다가 10월에 다시 도쿄로 거처를 옮긴 후, 『마이니치전보(每日電報)』의 사회부 기자가 되었고 '사회주의부인회'에도 출석하고 있다. 그러나 도쿄 생활을 시작한지 불과 서너 달 후 여동생이 병으로 죽으면서 간노는 혼자가 되었고, 그로부터 본격적으로 사카이를 비롯한 여러 사회주의자들과의 친교를 심화해 나가게 된다. 다른 한편 1907년 7월에 개최되었던 일본기독교부인교풍회의 제15회 전국대회에도 간노가 여전히 출석하고 있었던 점도 주목해야 할 것이다. 간노는 이 자리에 모인 참석자들에 대해 "신앙과 영의 힘으로 충만한 일기당천(一騎当千)"(「食卓気焔の花-婦人矯風会大会」, 『全集』2卷: 203)의 "사회의 선각자"(「食卓気焔の花-婦人矯風会大会」, 『全集』2卷: 204)로 평가한 뒤 "교풍회가 항상 생생한 문제에 주목하고 사랑을 토대로 끊임없이 활동하는 것에 대해 사회를 위해 부인회를 위해 크게 기뻐한다"(「矢島刀自と谷中村-矯風会大会三日目」, 『全集』2卷: 205~206) 라고 적고 있었다. 이 시기의 자료적인 공백을 감안하고라도 이상의 간노의 글과 행동을 통해 이전 사상으로부터의 '전환' 혹은 '단절'이라기보다는 오히려 '연속' 혹은 '혼재'되어 있었던 정황을 확인할 수 있다.

5. 간노의 기독교 이해

지금까지 간노의 사상과 행동을 연대에 따라 고찰해 왔는데, 그녀

---

12 실제로 당시 '기독교 사회주의자'로 불리던 이들에게 사회주의는 성서적(구약시대 율법) 발상에 근거한 인류의 자연스러운 성정에서 나온 사상으로, 기독교 이상을 사회적으로 실현시키는 도구로 인식되기도 했다.(白石喜之助, 1901.7: 29~30)

의 생의 마지막 부분을 검토하기에 앞서 기독교도로서의 간노의 모습을 좀 더 살펴보고자 한다.

일찍이 간노는 신문기자가 된 직후에 쓴 글에서 "사람이 이 세상에 생활하며 직업을 가지고 아무 일도 없이 살 수 있는 것은 모두 하나의 거대한 사랑(愛)의 힘에 지배되고 있는데 지나지 않는다"(「黄色眼鏡 (四)」, 『全集』1卷: 13) 라고 말하며, 자신만을 위해 사는 이들을 "우주의 최대 진리인 사랑이라는 관념이 조금도 없는"(「黄色眼鏡(四)」, 『全集』 1卷: 14) 부도덕하고 파렴치한 인간이라고 비난하고 있었다. 이와 같이 간노는 기자가 된 초기부터 박애, 자선의 정신을 강조하는 글을 줄곧 발표했는데, 그녀에게 '사랑'을 의식시켰던 것은 아마도 성서였을 것이다. 간노는 적리(赤痢)로 입원했던 일주간의 생활을 상세하게 기록한 글을 무려 22번에 걸쳐 연재하고 있었는데, 이 글을 통해 그녀의 기독교 이해의 단면을 볼 수 있다.

우선 간노는 자신의 병을 "신이 특별히 저를 너무나 사랑한 나머지 주신 사랑의 채찍"(「一週間(一)」, 『全集』1卷: 156)으로 이해했다. 그리고 간노는 입원 기간 중 성서를 곁에 두고 항상 읽었고, 이로부터 성스러운 가르침과 신의 따뜻한 사랑을 받아 다음과 같은 깨달음을 얻을 수 있었다고 말한다.

> 사회의 일분자로서 책임의 중대함을 깨닫고 동시에 앞으로 점점 더 자신을 사랑하고 스스로를 존중하며 힘써 천직을 다하여 미력하나 사회에 진력할 것을 마음속으로 크게 결심하고 마음으로 맹세하였습니다. 겨우 일주일간이었습니다만 저에게는 생애 잊을 수 없는 귀중한 시간입니다. 신은 저에게 이 결심을 하시게 하려고 일주간의 휴양을 주셨던 것이라고 생각하니 깊이깊이 기쁘고 또한 신에게 감

사하며 더불어 사회에 감사하지 않을 수 없었습니다.(「一週間(一)」,

『全集』1卷: 156~157)

이와 같이 애당초 신문기자로서 큰 자부심과 애정을 가지고, 사회
와 인류에 대해 '대책임'을 지고 있다고 입버릇처럼 말했던 간노는 병
과 입원을 통해 신체의 양생뿐 아니라 정신의 양생으로서 배움의 기
회로 삼고자 했다. 어느 날은 병실의 이불에 지워지지 않고 남아 있는
얼룩을 보고 "충분히 청결하게 세탁되고 충분하게 소독되었으나, 일
단 깊이 스며든 오점(汚点)은 다시 이전의 청결한 상태가 될 수 없다.
예를 들어 한 번 나쁜 짓을 저질러 몸을 그릇친 사람이 쉽게 그 나쁜
짓을 벗어나 원래의 선인이 될 수 없듯이, 아니 가령 선인이 된다고
해도 일단 저지른 죄는 사라지지 않는 것과 마찬가지"(「一週間(八)」, 『全
集』1卷: 174)라고 말한 뒤, 기독교의 성결 외에는 죄를 씻을 수 없다고
단언했다. 그러면서 이 이불 위에서 괴로워했을 수많은 입원 환자들
의 신음과 번민, 고뇌를 떠올렸다.

또한 간노는 식사를 마친 후 병원 수의과의 산양목장을 산책하면서
요한복음 10장의 그리스도의 선한 목자의 비유를 인용하고, "실로 양
은 온순하고 사랑스러운 동물입니다. 사람들도 서로 이 산양처럼 유
화(柔和)하여, 이욕이나 권세, 공명 등으로 싸우지 않았더라면 이 양의
무리처럼 즐겁고 평화롭게 살 수 있었을 것"(「一週間(八)」, 『全集』1卷: 207)
이라고 적었다. 즉 간노는 선한 목자이신 그리스도의 보호 안에 있는
양, 그리고 그 목자의 말을 따르는 양과 같이 사람들이 그리스도의 가
르침에 따라 살 때 사회가 평화롭게 될 수 있을 것이라고 생각했다.

이상을 염두에 둘 때 간노가 기독교를 통해 얻고자 했던 것은 무엇
보다 '죄'로부터의 '성결'이지 않았을까. 이 세상을 부도덕하고 부조리

한 곳, 이른바 '죄로 오염된 사회'로 전제하고 있던 간노에게 '죄'로부터의 '성결'은 중요한 역할을 하는 지점이다. 왜냐하면 '성결'하게 된 사람의 청결하고 도덕적인 마음이 사회를 개혁하고 변화시킬 수 있으며, 이를 통해 비로소 이 세계를 관통하고 있는 신의 '사랑'을 깨달을 수 있게 된다. 그리고 이 과정에서 자신에게 일어난 모든 일을 신의 섭리로서 이해할 수 있으며, 신이 부여한 '천직' 혹은 '사명'에 최선을 다하는 삶을 살 수 있기 때문이다. 실제로 간노는 대곤란에 조우하여 불행했던 지난해를 보내고 여전한 어려움 가운데 맞이한 새해의 소감을, "가난한 자는 복이 있다는 깊고 오묘한 성지를 맛보면서, 무사히 시간을 보내고, 희망에 가득 찬 광명을 보면서 새로운 해를 맞이하는 것을 감사"(「元旦の所感」, 『全集』1卷: 235)한다고 밝히고, 병든 아버지와 여동생과 함께 일가 단란한 설날을 보냈던 것을 신 앞에서 감사하고 있었다. 앞서 적리로 입원했을 때와 마찬가지로 어려운 처지를 '신의 사랑의 채찍'으로 이해하고, 그러한 상황이 자신에게 닥친 것을 신의 섭리로서 파악하며, 자신의 '죄'를 돌아보고 '성결'의 단계를 거쳐 궁극적으로 신의 천직을 감당하는 자로서 책임감 있는 행동으로 나갈 수 있게 된다.

한편 간노의 신도에 대한 인식은 그녀의 기독교 이해와 더불어 주목할 만한 점이 있으므로 약간의 검토를 요한다. 기본적으로 간노는 신도 자체에 대한 비판은 하고 있지 않다. 간노는 "우리 대일본을 신국이라고 하는 것은 우리 일본 국민은 조종(祖宗)을 제사하는 마음이 두텁고, 소위 영웅숭배의 관념이 깊어서 조종이 내려주신 훈회(訓誨)에 따라 영웅이 남긴 공적을 흠모하며 자연히 충군애국의 마음으로 넘쳐 있기 때문"(「行水談(五)」, 『全集』1卷: 35)이라고 말하고, 오히려 신사에 참배하러 간 사람들이 제대로 그들의 덕을 찬양하려는 마음이나 충군애국의 마음이 없이, 다만 자기 일신의 무병장수, 상업번창, 가내 안전 등만을 기원하는 자세를 문제 삼는다. 그리고 이와 같이 된 이유로 신관을 주목하며, "오늘날 신관이라는 사람들의 직무를 보면 그저 신에게 아침저녁으로 수산물이나 농산물을 바치고, 말하는 것도 까닭 없이 황망하게 지금으로부터 천년도 이천년도 전의 말들을 늘어놓는 축사라든가 제문 등을 읽을 뿐"(「行水談(五)」, 『全集』1卷: 36)으로 경신이 무엇인지, 충군애국이 무엇인지, 일본국민으로서의 관념, 행위 등에 대해 추호도 가르쳐주지 않고 다만 신사를 위한 금전을 요구할 뿐이라고 한탄한다. 또한 간노는 신사의 신들에 대한 정확한 정보가 없기 때문에 사람들이 미신망상에 빠져 일신의 안녕만을 구하는 이기적 참배가 되었다고 지적하면서, 각각의 신사에 신의 이력과 공적을 명료하게 기록하여 표시해 두면 참배하는 사람이 자연스럽게 그 신을 우러르고 진정한 경신의 마음을 갖게 되며, 더불어 애국의 마음도 일어나게 될 것이라고 강조했다.(「行水談(六)」, 『全集』1卷: 39) 이와 같이 간노는 애국심의 문제로서 신도를 이해했던 것으로, 다시 말해 일본을 있게 한 조상 숭배의 연장선상에서 충군애국을 호출한 것이고 그 신국 일본의 정점으로서 천황을 경외하는 자세는 확고한 것이었다. 따라서 신도 자체에 대한 비판이나 문제제기 보다는 여기에 관여하는 신관들 혹은 일반 참배자들, 곧 일본 국민으로서의 자세에 주목하고 있었던 것이다. 즉 간노에게 기독교의 신에 의해 받은 '천직'과 '사명'은 곧장 일본 국민의 한 사람으로서 신국 일본의 불순함, 부도덕한 사회를 개량하여 국가를 위해 진력하려는 애국심과 병렬되어 있었던 것이다.

간노가 정확히 언제 기독교에 접하게 되었는지에 대해서는 알 수 없다. 그러나 일본인이 도덕심이 부패한 이유로 종교심의 결여를 들고 그러한 '부정'을 일신하기 위해 종교심을 가져야 한다고 주장했던 간노가 기독교를 사회에 중요한 종교로서 확신하고 있었음은 충분히 짐작할 수 있다.

6. 적기사건에서 대역사건까지

1908년 6월 '적기사건(赤旗事件)'[13]이 발발했다. 간노는 사건의 직접 당사자가 아니었으나 검거되어 생애 처음으로 투옥을 경험하게 된다. 결국 무죄 선고를 받고 2개월여의 구금생활은 끝이 났지만, 간노는 이 사건으로 『마이니치전보』의 기자직에서 쫓겨나 생활의 기반을 잃었으며, 고문과 탄압을 받았던 힘겨운 감옥생활 동안 폐병은 극심해져 생명의 위협을 느낄 지경에까지 이르는 등 심신 모두 큰 타격을 받았다. 간노는 이 사건을 통해 사상의 급진화, 이른바 권력에 대한 '반국가' 사상을 추동했을지 모르겠다. 곧 '잃을 것이 아무것도 없는' 상황에서 특색 있고, 의미 있는 활동으로 끝내고 싶다는 새로운 지향성이 간노에게 싹텄던 것이다.[14]

적기사건 이후 간노는 평민사에 들어가 살면서 적기사건에서의 검거를 피했던 고토쿠 슈스이(幸德秋水)와 더불어 『자유사상』의 발행에

---

13 1908년 6월 22일에 발생한 사회주의자 탄압사건으로 '금휘관사건(錦輝館事件)'으로 불리기도 한다. 도쿄 간다(神田)의 '금휘관(錦輝館)'에서 열렸던 야마구치 요시조(山口義三) 출옥환영회의 폐회 무렵, 오스기 사카에(大杉栄), 아라하타 간손 등의 무정부주의 그룹이 '무정부공산'이라 쓰인 적기를 휘두르며 회장 밖으로 나가 행진을 시작했다. 결국 이들은 현장에 대기하고 있던 경찰과 격투 끝에 오스기, 아라하타, 사카이 도시히코(堺利彦)를 비롯한 다수가 검거되었다.

14 関口すみ子, 2014a: 132. 세키구치는 적기사건을 기점으로 나타난 이러한 새로운 지향성을 '러시아의 나로드니키형 행동으로의 급경사'로 분석한다. 실제로 간노는 적기사건의 공판에서 스스로를 '무정부주의자'로 공언하고 있었다.

진력하게 된다. 고토쿠는 이 잡지의 발간 목적을 다음과 같이 밝혔다.

> 정치문제에서도, 윤리문제에서도, 경제문제에서도, 부인문제에서
> 도 어떠한 습속적·전통적·미신적인 권위에 속박되지 않고, 항상 '도
> 리'로써 최후의 동시에 유일한 판단자가 되고 싶다. 즉 모든 문제에
> 대해 모든 방면을 향해 '자유사상'을 가지고 나아가고 싶다.(幸德秋
> 水, 「編輯室より」, 『自由思想』1号, 1909(糸屋寿雄, 1970: 143 재인용))

이와 같이 낡은 권위에 대한 비판과 이를 통한 정신혁명이라는 잡
지 창간의 목적은 간노에게 크게 공명할 만한 것이었고, 간노는 이 잡
지의 편집을 전적으로 담당했다. 그러나 『자유사상』은 나오자마자 발
행금지 처분을 받았고 간노는 발행 겸 편집인으로서 신문지조례 위반
으로 고발되어 거액의 벌금형에 처해졌다. 그리고 급하게 이어진 관
헌의 수색을 받아 간노는 그 자리에서 구인(拘引)되는 등 격렬한 국가
권력의 탄압을 받았다. 주지하듯이 문필활동을 신으로부터의 '천직',
'사명'으로 이해하고 있던 간노에게 있어서 이러한 상황은 그녀를 국
가권력에 대한 반감과 '복수' 활동으로 향하게 했을 것이다. 실제로
간노는 몇몇 동지들과 함께 메이지 천황 암살을 목표로 '폭렬탄' 계획
을 모의하기도 했다. 그러나 미야시타 다키치(宮下太吉)에 의한 폭렬탄
실험이 관헌에게 적발되면서, 이로부터 사회주의자, 무정부주의자에
대한 대대적인 조사와 검거가 시작되었다. 이른바 '대역사건'의 시작
이다. 간노를 포함해 총 26인이 검거되어 비공개 재판에 회부되었고,
검거로부터 약 8개월여 후인 1911년 1월 18일 판결에서 24인에게 사
형선고가 내려진다. 그 중 절반인 12명은 천황의 특별사면 형식으로
무기징역으로 감형되었으나, 간노와 고토쿠를 비롯한 12명은 판결이

내려지고 1주일도 지나지 않은 사이에 교수대의 이슬로 사라졌다.

간노의 마지막 심경을 알 수 있는 자료로 사형 판결을 받은 그날부터 사형집행 전날인 24일까지 작성한 「시데노 미치쿠사(死出の道艸)」라는 글이 남아있다. 간노는 이 글의 서두에서 "사형 선고를 받고 오늘부터 교수대에 오르기 전까지 내 자신을 꾸미지 않고, 거짓 없이, 스스로 속이지 않고 대단히 솔직하게 기록해 두고자 하는 것"(『明治記録文学集』, 1967: 326)이라고 썼는데, 간노의 옥중수기 혹은 유언이라고도 볼 수 있을 것이다. 간노는 이 글에서 무고한 동지들을 구하지 못했던 것에 대한 분함과 국가 권력에 대한 규탄의 말을 반복해서 남기고 있다.

애당초 간노는 이 사건의 진상에 관해 "이번 사건은 무정부주의자의 음모라고 하기보다도, 오히려 검사의 손으로 만들어진 음모라고 하는 편이 적당"(『明治記録文学集』, 1967: 335)하다고 단언했다. 곧 자신을 포함한 고토쿠, 미야시타, 니무라, 후루가와 등 최대 5인의 음모 외에, 다른 이들은 모두 '연기와 같은 과거의 좌담'을 끌어들여 검거자를 확대했다는 것인데, 이것을 간노는 "공명과 공로를 위해 한 사람이라도 많은 피고를 만들어내려고 고심한 결과 마침내 심각한 사기·속임수·강박"(『明治記録文学集』, 1967: 335)에 이르게 된 것이라고 적었다. 그리고 간노가 글 전체에서 끊임없이 사용하고 있는 '무법의 재판', '유사 이래의 무법'이라는 표현에서 드러나듯이, 그녀는 이 재판에 관여했던 국가 권력의 하수인으로서 검사들과 재판관을 '이를 갈며' 규탄한다. 간노는 재판관들을 향해, 단지 자신들의 지위를 지키기 위해 불법임을 알면서도, 또한 무법이라는 것을 알면서도 판결을 내릴 수밖에 없는 처지를 '가련'하다고 말하고 "정부의 노예"(『明治記録文学集』, 1967: 336)라고 신랄하게 비판하며, 사상계의 자유 없는 백년의 노예적 생애가 얼마나 가치가 있을지 반문한다. 이와 같이 간노의 이 글은 간자키 기

요시(神崎清)도 지적했듯이 대심원 판결에 대한 비판과 법정의 상세한 묘사에 집중하여 당시의 상황을 설명해 준다는 점에서 역사적 가치를 지닌다.(『明治記録文学集』, 1967: 406) 그런데 이 글에서 특별히 주목하고 싶은 대목이 있다. 간노는 기록을 시작한 다음 날인 19일에 아래와 같은 글을 썼다.

> 나에게는 나만의 각오가 있고 위안이 있다. 우리들은 필경 이 세계의 대사조, 대조류에 앞장서서 넓은 바다로 나가 불행하게도 암초에 만난 것에 다름 아니다. 그렇지만 이 희생은 누군가 반드시 밟지 않으면 안된다. 파선·난선 그 수를 거듭하여 비로소 새로운 항로가 완전하게 열리는 것이다. 이상(理想)의 저쪽 편에 도달할 수 있는 것이다. 나사렛의 성인이 나온 이래 수많은 희생을 지불하고 기독교는 비로소 세계의 종교가 될 수 있었다. 그것을 생각하면 우리들 몇 명의 희생 정도는 아무것도 아니다. 이러한 생각은 끊임없이 내 마음 속을 왕래하고 있다. 우리들의 이번 희생은 결코 무익하지 않다. 어떠한 의의가 있다고 확신하고 있다. 때문에 나는 교수대에서는 최후의 순간까지도 나의 죽음이 얼마나 귀중한 것인가에 대한 자존의 생각과 어쨌든 주의(主義)의 희생이 되었다는 아름다운 위안의 생각으로 감싸져 있으므로 조금의 불안과 번민 없이 생을 끝낼 수 있다고 믿고 있다.(『明治記録文学集』, 1967: 330)

이 글을 통해 간노의 정신이 향해있던 방향을 짐작할 수 있다. '끊임없이 마음속을 왕래'하고 있었던 사상은 무엇이었을까. 앞에서 살펴봤듯이 간노가 신에게 감사하고 신에게 받은 '천직'에 진력하는 이유는 궁극적으로 부도덕하고 부조리한 사회를 개량하여 신이 바라는 도덕적인 사회로 가기 위해서로, 그 과정에서 그것을 저해하는 모든 것과 철저하게 맞서려는 것이 그녀의 신앙 혹은 기독교 이해였다. 이것은 물론 간노의 지극히 주관적인 해석일 것이나, 간노가 주장했던 여러 논점들은 기본적으로 평등과 박애에 기초한 것으로 기독교적 인도주의가 전제되어 있었다고 볼 수 있으며, 권력에 맞서서 희생한다는 확신은 '나사렛 성인' 곧 그리스도의 십자가 죽음에서 기인한 것이라고 말할 수 있을 것이다. 그러나 실상 간노가 남긴 글을 보는 한, 간노의 기독교 이해가 그 자신 속에 체계화되어 있었다고는 말하기 어렵다. 또한 그녀의 사회주의 이해 역시 마찬가지이다. 사회주의자들과의 교류를 통해 영향을 받았을지 모르나, 그것이 간노의 독자적인 사회주의 사상 혹은 해석으로까지 이어졌다고는 말할 수 없다. 요컨대 간노를 '사상가'로서 규정하기에는 부족한 면이 있다고 생각된다. 그럼에도 불구하고 적어도 간노가 말한 '주의(主義)'가 어떤 것인지에 대해서는 답할 수 있지 않을까. 곧 간노에게는 기독교, 사회주의, 무정부주의 모두 빈부의 차이나 남존여비의 풍조를 일소하여 남녀가 평등한 사회, 인류동포가 평등한 사회를 만드는데 필요한 것이었고, 그 전제에는 인류 모두 신의 자녀라는 기독교로부터 환기된 박애정신이 있었던 것만은 부정할 수 없다.

7. '운동가' 간노 스가

1911년 대역사건으로 사형되었던 간노에 관해서『기독교세계』는 "일찍이 기독교 신도였으나 타락하여 허무당의 무리에 몸을 던진 자"라고 비난했는데(富坂キリスト教センター, 1995: 53), 이『기독교세계』는 간노가 애정을 가지고 수차례나 기사를 투고했던 기독교 기관지였다. 일본기독교부인교풍회의 경우는 어떠한가. 수년 동안 교풍회내에서 중심적 활동을 하였던 간노였으나 간노의 사망과 관련해서는 완전한 침묵이었다. 후에 백년사가 집필되었을 때에도 간노가 일시적으로 교풍회 생활을 한 적이 있다는 한두줄의 간략한 언급이 있었을 뿐이었다.(日本キリスト教婦人矯風会編, 1986: 214) 그리고 간노가 최후의 순간까지 염려했던 동지들로부터는 '요부' 혹은 남성성을 침식하는 '혁명가'로서 남자를 파멸로 이끄는 존재로서 언급되고 있었다.(関口すみ子, 2013b: 66~67) 그럼에도 간노는 이 모든 자기를 보는 시선 여하와 상관없이 다만 자기 자신을 속이지 않고 생을 끝내면 좋은 것이라는 신념을 견지했고, 또한 마지막 순간까지 자신을 '소인'으로 지칭하였던 것에서 그녀가 생래의 죄인의식을 가지고 있었음을 추측해 볼 수 있다. 즉 '죄'로부터 '성결'하게 된 마음은 사회를 개혁 혹은 변혁하는 원동력으로서 간노의 실천에 있어서 모든 전제가 되었고, 이러한 신념의 연장선상에서 사회주의도 필요하게 된다. 때문에 간노에게 '주의'란 하나의 특정한 사상이 아니라 여러 가지 사상의 혼재이며, 궁극적으로 '희생'을 통해 이상을 이룰 수 있다는 희망으로 이어지게 된다.

윌리엄 제임스가 『종교적 경험의 다양성』에서 개인의 종교체험을 기존의 '제도적 종교'와 구별하여 '개인적 종교'로 부른 것처럼 종교적 현상은 경험을 하는 주체의 감정을 통해 나타난다. 그렇다면 경전이나 제도, 조직으로서의 종교 활동이 아니라 오히려 개인의 '종교적 체험' 그 자체에 초점을 두고 내면과 마주할 수 있게 된다. 따라서 간노에게 제도적 종교 활동이 없었다고 그녀가 종교를 부정했다고 말하기는 어렵다.[15] 앞에서 살펴봤듯이 간노의 신에 대한 자세는 자신에게 처한 모든 상황을 신의 섭리로 파악하고, 부족한 힘을 다하여 신이 부여한 '천직' 혹은 '사명'에 최선을 다하는 삶을 살 수 있게 하는 원동력이 되어 책임감 있는 행동으로 나아가게 했다. 그렇다면 결국 간노의 '주의'는 그녀의 다양한 경험과 체험(종교적 체험을 포함하여), 지식 등을 포괄한 개념으로 사회적 실천으로 '외화(外化)'할 수 있게 하는 근본정신이 된다. 그리고 이러한 간노의 '주의'로부터 촉발된 '외화'의 과정이야말로 그녀를 기독교도, 사회주의자, 혁명가로 한정할 수 없는 다양한 운동의 동력을 보유한 '운동가'로서의 성격을 잘 보여주는 지점이라고 생각한다.

---

15 더욱이 간노가 쓴 글을 보는 한 기독교에 대한 비판은 찾아볼 수 없으며, 더욱이 폐교했다는 식의 표현도 없다.

| 참고문헌 |

『管野須賀子全集』(1−3), 1984, 弘隆社.

『明治記録文学集』, 1967, 筑摩書房.

『婦人新報』第81号.

『六合雑誌』第246号.

絲屋寿雄, 1970, 『管野すが―平民社の婦人革命家像』, 岩波書店.

大谷渡, 1989, 『管野スガと石上露子』, 東方出版.

江刺昭子, 1997, 『女のくせに　草分けの女性新聞記者たち』, インパクト出版会.

管野須賀子研究会, 2016, 『管野須賀子と大逆事件―自由・平等・平和を求めた人びと』, せ
　　せらぎ出版.

清水卯之助, 2002, 『管野須賀子の生涯―記者・クリスチャン・革命家』, 和泉選書.

関口すみ子, 2014a, 『管野スガ再考―婦人矯風会から大逆事件へ』, 白澤社.

富坂キリスト教センター, 1995, 『近代日本のキリスト教と女性たち』, 新教出版社.

土肥昭夫, 1980, 『日本プロテスタントキリスト教史』, 新教出版社.

日本キリスト教婦人矯風会編, 1986, 『日本キリスト教婦人矯風会百年史』, ドメス出版.

日本キリスト教歴史大事典編集委員会, 1988, 『日本キリスト教歴史大事典』, 教文館.

大谷渡, 1981, 「大阪時代の管野スガ―宇田川文海の思想的影響について」, 『日本史研究』
　　(222).

鈴木裕子, 2010, 「女性史における管野須賀子と「大逆事件」」, 『歴史地理教育』(759).

関口すみ子, 2014b, 「管野須賀子と大逆事件」, 『法學志林』111(3).

＿＿＿＿＿＿, 2014c, 「『新婦人』幽月(管野スガ)の困難：赤旗事件から大逆事件へ」, 『法學志
　　林』111(3).

＿＿＿＿＿＿, 2013a, 「新聞記者・幽月：管野スガ(須賀子)の実像の発掘」, 『法學志林』111(2).

＿＿＿＿＿＿, 2013b, 「管野スガ(須賀子)の表象」, 『法学志林』111(1).

田中伸尚, 2011, 「管野須賀子「針文字」書簡と楚人冠」, 『熊野大学文集』(8).

村田裕和, 2009, 「逆徒の「名」: 管野須賀子という喩法」, 『立命館文學』(614).

吉田悦志, 1988, 「管野須賀子遺稿「死出の道艸」考」, 『明治大学教養論集』(213).

_____, 1987, 「管野須賀子論」, 『明治大学教養論集』(203).

8장

'신-인종주의' 시대의
차별화 전략,
혼혈·혼종의 인식론적 문제[*]

박이진

1. 탈인종화 시대의 '미해결' 문제

1960년대 후반부터 등장하여 유행한 '일본인론'은 일본의 경제력에 힘입어 일본인에 대한 새로운 의미화를 가능하게 하였다. 이러한 일본인론은 일본인들에게 단일민족으로서의 일본 혈통을 마치 불변의 '진실'처럼 의식화하는 데 일조하였다. 단일한 일본인이라는 표상은 자연스럽게 일본인이 아닌 '일본인 외'로 분류되는 타자를 모두 외국인으로 열외화해 버렸기 때문이다.

당시의 일본인상이 젠더화, 계층화, 인종화된 담론이었음을 지적하는 것은 어렵지 않다. 그러나 민족적으로 균질한 사회처럼 포장된 일본인론 속에 감춰진 '일본인 외'의 존재들은 어디로 갔을까. 흥미롭게도 당시 미국문화를 적극적으로 받아들이면서 형성된 백인에 대한 선망과 동경은 혼혈 붐과 하프 붐과 같이 진행되었다. 그리고 일본인론이 아이러니하게도 '혼혈아 붐'을 거쳐 형성된 '하프' 담론과 함께 짝을 이루었다. 동전의 양면처럼 등장한 하프 담론은 결국 단일민족으로 인종화되는 일본인상을 보완하고 강화하는 '또 하나의 일본인론'이라고 할 수 있는 것이다.

---

* 이 글은 『일본문화연구』(77집, 2021년 1월)에 게재한 논문을 수정, 보완한 것이다.

이 글에서는 이렇게 또 하나의 일본인론으로 기능했던 하프 담론에 주목하여 그 형성 과정을 살펴보겠다. 그리고 편의에 따라 긍정과 부정의 이미지로 호출되는 혼혈아들의 표상을 확인해 현대 일본 사회의 인종주의적 특징과 굴절 과정을 규명해 보고자 한다.

일본인의 인종적, 민족적 기원 문제가 자체적으로 탐구되기 시작한 1880년 중반 이후부터 서양의 인종주의는 일본식으로 계층화되어 왔다. 서구에 대한 저항 혹은 동등함을 찾기 위한 자기개발의 논리가 구축되면서 여러 인종의 혼합으로 이루어진 일본민족이 오랜 시간에 걸쳐 그 열등성이 배제되고 새롭게 재편된 일본인종론을 탄생시켰다. 이러한 인종론은 일선동조론을 비롯해 아시아의 식민화에서 문화적 인종주의로 확대, 적용되었다. 이러한 일본인종론의 위상 전환은 서구를 의식하며 제국 일본의 자기동일성을 발명해 냄과 동시에 일본을 대신하여 아시아 여러 민족이 열등한 타자로 호출되고 마는 이중성을 띤 것이었다.

서양 인종주의의 일본식 계층화는 일본 패전 이후 미군 점령기에도 영향을 미쳤다. 당시 흑인계 혼혈아에 대한 철저한 구분과 편견은 흑인 혼혈아의 과학적 지표가 열등하지 않다는 객관적 증거에도 불구하고 서양 인종주의적 시각을 답습하며 고착화되었다. 그러나 GHQ/SCAP이 풍기문란을 이유로 일본 여성과 미군의 연예를 단속하기도 하였지만 점차 공공연해지는 혼혈(사생)아들의 존재까지 은폐할 수는 없었다. 특히 샌프란시스코강화조약 발효 이후 점령통치가 끝이 나면서 각종 저널리즘에서 쏟아낸 혼혈에 대한 언설은 그들을 '점령의 아이'로 명명하며 치욕의 역사, 혹은 부(負)의 유산 속에 가두어버렸다. 혼혈아들은 일본 패전의 치욕과 피점령 국민의 치욕이라는 이중의 수치심을 떠안고 태어난 불행한 아이콘이 되어 버린 것이다. 더구나 백인계의 혼혈아는 비교적 평탄하게 일본인에 가깝게 살아갈 수 있지만 흑인계 혼혈아는 '검둥이'라고 야유받으며 고통받을 것이라며 우려했다.

그러나 전후 일본 사회에서 흑인계 혼혈아에 대한 차별은 전쟁의 부수물이나 패전의식의 유산을 넘어 일본민족의 자기동일성 회복을 위한 희생양 메커니즘 속에서 사유되었다. 이는 전후 일본 사회에서 아시아가 소거되었던 이유와도 관련이 있다. 점령 당시 아시아계 혼혈이 사회적으로 인지되면서도 백인과 흑인 케이스에 감춰진 것은 단순히 외모상의 이질성이 문제가 아니라 근대 일본에서부터 작용해 온 일본민족의 자기동일성 구축의 논리 때문이기도 했던 것이다. 다시 말해서 제국 일본에서 일본민족의 우수함을 뒷받침해 줄 타자로서 열등한 야만, 미개의 아시아인이 호출되었듯이 전후 일본의 민족적 자존감 회복을 위해 다시금 열등한 존재로서 타자화될 존재가 필요했다. 아시아가 소거된 전후 일본에서 그 열등함을 대신할 존재는 혼혈아라는 존재로 집중되었고 그중에서도 흑인계 혼혈아가 '선택'된 필수불가결한 과정이 존재했다(박이진, 2018).

이는 혼혈아 연구의 경향성에서도 드러난다. 점령기 연구의 맥락에서 시작된 혼혈아 연구는 대일점령정책을 규명하며 본격화되었던 일본 점령연구가 비교사적 연구방법의 적용 및 재일한인정책 등 점점 그 시야를 넓혀갔던 2000년대 이후에 등장하였다. 특히 일본인 개인이 겪어야 했던 패전의 의미를 다양한 사료를 통해 여러 각도에서 재조명하게 되면서 점령기에 대한 일반의 대중이 공감대를 형성하게 되는 과정에서 혼혈아 연구는 파생되었다. 물론 혼혈 관련 연구 역시 초기에는 혼혈아의 일본으로의 동화주의를 선택한 정부 정책의 장단점을 규명하는 관점에서 당시 아동복지(교육) 정책의 실효성을 밝히는

데 중심이 있었다.[1] 그러나 최근에는 당사자성을 가진 연구자가 혼혈 아들을 인터뷰하며 일본의 '피의 정치학'을 비판하기도 하였다(下地ロ ーレンス吉孝, 2018). 아울러 혼혈에 대한 이미지를 영화와 같은 미디어 가 어떻게 반영하고 또 전파해 왔는지 그 일단을 살필 수 있는 연구도 출간되었다(岩渕功一編, 2014). 그러나 그 연구의 경향성은 패전의 유 산이나 냉전체제의 산물로 기억되는 혼혈아 담론을 답습하면서 여전 히 그들을 '외부화'하고 있다. 어떻게 보면 이런 경향 자체가 현대 일 본의 인종주의의 발단과 그로 인해 내재된 문제점을 설명해 준다고도 볼 수 있다. 혼혈에 대한 표식(선입견, 통념 등)은 탈인종화 시대를 살아 가는 현재에도 영향을 미치며 일본 대중의 인종관을 결정짓는 데 중 요한 잣대로 기능하고 있기 때문이다.

이 글에서는 이러한 점에 착안하여 다문화사회, 탈인종화 시대를 지향하는 현대 일본 사회에서 여전히 '미해결의 문제'로 이어지고 있 는 혼혈·혼종에 대한 인식론적 문제를 추궁해 보고자 한다. 연구방법 으로는 먼저 혼혈아에 대한 정부 정책이 갖는 문제를 짚어보며 현대 일본 사회에서 혼혈아에 대한 인식이 결함을 가질 수밖에 없던 한계 를 살펴보겠다. 그리고 정부 정책이 종언되며 혼혈아 문제가 더 이상 사회문제화되지 않게 된 1960년대 중후반에 단일민족 신화 위에서 활기를 띠게 된 일본인론을 새로운 형태의 인종화의 관점에서 논의해 보겠다. 이를 통해 혼혈아문제가 사회 표면적으로 비가시화되었을뿐 끝나지 않은 미해결의 상태로 오히려 심연 속으로 더욱 파고들어 일

---

1 주요 연구로는 エリザベス飯塚幹子(2009)의 「澤田美喜の「国際児」教育-「統合」·「分 離」教育論争をめぐって-」를 비롯해 加納実紀代(2007)의 『占領と性』, 嶺山敦子(2012) 의 「戦後の「混血児問題」をめぐって: 久布白落実の論稿を中心に」, 上田誠二의 「占領· 復興期の「混血児」教育」(2014), 『「混血児」の戦後史』(2018) 등을 참조하기 바란다.

본적 인종주의와 결합되었음을 알 수 있을 것이다.

2. 혼혈아의 외부화 프로세스

이 글에서 대상으로 하는 시기는 1952년에 파생된 '혼혈아 논쟁' 이후부터 이른바 '혼혈 붐'의 시대를 거쳐 '하프 담론'이 등장하는 1950-70년대에 해당한다. 이 장에서는 1952년 강화조약 발효(1952.4.28.) 이후부터 1970년대까지의 혼혈아 정책의 흐름을 개괄하고 정부 정책 상의 문제점을 짚어본다.

1) 혼혈아의 사회문제화와 그 종언

전후 GHQ 점령 기간이 끝나자마자 미디어에서 떠들썩하게 사회문제화한 것이 혼혈아 문제였다. 이전까지 혼혈에 대한 사회적 관심은 한반도나 대만, 아이누 민족 등과의 혼혈이었다. 그러나 전후 혼혈아 문제에서 혼혈아는 미군 병사와 일본 여성 사이에서 태어난 아이들로 그 범주가 축소되었다. 혼혈아라는 표현에 새로운 의미를 부여해 변화시킨 것은 후생성 등의 정부 기관과 미디어였다. 그리고 이후 '혼혈아문제대책연구회'가 후생성 산하에서 발족해 혼혈아 문제대책을 실시하는 가운데 그들을 보호하는 아동 양호시설이 다수 운영되었다.[2] 또 혼혈 당사자에 의한 지원활동으로 '레미회(レミの会)'가 생겨나는 등 혼혈아 문제가 사회문제화되는 한편 그들을 지원하기 위한

---

2   1948년 사와다 미키(沢田美喜)가 설립한 엘리자베스 샌더스 홈(エリザベス・サンダースホーム), 1953년에 건립된 福生홈(福生ホㅁム) 등이 그것이다.

민간차원의 활동도 전국 규모로 확대되었다.[3]

혼혈아 문제는 GHQ가 가져온 대량의 미군 주둔이 원인이고 혼혈아를 둘러싼 상황은 일본 외교와도 밀접한 관계에 있었다. 샌프란시스코강화조약이 체결되고 GHQ의 점령기간이 끝나면서 국가 차원의 혼혈아 문제대책이 전개되었지만, 한국전쟁 등에 의해 오키나와 등지에서는 혼혈아가 더 증가하기 시작하였다.[4]

경제 상황으로 눈을 돌리면 혼혈아 문제에는 전후 부흥기의 경제불황과 패전이라는 이미지가 중첩되어 있었다. 1950년대 중반 이후 고도경제성장기에는 그러한 '전후' 이미지가 후경화되고 혼혈아 문제에 관한 보도도 감소한다. 이에 관해서는 이후 3장에서 더 구체적으로 논의하겠지만, 1950-60년대에 걸쳐 미국문화(TV드라마, 패션, 음악 등)가 대량 유입되면서 일본 사회의 서양에 대한 이미지가 변화되었다. 서양에 대한 긍정적 이미지는 전후 혼혈아를 패전이나 치욕의 상징으로서가 아니라 동경과 선망의 이미지로 대체시켰다. 고도 경제성장과 서양문화의 영향으로 하프라는 표현이 미디어를 중심으로 확대되기 시작하였다. 미디어는 혼혈, 하프 출신 탤런트, 예능인, 스포츠선수의 활약을 많이 다루기 시작하였는데, 이는 오히려 그들에 대한 차별이나 빈곤 문제를 불가시화하는 효과를 내고 말았다. 1950-60년대에 전국 규모로 전개된 지원단체 활동도 저조해졌다. 이전까지 아동

---

3 요코하마 출신의 혼혈아였던 히라노 이마오(平野威馬雄, 1900-1986, 시인이자 프랑스문학연구자)가 1953년에 빈곤과 차별 속에 놓인 혼혈아를 구제지원하기 위해 '53회(一九五三年会)'를 조직하였다. 이 단체를 통칭 '레미회'라고 불렀다. 히라노 이마오는 자전적 작품 『レミは生きている』로 제6회 산케이아동출판문화상(サンケイ児童出版文化賞)을 받기도 하고, 1964년에는 혼혈을 주제로 한 영화〈自動車泥棒〉에 출연하기도 하면서 매스미디어에서의 혼혈아 차별을 비판하는 등 혼혈아 구제 활동에 노력하였다.
4 그후 미국 이민법이 개정되어 일부의 '전쟁신부'와 혼혈아가 미국으로 건너갔다.

복지 관점에서 대응이 이루어졌지만 혼혈아가 성인이 된 이후 차별문제는 방치되기 시작한 것이다.

또 이 시기에는 일본인론이 유행하게 되는데, 일본인론에는 일본인 개념이 새로 구성되면서 단일민족으로서의 인종화가 강화되었다. 이는 하프를 외국인화하는 근거를 강하게 제공하였다. 1970년대에는 페미니즘운동(아시아 여성들의 모임 등)이나 학생운동, 재일코리안의 민족운동도 활발하였지만, 이러한 사회운동에서 대부분 일본인과 외국인이 자명한 전제로 작용했기 때문에 하프나 혼혈에 대한 차별을 초점화한 활동은 보이지 않았다.[5]

2) 혼혈아실태조사와 정부방침의 문제점

먼저 후생성 '아동복지' 정책과 문부성 '초중교육' 방침의 기조는 무차별평등 원칙하에 혼혈아를 일본인으로 동화하는 방침이었다. 문부성은 1954-1960년에 걸쳐 5차례 혼혈아 관련 교육 지침을 간행하였다.[6] 그중 1954년의 『혼혈아지도기록(混血兒指導記錄)』 '서문'에는 "현재 학교에서 예상외로 문제가 없고, 또 무차별하게 취급하는 문부성의 방침이 현장에서 전면적으로 지지를 얻고 있음이 점차 밝혀졌다."[7]며 당시 무차별평등 원칙에 따른 혼혈아 정책을 평가하고 있다.

---

5 국제결혼 상황에 관해서는 1960년대까지는 남성이 외국 국적인 케이스가 반수 이상이었는데, 1975년 이후부터 여성이 외국적인 케이스가 과반수를 넘게 되었다. 그리고 1980년 무렵부터 아시아 여성과의 국제결혼도 상당히 증가하고 여기에 글로벌화가 진행되면서 다양한 나라 출신자와 일본인의 국제결혼이 증가하였다.

6 1954년부터 1957년까지는 『혼혈아지도기록(混血兒指導記錄)』를 매해 3월에, 그리고 혼혈아들이 중학생이 되기 시작한 1959년(간행은 1960년)에는 『혼혈아지도자료(混血兒指導資料)』를 간행하였다.

7 1954년 문부성 초등중등교육국이 정리해 보고한 『혼혈아지도기록1(混血兒指導記錄1)』을 보면, 급우나 상급생과의 관계는 혼혈아 자신이나 주위도 아직까지 명확한 자의

그리고 이러한 '낙관적'인 태도는 1963년 아동복지백서가 간행될 때까지도 똑같은 평가와 태도로 이어진다. 그러나 실질적으로 그들에 대한 따돌림이나 차별문제가 현장 교사들의 우려를 통해 나타나고 있었다.

혼혈아 문제를 교육학적 관점에서 분석하고 있는 연구 사례에 따르면 백인계 남자아이가 상급생으로부터 괴롭힘을 당해서 죽고 싶다며 학교를 뛰쳐나갔는데, 담임교사를 비롯해 다른 친구들의 노력으로 그 남자아이에 대한 괴롭힘을 해결했다고 제시하고 있다. 백인계 남자아이가 괴롭힘을 당한 이유는 '일본이 미국에게 졌는데, 그 아이가 미국인이라는 이유' 때문이었다. 담임교사 및 학교에서 이를 해결하기 위해 학교아동회를 통해 함께 놀아주고 돌봐주는 '신입생 잘 돌보기' 캠페인을 열었다(上田誠二, 2014: 74). 저자의 말대로 캠페인은 성공적인 대응 사례로서 아동교육학적으로 높이 평가할 만할지 모른다. 그러나 '복지, 아동교육'이라는 별개의 문제군으로 혼혈아를 구분하는 이러한 태도는 이후 더 자세히 살펴보겠지만, 실질적으로 일어나는 차별 문제를 아이들의 적응불안으로 덮어 이후 혼혈아문제를 완전히 외부화하는 결과를 낳게 된다.

또한 당시 혼혈아 논쟁과 더불어 '혼혈아 20만 명 설'이 등장하면서 후생성에서 처음으로 혼혈아실태조사(1953.2.1~2.20.)를 실시하였다. 그런데 그 개략서에 보면 "소위 혼혈아이지만 이 조사 목적상 일반적

식이 없고 일시적으로 차별시되는(도외시되거나 무리에서 소외당하거나) 사건은 산발적으로 있지만 담임 선생을 비롯해 학교의 노력으로 해결되어서 영속적인 심각한 차별의 예는 전혀 없다고 해도 좋다고 명시하고 있다. 또한 학교 외의 아동의 부모도 상당히 협조적이기 때문에 선생의 노력과 가정의 협력으로 현재 학교생활에 문제는 거의 없지만 장래에는 많은 불안을 내재하고 있다고 그 우려를 나타내기도 하였다.

개념에서의 혼혈아가 아니라 종전 이후, 혼혈아 문제로서 일반에게 문제시된 아동만을 조사 대상으로 한다."(混血兒實態調查概略)며 혼혈아 실태조사의 대상을 GI-Baby에만 한정하여 서포트하고 동화시키는 원칙을 내세웠다. 더 정확하게는 종전 이후 본 조사 날짜까지 출생하여 양육되고 있는 혼혈아가 주요 대상이었고, 외국 군인, 군속 등의 아버지와 일본인 어머니 사이에서 태어난 아동으로 외국인 어머니를 둔 혼혈아는 제외하였다. 또한 아버지가 일본인, 중국인, 한국인 혈통으로 그 출생 아동의 눈의 색, 두발, 용모 등이 일본인, 중국인, 한국인과 흡사하고 피부색이 황색인 혼혈아도 조사 대상에서 제외하였다. 조사 대상이 되는 아동은 피부색, 눈의 색, 머리 색, 용모 등이 일본인과 현저히 다른 아이로 한정시킨 것이다.

실태조사 이전의 일본 국적법에 따라 이 문제를 생각해 본다면 일반적으로 아버지가 일본 국적자이고 어머니가 외국 국적자이면 당시 조사 대상에서 제외된다. 일본인 아동을 위한 복지 서포트를 목적으로 하기 때문에 아버지 국적을 따르는 혼혈아는 자연스럽게 일본인으로 분류되었기 때문이다. 반면 아버지의 국적이 외국이면 외국인이 되므로 실태조사 대상에 포함되지 않게 된다. 그런데 위의 혼혈아실태조사 대상으로 명시한 내용상으로는 이런 아이도 포함되게 되었다. 어머니만 일본 국적자면 대상이 되었기 때문이다. 그리고 국적상으로는 외국인인 아이일지라도 무차별평등 원칙에 의해 일본인과 동일한 대우를 하도록 하였다. 이렇게 종전 이후 태어난 아이 중 겉모습이 현저히 다른 혼혈아만을 조사 대상으로 한다는 방침은 당시 국적법과 대비해 볼 때 일본인과 외국인의 구분이 상당히 자의적임을 알 수 있고, 전후 '일본인'에 대한 개념이 '새로운 기준'에 따라 인종화되는데 있어 과도기적 모습을 보여준다고 할 수 있다.

더구나 실태 조사지에는 호적 유무와 실제 부친의 국적 외에 혼혈아 상황으로 '백계', '흑계', '불명'이 제시되어 있고 여기에 체크를 하도록 되어있었다. 그리고 실태조사 결과 혼혈아동으로 집계된 수는 총 3,490명으로 그중 백계 3,004명, 흑계 400명, 불명 86명으로 발표되었다. 세간에서 '혼혈아 20만 명 설'이 유포되어 그 대책이 시급하다고 목소리를 높였던 것이 무색해 보이는 결과였다. 아울러 조사 대상 중 81%가 일본에서 자라길 원하고, 21%가 외국으로 입양을 원한다는 결과와 함께 혼혈아에 대한 경시나 증오, 무이해가 10%도 되지 않는다고 병기해 놓고 있다. 이는 결과적으로 동화 원칙을 중심으로 한 해외 입양에 소극적인 태도로 이어지게 된다.

실태조사 대상 범위를 '최소화'한 것이나 국내 거주 혼혈아는 일본인화하고 해외 입양 희망 혼혈아는 최대한 지원해서 외국인화하는 정부 정책의 입장은 혼혈아문제를 '외부화'하는 의도로 볼 수 있다. 특히 혼혈아 문제를 일반 아동 문제로 대상화함으로써 (인종)차별 문제는 방임되고 마는 것을 볼 수 있고, 혼혈아들의 사회 노출과 관련한 일반 대중의 인식 변화라든가 의식 계몽에는 전혀 신경쓰지 않았다. 이러한 차별문제에 관한 방임은 자연스럽게 현장 교육에서 혼란을 야기하였다. 그렇지만 오히려 문부성은 무차별평등의 교육 방침을 확대 적용할 것을 강제하였다.

무차별평등 원칙으로 혼혈아를 일반 아동과 똑같이 대해야 하고 그들이 다른 아이들과 전혀 다르지 않다고 교육해야 했던 교사들은 문부성의 방침에 따라 혼혈아를 일본인화하는데 주력하였다. 그러나 피부색 등의 외모가 다르고 게다가 혼혈아를 '미국인'으로 보는 일반 아동들의 인식마저 바꿀 수는 없었다.

차별화되는 혼혈아에 대한 교사들의 태도 역시 두 가지로 나뉘었다. 하나는 특별하다고 생각해 적극적으로 그 차이를 이해시키고 서포트하여 동화시키려는 자세이다. 또 하나는 '구별하면 안 된다, 똑같이 대해야 한다'는 원칙을 고수하여 차별화되는 혼혈아를 그냥 방치하는 것이었다. 그러나 이들 모두에게 공통된 생각은 혼혈아들이 성장한 후 차별받게 될 장래에 대한 우려였다. 혼혈아가 성장하여 사회에 나갔을 때 주위로부터 자연스럽게 배제될 것이고, 당사자 역시 지금은 모르겠지만 곧 정체성 혼란을 두고 크게 방황할 것이라는 점이 반복적으로 『혼혈아지도기록(混血兒指導記錄)』에 보고되고 있음을 볼 수 있다. 무차별평등 원칙으로 인해 혼혈아에 대한 포용이나 당사자에 대한 자각이 전혀 없는 상황이 얼마 지나지 않아 곧 문제가 될 것을 우려한 것인데, 이 중에는 아버지가 재일코리안 커뮤니티와 오키나와 커뮤니티에 속하여서 쉽게 일본인으로 동화되지 못할 것으로 판단된다는 혼혈아에 대한 걱정도 포함되어 있었다. 이러한 우려는 당시 후생성의 혼혈아 범주화의 문제라던가 문부성의 무차별평등 원칙의 확대 적용이 교육 현장에서 현실적으로 무리가 있었음을 방증하는 것이라고 할 수 있다. 실제 미군기지 주변을 포함한 도시와 농촌에서 모두 차별보고 사례가 증가하기 시작하였다. 특히 농촌은 봉건성이 여전히 강하게 유지되고 있었기 때문에 가부장적인 커뮤니티의 특성상 혼혈아를 더욱 백안시하였다. 경제적으로 어려웠던 혼혈아들이 특히 어머니의 출신 고향에 위탁되는 경우가 많았는데, 이럴 경우 그 아이는 이중으로 심각한 차별 경험을 하게 되었다. 이를 문부성은 '일시적' 이지메로 취급하며 혼혈아에 대한 인식이 전혀 차별적이지 않다는 태도만을 고수하였다. 그리고 이민법이나 난민법 등의 국제사회 변화에 편승한다는 입장을 강조하며 차별에 노출된 아동들을 점차 해외 입양으로 유도하며 이를 적극 지원하도록 장려하였다.

문부성이 심각한 차별 상황을 인지하면서도 여전히 문제없다는 낙관적 태도로 일관할 수 있던 이유는 혼혈아 문제를 아동교육 측면에서만 생각했기 때문이다. 아이들 사이에서 '일시적' 차별은 어느 사회에나 존재한다는 논리였다. 현장 교육에서의 실태 보고에도 불구하고 이러한 태도는 당시 혼혈아 정책의 한계를 넘어 혼혈아 문제를 '무화'하려는 의도로까지 지적할 수 있다.[8]

3. 하프, 또 하나의 일본인론

혼혈아에 관한 문제가 무화되는 가운데 1970년대 이후가 되면 정부의 대책은 더 이상 보이지 않는다.[9] 혼혈아 문제를 아동의 문제에 국한해 생각했기 때문에 청소년기나 성인이 된 혼혈아들은 사실상 방치되었다. 그들을 둘러싼 인종차별의 문제에 관해 전혀 관심을 두지 않았고, 동화정책이 결과적으로 혼혈아의 비가시화, 외부화를 초래하였다고 볼 수 있다.

아울러 1960년대의 혼혈아 붐과 1970년대의 하프 붐으로 혼혈과 하프라는 담론이 인종화되고 일본인론이 융성하면서 일본인 역시 인종화된다. 1980년대가 되면 국가주도의 국제화로 인해 일본인과 외

---

8 반면, 혼혈아문제를 무화시키려는 의도라던가 실질적이지 못한 정부정책을 비판하던 민간단체의 지원으로 실제 혼혈아들의 케어가 이루어졌다. 당시 혼혈아 인권문제에 많은 기여를 한 민간단체의 혼혈아 지원책은 기본적으로 정부정책과는 다르게 혼혈아를 가시화하고 보호, 격리하여 특별 교육을 통해 해외 입양을 적극적으로 추진하였다. 그러나 아이러니하게도 시민사회의 이러한 노력은 결과적으로 정부와 상호보완 관계를 이루며 혼혈아를 외국인화하여 그 문제를 외부화하는데 일조하였다고 할 수 있다.

9 이들에 대한 지원은 시민사회의 영역으로 넘어가게 되었다.

국인의 구분이 재생산된다. 이러한 흐름 속에서 혼혈아에 대한 차별 문제는 더욱 열외화, 비가시화되고 하프와 일본인에 대한 개념은 반복적인 담론과 표상에 의해 인종화되어 가는 것을 볼 수 있다.

1) 단일한 일본인상의 확대

미디어에 의해 하프 붐이 1970년대에 일어나게 되었. 흥미롭게도 당시는 일본사회에서 일본인론(혹은 일본문화론)이 유행하던 시기였다.[10] 특히 이 시기 일본인론은 학자, 연구자를 시작으로 평론가, 저널리스트, 작가, 관료, 기업인 등 다양한 카테고리의 사람들이 참가하여서 일본인의 독자성에 관해 풍성한 논의를 진행시켰다. 하루미 베프(Harumi Befu)는 이러한 일본인론의 특징을 '대중소비재'적이라고 평가하기도 하였다. 세계적 경제선진국으로서의 자랑스러운 자화상이 '문화식자(文化識者)'에 의해 묘사되어 대중을 통해 확산되었기 때문이다(Befu, 1997: 55~67).

대중소비재로서 소비된 수많은 일본인론은 일본인의 민족적 특징과 그것을 지탱하는 문화적, 지리적 조건, 담론과 커뮤니케이션의 특수성 등을 통해 활발하게 논의되었다. 그러면서 '일본인은'이라는 설명투를 통해 본질화하고 구체적으로 일본인을 단일민족으로 표상하는 논자도 많았다. 예를 들어 『종적 사회의 인간관계(タテ社会の人間関係)』(1967)의 저자 나카네 치에(中根千枝)는 "현재 세계에서 단일 국가(사회)로서 이 정도로 강한 단일성을 갖는 예는 거의 없다고 여겨진다. 여하튼 현재 학문 수준에서 거슬러 올라가 보면 일본열도는 압도적

---

10 吉野는 "일본인의 문화, 사회, 행동, 사고양식의 독자성을 체계화, 강조하는 담론, 즉 일본인론"이 "출판계에서 가장 성행했던 시기가 1970년대에서 80년대 초였는데, 그 영향이 광범위하게 강조된 것은 80년대 이후이다."(吉野, 1997: 4)라고 한다.

다수의 동일민족에 의해 지배되었고 기본적인 문화를 공유해 왔다는 것이 명백하다."(中根, 1967: 187~188)고 말한다. 나가네의 로직 속에는 일본인과 외국인을 명확하게 구분하는 이분법이 재생산되고 있다. 특히 일본인의 인간관계나 네트워크 등을 '내부(うち)'와 '외부(そと)' 등의 개념으로 설명하는 『적응의 조건(適応の条件)』에서는 같은 직장의 인간관계 등의 친밀한 관계를 제1카테고리, 친척 관계나 이웃처럼 직접 만난 적은 없지만 서로 '아는 사이'를 제2카테고리로 설명한다. 그리고 외국인은 그 이외의 제3카테고리로 구분해서 '타인'이나 '외부인(ヨソの人)'으로 설명한다(1972: 116).[11] 이는 패전 이후 이 책이 발간되기까지 약 15년 만에 단일민족의 헤게모니화가 얼마나 강력한 기제로서 진행되었고 혼혈아의 존재는 비가시화되었는지 보여주는 예시이기도 하다. 이렇게 단순화된 이분법은 그 근거를 흔들 수 있는 존재인 혼혈아의 존재를 무시한 위에 성립되어 있다.

이후 등장하는 일본인론에서는 일본의 특수성으로서 단일민족사회관이 빈출한다. 예를 들어 "민족=국민의 개념은 일본인이 처한 자연적, 지리적 환경과 역사적 사정 외에도 수전경작 농경을 기반으로 한 문화의 일본적 특수성에 의하지만, 무엇보다 일본인 총체가 다른 민족이나 국가의 총체와 접촉하는 경험을 오랫동안 갖지 않은 채 경과해 왔다는 데에 있다."(坪井, 1979: 10) 혹은 "일본은 섬나라로 일본인은 세계에서 각종 문화를 흡수하면서 타민족과 국경을 접하지 않은 채 단일민족국가로서 비교적 평화롭게 살아왔다. 그 결과 일본인에게

---

11 나카네 치에는 제1, 제2카테고리까지를 자신과의 관계 속에 넣을 수 있는 대상으로 설명하고 그 외에 해당하는 제3카테고리의 외국인의 범위는 무한하다고 말한다. 이러한 제3카테고리에 해당하는 외국인과 공유경험을 갖게 되면 제1, 제2카테고리에 들어갈 수도 있는데, 그런 경우는 '극히' 드문 일로서 있을 수 없다고 한다.

는 인간의 사고에는 차이가 없이 모두 동일하다고 하는 의식이 강하게 각인되어 있다."(高橋, 1977: 150)는 주장이 대표적이다. 이러한 단일민족사회관 속에는 인종의 구분이나 인종차별이 존재하지 않는다. 민족적으로 균질한 사회를 이뤄온 일본인들에게 인종편견과 같은 차별 자체가 애초부터 아예 '이해 불가'한 영역이었다고 그 독자성을 강조하고 있다(高橋, 1977: 150).

일본인론 속에서 전개된 '일본인=단일민족, 동질민족=인종차별은 없음'이라는 담론은 전후 혼혈아 문제와 인종차별의 구조를 완전히 그 시야에서 소멸시키고 있다. 여기에는 혼혈아뿐만 아니라 아이누, 오키나와, 재일코리안 등 일본 각지의 문화적, 언어적 다양성도 사상되어서 단일한 일본인상이 제안되고 있을 뿐이다.

2) 혼혈아의 배제

당시 일본인론을 상대화했던 스기모토 요시오(杉本良夫)는 일본인상이 젠더화, 계층화, 인종화된 일분의 인간상이라고 지적하고 있기도 하다(1996: 9~10). 그는 일본인론이 특수 엘리트층의 특이한 표본 관찰에 지나지 않으며 무엇보다 일본인의 이미지가 대기업에 근무하는 남성상에 초점이 맞춰져 있음에 주목하였다. 일본인론을 만들어 내는 작가나 편집자, 독자 모두 대학 졸업의 대기업 출신으로 상류층 남성들이 중심이 되면서 남성화된 일본인의 이미지에 더하여 '일본 혈통'이라는 인종화된 기술로까지 확대되었다는 것이다(1996: 17~18).

요시노 고사쿠(吉野耕作)는 일본인론에서 민족적 독자성의 표현 수법이 '전체론적'이라며 객관적으로 볼 때 일본인종이 존재할 리 없음에도 불구하고 일본인은 일본인스러움을 인종적으로 파악해 왔다며 일본인의 인종화를 비판하였다(1997: 144~145). 즉 일본인의 피(혈통)이라는 상상의 개념을 통해 '일본인스러움'이나 '고정불변의' 혹은 '타고난 민족성'이 표상되어 있다는 것이다. 그는 이를 '문화의 인종적 소유'라고 주장하기도 하였다. 이렇게 일본인론에서 일본인이나 일본인스러움을 규정하는 문화는 인종적 심볼인 혈통의 개념과 밀접하게 연결되어 있다. 이 가운데 외국인은 타자로서 대상화되었다. 그리고 그 경계에 있는 혼혈아는 어느 쪽에서도 제외되었다.[12]

이렇게 일본인을 강력하게 인종화하는 일본인론의 범람은 그 이후에도 지속되었다. 1980년대부터 일본인론을 비판하거나 일본 내부의 다양성을 지적하는 연구가 많이 나왔지만,[13] '인종적'인 일본인론이 너무나도 강력하게 유행하였기 때문에 혼혈아의 존재를 염두에 두지 않은 강력한 이분법은 대중에게도 무수하게 회자되었다. 스기모토 요시오는 일상생활에서 재생산된 일본인론에 의한 인종화의 영향을 이렇게 말한다. "인종론적 일본문화론은 문화지도층에 의해 확산되는 것이 아니라 풀뿌리 대중 간에 적극적으로 생산되고 지지되었다. '백인은 육식인종이기 때문에 초식인종인 일본인에 비해 정력이 강하고 음탕하다'라든가, '일본인은 청결하고 근면하지만 아시아인은 불결하고 나태하다'는 등 단순한 대비에 의한 자민족 예찬으로서의 일본문화 서술이 일본 여기저기서 축적되었고 그 뿌리는 깊다. 이러한 일본인상은 독자나 시청자가 매스미디어를 수용하고 수동적으로 소화하고 있어서만이 아니다. 대중 스스로가 다른 사람(異者)으로 보이는 존

---

12 구니히로 마사오(国弘正雄)는 일본인을 일본인답게 하는 것은 약간의 귀화시민이나 혼혈아를 예외로 하고 무엇보다 '혈통(血)'이라고 강조하였다(「外交交渉と言語」, 『国際問題』10, 1974).

13 대표적인 연구로는 Harumi Befu(1987), 杉本良夫(1996), 栗本英世(2016: 69~88) 등을 참조하기 바란다.

재와 대면했을 때 그 불안을 완화하기 위해 자신의 우월과 타자의 열등을 손쉽게 설명하는 단순명제를 필요로 하게 되는데, 이러한 명제는 문화 묘사의 형태를 띠면서 민족이나 인종을 기준으로 차별을 정당화하는 유사이론으로 사용된다. '일본인과 다르게 아시아에서 온 사람은 더럽기 때문에 아파트를 빌려줄 수 없다', '일본인과 다르게 외국인은 난폭하기 때문에 외국인이 늘어나면서 일본의 마을이 소란스러워졌다', '혼혈아는 외국인(外人)의 피가 섞였기 때문에 일본을 알지 못하는 것이 당연하다' 등의 담론이 그 예이다."(杉本, 1996: 18~19) 이처럼 대중이 더 적극적으로 재생산한 일본인론 속에 혼혈, 하프는 애초부터 배제되었음을 알 수 있다. 일본인과 외국인이라는 강력한 이분법의 담론이 확산된 것이다.

4. 인종주의의 일본식 계층화

GI-Baby에 관한 신문 보도는 1960년대 이후에도 종종 보이지만 1954년부터 그 보도열은 이미 식었다.[14] 이후 종종 보도되던 혼혈아 문제도 1960년대 후반부터는 점차 전후의 이미지로서가 아니라 혼혈 탤런트나 스포츠선수의 활약을 미디어에서 다루는 형태로 변해간다.

1965년 6월 19일 발행 『주간 헤본(週刊平凡)』에서는 「혼혈 탤런트(特

---

14 高崎節子는 "혼혈아문제 붐의 열기는 식었다. 때때로 문득 저널리즘에 등장하는 것은 미담 혹은 악담, 아니면 개개의 혼혈아를 둘러싼 문제가 뉴스 스토리 혹은 GI를 탓하거나 그 모친을 탓하거나 혹은 혼혈아를 양육하고 있는 마을 사람들의 선행을 알리거나 하는 정도였다."고 지적한다(「続 · 混血児」『労災—災害補償と安全衛生』労働協会, 1954, 10~13).

集グラフ 混血タレント)」라는 특집을 편성했는데, "올해는 종전 20년째로 신문, 잡지, 방송 등에서 혼혈아 문제를 다수 다루었다. 그러나 그러한 논의는 둘째치고 발랄한 전후 세대를 살아 온 그들은 아름답고 건강하게 자라서 예능계로의 진출도 눈에 띠었다."(p.117)고 소개하고 있다. 전후 경제계에서는 서양의 백인 이미지를 텔레비전이나 잡지, 광고, CM 등에서 적극적으로 이용했다. 그리고 점차 혼혈아문제에 관한 인식이 사그라들고 전후 소비사회에서 백인 우위와 '서양화의 인종프로젝트(下地ローレンス吉孝, 2018: 147)'[15]가 진행되는 가운데 혼혈 붐, 하프 붐이 일어난다.

1950-60년대에는 텔레비전이나 박람회, 광고, 영화, 음악, 패션 등 다양한 매체를 통해 일본은 미국문화를 적극적으로 수입했고 그 결과 긍정적인 백인 이미지를 확산시키면서 백인에 대한 동경과 선망의 이미지를 양성해 왔다.[16] 게다가 당시 방영된 영화와 드라마는 큰 영향력을 가졌는데, 특히 '백인성'을 좋은 이미지로 그리며 이를 대중에게 전파되었다. 영화 〈슬픔이여 안녕(悲しみよこんにちは)〉에서 주연 세실 역을 맡은 진 세바구는 영화 〈로마의 휴일〉에 나오는 오드리 헵번과 함께 젊은층에게 동경의 대상이었고, 그들의 헤어스타일(셀커트,

---

15 시모지 로렌스 요시타카(下地ローレンス吉孝)는 그의 저서에서 전후 일본이 서양화 물결 속에서 혼혈아의 이미지를 상품화하였음에 주목하고 있다. 이를 '서양화로의 인종프로젝트'라고 비평한다.

16 예를 들어 패션에서 디올의 '뉴룩'(1949년경), '넷카치프' 등 미국 패션, '사프리나팬츠' 등의 복장이 유행했고 이때 백인여성이 이미지화되었다. 또 1960년대에는 미니스커트붐, '판타롱'이라 불린 벨보톰즈봉, 남성들은 보르도록 슈츠, 1960년대 후반부터는 히피스타일 등 서양의 패션이 많이 유입되면서 백인을 모티프로 한 스타일이 유행하였다. 헤어스타일도 1940년대 후반에 엘비스 프레슬리가 대유행하면서 로카비리나 록큰롤 등에서 유행한 리젠트스타일, 1950년대에는 주둔미군을 흉내낸 GI스타일이 인기를 끌었고, 라디오 영어회화 방송도 개시되어서 'NHK영회화'는 통칭 'カムカム 영어'라 불렸다.

햅번커트)은 큰 유행을 낳기도 하였다. 또 미국 홈드라마―〈パパ大好き〉, 〈パパは何でも知っている〉, 〈うちのママは世界一〉, 〈奥様は魔女〉, 〈アイ・ラブ・ツーシー〉 등―도 유행하면서 백인 중산계급이 당시 이상적 가족상으로 이미지화되었다(柏木, 1985: 52~55). 이렇게 백인에 대한 긍정적인 이미지가 축적되었다.

또한 베이비 붐 기간에 태어난 단카이 세대의 젊은이들 문화 속에 미국의 문화와 가치관이 적극적으로 수용되었다. 당시 일본 사회에서 벌어진 서양화에 대해서 그 규모의 크기나 영향력에서 볼 때 '메이지기 문명개화나 다이쇼기의 외래존중(舶來尊重)'과 비교할 수 없을 정도로 그야말로 '무너진 둑의 물처럼' 일본에 침투되었다고 지적될 정도였다(我妻洋·米山俊直, 1967: 35~40). 서양화된 상품을 소비하는 행위 그 자체가 신체화되면서 서양과 백인에 대한 긍정적 인식이 확산되길 반복되었고 사회와 개인의 내면에 안착했다는 것이다. 전후 일본 사회에서 시청각적으로 가장 효과가 높았던 텔레비전에서 이러한 이미지가 확산됨으로써 백인에 대한 시각적 이미지가 헤게모니화된 것이다.

1970년대에 들어 이와부치 고이치(岩渕功一)와 오카무라 효에(岡村兵衛) 등에 의해 '하프' 담론이 제기되었다. 1970년 아이돌 그룹 Golden Half가 등장한 이후 신문에서 혼혈 대신 하프라는 말을 빈번하게 사용하기 시작한 것이 그 시발점이라고 할 수 있다. 하프의 표상에는 일본 국적의 유무는 불문하고 전후 헤게모니로 구축되어 온 일본인과 외국인 간에 태어난 대상에 대해 사용되었기 때문에 당시 하프 담론은 일본 태생의 하프뿐 아니라 해외 태생의 하프도 포함하였다. 특히 당시 인기가 높았던 Golden Half에 대한 미디어의 언설은 패전, 빈곤, 차별과 같은 이미지를 모두 불식한 것이 특징이다. 어색한 일본어 사용이나 섹슈얼한 용모에 제스추어를 많이 사용하며 귀여

운 혼혈여성 4인방으로 불린 이 그룹의 등장으로 '혼혈이라고 하면 백 안시하던 것은 옛날 말'이되고 만다(『週刊サンケイ』1971.6.: 150). 하프라 는 개념은 완전히 새로운 혼혈아의 이미지를 지칭하는 것이었고 과거 혼혈의 역사성은 무화되었다.

특히 1970년대 하프 이미지는 대부분이 여성이었다. 젠더화된 하 프 이미지가 고착화되기 시작하는 것이다. 외견상의 아름다움과 성적 분방함, 국제성, 영어 능력, 서툰 일본어로 표상되는 그녀들은 반복 적으로 재생산되기 시작하였다. 1950-60년대 혼혈아대책에서 대상 화, 문제화된 혼혈아는 백인계, 흑인계의 혼혈이었는데, 1970-80년 대에는 백인계 여성 하프가 적극 기용되었다. 반면 혼혈아 이미지와 인종차별 문제는 왜소화되고 소비사회에서 적극 전개된 백인 여성의 하프 이미지가 범람한 나머지 마치 하프 특유의 성질이 있는 듯이 하 프 담론이 인종화, 젠더화되었다. 고 미카(高美菂)는 이러한 현상에 대 해 "서양계, 백인계 백그라운드를 아름다운 외모, 영어 능력이나 외 국 생활 경험 등의 문화자본, 중류계급 이상의 계급 이미지가 패키지 화되어 그것이 지배적인 하프 이미지, 즉 헤게모닉한 하프성으로 널 리 유통되었다."(高美菂, 2014: 80)고 설명한다.

이에 대해 시모지 로렌스 요시타카(下地ローレンス吉孝)는 흥미로운 지적을 한다. 이렇게 여성화되고 상품화된 하프 담론과 일본인론에서 남성화된 일본인 이미지가 거의 동시기에 활발하게 소비되었다는 것 이다(2018: 163). 당시 유행한 일본인론에서 주요한 모델은 대학을 졸 업하고 대기업에 근무하는 남성이다. 즉 일본인 이미지는 남성상으로 서 재생산되어 남성화된 일본인 이미지가 출판계나 지식인 사이에서 견인되었고 대중문화화되었다. 여성화된 하프 이미지는 남성화된 일 본인 이미지와 대척점을 이루면서 그 위상을 받쳐주는 기능을 한 것

이다. 이러한 하프 담론은 감춰진 '또 하나의 일본인론'이라 할 수 있다. 다시 말해 하프가 타자화되어 표상되는 동시에 엔카, 정좌, 기모노 입은 남성 등의 일본문화와 습관적 행위를 일본인스러움으로 강조하였다. 하프 담론은 일본인의 헤게모닉한 단일민족성을 내파하는 것이 아니라 일본인, 외국인의 이분법을 전제로 표상된 것이다.

일본 남성 중심의 성공스토리로 볼 수 있는 일본인론과 페어를 이룬 것이 바로 그들의 우월감이나 성취욕을 보상해주는 백인 여성, 즉 젠더화되고 여성화된 스토리로서의 하프 담론인 것이다.

이렇듯 하프 담론은 백인 우위의 인종주의적 계층화를 포함해 젠더화된 남녀 차별문제를 내포하며 유행하였다. 혼혈아 붐에 이어 하프 담론이 형성된 1970년대의 일본 사회가 인종적 서열화에 있어 중요한 시기였음은 이런 점에서 확인할 수 있다. 이전까지 혼혈아 문제를 포함해 사회문제시 되었던 열등한 존재로서의 흑인계 혼혈에 대한 우려는 하프 담론의 등장으로 동경과 선망 뒤로 모습을 감추게 된 것이다. 그렇지만 그렇다고 해서 흑인 혼혈에 대한 차별적 시선이 완전히 대체되었다고는 할 수 없다. 이에 관해 시모지 로렌스 요시타카는 전후 일본 사회의 서양화 열기로 인해 마치 흑인계 혼혈에 대한 이미지도 무화된 듯이 설명한다. 그러나 당시 1970년대에 흑인계 혼혈은 다른 차원의 문제와 결합되어 소거되었다. 패전이라는 부의 역사를 극복하고 고도성장기를 거쳐 다시 풍요롭게 된 일본 사회 속에서 흑인계 혼혈의 표상은 두 번 다시 대면하고 싶지 않은 과거로의 회귀를 나타냈기 때문이다. 즉 흑인계 혼혈문제는 과거 점령기에 대한 소환과 밀접한 관계에 있었다(박이진, 2017). 이에 관해서는 대중 매체에 나타난 혼혈아의 구체적인 표상 문제를 다루며 차후에 더 논의해 보고자 한다.

5. '인종화' 전략과 일본적 인종주의의 결합

이상으로 일본 사회에서 점령기 이후 혼혈아에 대한 정부정책과 사회 담론의 흐름을 살펴보았다.

점령기 동안에는 '금단의 영역'에 속하여 언급조차 하지 못했던 혼혈아 문제는 점령의 종료와 함께 학령기를 맞아 그들의 사회적 노출이 대거 예상되는 가운데 사회적 문제로 부상하였다. 단순한 이슈를 넘어 사회적 위기의식으로까지 받아들였던 혼혈아 문제에 대한 정부의 기본 방침은 무차별평등 원칙에 의한 일본 사회로의 동화였다. 그러나 전후 처음으로 실시된 혼혈아실태조사는 기존의 혼혈아 범주를 재편하면서 종전 이후 태어난 아이 중 겉모습이 현저히 다른 아동들만을 조사 대상으로 한정하였다. 또한 동화주의 원칙에 의해 일본 내에 거주하는 혼혈아는 일본인화하고 해외 입양을 희망하는 혼혈아는 최대한 지원하여 외국인화하였는데, 이는 아동교육과 복지 측면에서 상당히 성공적인 동화주의 사례로도 평가되었다. 그러나 혼혈아 문제를 단순히 아동 문제로 국한해 처리한 태도는 그들에 대한 사회적 인종차별 문제를 방치하는 결과를 낳았다. 현장 교육에서의 차별보고 사례에도 불구하고 또한 누구나가 예상 가능했던 차별과 편견을 그저 아이들의 일시적인 이지메라고 치부했던 정부의 태도는 지나치게 '낙관적'이다 못해 혼혈아 문제를 '외부화'하고 '무화'하고자 한 의도로도 볼 수 있다.

아울러 이러한 낙관적 태도는 견고한 단일민족론에 의해 지지되었던 일본인론으로 이어지며 변주되었다. 즉 일본인은 단일민족이고 동질한 민족성을 유지해 온 민족으로서 당연히 인종의 구분이나 인종편견이 끼어들 자리가 없는 균질 사회를 이루어왔다는 것이다. 이는 애초부터 일본인들은 인종차별이라는 것을 '모른다'는 논리와 함께 단일한 일본인상을 만들어냈다. 대중이 더 적극적으로 재생산했다고도 지적되는 이러한 일본인론 속에서 혼혈아(하프)는 당연하게 외국인으로 구분되면서 배제되었다. 더구나 일본인론의 유행은 혼혈아를 하프라는 말로 대체하여 부르기 시작한 때와 오버랩되었다. 일본 태생뿐 아니라 해외 태생의 혼혈아까지 포함하였던 하프는 혼혈아들을 자연스럽게 외국인으로 범주화하는데 영향을 미쳤다. 이는 패전이나 빈곤, 차별과 같은 혼혈아의 역사성이 무화되는 것이기도 하였다. 하프 담론은 감춰진 또 하나의 일본인론으로 기능한 것이다. 특히 상품화되고 젠더화되어 대중에게 소비된 하프 이미지는 남성화된 일본인론과 대비되면서 일본 사회의 인종주의적 계층화로까지 이어졌다.

그리고 이러한 정책적, 담론적 차원의 혼혈아 문제는 일본인론의 대중적 소비처럼 실질적으로도 일반 대중의 인식에 영향을 주었다. 이 시기에 발표된 소설, 영화를 포함한 매스미디어에서 혼혈아에 대한 표상체계의 문제는 이 글에서 지면 관계상 다루지 못하였다. 이에 대한 분석은 다른 글을 참고하기 바란다(박이진, 2021b).

하프 담론이 또 다른 일본인론의 기능을 하고 나아가 인종주의적 계층화로까지 확대되는 구도는 혼혈아에 대한 정부 정책이 시작된 시점부터 내재되어있던 문제였음을 알 수 있다. 현대 일본 인종주의의 '전후적' 기원이라고 할 수 있는 것이다. 비록 정부 정책이 종언되며 혼혈아 문제가 더 이상 사회문제화되지 않게 되었지만 1960년대 중후반에 단일민족 신화 위에서 활기를 띠게 된 일본인론은 엄연히 새로운 형태의 인종화 전략이었다. 결국 혼혈아 문제는 사회 표면적으로 비가시화되었을뿐 끝나지 않은 미해결의 상태로 오히려 심연 속으로 더욱 파고들어 일본적 인종주의와 결합되게 된 것이다.

文部省初等中等教育局, 1954-1957, 『混血児指導記録一～四』.

_____, 1953, 『混血児の就学について指導上留意すべき点』.

我妻洋・米山俊直, 1967, 『偏見の構造－日本人の人種観』, 日本放送出版協会.

岩渕功一編, 2014, 『ハーフとは誰か：人種混淆・メディア表象・交渉実践』, 青弓社.

加納実紀代, 2007, 『占領と性－政策・実体・表象』, インパクト出版会.

北原惇, 2007, 『黄色に描かれる西洋人―思想史としての西洋の人種主義』, 花伝社.

下地ローレンス吉孝, 2018, 『「混血」と「日本人」：ハーフ・ダブル・ミックスの社会史』, 青土
社.

杉本良夫, 1996, 『「日本人」をやめられますか』, 朝日新聞社.

高崎節子, 1954, 「続・混血児」『労災―災害補償と安全衛生』労働協会, pp.10-13.

高橋保, 1977, 『講座・比較文化 アジアと日本人』, 研究社出版.

中根千枝, 1972, 『適応の条件』, 講談社.

_____, 1967, 『タテ社会の人間関係』, 講談社.

坪井洋文, 1979, 『イモと日本人―民俗文化論の課題』, 未来社.

Harumi Befu, 1997, 『イデオロギーとしての日本文化論』, 思想の科学社.

水尾順一, 1998, 『化粧品のブランド史』, 中央公論社.

吉野耕作, 1997, 『文化ナショナリズムの社会学―現代日本のアイデンティティの行方』,
名古屋大学出版会, pp.4-152.

박이진, 2021a, 「하프, 또 하나의 일본인론―현대 일본 인종주의의 '전후적' 기원」, 『일본문
화연구』77집, pp.109-128.

_____, 2021b, 「혼혈아 외부화 프로세스와 대중문화―경제성장기 일본사회의 혼혈아 표
상」, 『대동문화연구』115권, pp.283-311.

_____, 2018, 「전후 일본의 혼혈 담론―GHQ 점령기를 중심으로」, 『대동문화연구』103권,
pp.235-267.

_____, 2017, 「집합기억으로서의 전후―1970년대 『인간의 증명』속 기원의 이야기」, 『일본

학보』110집, pp.75-94.

上田誠二, 2014, 「占領·復興期の「混血児」教育―人格主義と平等主義の裂け目」, 『歴史学研究』920号, pp.10-220.

柏木博, 1985, 「アメリカン·ドリーム·オブ·ライフ」, 『言語生活』, 筑摩書房.

1부 길찾기

| 1장 | 김경호

중국 고대사, 고대 동아시아사, 출토문헌자료에 관심을 갖고 연구 중이다. 「前漢 時期 西域境界를 往來한 使者들」(2021), 「'資料' 연구로 본 동아시아학술원 20년」 (2020), 「漢代 西北邊境 私信의 構造와 주요 내용」(2019) 등 다수의 연구가 있다.

| 2장 | 고연희

한국회화사, 한국한문학, 동아시아 회화 비교 등의 분야에서 연구 중이다. 회화 의 문학적, 정치적 배경 및 시대적 해석에 주목하여, 『예술의 주체』(공저, 2022), 『고전과 경영− 왕실 그림책, 藝苑合珍』(저서, 2020), 『그림 문학에 취하다』(저서, 2012), 『조선시대 산수화』(저서, 2007) 등을 내었다.

| 3장 | 임태승

전근대 동양미학, 동양철학 전공. 최근 동양미학개념의 계보사, 조선후기 예술 사회학, 〈논어〉의 고증학적 해석 등 연구 중. 〈유가사유의 기원〉(2004), 〈아이콘 과 코드〉(2006), 〈논어의 형식미학〉(2017), 〈동양미학개념사전〉(2020), 〈중국미학 원전자료 역주(전5권)〉(2022) 등 다수의 저서가 있다.

| 4장 | 박소현

한중 비교문학을 전공했다. The Detective Appears: Rethinking the Origin of Modern Detective Fiction in Korean Literary History(2020), A Court Case of Frog and Snake: Rereading Korean Court Case Fiction from the Law and Literature Perspective(2019), 『검안과 근대 한국사회』(공저, 2018) 외 다수의 연구가 있다.

| 5장 | 배항섭

19세기 민중 운동사를 전공했다. 최근 관심은 19세기의 동아시아사 연구를 통해 근대중심주의와 서구중심주의를 넘어 새로운 역사상을 구축하는 데 있다. 『19세기 민중사 연구의 시각과 방법』(2015), 『동아시아는 몇 시인가?』(공저, 2015), 「근대를 상대화하는 방법」, 「근대 이행기의 민중의식」 등 다수의 연구가 있다.

| 6장 | 김용태

19세기 한국 한문학, 한시를 전공했다. 최근 실학사상과 개화사상의 관련성을 19세기 서울 북촌 지역의 한문학 연구를 통해 살펴보는 작업을 진행하고 있으며, 개항 이후 동아시아 한문학의 의의와 양상에도 관심을 두고 있다. 「해장 신석우와 북촌 시사」(2021), 「위사 신석희의 글쓰기에 나타난 대외인식의 특징」(2020), 「19세기 중부반 서울 문단의 여성 인식」(2020) 등 다수의 연구를 발표했다.

| 7장 | 손성준

한국해양대학교 글로벌해양인문학부 동아시아문화전공 부교수. 비교문학, 한국 근현대소설 전공. 근대 동아시아의 번역과 지식의 변용을 연구해왔으며, 최근에는 한국 근대문학사와 번역의 연관성에 주목하고 있다. 「중역(重譯)의 죄」(2020), 「대한제국기, 세계를 번역하다」(2021), 『근대문학의 역학들—번역 주체·동아시아·식민지 제도』(저서, 2019) 등 다수의 연구가 있다.

| 8장 | 임우경

중국 현대문학을 전공하고 동아시아론, 중국의 한국전쟁, 동아시아 지역 군 '위안소' 제도와 냉전민족주의를 연구하고 있다. 대표 저술로 『근대 중국의 민족서사와 젠더』(2013), 『'냉전' 아시아의 탄생: 신중국과 한국전쟁』(2013), 「딩링(丁玲)의 5.4시대-노라의 혁명과 문학」(2021), 「동아시아 냉전과 군 '위안소'의 연쇄」(2022) 등이 있다.

| 9장 | 이영호

동아시아 논어학 연구를 중심에 두고, 유학과 불교의 교섭양상에 대한 연구도 동시에 진행하고 있다. 최근 논저로 「동아시아의 논어학」(2019), 「다산학공부」(2018, 공저) 등이 있다.

함영대

경상국립대 한문학과 부교수. 학위논문으로 〈성호학파의 맹자학〉을 제출한 이래 성호학파의 학문과 일상, 조선맹자학을 연구하고 있으며 동아시아의 학술교류와 지식인의 자의식과 관련한 연구도 간간이 제출하고 있다. 최근 논저로 「역주 맹자요의(孟子要義)」(2020, 공역), 「박세당 사변록 연구」(2020, 공저) 등이 있다.

| 1장 | 조민환

동양의 그림과 글씨 및 유물·유적에는 유가철학과 도가철학이 담겨 있다는 점에 착안하여 동양철학과 동양예술의 경계 허물기에 주력하면서 예술작품을 철학적으로 이해하는 새로운 눈을 제시해 왔다. 한국풍수명리철학회 회장, 도가·도교학회 회장, 도교문화학회 회장, 서예학회 회장, 동양예술학회 회장 등을 역임. 논저에 『동양의 광기와 예술』, 『동양예술미학산책』, 『중국철학과 예술정신』, 『유학자들이 보는 노장철학』, 『노장철학으로 동아시아문화를 읽는다』 등 다수의 글이 있다.

| 2장 | 고은미

일본 중세사, 대외관계사, 동아시아 교류사를 주요 필드로 연구 중이다. 「전근대 동아시아의 무역과 화폐」(2018), 「日本金の輸出と宋·元の貿易政策」(2015), 「宋錢の流出と「倭船入界之禁」」(2014) 등 다수가 연구가 있다.

| 3장 | 손병규

전공 분야는 조선시대 사회경제사, 역사 인구학이다. 「20세기 초 한국의 族譜 편찬과 '同族集團' 구상」(2015), 「조선후기 거주이동과 혈연적 연대의 관계」(2020), 『국가의 인구 관리, 옛날과 오늘』(저서, 2020) 외 다수의 연구가 있다.

| 4장 | 정우택

근래 아리랑에 관해 집중적으로 연구 중이다. 「아리랑 노래의 정전화 과정 연구」(2007), 「한국청년전지공작대의 가극 〈아리랑〉 공연과 그 의의」(2007), 「아리랑과 현대시」(2012), 「정선아리랑의 원형과 기원의 창조」(2015), 「아리랑 아카이브와 자원화」(2017) 외 다수의 연구가 있다.

| 5장 | 진재교

한국 한문학 전근대 동아시아 고전학 전공. 전근대 동아시아의 지식의 유통과 생성을 연구해왔으며, 최근에는 동아시아 시각으로 전근대 문학과 문화를 연구하고 있다. 특히 근대 전환기 동아시아 각국의 어문질서와 관련한 정책 등의 주제도 연구하고 있다. 『이조 후기 한시의 사회사』(2000), 『근대전환기 동아시아 속의 한국』(2004), 『충돌과 착종의 동아시아를 넘어서』(2007), 『학문장과 동아시아』(2013) 등 다수의 연구가 있다.

| 6장 | 장무휘

정치학과 국제 관계학을 전공했으며, 특히 동아시아의 국제 문제와 지역 협력에 중점을 두고 있다. 현재 연구 과제는 동아시아의 중일 경쟁과 환경 문제이다. 최근 저서로 "Resilience among Fluctuations: Japan and South Korea's Security Strategies toward China Revisited"(2021), "What Makes Good Trilateralism?: Theorising the Utilities of Trilateralism in East Asia"(2020), "The China‐Japan‐Korea Trilateral Free Trade Agreement: Why Did Trade Negotiations Stall?"(2019) 등이 있다.

| 7장 | 박은영

근대 일본의 사상과 기독교사를 전공했고, 최근에는 일본 여성의 사상 형성 문제에 관심을 두고 있다. 『번역된 근대』(공역, 2021), 『서양을 번역하다』(공역, 2021), 「15년전쟁 하 일본 기독교의 전쟁 협력」(2020) 등 다수의 연구가 있다.

| 8장 | 박이진

문화표현론(표상론)을 전공했고 일본 귀환자문학 연구로 박사학위를 취득했다. 동아시아 여성 표상, 인종주의와 혼혈아 표상, 동아시아 문화론(시누아즈리, 자포니즘)에 관심을 갖고 연구 중이다. 19세기후반 일본 여자교육의 모델이 된 여성들(2022), Beyond Nationalism In This 'ERA OF DISASTER': Setting a New Relationship for a Sustainable Future(공동, 2021), 「《귀멸의 칼날》 속 '경계' 이야기」(2021) 외 다수의 연구가 있다.